현대 한국사회의 언어문화

서울대학교 비교문화연구소 한국인류학총서 3

현대 한국사회의 언어문화

초판 1쇄 발행 2021년 8월 30일
초판 2쇄 발행 2022년 10월 17일

편저자 강윤희

펴낸곳 서울대학교출판문화원
주소 08826 서울 관악구 관악로 1
도서주문 02-889-4424, 02-880-7995
홈페이지 www.snupress.com
페이스북 @snupress1947
인스타그램 @snupress
이메일 snubook@snu.ac.kr
출판등록 제15-3호

ISBN 978-89-521-2987-1 94380
978-89-521-2872-0 (세트)

서울대학교 비교문화연구소
한국인류학총서 3

현대 한국사회의 언어문화

강윤희 편저

서울대학교출판문화원

The Linguaculture of Contemporary Korean Society

edited by Yoonhee Kang

SNUPRESS

책머리에

이 책은 1980년대 중반 이후부터 진행되어온 한국의 언어인류학 연구를 되돌아보고, 앞으로의 연구 방향을 제시하려는 목적으로 기획되었다. 이 책을 통하여 지난 30년간 한국사회나 한국어를 대상으로 한 연구 결과를 정리해보는 것은 한국 언어인류학 연구의 한 세대를 정리하고, 제2세대의 시작을 알리는 중요한 지점이 될 것이다. 특히 한국어와 한국사회를 언어인류학적 관점에서 연구하는 국내 학자들뿐만 아니라, 외국 학자들의 연구도 한국어로 소개하는 최초의 책이라는 점에서도 의의가 있다.

한편 이 책은 2015년 서울대학교 인류학과에서 개최한 '글로벌 한국학과 언어인류학Global Korean Studies and Linguistic Anthropology' 국제학술대회에 참여했던 발표자들을 중심으로 기획되었으며, 국내외 중견, 신진 학자들의 연구 사례를 총망라했다. 집필진 14명 중 3명의 외국인 학자들이 포함되었다는 점은 한국의 언어문화에 대한 해외 연구자들의 관심을 잘 보여주며, 한국 언어인류학 연구의 최전선에서 다루어지는 폭넓은 연구 주제와 연구방법을 선보인다. 연구 사례 대부분은 이미 국내외 유수한 학술지에 출판되었던 논문들을 이 책의 구성에 맞게 편집, 수정을 거친 것이지만, 주제와 이론적 틀이 유사한 논문을 함께 묶음으로써, 한국 언어인류학 연구의 중요한 흐름과 변화를 읽을 수 있도록 구성했다.

다시 한번 이 책을 만들기 위하여 기꺼이 원고를 내주신 저자 선생님들께 진심으로 감사드린다. 또한 원고를 번역하는 데 도움을 준 서울대학교 인류학과 김성인, 이주은, 이준현, 장예진 학생과, 번역을 재검토하고 편집을 도와준 김우진 박사, 편집과 교정을 도와준 권은채, 박윤희 학생에게도 감사의 마음을 전한다. 앞으로 이 책이 한국의 언어인류학 후속 세대들과 한국의 언어 연구자들에게 작은 시작점으로 사용될 수 있기를 희망한다.

2021. 8.

엮은이 강윤희 씀

차례

표 차례

그림 차례

서장

한국의 언어인류학 현황

강윤희

이 책은 변화하는 현대 한국사회의 다양한 언어 사용과 의미를 살펴보는 한국의 언어인류학적 연구 결과를 모은 논문 선집이다. 한국에서 언어인류학이 본격적으로 소개된 시기를 1980년대 중반이라고 본다면(왕한석 편 2010: 2), 한국의 언어문화에 대한 내·외국인 언어인류학자들의 최근 연구들을 하나의 책으로 엮는 것은, 지난 30여 년간 한국에서 진행되어 온 언어인류학 연구의 한 세대를 돌아보고, 앞으로의 과제를 전망하는 중요한 기회가 될 것이다. 언어와 언어 사용에 대한 기술과 분석을 통해서 대상 사회의 사회관계나 문화적 지식을 밝히려고 하는 것을 언어인류학의 과제로 규정한다면(왕한석 1996), 이 책은 한국사회의 다양한 언어 사용 현상과 그 의미를 탐구하여, 현대 한국 문화의 단면을 보일 수 있을 것이다.

언어를 문화의 한 측면으로 파악하는 언어인류학은 크게 두 연구 영역으로 나눌 수 있다. 하나는 민족과학ethnoscience 등과 같이 언어의 분류체계를 통해 언어와 문화적 지식의 연결을 탐구하는 인지인류학적 연구 전통이며, 다른 하나는 언어 사용의 사회적 규칙을 밝히려는 사회언어학적 연구다(왕한석 1996). 한국의 언어인류학에서도 지난 30여 년간, 주로 어휘와 전통적 분류체계를 대상으로 하는 민족과학적 연구 경향과 호칭어와 존댓말 사용의 규칙과 그 의미를 밝히려는 사회언어학적 연구가 활발하게 진행되어왔다(왕한석 편 2010). 한국의 언어인류학 연구 경향을 살펴보면 1980년대와 90년대에는 민족과학과 의사소통의 민족지학 ethnography of communication과 같이 실증적이고 구조기능주의적인 연구 경향을 주로 보여왔다면, 2000년대에 들어서는 언어를 하나의 사회문화적·이데올로기적 구성물로 보는 시각이 팽배함에 따라 좀 더 비판적인 시각에서 언어 사용과 권력, 그리고 이데올로기의 작용을 연결하여 설명하려는 연구가 시도되었다(강윤희 2018). 또한 한국의 전 지구화를 통해 새롭게 등장하게 된 여러 가지 언어 접촉 상황과 언어 변화 현상에 주목하기도 한다. 나아가 언어의 영역에서 기호의 영역까지 그 주제를 확대해, 현대 한국사회에서 관찰되는 다양한 언어 현상과 사회문화적 의미의 연결과 그 과정을 설명하려는 기호인류학적인 연구도 활발하게 진행되었다(최진숙·안준희 2016).

이러한 한국 언어인류학의 전개와 발전을 따라 이 책은 총 4부로 구성되어 있다. 제1부 《한국의 언어문화》에서는 한국의 언어 민속지와 민속지식, 그리고 한국의 문화적 지식을 재생산하는 과정인 언어사회화를 다룬 연구 사례를 논의한다. 제1장 〈〈한국의 언어 민속지〉 연구의 현황과 성과〉(왕한석)에서는 한국의 제1세대 언어인류학자인 왕한석 교수가 진행해온 언어 민속지 연구의 주요 주제와 성과를 소개한다. 한국의 언어 민속지는 '한국 전통사회에서의 언어문화의 중심적 양상들에 대한 민족지적 연구'로서, 2000년대 이후 한국사회의 급속한 변화로 사라져 가는 전통적인 언어문화를 보존하기 위한 목적으로 진행되었다. 필자는 지난 10여 년간, 제주도를 제외한 각 도에서 한 곳의 촌락공동체를 선정하여, 연구대상 공동체의 전통적인 언어문화의 주요 양상 중 특히 세 영역—언어와 문화적 인지, 사회관계와 구조, 언어의 예술적 영역—에 대한 자료를 수집하고 기록하였다. 일련의 언어 민속지 작업을 통해, 왕한석 교수는 한국 언어문화의 특징을 다음 7가지 주제로 정리한다. 1) 지명을 통한 공간에 대한 인지, 2) 생태 환경적 분류체계, 3) 친족 명칭의 분류, 4) 호칭체계, 5) 존댓말 체계, 6) 말의 주요 범주와 상황변이어, 7) 언어예술. 이러한 언어 민속지 연구는 한국의 다양한 언어문화의 일차적 기록이라는 의의뿐만 아니라, 앞으로 여러 지역에서 탐구될 수 있는 연구 영역에 대한 에틱etic 접근법을 제시하고, 이에 따라 각 지역의 언어생활을 비교 검토할 수 있는 기반을 마련해주었다.

제2장 〈조석과 시간: '물때'에 관한 서해 어민의 민속지식〉(조숙정)에서 검토하는 서해 어민들의 '물때'에 관한 어휘와 분류체계는 1장에서 다룬 언어 민속지의 연구 영역 중 언어와 문화적 지식의 연결을 다루는 하나의 연구 사례다. 저자는 전라북도의 한 어촌에서 장기간의 현지조사를 통하여 한국 어민들의 문화와 해양 환경에 대한 지식을 연구해왔다. 저자는 어민들 사이에서 물때의 정교한 분류체계와 명칭이 이들에게 중요한 문화적 초점을 반영한다는 사실에 주목하여, 어민들의 내부자적 관점에서 이들이 사용하는 물때의 분류와 명칭을 분석하고, 분류체계와 어민들의 어로생활의 관련성을 탐색한다. 이러한 민속분류체계와 생태 환경과의 연관에 대한 관심은 저자가 오랫동안 발전시켜온 한국의 전통적 생물 분류에 대한 민족생물학적 연구와 연결된다(조숙정 2014).

1장과 2장이 언어적 분류체계와 명칭에 반영된 문화적·생태적 지식을 논의하고 있다면, 제3장 〈"형님은 울지 않아요": 감정, 역할, 위계의 언어사회화〉(안준희)는 언어를 통해 특정 문화적 지식과 행위 양식이 재생산되는 과정을 살펴본다. 특히 이 장은 아동이 특정 감정에 관한 문화적 모델을 습득하고 체화하는 방식을 그들의 언어사회화 과정을 통해 분석한다. 저자는 어린이집에서 장기간의 현지조사를 통해 수집한 자료를 바탕으로, 한국사회에서 아동들은 다른 사람들과의 관계 속에서 자신의 역할과 위계에 따라 적절한 감정 표현을 해야 할 것을 습득하고 있음을 보여준다. 특히 저자는 언어를 통해 매개되는 감정의 사회화 과정에 주목할 뿐만 아니라, 아동 스스로 또래담화를 통해서 자신들의 감정사회화에 적극적으로 개입하고 있음을 주장한다. 이 장은 어린이집의 교실에서 일어나는 다양한 언어적 상호작용을 분석함으로써, 아동들이 어떻게 언어사회화를 통해서 자신의 사회적 위치와 요구되는 감정 모델을 습득하는지를 보여준다. 나아가 한국의 특수한 언어문화가 재생산되는 하나의 사례를 제시한다.

제2부 《한국어와 언어예술》에서는 지난 30여 년간 한국의 언어인류학 연구에서 중요하게 다루어온 연구 주제 중 하나로 언어예술 연구 사례들을 소개한다. 언어예술은 언어의 심미적이고 창의적인 기능에 초점을 맞추는 언어 행위의 한 양식으로서, 단순히 정보 전달이나 의사소통의 필요를 넘어서는 언어의 예술적 기능에 중점을 둔다(강윤희 2012). 이 책에서는 언어예술의 다양한 사례로서 다양한 말놀이 장르와 '아재 개그' 그리고 한국어 랩에 관한 사례를 살펴본다. 제4장 〈귀신말 또는 한국어의 피그 라틴Pig Latin〉(김주관)은 영어사용권에서 피그 라틴이라고 불리는 말놀이와 유사한 한국어의 말놀이 장르인 귀신말을 소개한다. 저자에 따르면 귀신말은 1970년대부터 사용되던 말놀이의 한 형식으로서, 주로 10세 이상 어린이나 청소년이 사용해왔다. 이러한 귀신말은 피그 라틴과 유사하게, 단어의 음절 사이에 다른 소리를 삽입하는 형식으로 단어를 변형시키며, 이러한 변형은 한국어의 전형적인 음성적 특징에서 벗어나, 불가해한 어휘로 들리게끔 한다. 귀신말은 친구들과의 상호작용에서 재미를 위해 유희적으로 사용해왔으며, 특정 언어공동체에서만 배타적으로 공유되므로 일종의 비밀 언어로도 기능한다.

귀신말의 화자가 10대 청소년이라면 제5장 〈어린이 동음이의어 말놀이pun의 구조와 특성〉(강나영)은 어린이집 아동을 대상으로 한 연구 사례다. 이 장은 말놀이의 구조에서 나타나는 언어의 형식적 자질과 패턴을 밝히고, 그러한 말놀이가 전달하는 사회문화적 의미를 탐구한다. 이 장은 1부의 3장과 마찬가지로 아동의 언어사회화 과정을 살피고, 이들의 말놀이 사용을 통해서 어린이들이 구성하고 있는 독특한 사회적 세계를 밝히려는 노력의 일환이다. 말놀이의 창의성에 나타나듯이 어린이들은 언어를 통하여 주체적으로 재미와 유희를 추구하며, 이것은 동시에 그들의 또래관계와 유대를 증진시키는 효과를 가져온다. 4장의 귀신말 사례와 마찬가지로 5장은 어린이와 청소년이 언어의 심미적 효과를 위하여 창의적으로 언어를 사용하고, 그것을 통해 현재의 사회적 관계를 확인하고 유지시키는 사회적인 기능을 수행하고 있음을 보여준다.

4장과 5장이 서술적인 연구 질문—즉 특정 연구대상자들은 어떤 말놀이를 하는가—을 답하기 위한 사례였다고 하면, 6장과 7장은 특정 언어 사용을 통하여 이루고자 하는 언어적 효과에 주목한다. 제6장 〈한국사회 중년 남성의 전형화에 대한 고찰: '아재 개그' 사례 분석을 중심으로〉(최진숙)는 최근 한국사회에서 유행했던 '아재 개그'라는 장르의 구조와 형식을 분석하고, 대중매체에서 언급되고 유통되는 '아재'라는 범주를 분석한다. 특히 이 장에서는 아재라는 범주가 어떻게 한국의 중년 남성에 대한 '전형화typification'로 연결되는지 주목한다. 여기서 아재라는 범주는 단순히 현실을 반영하거나 주어진 것이 아니라, 문화적으로 상상되고, 언어적으로 구성된다. 즉 아재 개그라는 장르는 아재를 도상화iconization할 뿐 아니라, '아재다움'을 한국 중년 남성의 전형적이고 고유한 속성으로 여기게끔 하는 이데올로기적 작용을 하고 있는 것이다.

제7장 〈한국어 라인으로서 랩: 낯선 것의 지역적 레지스터화〉(박종현)에서는 '레지스터화enregisterment'라는 개념을 통해서 어떻게 한국어 래퍼rapper들이 한국어 랩이라는 장르를 정의하고 개발하고 있는지를 살펴

본다. 레지스터화는 특정 언어 자원이 한 언어 내에서 변별적인 자질을 지닌 존재로서 의미화되는 과정을 뜻한다. 저자에 따르면, 한국의 힙합 장르에서는 한국어 라임을 만드는 다양한 유형의 전략적·시적 언어 사용이 한국어 가사의 '랩스러움'을 만드는 변별적인 레지스터로 기능한다. 특히 이 연구는 기존의 세계 힙합 연구의 시각에서 보는 한국어 랩, 특히 랩 가사의 '영어화'에 집중하여 글로벌 힙합의 영향을 강조하던 연구들을 비판하며, 한국어 랩이라는 장르는 하나의 고정된 장르가 아니라, 한국어 래퍼들이 끊임없이 논의하고 개발하고 연행하는, 동적이고 열린 체계라고 주장한다. 이러한 시각에서 보면, 한국어 랩에서는 영어화의 특징만이 아니라, 오히려 한국어의 문법 구조와 음성학적 특징을 적극적으로 활용하는 다양한 형식이 시도되고 있는 것이다. 따라서 이러한 언어예술 사례들은 기존의 한국언어인류학이 주목했던 언어예술의 연구 분야를 더욱 확장하여, 일상적인 말하기뿐만 아니라, 대중매체에서 연행되고 유통되는 언어예술과 그것에 대한 메타적 인지, 그리고 특정 언어예술 형식과 특정 사람 또는 속성이 연결되는 기호학적인 과정에 주목한다.

한편 전 지구화에 따른 사람과 문화적·언어적 자원의 이동은 최근의 언어인류학 연구에서 중요한 연구 주제로 부상해왔다. 제3부 《전 지구화와 한국 언어 지형의 변화》에서는 전 지구화에 따른 언어 접변과 다중언어 사용, 그리고 언어이데올로기에 관한 연구들을 소개한다. 제8장 〈언어의 지도학: 싱가포르 한인 이주민들의 이동성에 대한 이해〉(박성열)의 저자는 '언어의 지도학'이라는 개념을 통해, 다중언어의 문제를 단순히 이주와 이동의 결과적인 산물이라고 보기보다는 오히려 언어와 언어이데올로기가 사람들의 이주와 이동성을 구성하는 능동적인 역할을 하고 있음을 주장한다. 언어이데올로기를 특정 언어와 그 언어 사용자에 대한 가치와 이미지라고 정의한다면, 사람들은 그러한 언어이데올로기를 매개로 자신이 이동해야 할 공간과 궤적을 상상하고 추구하는데, 이는 마치 지도를 제작하고 그 지도에 따라 경로를 개척하는 것과 비슷하다. 저자는 싱가포르의 한인 이주민들 중 다국적 기업에 근무하는 중간 관리자들과 자녀 교육을 위해 이주해온 조기유학 가족의 사례를 분석하여, 이들이 상상하는 언어의 가치, 특히 영어와 그 지역 변이에 대한 가치가 어떻게 위계적으로 인지되는지를 살핀다. 공간의 수직적 배치를 나타내는 스케일scale 개념을 이용하여, 특정 언어와 그 변이형에 대한 가치와 인식이 어떻게 위계적이고 수직적인 초국가적 공간에 대한 이해로 연결되는지, 그리고 이것은 다시 한인 이주민들이 초국가적 공간과 자신의 이동성을 상상하고 구성하는 데 중요한 매개가 됨을 지적한다.

이와 같은 언어와 초국가적 이동성에 관한 문제는 제9장 〈자본의 형성: 한국에서의 이동성에 대한 표식화 담론〉(애드리엔 로·최이진)에서 외국 유학에서 돌아온 귀환자이자 한국의 유명 가수인 타블로의 학력 논란이라는 사례에서 좀 더 자세히 다룬다. 이 장의 저자들은 그동안 언어 연구에서 중심이 되었던 말하는 자의 행위자성에서 듣는 자의 행위자성으로 그 논의의 초점을 맞춘다. 이 연구 사례에서는 타블로의 학력을 의심하는 타자들, 특히 초국적 이동성을 가지지 못한 '듣는 주체'에 의하여, 초국가적 엘리트의 이미지로 받아들여졌던 타블로의 여러 가지 자본과 기호—예를 들어 학력 자격, 영어 사용 능력, 행실—가 전형적인 초국가적 엘리트라는 인물 유형과 부합되는 것이 아니라, '해외 도피 유학'에서 돌아온 '나쁜' 귀환자의 표식으로 연결되고 있음을 설명한다. 즉 특정 화자의 이동성을 반영한다고 여겼던 특정 기호와 표식은 듣는 주체들의 메타기호적 담론에 따라서 부정적 인물 유형이나 사람됨을 지표하는 것으로 변형되고 있는 것이다. 8장에서 다루었던 것처럼, 특정 언어 또는 기호에 대한 담론과 이데올로기가 특정 화자의 정체성을 매개하고 구성하는 능동적인 역할을 하고 있음을 논의한다.

제10장 〈'공장말': 인도네시아 한국 기업의 언어 사용과 권력〉(강윤희)에서는 언어와 이주의 문제를 비영어권 초국가적 작업 공간에서의 상호작용을 통해 다룬다. 이 장은 인도네시아로 진출한 한국 기업에서 한국인 관리자와 인도네시아 노동자 간의 미시적인 상호작용을 분석하여, '공장말'이라고 불리는 한국인 직원들의 인도네시아어 사용의 특징을 논의한다. 공장말은 한국인 관리자들이 인도네시아 노동자들에게 지시를 내릴 때 주로 사용하는 특수한 상황변이어register로서, 한국어의 문장 구조에 인도네시아 어휘가 사용되는 일종의 피진어pidgin의 성격을 지니며, 부정확한 문법구조나 부족한 어휘 사용 등으로 극히 제한적인 언어 형식이라고 볼 수 있다. 하지만 이러한 제약과 한계에도 불구하고, 공장말은 인도네시아 생산 현장에 적합하고 유용한 언어 자원이자 생산 통제의 도구로 여기고 있으며, 한국인의 공장말 사용과 상명하달식의 '지시'가 주를 이루는 의사소통 양식은 초국가적 작업 공간에서는 규범적인 것으로 강제되거나 당연시된다. 이러한 공장 내의 의사소통 양식은 공장말에 대한 실용성과 효율성을 강조하는 도구주의적 언어이데올로기와 한국인과 인도네시아인에 대한 스테레오타입에 의해 매개되고 정당화되며, 동시에 한국인 관리자와 인도네시아 노동자들 사이의 위계와 권력 관계를 재생산할 뿐만 아니라, 재강화하는 효과를 가져올 수 있는 것이다.

이처럼 3부의 연구 사례들은 모두 공통적으로 다중언어 사용 상황에서 언어들은 결코 객관적인, 또는 '비어 있는' 기호가 아니라, 그 언어 사용자가 놓여 있는 위계적인 공간 질서와 구조에 따라서 상상되고 재구성되는 하나의 지표index이자 이데올로기적 구성물이라고 지적한다.

특정 언어 또는 언어 자질들과 그 의미의 이데올로기적 구성, 나아가 그러한 언어 또는 언어 자질들의 지표성indexicality과 구별 짓기는 제4부 《한국사회의 구별 짓기와 기호인류학》에서 다루는 기호학적 연구 사례들에서 더욱 명확해진다. 최근 여러 언어인류학 연구에서 활발히 적용되고 논의되는 기호학적인 분석들은 언어의 다기능성을 강조하고, 특히 비지시적인 의미와의 연결과 그 과정에 초점을 두는 접근 방법이다.[1] 이러한 기호학적인 접근에서는 특정 언어 또는 기호와 그것이 가리키는 의미의 연결은 자연스러운 것이 아니며, 그것의 연결을 가능하게 하는 메타 기호적 또는 메타언어적 담론의 이데올로기적인 구성 작용을 특히 강조한다. 또한 그러한 언어 또는 기호에 대한 이데올로기적 구성은 나와 남의 경계를 만들어내며, 구별 짓기를 위한 실천으로 작용한다. 제11장 〈한국어 마찰음 목소리 제스처의 문화와 상호담론성〉(니콜라스 하크니스)에서는 한국인의 특징적인 음성적 요소로서 마찰음을 일종의 제스처로 정의하고Fricative Voice Gesture, FVG, '크~~[k^hɨ^x:::^{h}:::]'의 음성 자질에서 보이는 것처럼 모음의 발성에 자음과 유사한 음성 자질이 첨가되는 현상(여기서는 [ɨ^x:::^{h}:::])을 분석한다. 한국인이 '갑자기' '아주' 등의 발언을 강조하기 위한 발성에서 모음에 자음과 유사한 음성 자질이 첨가(여기서는 [a^x]의 음성 자질)되는 것은 특정 목소리 또는 발성의 양식이 문화적인 의미 과정을 통해서 특정 대상을 도상화하고, 나아가 '강렬함' 또는 '강도'를 표현함을 보여준다. 특히 한국어 마찰음 목소리 제스처에서 나타난 '거친' 소리는 화자가 권위 있거나, 청자의 주의를 적극적으로 끌 수 있는 사람인 경우에 그 사용이 더욱 적절하다고 해석한다. 이어 저자는 구체적인 사례로 조용기 목사의 설교와 한국의 소주회사가 사용한 보이스 마케팅

---

1 앞서 언급했던 특정 언어 자질 또는 언어 행위의 '전형화'와 '도상화'를 통한 특성 인물 또는 사람됨과의 연결(6장, 9장)이라든지, 특정 언어 사용을 특정 맥락에서 사용되는 변별적인 것으로 만드는 과정을 설명하는 '레지스터화(enregisterment)'(7장) 등이 모두 특정 의미 작용 과정에 초점을 두는 기호학적인 설명에 해당한다.

을 분석한다. 조용기 목사의 경우 FVG를 통해서 자신의 개인적 경험의 강렬함을 전달할 뿐만 아니라, 자신의 연행을 강화하는 효과를 가져오고 있었다. 또한 한국의 소주회사에서 사용한 보이스 마케팅은 과거에 소주를 마시는 정형화된 '아저씨'의 소리였던 '크~~$[k^{h}\text{ɨ}^{x}\text{:::}^{h}\text{:::}]$'가 좀 더 밝고 부드러운 '캬~~$[k^{h}\text{ja}^{h}\text{:::}]$'로 바뀌고 있음을 보여주는데, 이러한 변화는 도수가 낮아지고 여성 소비자가 증가하는 좀 더 '부드러운' 소주의 소비를 지표한다.

한국의 '거친' 음성 자질과 '강렬함' 또는 '남성성'의 연결을 다룬 11장에 이어, 제12장 〈색의 성격화: 한국 화장품 기업의 "핑크" 브랜딩의 색채어 유희와 기능〉(고경난)에서는 특정 화장품에서 색色과 색명으로 '여성성'과 '귀여움'을 연결시키는 기호학적 과정을 살핀다. 이 장의 저자는 '핑크캐슬'이라는 화장품 브랜드를 대상으로 비언어로서의 색, 상품과 언어기호로서의 색명, 상품명이 연결되는 과정을 분석하고, 이를 통해 어떻게 특정 색채 브랜드 기호('핑크')가 특정 소비자층으로 연결되며, 나아가 특정 사람됨의 자질과 특성('귀엽고 발랄한 소녀')으로 연결되는지, 그 성격화characterization 과정을 다룬다. 특히 '핑크캐슬'의 색조 제품에 부여된 제품명이 특정 소비자층(이 경우에는 청소년이나 청년)에게 익숙한 유행어나 신조어를 사용하거나, 다양한 말장난의 형식을 적극적으로 사용하고 있음을 지적하면서, 이를 통해 브랜드의 잠재적 소비자층을 지표할 수 있게 된다고 본다. 나아가 이러한 유희성을 지닌 색채 이름이나 제품명은 재미있고 장난스러운, 귀엽고 발랄한 소녀의 자질을 가리키는 것으로 연결되면서, 소비자의 특정 속성을 표현하는 사회적 지표로서도 기능하게 된다. 저자는 이처럼 특정 브랜드와 색의 의미화를 분석하여, 특정 기호와 그 기호의 성격과 의미를 규정하는 과정에 메타기호학적인 담론, 또는 기호이데올로기가 매개하고 있음을 강조한다.

제13장 〈조직 수평화에 저항하기: 한국 기업 내 직함, 아이덴티티

인프라, 그리고 기호학〉(마이클 프렌티스)은 언어인류학의 고전적인 연구 주제 중 하나인 호칭어/지칭어를 한국 기업 조직 내의 직함 문제로 살펴본다. 이 장에서는 사원들의 회사 내 직위나 직급에 대한 서열화된 호칭을 없애기 위해 '매니저제'를 도입하고, 호칭을 수평화하려 했던 상도기업의 사례를 소개한다. 마치 친척 용어나 명명체계가 한 사회의 구조와 개인들의 위치, 그리고 그들 간의 관계를 반영한다고 여겨지는 것처럼, 회사 내의 직함이나 명명체계는 그것 자체로 조직 내에서의 개인의 위치와 관계를 반영하며, 동시에 규정할 수 있기 때문에 호칭의 수평화는 조직의 수평화로 진행될 수 있다고 확신했던 것이다. 하지만 이 장의 저자는 '아이덴티티 인프라identity infrastructure'의 개념을 도입하여, 개인의 정체성은 다양한 범주—예를 들어 직함, 급여, 앉는 자리, 업무, 휴가 일수, 열람 가능한 문서 등—의 배열에 따라서 여러 형태로 기호화되는 것이므로, 호칭의 변화를 통해서 조직문화를 바꿀 수 있다는 생각은 문제가 있다고 지적한다. 즉 개인의 정체성은 개별적인 범주의 두드러진 속성에 따라서 규정되는 것이 아니라, 다양한 범주들 또는 기호들 간의 특수한 배열과 통합적 작동 방식에 따라서 달리 나타날 수 있으므로, 이러한 범주들 간의 배열과 상호작용, 특히 '관계 간 관계'에 주목해야 한다고 주장한다. 이 장에서는 더욱 구체적으로 작업 공간에서의 자리 배치, 직함의 영어 번역, 개인별 성과에 바탕을 둔 등급화된 성과급의 도입 등 세 가지 '관계 간 관계'를 살피고, 이러한 관계들이 '아이덴티티 인프라'로서 회사의 기반시설처럼 관리되고 유지되고 있음을 밝힌다.

이상으로 살핀 이 책의 13개 연구 사례는 한국에서 지난 30년간 진행되어온 언어인류학의 연구 진행과 발달 과정을 그대로 보여준다. 이 책의 전신 격인 2010년 양한석 교수가 편집한 『한국어, 한국문화, 한국사회』에서 다루었던 당시의 연구 성과와 비교해보면, 지난 10년간 한국의 언어문화를 연구하는 학자들이나 그 연구 주제들에 상당한 변화가 있었다. 예를 들면 위의 책에서 당시 한국의 언어인류학 연구에서 "언어와 예술 및 놀이의 관련성에 대해서는 상대적으로 연구 관심을 거의 가지지 않은 것"(왕한석 편 2010: 28)이라고 지적되었지만, 이 책의 제2부에서 소개하고 있듯이 말놀이와 농담, 특정 말 장르 등의 언어예술에 대한 연구가 더욱 활발해졌다.

또한 언어 민속지 등 언어분류체계와 민속지식, 그리고 의사소통의 민족지학과 같은 기존의 연구 영역은 꾸준히 중요한 연구 주제로 다룬 한편, 새로운 연구 주제로서 현대 한국사회의 전 지구화와 증가된 초국가적 이주에 따른 다양한 언어 접촉과 다중언어 사용 상황에 대한 연구도 활발히 진행 중이라는 점도 지난 10년간 나타난 변화 중 하나다. 또한 이러한 연구 주제의 세분화에 따라서 기존의 마을 연구에서부터 시작하여, 유치원, 학교 등의 제도적 상황, 한국 기업의 직원이나, 다국적 기업의 초국가적 이주민, 조기유학 가족, 대중매체나 온라인 매체를 통한 대중문화와 대중문화 종사자, 화장품 판매점과 판매원 등 다양한 연구 대상과 공간을 망라하게 되었다. 이론적 논의에서는 기존의 의사소통의 민족지학이나 민족과학, 인지인류학 등의 접근법뿐만 아니라, 언어·기호 이데올로기, 메타담론, 지표성, 상호텍스트성, 전형화, 성격화, 레지스터화 등 하나의 언어 자질 또는 언어 자원이 다양한 사회적·문화적 의미나 가치와 연결되는 과정에 더욱 관심을 갖는 기호학적 분석도 활발히 진행되고 있다.

한국 언어인류학의 최근 연구 사례들은 다양한 언어 사용 현상을 고정된 사회구조나 맥락의 반영이나 그 산물로 보는 것이 아니라, 오히려 언어를 통한 사회적 사실이나 맥락의 형성에 초점을 두는 경향을 보인다. 이에 따라 특정 언어의 사용을 단순히 기술, 분석하는 연구를 확장시켜, 그 언어 사용을 매개하는 좀 더 거시적인 사회구조의 문제와 언어 이데올로기의 문제를 논의한다(강윤희 2018; 최진숙·안준희 2016). 언어 이외의 다양한 비언어적 기호와 의미 작용, 그리고 이러한 언어/비언어의 기호적 작용을 통해서 상상되고 구성되는 사회적 실재와 각종 경계—예를 들어 인종, 민족, 국가 등—그리고 그러한 언어적 상상과 담론적 구성에 작용하는 정치경제적 배경, 나아가 경계 간의 급증하는 이동과 이동하는 사람들에 대한 초점과 관심은 최근 언어인류학 연구 동향 리뷰 논문들에서 공통적으로 지적된 언어인류학의 최신 연구 경향이라고 할 수 있다(Hoffmann-Dilloway 2018; Nakassis 2016; Park 2019; Shankar 2017). 마찬가지로 앞으로 한국 언어인류학에서도 언어와 비언어적인 기호, 언어의 비지시적 의미와 기능, 그리고 그것을 매개하는 메타 담론이나 이데올로기의 영역에 더욱 초점을 두는 연구들이 더욱 활발해질 것이라고 전망할 수 있다. 이를 통해 한국의 언어인류학은 언어와 언어를 통해 이루어지는 의미 구성 과정을 분석하고, 이를 거시적이고 역동적인 사회구조 안에서 탐구함으로써, 사회적 행위와 실천으로서 언어가 가지고 있는 능동적이고 수행적인 역할, 나아가 우리의 일상적 사회생활과 문화적 세계에서 언어의 중요성을 더욱 부각시킬 수 있을 것이다.

참고문헌

강윤희, 2012, “언어예술,” 『사회언어학사전』, 사회언어학회 엮음, 소통, p. 145.

______, 2018, “언어·문화·사회적 상호작용,” 『현대문화인류학』, 서울: 형설출판사, pp. 192-211.

왕한석, 1996, “언어·사회·문화: 언어 인류학의 주요 조류,” 『사회언어학』 4(1): 3-50.

왕한석 편, 2010, 『한국어, 한국문화, 한국사회』, 파주: 교문사.

조숙정, 2014, “바다 생태환경의 민속구분법: 서해 어민의 문화적 지식에 관한 인지인류학적 연구,” 서울대학교 인류학과 박사학위논문.

최진숙·안준희, 2016, “경계의 언어화와 소통,” 『비교문화연구』 22(2): 5-11.

Hoffmann-Dilloway, Erika, 2018 “Linguistic Anthropology in 2017: It could be Otherwise,” *American Anthropology* 120(2): 278-290.

Nakassis, Constantine V., 2016, “Linguistic Anthropology in 2015: Not the Study of Language,” *American Anthropologist* 118(2): 330-345.

Park, Joseph Sung-Yul, 2019, “Linguistic Anthropology in 2018: Signifying Movement,” *American Anthropologist* 121(2): 403-416.

Shankar, Shalini, 2017, “Linguistic Anthropology in 2016: Now What?” *American Anthropology* 119(2): 319-332.

| 제1부 |

한국의 언어문화

제1장

〈한국의 언어 민속지〉 연구의 현황과 성과*

왕한석

이 글은 지난 10여 년간 필자가 행하고 있는 '한국의 언어 민속지' 연구 작업의 개요와 중요 성과를 일본의 한국학 전문 학자들에게 간략하게 정리 소개하려는 것이다. 약간은 낯설 '한국의 언어문화'라는 새로운 연구 영역을 동료 학자들에게 소개함과 동시에, '한국 언어문화'의 특성을 부분적이나마 설명하는 기회가 될 것으로 믿는다.

* 이 글은 2016년 10월 1일 일본 덴리대학(天理大學)에서 개최된 제67회 조선학회(朝鮮學會) 대회의 '공개 강연'으로 발표되고, 이듬해인 2017년 1월 『조선학보(朝鮮學報)』(*Chosen Gakuho*) 제242집(1-45)에 일본어 번역본으로 출판된 것이다. 이 글은 원래 2013년 11월 12일 서울대학교에서 있은 "〈한국의 언어 민속지〉 연구의 성과와 과제"라는 특별 강연(서울대학교 학술연구상 수상 기념)의 주 내용을 부분적으로 수정 보완한 것이다. 이 글의 앞부분은 한국의 국어학자들을 위해 쓴 글인 "〈한국의 언어 민속지〉 연구와 언어 현지조사의 과정"(왕한석 2012b)의 앞부분과, 글의 전체 구성 때문에, 상당 부분 중첩됨을 양지해주시기 바란다. 그리고 근래 쓴 일종의 성찰적(省察的) 회고의 글인 "작은 공부의 연원과 특성 그리고 성과들에 대하여"(왕한석 2015)와도 중첩되는 부분이 있음을 밝힌다.

1. 〈한국의 언어 민속지〉 연구의 동기와 목표

필자는 기본적으로 인류학자이고, 인류학이라는 광범한 연구분과 중에서 언어인류학言語人類學, linguistic anthropology이라는 하위 분야를 공부해왔다. 다시 말하여 미국 전통의 인류학은 네 개의 하위 분야로 나뉘는데, 생물인류학, 고고학, 사회문화인류학과 언어인류학이다. 쉽게 말하여 언어를 연구하는 언어학과 문화를 연구하는 인류학이 만나는 영역 또는 접점인 언어인류학이라는 하위 분야를 나름대로 전공해온 셈이다.

학자로서의 시절 인연時節因緣을 조금 더 소개하자면, 필자는 이론적으로는 언어인류학을 공부해오면서 지역적으로는 한국을 주로 연구해왔다. 따라서 필자의 작은 공부는 실제적으로는 '한국의 언어문화言語文化, linguaculture'[1]에 대한 연구가 된다. 구체적으로 한국 언어문화의 특성을 이루는 존댓말honorifics, 친척용어kinship terms, 호칭체계address system 등이 주 연구 주제였으며, 그 외 한국어에 대한 다양한 사회언어학sociolinguistics적 연구 그리고 민족언어학ethnolinguistics적 연구에 관심을 가져왔다. 그뿐만 아니라 필자의 '한국의 언어문화'에 대한 지금까지의 연구는 대체로 한국 전통사회의 언어문화에 대한 연구로 집중되었으므로, 필자의 작은 공부는 간략히 '한국 전통사회에서의 언어문화의 중심적 양상들에 대한 민족지적 연구'로 요약할 수도 있다.

학위를 마치고 교수가 된 후 약 30년간 대학에서 봉직하다 정년퇴

---

1 여기서 '언어문화'라는 표현은 지금까지 널리 써온 '언어와 문화(language and culture 또는 language in culture)'의 줄임말(Friedrich 1989; Agar 1994: 60, 265 등)로, 즉 구분되는 층위(層位)로서의 현상 및 연구 영역을 함께 가리키는 말이다. 따라서 '한국의 언어문화'는 '한국사회에서의 (전통적인 또는 특징적인) '언어와 문화 현상' 또는 그것에 대한 '기술 및 연구'가 된다(왕한석 2009: 4-6 참조).

임을 하였는데, 이 30년 동안 필자의 작은 공부는 크게 두 시기로 구분할 수 있는 것 같다. 대략 처음 20년간은 논문을 주로 쓰고 공부를 조금씩 확충해가는 과정이었고, 뒤의 10년간은 앞 시기의 공부에 바탕하여 한층 더 큰 작업을 기획하고 주로 책을 쓴 시기였다. (책을 쓰는 작업은 정년 후인 지금에도 그리고 앞으로도 상당 기간 계속될 것 같다.)

그런데 이 두 시기 동안 필자가 택한 한국의 언어문화 연구에 대한 접근 방식은 상당히 달랐다. 즉, 앞 시기의 연구는 대부분이, 많은 학술 연구의 일반적 경향이 그러하듯이, 특정 주제 중심의 연구였다. 다시 말하여 "한국의 언어와 문화 현상 중 중요하거나 흥미로운 주제를 선택하고, 이를 연구 대상 언어공동체speech community에서 발견되는 경험적 자료들에 바탕하여 심층적으로 기술·분석"하려는 것들이었다(왕한석 2009: 3). (물론 이 연구들도 가능한 경우에는 한국사회 내의 다른 지역이나 다른 사회에서의 연구 결과와 체계적으로 비교함으로써, 좀 더 일반화된 논의로 나아갈 수도 있는 것들이다.)

이에 반하여 뒤 시기의 연구는 좀 더 넓은 범위의 언어와 문화 현상에 대한 기술을 지향하는 것으로서, "특정한 주제에 초점을 맞추기보다는, 가능한 한 넓은 범위의 언어와 문화 현상을 관찰하고 이를 기술하는 방식"이 된다(왕한석 2009: 3). 다시 말하여 특정의 언어공동체 내에서 관찰 가능한 넓은 범위의 언어문화 현상으로 연구의 범위를 확대함으로써, 해당 공동체 내에서 발견되는 언어문화의 중요한 현상을 가급적 모두 포괄하려는 방식이다. 이 두 번째 접근법은, 앞의 접근법이 특정 주제에 대한 심층적인 기술·분석인 데 비해, 대체로 "보다 넓은 범위의 언어와 문화 현상에 대한 자료 중심적 기술지記述誌의 성격"을 가지는 것이 될 것이다(왕한석 2009: 3-4).

근래 필자가 행하고 있는(그리고 오늘 여기서 발표하려는) '한국의 언어 민속지' 연구 작업은 한국의 언어문화에 대한 바로 이 두 번째 접근법이 된다. 대체로 촌락 단위의 작은 언어공동체를 연구 모집단母集團으로 선정하고, 해당 공동체 내에서(또는 넓게는 해당 지역에서) 발견되는 전통적인 언어문화의 중요 양상을 전면적으로 기술하려는 작업이다.

여기서 '언어 민속지言語民俗誌, linguistic ethnography'라는 표현은 '언어에 관한 민족지적ethnographic 기술 또는 문화적 기술'이라는 일반적 의미로 채택한 것이다. 따라서 '한국의 언어 민속지'라는 명칭도 "한국 사회의 (전통적인 또는 특징적인) 언어와 문화에 대한 민족지적 기술" 또는 "한국 사회의 (전통적인 또는 특징적인) 언어 유형에 대한 문화적 기술"(왕한석 2009: 4)이라는 일반적인 의미로 채택 사용하는 것이 된다.

필자는 2000년도를 전후하여 이러한 새로운 '언어 민속지' 작업의 필요성을 강하게 인식하게 되었다. 한마디로 관련 연구를 수행할 수 있는 학자의 수는 적은 데 비해, 한국사회는 너무나도 빠르게 변화하고 있었기 때문이다. 이즈음에 필자가 내린 결론은, 새로운 연구 주제를 개척하고 새로운 기술 및 분석 내용을 담는 연구 논문을 계속 생산하기보다는, 좀 더 기초적이고 일반적인 '언어 민속지' 작업을 행함으로써 한국 언어문화의 연구와 이해에 초석을 다지고 그것의 개략적인 얼개라도 만들어보자는 것이었다. 솔직히 말하여 필자는 이러한 기술적인 '언어 민속지' 작업이 한국의 제1세대 언어인류학자로서 필자에게 주어진 학문적 의무로 느꼈다.

그러면 한국의 언어문화에 대한 이 새로운 접근법, 즉 자료 중심적 기술지 형태의 '언어 민속지' 작업이 현재 한국사회의 연구 상황에서 절실히 요청되는 이유는 무엇일까? 그것은 두 가지로 정리할 수 있을 것이다.

먼저 하나는 한국사회의 언어문화에 대한 "보다 다양하고 전체적인 이해에 도달하기 위해서"다(왕한석 2009: 10). 즉, 지금까지의 관련 연구는 주로 소수의 한정된 지역에서만 이루어졌으므로, 그 결과 우리는 한국 언어문화의 지역적·사회적 변이상regional, social variation을 거의 알지 못하는 수준이다. 그뿐만 아니라 지금까지의 연구는 중요하지만 제한된 주제들로만 주로 초점을 맞춤으로써, 한국 언어문화의 전체적인 양상을 이해하는 데서 또 대체로 초보적 수준에 머무르고 있다. 따라서 한국의 언어문화 연구는 현재의 시점에서, '한국의 언어 민속지' 작업과 같은, 다양한 지역에서 그리고 더 넓은 시각에서의 기초적인 연구가 절실히 필요할 것이다.

또 다른 이유는 현대 한국사회의 급격한 문화변동 상황과 직접적으로 연관되는 것이다. 간단히 말하여 한국사회의 여러 지역은 구분되는 방언뿐만 아니라 해당 지역 나름의 언어문화를 오랫동안 발달시켜온 것으로 보인다. 그런데 근래 들어 한국사회 전체에서 매우 빠른 속도의 방언 수렴dialect convergence 현상이 일어나고 있듯이, 지역 고유의 언어문화도 급격히 변화하고 있는 것으로 관찰된다. 심지어는 현재의 노인 세대가 사라지고 나면 그들의 언어, 즉 방언뿐만 아니라 그들의 전통적인 언어문화도 함께, 다음 세대로 계승되지 않을 것 같은 부정적인 인상을 강하게 주는 것이 오늘날의 현실이다. 이러한 상황에서 '한국의 언어 민속지' 작업과 같은 전통적인 언어문화에 대한 경험적이고 미시적인 연구는 시급한 연구 영역이 될 수밖에 없을 것이고, 그것은 또 다른 표현으로 하면 "긴급을 요하는 '구제 민속지salvage ethnography' 연구로서의 필요성과 특성을 함께 지니"는(왕한석 2009: 10) 연구 작업이 될 것이다.

2. 〈한국의 언어 민속지〉 연구의 현황과 주요 내용

1) 연구의 계획과 현황

이상과 같은 동기 및 목표에서 시작된 '한국의 언어 민속지' 연구는 여러 상황적 요인 때문에 조금 늦은 시점인 2007년 초부터 시작되었다. 전체 계획은 약 10년간에 걸친 집중적인 연구 활동으로 모두 다섯 권의 연구 단행본을 만드는 것으로 기획되었다. 간단히 말하여 한국사회 전 지역을 연구 대상으로 삼는데, 좀 더 구체적으로는 제주도를 제외한 각 도道마다 한 곳(촌락 공동체)씩의 적절한 조사지를 선정하여, 그곳의 전통적인 언어문화의 중요 양상과 가능하다면 최근의 변화를 분석적으로 기술하려는 연구 계획이다.[2] 현재까지 이루어진 연구 결과와 앞으로 남은 작업을 정리하면, 다음의 목록과 같다. 즉, 지금까지 네 권의 연구서가 출간되었고, 마지막 권은 자료 수집을 위한 현지조사를 마치고 현재 원고 작성 단계에 있다.[3]

(1) 2009『한국의 언어 민속지 1: 서편』, 교문사(pp. ix+373)

서장

*제1장 경기 강화도의 언어문화(1993년 조사, 1996년 발표)

제2장 부산 동래 지역의 언어문화(2001, 2003, 2007년 겨울 조사)

*제3장 중국 연변 조선족의 언어문화(1996년 조사, 발표)

*제4장 중국 요령성 조선족의 언어문화(1997년 조사, 발표)

*〈부록〉 한국 친척용어 조사표(1980년대 후반 조사 및 완성)

---

2 여기서 제수도를 연구 대상지에서 제외한 이유는, 약 10년의 기간 내에 이 연구 작업을 모두 마치고 싶었고, 제주에서의 적절한 현지조사를 위해서는 제주 방언을 어느 정도 이해해야 하는데, (필자의 개인적인 경험으로는) 이를 위해서는 상당 기간 방언 학습 과정이 필요할 것으로 판단하였기 때문이다.

3 원고 작성 당시에는 강원 · 경기도 편을 묶어서 출간하려고 했으나, 현재 강원도 편을 먼저 출간하고, 경기도 편 원고를 작성 중이다. 2021,『한국의 언어 민속지: 강원도 편』, 서울대학교출판문화원(pp. xii+399)

(2) 2010 『한국의 언어 민속지: 전라남북도 편』, 서울대학교출판문화원 (pp. 382)

서장: 호남 지역의 언어문화 연구

제1장 진도군 조도의 언어문화(2007년 여름 조사)

제2장 고창 지역의 언어문화(2007년 겨울 조사)

(3) 2012 『한국의 언어 민속지: 경상남북도 편』, 서울대학교출판문화원 (pp. xi+601)

서장: 영남 지역의 언어문화 연구

제1장 통영시 사량도의 언어문화(2009년 겨울 조사)

제2장 선산 지역의 언어문화(2010년 여름 조사)

*〈부록〉 영해 지역의 친척용어 목록(1990년 겨울 조사)

(4) 2016 『한국의 언어 민속지: 충청남북도 편』, 서울대학교출판문화원 (pp. xi+583)

서장: 충청 지역의 언어문화 연구

제1장 홍성 지역의 언어문화(2012년 겨울 조사)

제2장 청원 지역의 언어문화(2013년 겨울 조사)

(5) 〈한국의 언어 민속지: 강원·경기도 편〉

강원도: 삼척시 하장면 갈전리(2013. 12. 현지조사)

경기도: 양평군 단월면 보룡 1리(2015. 1-2. 현지조사)

이제 개별 단행본들의 개요를 서술하기로 하겠다. 먼저 2009년 출간된 『한국의 언어 민속지 1: 서편』은 이 '한국의 언어 민속지' 연구 계획이 본격적으로 만들어지기 이전에 조사 발표된 세 지역의 언어문화에 대한 연구 내용(위 목록에서 이러한 앞선 시기에 조사된 연구 결과 및 자료 집합에는 앞에 *를 붙였음)과, 이 연구 계획이 만들어진 이후에 새로이 조사된 한 지역의 언어문화에 대한 연구 결과로 구성되어 있다. 즉, 제1장 '경기 강화도江華島의 언어문화', 제3장 '중국 연변延邊 조선족朝鮮族의 언어문화', 제4장 '중국 요령성遼寧省 조선족의 언어문화'는 2000년 이전에 각기 개별적으로 수행한 현지 연구의 결과인데, 대체로 부분적인 편집상의 수정만을 거쳐 이 책에 다시 수록되었다. 이에 반해 제2장 '부산 동래東萊 지역의 언어문화'는 '한국의 언어 민속지'라는 새로운 연구 계획이 수립된 이후에 중심적인 현지조사가 이루어진 연구 결과다. [여기서 개인적인 사실 한 가지를 첨언한다면, 이 제2장은 이제는 도시의 한복판으로 변화된 필자의 옛 고향 마을(부산시釜山市 동래구東萊區 안락동安樂洞의 호현狐峴 및 화현花峴마을)을 연구 대상으로 한 언어 민속지 작업이다.]

제1권의 〈부록〉은 '한국 친척용어 조사표'인데, 사실은 이 부록이 한국의 친척용어(즉, 친척지칭親戚指稱, kinship terms of reference과 친척호칭親戚呼稱, kinship terms of address)에 대한 조사표이자 동시에 필자의 오랜 기간 주 조사지였던 경상남도慶尙南道 함양군咸陽郡 지곡면池谷面 개평리介坪里에서 사용해온 친척용어에 대한 실제의 자료 집성集成이다. 외형상 모두 574개의 친척형親戚型, kin type을 가리키고 부르는 친척용어의 조사표지만, 이 부록에 실린 개평리의 친척지칭 목록은 아마도 한국의 친척지칭이 비교 문화적으로 가장 잘 분화되고 발달했음을 보여주는 귀중한 자료집이 될 것이다.[4]

---

4 참고로 친척용어(즉, 친척지칭)가 가장 세분되게 발달한 것으로 널리 알려진 중국의 소위 '서면용어(書面用語, literary kin terms)' 목록은 모두 368개인데, 이는 잘 알다시피 진(秦)나라 때의 『이아(爾雅)』에서부터 연원 발달해온, 주로 글의 맥락에서 사용하는 친척용어의 목록이다(Feng 1937; Lin 1983 등 참조). 한국의 특히 반촌에서 발달한 한자어 친척지칭은 중국의 이 서면용어에서 기본적으로 연원한 것인데, 대체로 그 전체 숫자 면에서는 오히려 중국의 것보

다음으로 2010년 출간된『한국의 언어 민속지: 전라남북도 편』과 2012년 출간된『한국의 언어 민속지: 경상남북도 편』그리고 2016년 출간된『한국의 언어 민속지: 충청남북도 편』은, 말할 것도 없이, 모두 새로운 연구 계획에 따라 한층 더 본격적으로 이루어진 언어 민속지 연구의 결과들이다. 이 세 책의 개요를 간략히 언급하기로 하겠다. (여기서 한 가지, 연구가 진행될수록 그 결과, 즉 기술의 양이 늘어나는 경향을 보이는데, 특히 제3권과 제4권은 제2권에 비해 페이지가 현격히 늘어났다.)

먼저 제2권 '전라남북도 편'은 전남 진도군 조도鳥島의 한 어촌 마을(진도군珍島郡 조도면鳥島面 신육리新陸里의 윷골마을)을 연구 대상으로 한 언어 민속지와, 전북 고창군 평야 지대의 한 농촌 마을(고창군高敞郡 고수면古水面 장두리長斗里의 월계月溪마을)을 연구 대상으로 한 언어 민속지로 구성되어 있다. 어촌 마을인 조도에서의 현지조사는 특히 멀리 떨어진 어촌이라는 특수한 지리적·생태적 환경에서 다양하고 흥미로운 언어문화의 양상을 발견하는 유익하고 생산적인 연구 과정이었다. 이 조도에서의 연구는 어촌 지역에 대한 필자의 사실상 첫 현지조사였으므로 매우 유의미한 배움의 과정이었다. 마찬가지로 고창 지역의 현지조사도 한국, 특히 호남 지역의 독특한 언어문화의 여러 측면(가령 발달한 언어예법 및 언어예술의 양상을 포함하여)에 대한 많은 새로운 언어적·문화적 지식을 배우는 흥미로운 연구 과정이었다.

2012년 출간된 제3권 '경상남북도 편'은 경남 통영시 사량도蛇梁島의 한 어촌 마을(통영시統營市 사량면蛇梁面 양지리良池里의 능양能良마을)에 대한 연구 결과와, 경북 선산善山 지역의 한 반촌班村 마을(오늘날의 행정구역명으로는 구미시龜尾市 도개면桃開面 신곡리新谷里)에 대한 연구 결과로 이루어져 있다. 사량도에

다 더 발달한 모습을 보인다.

서의 연구는 앞선 조도에서의 연구의 연장선상에 있으며, 남해안의 어촌 마을을 대상으로 한 광범하고 정밀한 언어 민속지로서의 특성을 가질 것이다. 선산 지역의 연구는 경북 서부 지역의 한 반촌 마을의 다양한 차원의 언어문화를 세밀히 기술하는 예가 될 것인데, 특히 이 선산에서의 연구는 현지조사자로서는 처음으로 여성의 언어생활言語生活 세계 속으로 필자가 제대로 들어갈 수 있었던 참으로 행운의 현지조사 과정이었다. 이 제3권에서는 앞선 연구 결과들에 바탕하여 가능한 영역에서는 비교 분석 또는 일반화를 부분적이나마 시도했음을 밝혀둔다. 그리고 이 제3권의 〈부록〉은 '(경북) 영해寧海 지역의 친척용어 목록'인데, 실제로는 20여 년 전에 해당 지역에서 힘들여 수집한 자료 목록이다. 이 친척용어 목록은 제1권 〈부록〉에서 정리한 개평리介坪里의 친척용어 목록과 함께, 이제는 소위 반촌에서도 쉽게 듣기 힘든 한국 친척용어의 정치精緻하면서도 전면적인 목록이 될 것으로 믿는다.

2016년 출간된 제4권 '충청남북도 편'은 충남 홍성 지역의 한 (무반武班 계열의) 반촌 마을(홍성군洪城郡 구항면龜項面 내현리內峴里의 내현內峴마을)을 연구 대상으로 한 언어 민속지와, 충북 청원 지역의 한 오지奧地 산촌 마을(청원군淸原郡 문의면文義面 소전리所田里의 벌랏마을)을 연구 대상으로 한 언어 민속지로 구성되어 있다. 간단히 홍성 지역의 연구는 충남의 농촌 지역, 특히 이른바 (충남 서부의) 내포內浦 지역의 특이한 언어문화의 주요 특성을 자세히 관찰·기술하는 예가 될 것이다. 그리고 청원 지역의 연구는 오지 산간 마을의 특수한 생태적 환경에서 발달한 흥미로운 언어문화의 여러 양상에 대한 새로운 기술 작업이 될 것인데, 특히 이곳에서 발견된 식물의 자연세계와 독특한 생업에 대한 풍부하고도 정밀한 언어적·문화적 지식은 이곳 언어문화의 중심 특성을 이룰 것으로 생각한다. 그뿐만 아니라 이 청원에서의 현지조사는 (농촌 및 어촌에 대비되는) 산촌 마을에 대한 필자의 첫 현지조사로서 귀중한 배움의 과정이었음을 부기한다. 제4권에서도 제3권처럼 가능한 영역에서는 앞선 연구 결과들에 바탕하여 비교 분석 또는 일반화를 시도했음을 밝혀둔다.

마지막 제5권 '강원·경기도 편'은 앞에서 기술한 대로, 자료 수집을 위한 현지조사를 마치고 현재 초고 작성 단계에 있다. 강원도의 조사지는 삼척 지역의 고도高度가 매우 높은 연구자의 입장에서 상당히 흥미로운 산촌 마을(삼척시三陟市 하장면下長面 갈전리葛田里)이고, 경기도의 조사지는 양평 지역의 한 농촌 마을(양평군楊平郡 단월면丹月面 보룡寶龍 1리里)이다. 그런데 경기도에서 적절한 조사지를 찾는 일은 이 지역의 광범한 도시화 때문에 상당한 난제였는데, 다행히도 양평군에서 그런대로 만족스런 최소한의 현지조사를 마칠 수 있었다.[5]

이상에서 기술한 '한국의 언어 민속지' 연구의 현지조사 지역을 지도상에 대략적으로 표시하면, 〈그림 1〉과 같다. 지도에서 아홉 곳의 연구 대상지는 순서대로 순번을 매겨 표시하고, 이 언어 민속지 연구 계획이 만들어지기 이전에 현지조사를 행한 세 곳은 괄호 안에 숫자를 넣어 구분하였다.

2) 주요 연구 내용

이제 이 언어 민속지 작업의 중심 내용, 즉 연구 대상 언어공동체에서 연

5 기(旣) 출판된 네 권의 언어 민속지 단행본 중 앞서 출판된 세 권에 대해 동료 학자들이 매우 세밀하고 긍정적인 평가의 서평을 써주셨다. 즉, 제1권 '서편'에 대해서는 김혜숙(2009), 김주관(2010) 교수가, 제2권 '전라남북도 편'에 대해서는 이기갑(2011), 최진숙·조숙성(2011) 교수가, 제3권 '경상남북도 편'에 대해서는 김정대(2015), 강윤희(2014) 교수가 각기 귀중하고 힘들인 서평을 써주셨다. 이 자리를 빌려 부족한 연구 작업에 대해 치밀하고 수준 높은 서평을 써주신 일곱 분의 동료 학자들에게 깊은 감사의 인사를 올리는 바다.

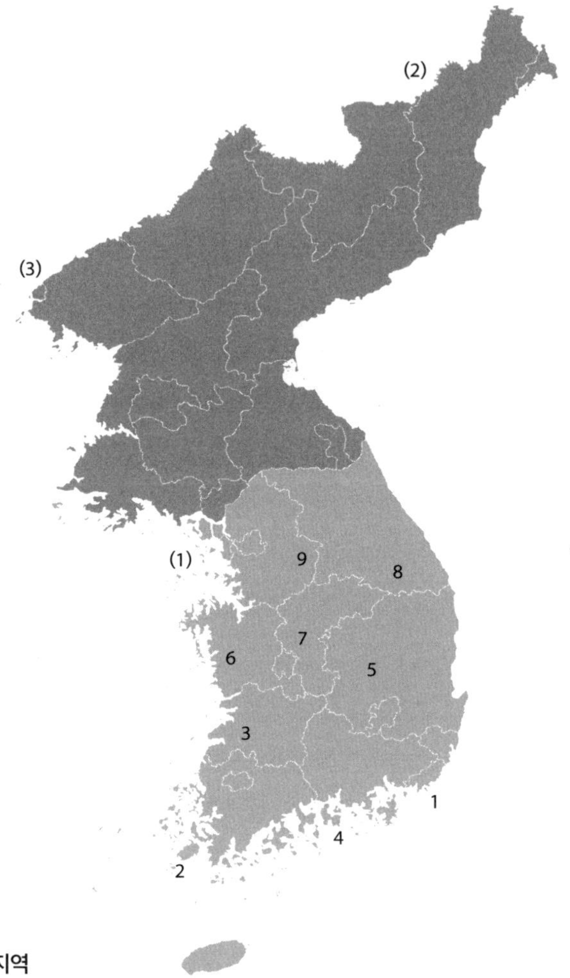

그림 1.
〈한국의 언어 민속지〉 연구 지역

구자가 발견하고자 하는 한국 언어문화의 주요 측면에 대한 소개로 옮겨가기로 하자.

먼저 이 연구가 지향하는 전면적인 한국의 언어문화에 대한 연구는 이론적 시각에서 크게 세 영역의 질문으로 구성된다(왕한석 2009: 8). 하나는 언어와 문화적 인지文化的 認知의 관련성에 대한 것으로, 우리가 흔히 민족언어학ethnolinguistics 또는 좁게 민족과학民族科學, ethnoscience으로 부르는 영역에서의 연구 관심이다. 또 하나는 언어와 사회조직 또는 사회구조의 관련성에 대한 것으로, 곧 사회언어학sociolinguistics의 영역, 특히 의사소통의 민족지학ethnography of communication으로 잘 알려진 영역에서의 연구 관심이다. 마지막 하나는 언어와 예술 및 놀이의 관련성에 관한 것으로, 언어예술verbal art, 즉 좁은 의미의 민속학folklore 영역에서의 연구 관심이다. 물론 이 세 가지 기본적인 연구 질문은 서로 분리된 개별적인 것이기보다는 전체적으로 통합된 하나의 연구 질문, 즉 총체적인 언어문화에 대한 연구 관심이 될 것이다.

그런데 한국의 언어문화에 대한 앞선 연구들에 따르면, 특징적인 한국의 언어문화도 대체로 위의 세 이론 영역에 따라 그것의 중요 구성 부분들이 파악될 수 있는 것으로 나타난다. 대체로 다음과 같은 연구 항목들이다.

먼저 언어와 문화적 인지와 관련해서는, (1) 공간에 대한 정향定向, spatial orientation 또는 지리적 공간의 구분법을 반영하는 '지명toponyms', (2) 생태 환경적 차원의 생활세계 또는 그것을 구성하는 다양한 민속구분법folk classification을 반영하는 어휘들의 체계, 즉 '생태 환경의 어휘적 구분체계', (3) 한국사회에서 특히 발달한 친척의 범주가 언어적으로 구분 인지되고 사회 맥락적으로 사용되는 '친척용어체계kinship terminology' 등의 연구가 이 영역의 중요 항목이 될 것이다.

다음으로 언어와 사회구조와 관련해서는, (4) 사회적 관계에 따라 청자인 상대방을 달리 부르는 호칭어의 목록과 그것의 사용 규칙인 '(비친척) 호칭체계(non-kinship) address system', (5) 한국어에서 특히 발달한 높임과 낮춤의 언어적 표현인 존댓말honorifics의 목록과 그것의 사회적 사용 규칙을 포함하는 '존댓말의 체계', (6) 그리고 개별 언어공동체에서 일반적으로 인지되는 '말의 주요 범주categories of speech'와 소위 일상어日常

語와는 구분되는 '특수한 상황변이어register' 등에 대한 연구가 이 영역의 중심 항목이 될 것이다.

마지막으로 언어와 예술 및 놀이와 관련해서는, (7) (실제로는 연구 대상 언어공동체마다 다양하게 나타나는) 언어의 예술적 그리고 유희적 사용을 구성하는 특징적인 장르genre와 그것의 실제 사례, 즉 '언어예술verbal art'의 구체적인 양상을 발견·기술하는 것이 중심 항목이 될 것이다.

'한국의 언어 민속지' 작업은 위에서 잠정적으로 파악한 모두 7항목의 큰 연구 질문들이 한국 언어문화의 중심을 이루는 것으로 보고, 연구 대상 언어공동체에서 실제로 관찰되는(그리고 해당 지역에서 특이하게 발달한), 이 7 구성 항목에 따른 언어문화의 전반적 유형과 구체적인 양상을 경험적으로 발견·기술하려는 것이 된다. 물론 실제의 작업에서는 연구 대상 공동체의 특성에 따라 어떤 연구 항목은 확대 기술될 수도 있을 것이고, 어떤 연구 항목은 축소 기술될 수도 있을 것이다.

이제 실제의 구체적인 연구 내용을 살펴보기 위해 (연구 결과가 발표된) 한 지역의 언어 민속지의 차례를 그 예로 제시하기로 하겠다. 다음의 차례는 이미 출간된 제3권 '경상남북도 편'의 제1장 '통영시 사량도의 언어문화'의 전체 차례다. 필자의 생각으로는 이 사량도에서의 연구가 한국 언어문화의 다양하고도 풍부한 그리고 실제의 '살아 있는' 모습을 잘 보여주는 대표적인 예가 될 것이다.

연구의 과정

1. 지명

2. 생태 환경의 어휘적 구분 I

   1) 바람의 구분법

   2) 비, 눈, 달, 흙의 구분법

   3) 논, 밭, 작물, 소의 구분법

8. 말의 주요 범주와 욕 및 '우시개(소리)'

1) 말에 대한 민간 명칭 및 표현들

2) 욕

3) 동물의 은유

4) '우시개(소리)'

9. 언어예술 I: 속담 및 관용적 표현

1) 바다 환경 및 이 지역에 관한 '옛(날)말'

2) '상소리' 표현의 '옛(날)말'

3) 일반적인 '옛(날)말'

10. 언어예술 II: '옛날 이바구'

먼저 10개의 절을 구성하는 하위 절들을 보면, 위에서 정리한 7 구성 항목이 구체적으로는 어떤 작은 연구 질문들로 이루어지는지를 잘 보여줄 것이다. 가령 4 '친척용어체계' 절은 크게 네 개의 하위 절, 즉 1) '친척용어의 목록', 2) '친척용어의 주요 특색', 3) '친척용어의 형태 분화 및 사용 방식', 그리고 4) '기타 친척 관련 어휘 및 표현'으로 구성된다. 또 위의 차례에는 나와 있지 않지만, 개별 하위 절들은 더 작은 단위의 연구 질문들로 세분되어 전체 하위 절의 구체적인 내용을 이룰 것이다.

또 위의 차례는 이 사량도의 연구가 앞서 정리한 7 구성 항목을 근간根幹으로 하지만, '생태 환경의 어휘적 구분'과 (넓은 의미의) '언어예술' 항목에서 확장된 것임을 보여준다. 이는 말할 것도 없이 연구 대상지 특유의 언어문화의 주요 특성을 그대로 반영하는 것이 될 것이다. 즉, 어촌인 이곳 사량도에서는 바다 환경과 관련한 여러 다양한 의미 영역에서의 어휘적 구분법이 발달해 있었으며(제2절과 특히 제3절), 욕과 '우시개(소리)'[우스갯소리], 속담(및 관용적 표현)과 '옛날이바구'[옛날이야기]와 같은 언어예술 및 말놀이speech play의 장르도 잘 발달해 있기(제8절 및 제9절, 제10절) 때문이다.

사량도에서의 구체적인 연구 내용을 여기서 다 옮길 수는 없지만, 인상적인 몇 예만 간단히 열거하기로 하겠다. 사량도에서는 바람을 그것이 불어오는 방위에 따라 14가지로 구분하는데, 이것은 지금까지의 관련 보고 중 풍명風名의 분화가 가장 세밀히 발달한 사례가 될 것이다. 또 이 지역에서의 바닷물의 변화(흔히 우리가 '물때'로 부르는 것)에 대한 언어적 지식체계는 일반적인 서해안의 그것(가령 강화도 및 조도의 사례)과는 놀랄 정도로 다른 것으로 드러났다. 또 여기서 '고기'에 대한 범주 구분은 당연히 발달했는데, 그것은 (뒤에서 기술할 바와 같이) 모두 191개에 달하는 바닷고기의 종류에 대한 정련한 명칭체계terminological system였다. 또 이곳은 아기말baby talk 어휘도 발달하여 그 수가 모두 47개에 달하고, 욕辱과 우스갯소리도 매우 발달했는데, 특히 이곳의 욕은 부분적으로 언어예술적 특성도 보여준다. 그리고 필자가 들은 우스갯소리의 사례 수도 모두 22사례에 달한다. 속담의 사용 또한 그야말로 '살아있는' 언어공동체였는데, 바다 환경 및 이 지역에 관한 것이 47수, 특이한 '상소리' 표현의 속담이 20수, 그 외의 일반적인 것을 합쳐 모두 152수에 달하는 속담 표현을 짧은 조사 기간 동안 제보자들의 일상 대화에서 들을 수 있었다. 물론 이 흥미로운 어촌 마을에서 관찰한 이곳 특유의 언어문화의 주요 양상은 여기서 그치지 않을 것이다. [그러나 사량도는 한국의 중심부에서 멀리 떨어진 섬이라 (친척용어나 호칭체계 그리고 존댓말과 같은) 소위 '언어예법' 영역은 내륙에 비해 상대적으로 덜 발달한 것으로 나타났다. 이는 물론 충분히 짐작할 수 있는 사안일 것이다.]

3) 언어 현지조사의 실제 과정

다음으로 이 언어 민속지 작업의 자료 수집 과정의 핵심을 이루는 현지조사field work 과정에 대해 간략히 소개하도록 하겠다. 필자가 행하는 현지조사는 동료 인류학자들의 그것과 별 차이가 없겠지만, 대신 언어문화를 탐구하려는 것이므로 통상 '언어 현지조사linguistic field work'로도 부른다.

필자에게 이 언어 민속지 작업과 관련한 현지조사란, 그야말로 백지白紙 상태에서 출발하여 연구 대상 언어공동체의 언어문화 전반을 점차 발견해나가는 과정이다. 경우에 따라 조사를 들어가기 전에 해당 지역에 관한 기존의 관련 연구를 피상적으로나마 일별一瞥할 수도 있고, 부끄럽지만 그렇게 하지 못할 수도 있다. 그러나 어느 경우든 필자가 연구 대상 촌락 공동체에 닿았을 때, 필자는 그곳의 언어문화에 대해 구체적으로는 아무것도 모르는 무지無知의 상태, 즉 백지 상태다. 이 백지 상태에서 앞서 정리한 7 연구 항목별로 그곳의 언어문화의 중심 내용을, '학자로서 지금껏 쌓은 배경 지식'과 '연구자(즉, 현지조사자)로서 지금까지 훈련된 감각'이라는 연구의 두 더듬이로 하나씩 하나씩 더듬어 포착해나가는 것이, 필자의 진솔한 실제의 현지조사 과정이다.

우리는 흔히 현지조사란 '아는 만큼 보이는 것'이라는 비유적 표현을 즐겨 쓴다. 사실은 책을 읽고 이해하는 과정도 '아는 만큼 보이는' 과정일 것이다. 그런데 이 비유가 현지조사 과정에서 더욱 그럴듯하게 느껴지는 이유는, 현지조사 과정에서는 책과는 달리, 우리가 찾는 연구 질문에 대한 명시적인 답이 잘 드러나지 않기 때문일 것이다. 실제로 눈에 보이는 것은 연구 대상인들의 구체적인 그러나 거개 산만하고 파편적인 행동과 말뿐인데, 이 구상적具象的 수준에서의 행동과 말이 또 다른 추상抽象의 차원(즉, 연구의 차원)에서 지시하는 바를 이해하고 포착해내는 데는 연구자의 앎이 있어야 하기 때문일 것이다. 그런데 여기서의 '앎'이란 단순한 지식체계가 아니라, 위에서 언급한 '학자로서의 배경 지식'과 '연구자로서의 훈련된 감각'이 합쳐진 그 무엇일 것이다. 필자는 이 배경 지식과 감각의 수준이 높을수록 실제의 현지조사는 보다 생산적인 것이 되는 것으로, 즉 '더 많이 보이는' 것으로 일반적으로 이해하고 있다.

이제 '한국의 언어 민속지' 작업을 위한 좀 더 구체적인 현지조사 과정을 간략하게나마 소개하도록 하겠다.

언어 민속지 작업을 위한 본격적인 현지조사는 2007년 초순, 즉 겨울방학부터 시작되었는데, 통상 겨울방학이나 여름방학 동안 대체로 20일 정도의 일정으로 이 현지조사를 수행해왔다. 여기서 20일가량으로 일정을 잡은 것은, 그 기간이 대학에 있는 연구자가 방학 동안에 다른 일의 간섭이나 영향을 받지 않고 만들 수 있는 아마도 최대치의 시간이기 때문이다. 또 현실적으로 이 기간 정도를 넘어서면 연구자도 신체적·심리적으로 힘에 부치게 되고, 제보자들도 통상 힘들어 하는 것으로 보였다. 그리고 겨울방학 동안의 조사는 (개인적 일정 때문에) 통상 1월 중순 이후에 현지조사를 시작하지만, 여름방학 동안의 조사는 대체로 6월 말에는 시작해왔다. 그 이유는 장마 기간 동안의 조사가 여러 이유로 수월하고 또 현실적으로 가능한 시기이기 때문이다. 일반적으로 말하여, 여름 조사보다는 겨울 조사가 겨울 절기 동안에 해가 짧기는 하지만 그래도 비교적 수월하고 쉽게 진행되는 것으로 오랫동안 느껴왔다.

조사 기간 약 20일 동안 해당 지역의 전면적인 언어문화에 대한 일차적 자료를 수집하는 작업은, 그리 쉬운 일이 아니다. 이 집약적인, 수많은 구체적인 연구 질문들로 구성되는 현지조사 과정을 표현하는 가장 알맞은 단어는 아마도 '집중'과 '몰입'일 것 같다. 필자는 이 20여 일 동안 조사지를 전혀 떠나지 않음은 물론이고, 최대한 연구 작업에 집중하고 연구 대상 주민들의 언어생활에 몰입하려고 애쓴다. (따라서 집과 소속 학교와 같은 바깥 세계와의 연락은 가급적 하지 않고, 필요시에도 최소화하려고 노력한다.)

짧은 시간 동안의 집중적인 현지조사라 많은 자연적인 관찰은 사실상 하기가 어렵다. 그 대신 제보자들과의 면접, 특히 심층면접depth

표 1. 2013년 겨울 충북 청원 지역에서의 연구 일지

2/13	수	면사무소, 오후 조사지 도착, 마을 개요
2/14	목	여성의 생업 노동, 누에치기, 한지(韓紙) 제작 과정
2/15	금	감, 거름, 누에치기, 야생 식용 식물, 한지 제작 과정, 마을 개요
2/16	토	누에치기, 한지 제작 과정, 생태 환경의 어휘적 구분
2/17	일	한지 제작 과정, (정리)
2/18	월	지명, 마을 개요
2/19	화	(정리), 오후 마을 탑제(塔祭) 거행
2/20	수	나무의 구분법, 생태 환경의 어휘적 구분
2/21	목	면사무소, (정리)
2/22	금	산나물, 들나물
2/23	토	들나물, 새 울음소리
2/24	일	옛집 구경, 아기말, (정리)
2/25	월	벌, 짐승을 부르는 말, 동물의 은유, 말의 범주, 인사말
2/26	화	친척용어, 말단계, 호칭체계
2/27	수	(정리), (동민 점심 대접), 존댓말, 호칭체계
2/28	목	친척용어, (조교 아픔)
3/01	금	존댓말, 반말, (정리), 지명, 버섯 및 약초
3/02	토	지명, 반말
3/03	일	(정리 및 보완조사), (주 제보자 저녁 대접)
3/04	월	(정리 및 보완조사), 낮 조사지 출발

interviewing에 주로 의존하는 편이다. 다시 말하여 주요 제보자들을 상대로 연구자가 묻고 답을 받아 적고 또 묻고 또 답을 받아 적는 과정의 끊임없는 연속이다. 그뿐만 아니라 실제 담화談話에 대한 녹음도 최소화하는데, 이는 뒤에 녹음 자료를 다시 듣고 전사轉寫를 하는 데에 많은 시간이 들기도 하지만, 종종 연구자 스스로 녹음테이프를 믿고 집중력을 잃기도 하기 때문이다. 물론 연구자가 현지 분들로부터 순식간에 듣는 말

중에서 흥미롭거나 인상적인 것은 그때그때 노트에 받아 적으려고 노력한다.

또 조사지에서 수집한 자료들은 되도록 그곳에서 일차 정리를 하려고 노력한다. 말할 것도 없이 현지에서 그 자료들을 대략적으로나마 정리해야, 빠진 부분이나 명료하지 않거나 잘못된 부분 등을 찾아내어 다시 물어보고 그곳에서 보완을 할 수 있기 때문이다. 그러나 현지에서 아무리 노력한다고 하더라도 짧은 조사 기간 내에 수집 정리한 자료는 미비한 점이 많을 수밖에 없다. 따라서 자료를 분석하고 글로 쓰는 과정에서 통상 수십 번의 전화를 제보자들에게 하게 되고, 초고를 완성한 이후에 짧게나마 보충조사를 하러 가게 된다.

〈표 1〉은 2013년 겨울방학에 19박 20일 동안 행한 충북 청원에서의 현지조사의 개략적 일지日誌다. 매일 행한 조사 내용 중 대표적인 항목과 주요 활동 내용만 적은 것이다. 그런데 사실은 현지조사가 항시 뜻대로 잘 진행되어 제보자들에게서 언제나 알찬 정보만을 얻을 수 있는 것은 당연히 아닐 것이다.

3. 한국 언어문화의 중요 '단면斷面'들

이제 이 '한국의 언어 민속지' 연구에서 새로이 파악된 한국 언어문화의 중요 양상에 대해 간략하게나마 정리하도록 하겠다. 그런데 이미 네 권의 단행본으로 기술된 내용을 여기서 제대로 요약할 수는 없을 것이다. 따라서 연구 결과의 그야말로 작은 '단면'들만을, 앞에서 제시한 7 연구 항목별로 나누어 간략히 언급하는 방식을 취하겠다. 기술의 편의 때문에 7 연구 항목의 배열순서는 앞서의 것과 부분적으로 다르다.

1) 친척용어체계

'한국의 언어 민속지' 연구에서는 개별 조사지마다 예부터 사용해온 친척지칭과 친척호칭에 관한 기본 자료를 모았을 뿐만 아니라, 제1권의 〈부록〉과 제3권의 〈부록〉을 통해, 특히 영남 지역 반촌의 광범하면서도 정치한 친척용어의 전체 목록을 제시하였다.

그런데 이 연구에서는 기존에 잘 알려지지 않았던 고유어 계열 친척용어의 체계적인 형태 분화 양상을 새로이 발견했는데, 〈표 2〉는 부산 동래 지역의 것이다(왕한석 2009: 155-168). 간단히 말하여 서울말은 일반적으로 평칭平稱('아버지')과 존칭尊稱('아버님') 그리고 비칭卑稱('애비')의 3원체계인 것으로 알려져왔는데, 동래 지역은 한 부류의 평칭과 두 부류의 존칭 그리고 두 부류의 비칭이라는 5원체계로 구성되어 있다. 높임의 정도 면에서는 존칭 I > 존칭 II > 평칭 > 비칭 II > 비칭 I의 순으로 배열될 수 있는, 즉 뒤로 갈수록 높임의 정도가 떨어지는 구조다. 그뿐만 아니라 이 어휘 분화는 체계적인 형태 분화의 예인데, 즉 평칭은 '-애' 계열의 말, 존칭 I은 '-우이' 계열의 말, 비칭 I은 '-이' 계열의 말, 비칭 II는 '-아이' 계열의 말, 그리고 존칭 II는 '-아씨' 계열의 말로 분석할 수 있다.

지금까지 잘 알려지지 않았던 고유어 친척용어의 체계적인 형태 분화 양상은 영남 지역뿐 아니라 중부 지역에서도 대체로 잘 발달한 것으로 나타나는데, 물론 개별 조사 지역마다 분화의 양상은 차이가 있다. 그런데 이 분화 양상은 기본적으로 한국 언어문화의 중심 특성을 이루는 존댓말의 차원과 친척용어의 차원이 상호 교차하여 생성된, 친척용어의 특이한 하위 영역인 것으로 생각된다.

표 2. 부산 동래 지역의 친척용어의 형태 분화

일련번호	평칭	존칭 I	비칭 I	비칭 II	존칭 II
1	할배	할부이	해래비/핼비	할바이	할바씨
2	할매	할무이	해래미/해(ㄹ)미	할마이	할마씨
3	아배	아부이	애비	아바이	아바씨
4	어매	어무이	에미	어마이	어마씨
5	아재	·	아재비	·	아재씨
6	아지매	·	아지미	·	아지마씨
7	오라배	오라부이	오래비	오라바이	오라바씨
8	·	아주부이	·	(시)아지바이	(시)아지바씨
9	누부	누임	·	·	·
10	셍이	성님	·	·	·

2) (비친척) 호칭체계

친척이 아닌 남을 부르는 말, 즉 비친척 호칭체계의 기본 구조는 이 언어 민속지 작업을 통해 그 윤곽이 비교적 명료히 드러났다. 즉, 한국사회에는 기본적으로 의사친척호칭擬似親戚呼稱, fictive kinship terms을 사용하는 체계와 택호宅號를 사용하는 체계 두 가지가 있는데, 흥미롭게도 이 두 호칭체계는 언어학의 표현을 빌리면 상보적 분포complementary distribution의 양상을 보인다. 즉, 대체로 의사친척호칭을 쓰는 데서는 택호를 쓰지 않고 택호를 쓰는 데서는 의사친척호칭을 쓰지 않는 경향이다.

〈표 3〉과 〈표 4〉, 〈표 5〉에서는 충남 홍성 지역의 의사친척호칭의 사용 예(왕한석 2016: 142-149)와 경북 선산 지역의 택호의 사용 예(왕한석 2012a: 412-418)를 세시한 것이다. 그런데 사용되는 호칭 형태에 대해 조금만 더 기술하자면, 의사친척호칭을 쓰는 데서는 상위자에게는 의사친척호칭을 쓰고 화자와 비슷한 지위의 사람에게는 종자명호칭從子名呼稱,

표 3. 충남 홍성 지역의 여성 화자의 호칭어 사용

지위 구분			청자	
			남성	여성
할아버지빨			할아버지	할머니
아버지빨			아저씨	아주머니
형님빨				아주머니/형님
친구지간			아이이름+아버지/아저씨	아이이름+어머니(또는 엄마)
아우빨			아이이름+아버지	
아들빨	혼인	자녀 있음		
		자녀 없음	신랑	새댁
	미성		도령님	새악시
손자빨	10세 이상		이름+이	
	10세 이하		이름+아	

표 4. 경북 선산 지역의 여성 화자의 호칭어 사용 (여성 청자)

구분		호칭 형태	말단계
(혼인한) 어른	7~8세 이상 연상	택호(출신지명+어른)	하소
	그 외 연령층	택호(출신지명+띡이)	
미성	고등학생 정도 이상	처자	하게
	고등학생 정도 이하	이름+아	해라

표 5. 경북 선산 지역의 여성 화자의 호칭어 사용 (남성 청자)

구분		호칭 형태	말단계
(혼인한) 어른	7~8세 이상 연상	택호(아내의 출신지명+어른)	하소
	그 외 연령층	택호(아내의 출신지명+양반)	
미성	고등학생 정도 이상	총각	하게
	고등학생 정도 이하	이름+아	해라

teknonym을 쓰고, 미성未成인 어린아이에게는 이름을 쓰는 체계다. 반면에 택호를 쓰는 데서는 모든 혼인한 상대방에게는 택호를 쓰고 미성인 어린아이에게는 이름을 쓰는 체계다.

3) 존댓말의 체계

한국어의 존댓말은 범주 구분상으로는 청자 존대어聽者 尊待語, addressee honorifics, 주체 존대어主體 尊待語, subject honorifics, 객체 존대어客體 尊待語, object honorifics로 구분되지만, 현대 한국어에서 객체 존대어의 범주는 사실상 유명무실한 단계다. 따라서 일본어와는 달리 청자 존대어와 주체 존대어만 있는 셈인데, 그 대신 청자 존대어, 즉 소위 '말단계speech levels'의 등급 구분이 좀 더 복잡하게 발달해 있다.

한국의 존댓말은 지역적 차원과 사회계층적 차원에 따라 상당한 변이를 보인다. 그런데 일반적으로 말하여, 중부 지방이 다른 지방보다 존댓말이 발달해 있고(달리 말하면, 개별 지역은 서울에 가까울수록 존댓말이 발달하는 경향이 뚜렷하고), 동일 지역일지라도 과거의 계층 구분 면에서 반촌이 민촌民村보다 존댓말이 발달해 있는 모습을 보인다.

이러한 일반적 변이 양상을 넘어, 〈표 6〉에서 예시하는 것은 전북 고창 지역의 말단계의 구분법인데, 상당히 특이한 모습으로 청자 존대어가 발달한 양상을 보인다(왕한석 2010: 285-297). 간단히 정리하면, 이 지역에서는 한 등급의 높임말('허시오' 등급)과 두 등급의 낮춤말('허소'와 '히라' 등급)을 기본으로 하고, 이 중 다시 '허시오' 등급과 '허소' 등급은 두 하위 단계로 나뉜다. 그뿐만 아니라 두 가지 다른 '반말'이 발달해 있는데, '반말 I'은 높임과 낮춤 사이에 위치하고 '반말 II'는 낮춤말인 '허소'와 '히라' 사이에 위치하는, 그러나 서로 다른 형태의 '반말'이다. 전체적으로 서울에서 멀리 떨어진 한 지방의 말로는 상당히 특이한 그러나 정련하

표 6. 전북 고창 지역의 말단계의 구분과 대표적 종결어미

<table>
<tr><th colspan="3">등급의 구분</th><th>명령형</th><th>의문형</th><th>서술형</th><th>청유형</th></tr>
<tr><td rowspan="2">(높임)</td><td rowspan="2">허시오</td><td>I</td><td>-어겨요</td><td>-어겨요,
-으시오</td><td>-어요</td><td>-으시게요,
-으입시다,
-게요</td></tr>
<tr><td>II</td><td>-으시오</td><td>-소</td><td>-소, -어라우</td><td>-읍시다</td></tr>
<tr><td></td><td colspan="2">반말 I</td><td>-어겨</td><td>-어겨</td><td>∅</td><td>-게</td></tr>
<tr><td rowspan="4">(낮춤)</td><td rowspan="2">허소</td><td>I</td><td>∅</td><td>-어겨는가</td><td rowspan="2">-네</td><td rowspan="2">-세</td></tr>
<tr><td>II</td><td>-소</td><td>-는가</td></tr>
<tr><td colspan="2">반말 II</td><td>-어</td><td>-어</td><td>-어</td><td>-어</td></tr>
<tr><td colspan="2">히라</td><td>-어라</td><td>-냐</td><td>-는다</td><td>-자</td></tr>
</table>

게 발달한 존댓말의 구조를 잘 보여주는 흥미로운 예다.

4) 말의 주요 범주와 특수한 상황변이어

말의 주요 범주는 말에 대한 민간 명칭民間名稱과 표현들을 찾는 작업인데, 한국사회에는 대체로 약 30개의 말의 장르speech genre, 말씨speech style, 그리고 말 행위speech act 또는 말 사례speech event 등과 관련되는 상위 언어적metalinguistic 명칭 및 표현들이 일상적으로 사용되고 있는 것 같다.

특수한 상황변이어register라는 연구 영역은 통상적인 사람 대 사람의 의사소통 관계가 아닌, 아직 말을 못하는 아기에게 쓰는 아기말과 사람이 짐승에게 쓰는 '짐승을 부르는 말animal calls' 그리고 사람, 즉 후손이 조상祖上이라는 초자연적 존재에게 쓰는 말이라는, 세 가지 특수한 상황변이어를 찾는 작업이다. 지금까지의 연구 결과로는 한국사회에는 약 40개 선의 아기말 어휘 목록이 발달해 있고, '짐승을 부르는 말'은 특히 가축 중 가장 중요한 존재인 소에 대한 명령 지시어를 중심으로 발달해 있음이 발견되었다. 그 대신 사회 전체로 조상에 대한 제사祭祀는 매우 발달한 가족 의례지만, 제사와 관련한 의례어ritual speech는 상대적으로 저발달한 것으로 나타난다.

그 외 일상적으로 사용하는 욕 표현을 찾는 것도 중요한 질문 중 하나인데, 한국사회에서는 통상적인 욕 표현 외에 사람을 짐승에 비유하는 말(가령 '소 같다', '곰 같다' 등), 즉 '동물의 은유animal metaphors'가 또 다대多大하게 발달한 것으로 나타난다.

5) 지명

지명의 명명命名 및 분포와 관련해서는 한 가지 중요한 사실이 발견되었는데, 그것은 곧 자연환경 중 '산의 영역'에서는 산 그 자체나 산봉우리, 산등성이의 이름보다는 산골짜기의 이름이 발달하였다는 사실이다(왕한석 2012a: 338-340 등). 이 경향은 지금까지 절반이 넘는 조사지에서 공통되게 나타나는 것인데, 가령 충남 홍성의 연구 대상 마을에서는 산 및 봉우리의 이름은 6개인 데 반해 골짜기의 이름은 11개로 발달해 있고, 경북 선산의 연구 대상 마을에서는 충격적이게도 산 및 봉우리의 이름은 9개 정도인 데 반해 골짜기의 이름은 무려 63개로 발달해 있다.

이 지명 명명의 기본 경향은, 거꾸로 말하면, 한국사회에서 '산의 영역'이라는 자연환경을 지각하는 데서 산봉우리나 산등성이보다는 산골짜기에 문화적 초점cultural focus이 맞추어진다는 것이 될 것이고, 이는 나아가 자연환경에 대한 한국 문화의 전통적인 인지적 정향cognitive orientation의 한 특성을 구성하는 것이 될 것으로 여겨진다. 산봉우리나 산등성이보다 산골짜기에 문화적 초점이 맞추어지는 배경에는, 아무래도 골짜기 지역이 갖는 경제활동 및 유용성有用性과 관련한 '문화적 중요성cultural importance'의 측면이 자리 잡고 있을 것으로 추측된다. (대표적으로 골짜기는 대부분 물이 있는 지역이므로, 논의 개간 및 경작이 이루어지고 또 용수用水의 공급원이 된다. 그뿐만 아니라 산에서의 여러 채취 활동도 등성이보다는 주로 골짜기에서 이루어지고, 또 산으로 들어가는 길도 등성이보다는 골짜기 쪽에 주로 발달해 있기 때문일 것이다.)

6) 생태 환경의 어휘적 구분체계

필자는 이 '한국의 언어 민속지' 작업을 해오면서 많은 새로운 연구 주제에 관심을 가져왔지만, 아마도 크게는 '생태 환경의 어휘적 구분체계'와 다음의 '언어예술'의 영역을 한국의 언어문화에 대한 새로운 중요 연구 주제로 확장 개척한 셈이 될 것이다. 어쨌든 본 연구에서는 연구 대상지마다의 생태 환경을 구성하는 다양한 의미 영역semantic domain의 어휘적 구분체계를 발견·기술하고자 노력했지만, 여기서는 그 대표적인 예세 가지만을 간략히 소개하기로 하겠다. 그런데 이 어휘적 구분체계를 발견·기술하는 데서 소위 민속분류법民俗分類法, folk taxonomy은 매우 적절하고 광범하게 적용되는 기술 틀이었음을 밝혀둔다.

(1) 먼저 경남 통영 사량도의 소위 물때에 관한 구분체계다(왕한석 2012a: 73-82; 2018). 〈표 7〉은 물때의 구분 명칭이고, 〈표 8〉은 물때의 민속분류법이다.

잘 알다시피 바닷물은 매일 약 6시간 간격으로 물이 (육지로) 들어오고 또 (바다로) 나간다. 이 기본적인 변화와 함께 매일 물의 높이와 또 물이 들어오고 나가는 힘에서 차이가 나는데, 이를 하루 단위로 구분하여 부르는 것이 소위 물때다. 이 물때는 보름을 주기로 반복된다. 〈표 7〉에서 명칭 I은 조사지에서 쓰는 일반적인 물때의 명칭이고, 명칭 II는 조금 특수하게 쓰는 또 다른 명칭이다. 그런데 이 물때의 구분 명칭은 한국의 서해안과 남해안에서는 정교하게 발달했으나 동해안에서는 사실상 없고, 또 서해안과 남해안의 것이 상당한 정도로 서로 다름이 발견되었다.

그런데 이 물때의 구분 명칭은 지금까지 어촌을 연구한 여러 관련

학자들에 의해 보고되어왔지만, 그것이 의미 구조 면에서 평면적인 배열이 아니라 〈표 8〉과 같은 위계적인 민속분류법을 이룬다는 것은 '한국의 언어 민속지' 작업에서 처음으로 발견된 사실이다(왕한석 2010: 58-60, 2012a: 79-81). 즉, 〈표 8〉에서 단계 III의 유사한 물때의 날짜들이 단계 II에서 네 개의 상위 범주로 묶이고, 다시 이 네 개의 상위 범주가 유사한 속성에 따라 단계 I에서 두 개의 상위 범주로 묶이는 구조다. (여기서 단계 II의 명칭들에 대해 간단히 설명하자면, '조금때'는 물 흐름이 별반 없는 시기이고, '산물'(또는 '산짐')은 물 흐름이 점차 세지는 시기이고, '씨'(또는 '한씨')는 물 흐름이 가장 빠른 시기이고, '질물'(또는 '저문씨')은 물 흐름이 점차 약해지는 시기를 가리킨다.)

표 7. 경남 통영 사량도의 물때의 구분 명칭

일련번호	일자	명칭 I	명칭 II
1	음력 9일, 24일	한물	한무샛날
2	음력 10일, 25일	두물	두무샛날
3	음력 11일, 26일	서물	서무샛날
4	음력 12일. 27일	너물	너무샛날
5	음력 13일, 28일	다섯물	다섯무샛날
6	음력 14일, 29일	여섯물	여섯무샛날
7	음력 15일, 30일	일곱물	일곱무샛날
8	음력 16일, 1일	여덟물	여덟무샛날
9	음력 17일, 2일	아홉물/아홉물꺾음	아홉무샛날
10	음력 18일, 3일	열물/열물꺾음	열무샛날
11	음력 19일, 4일	열한물	열한무샛날
12	음력 20일, 5일	열두물	열두무샛날
13	음력 21일, 6일	열서물	열서무샛날
14	음력 22일, 7일	아침조금/열너물	아침조금날/열너무샛날
15	음력 23일, 8일	조금/막조금	조금날/조금무샛날

표 8. 경남 통영 사량도의 물때의 민속분류법

단계 I	조금								씨						
단계 II	조금때					산물/산짐			씨/한씨				질물/저문씨		
단계 III	아침조금	조금	한물	두물	서물	너물	다섯물	여섯물	일곱물	여덟물	아홉물	열물	열한물	열두물	열서물

(2) 다음으로 사량도의 조사지는 아직도 노인들이 활발히 어업 활동을 하는 '살아 있는' 어촌 마을이었다. 따라서 필자는 이곳 어민들이 알고 있는 '(바닷)고기'의 종류에 대한 질문으로 나아갔는데, 이 초보적인 민족어류학民族魚類學, ethnoichthyology적 작업에서 파악된 고기의 종류는 모두 191개 범주로 구성되는 매우 발달된 명칭체계였다(왕한석 2012a: 87-114). (그런데 이곳에서는 7종류의 하위범주로 다시 나뉘는 '고래'도 고기에 속하는 것으로 인지되었다.)

이 고기에 대한 사량도 사람들의 민속분류법의 내용을 근래에 발달한 민족생물학ethnobiology의 보편적 등급 구분 체계에 맞추어 다시 분석하면, 그 개요는 〈그림 2〉와 같이 된다. 이 그림은 애초의 민속분류법에서는 51개의 기초 범주와 140개의 하위 범주로 구분되었는데, 이 중 성장 단계나 크기 그리고 성별의 구분과 관련한 하위 범주 48개를 일단 제외하고 정리한 것이다. 즉, '동물'이라는 계칭界稱, kingdom taxa의 한 생활형칭生活形稱, life form taxa으로서의 '개기'[고기]는, 2개 범주의 중간칭中間稱, intermediate taxa으로(즉, 보통의 모든 고기를 가리키는 '순 개기'[순 고기]와 소수의 연체軟體 어류를 가리키는 '순 개기가 아닌 것'으로) 먼저 나뉘고, 그것은 다시 51개 범주의 속칭屬稱, generic taxa으로 나뉘고, 그리고 그것은 최소한 92개 범주의 종칭種稱, specific taxa으로 다시 나뉘는 구조다. (여기서도 여러 다른 사회의 예처럼 종칭의 하위 단계인 변칭變稱, varietal taxa은 발견되지 않았다.)

물론 이 민족어류학적 연구는 보다 본격적인 작업을 시도할 경우

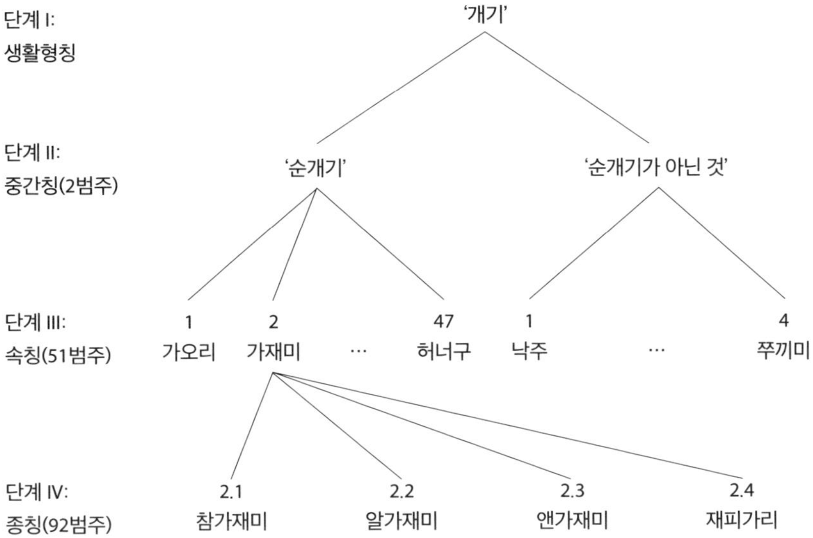

그림 2. 경남 통영 사량도의 어류 구분법의 민족생물학적 구조

더 많은 고기의 범주를 찾을 수 있을 것처럼 보였다. 그런데 현재의 연구 결과로도 남해안 한 어촌의 어민들이 일반적으로 인지하는 고기의 종류는 적어도 200개 선에 달한다는 새롭고도 중요한 사실을 경험적으로 발견한 셈이 될 것이다.

(3) 다음으로 유사한 민족생물학적 연구가 충북 청원 지역에서도 진행되었다. 처음에는 예부터 식용해온 산나물과 들나물에 대한 질문으로 시작했는데, 점차 전통적으로 이용해온 여러 식물 자원에 관한 질문으로 확대되었다. 그 결과 이곳에서 일상적으로 인지하는, 즉 '문화적으로 중요한' 식물의 범주는 모두 192개가량인 것으로 정리되었다(왕한석 2016: 342 391).

이 식물에 관한 조사지의 민간 지식을 민족생물학의 보편적 등급 구분의 틀에 맞추어 간단히 재정리하면, 〈그림 3〉과 같이 된다. 그림에서

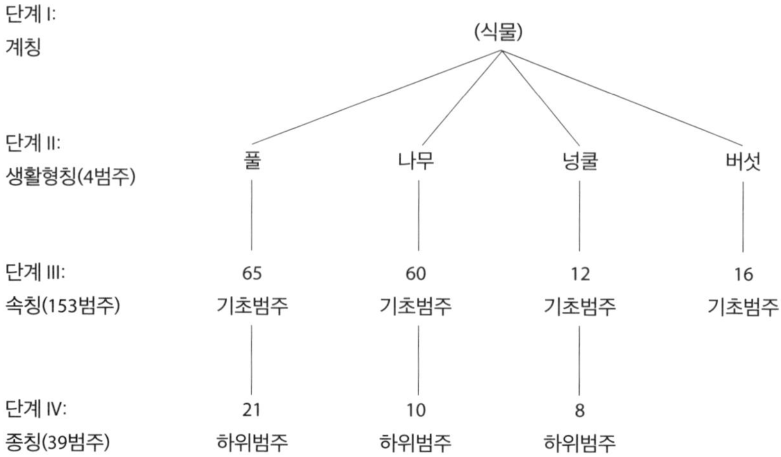

그림 3. 충북 청원 지역의 야생식물 구분법의 민족생물학적 구조

계칭인 '식물'은 사실은 문어文語이고, 많은 다른 사회의 예와 같이 구어口語로는 정형화된 명칭이 없는 범주다. 이 식물은 구분의 다음 단계에서 적어도 네 개의 생활형칭, 즉 '풀', '나무', '넝쿨', '버섯'의 범주로 나뉜다. 그리고 '풀'은 65개의 속칭과 다시 21개의 종칭으로 구분되고, '나무'는 60개의 속칭과 다시 10개의 종칭으로 구분되고, '넝쿨'은 12개의 속칭과 다시 8개의 종칭으로 구분되고, '버섯'은 16개의 속칭으로만 구분되는 구조다.

식물의 민속구분법에 대한 이 초보적인 작업도 본격적인 연구를 진행할 경우 훨씬 더 많은 새로운 범주들을 찾을 수 있을 것으로 기대되었다. 그러나 현재의 단계에서도 작은 크기의 산촌인 이곳 조사지의 사람들이 적어도 200개에 가까운 식물의 범주를 일상적으로 구분하고 그 명칭을 알고 있다는(특히 '풀'과 '나무'는 각기 70종류 이상을 구분·인지하고 있다는) 다소 놀라운 사실을 경험적으로 찾아낸 것이 될 것이다.

7) 언어예술

언어예술의 영역에서 필자가 지금까지 관찰해온 장르는 대체로 '속담'과 '우스갯소리'(및 '농담') 그리고 '노래'와 '옛날이야기' 등이다. 간략히 그 개요를 실제의 사례와 함께 소개하기로 하겠다. 그런데 앞으로의 연구에서 이 미개척의 영역에 대한 보다 많은 주목과 관심이 필요할 것으로 생각된다.

(1) 속담proverb은 이 언어 민속지 작업을 진행하면서 한국사회가 속담이 상대적으로 발달했다는 사실을 뒤늦게 깨달았는데, 특히 전북 고창 지역(왕한석 2010: 330-353)과 경남 통영의 사량도(왕한석 2012a: 254-286)에서 각기 150수가 조금 넘는 실제의 사용 예를 짧은 조사 기간 동안에 들을 수 있었다. 앞으로 이 속담과 관련해서는, 언어예술 및 언어사용의 시각에서 그것의 내적 구조와 사회 맥락적 사용 그리고 의미에 대한 본격적인 연구가 필요할 것으로 믿는다.

(2) 우스갯소리 및 (넓은 의미의) 농담弄談은 모든 연구 대상지에서 일상적으로 관찰되는 말놀이speech play다. 그렇지만 상대적으로 좀 더 '예술적인' 우스갯소리가 발달한 곳과 그렇지 않은 곳의 구별은 가능할 것이다. 지금까지의 관찰에 의하면, 한국사회의 우스갯소리는 크게 두 가지 수단으로 만들어지는 것 같다. 하나는 문화적 금기인 성性을 화제로 하여 웃음의 말을 만드는 것이고, 다른 하나는 동음이의어homonym를 교묘히 이용함으로써 웃음의 말을 만드는 것이다.

전남 진도의 조도에는 일반적인 우스갯소리보다 좀 더 수사적인 양식의 말놀이인 '빈담[변담]邊談'이라는 장르가 발달해 있다(왕한석 2010: 151-165). 이는 일찍이 경기도 강화도에서 보고된 '곁말'(왕한석 2009: 87-102)

과 사실상 같은 것으로 이해되는데, 간단히 예를 들면 다음과 같은 것이다.

〈전남 진도 조도의 '빈담'〉

'눈썹 사둔[사돈] 한다': '잠자는 것'을 가리키는데, 잠을 자면 윗눈썹과 아랫눈썹이 합치게 되므로 이를 서로 사돈되는 것에 비유하는 표현이다.
'배꽁[배꼽]이 모실[마을] 갔다': '배불리 많이 먹은 것'을 가리키는 말이다. 즉, 밥을 많이 먹으면 배가 나와 배꼽이 숨어버리게 되는데(이 숨어버리는 것, 즉 없어지는 것을 여기서는 '마을 갔다'로 표현함), 이에서 연원한 표현이다.

이 마을에 사는 A와 B가 길에서 만났다. 먼저 A가 "어째 안개는 끼었는데 도다이(등대의 일본식 발음)가 안 우는가?" 하니까, 이를 받아 B가 "아따 부데기(가을철에 끼는 옅은 안개) 벳길라고 바람 부께 흥기('하얀 기'의 변음)가 나풀나풀하네"라고 응수하였다.

위의 빈담 사례는 동음이의어同音異義語를 이용하여 서로 웃음을 주고받는 매우 뛰어난 말장난의 예다. 위에서 B의 어머니 이름이 '도단이'였으므로 이를 빗대어, A는 "어째 안개는 끼었는데 도다이가 안 우는가?"로 B를 찔렀다. 그런데 A의 어머니 이름이 배부덕이므로 이곳 발음으로는 '부덱이'가 되고, 또 A의 이름이 마침 '흥기'이므로, B는 이를 받아 "아따 부데기 벳길라고 바람부께 흥기가 나풀나풀하네"로 즉각 응수한 것이다. 다시 말해 B는 A의 어머니 이름뿐만 아니라 A 자신의 이름까지 이용하는 이중의 동음이의어로 멋진 응수를 한 셈이다. 이 사례는 순간적으로 일어난 실제의 연행演行 예인데, 이로써 이곳 사람들이 얼마나 뛰어난 '예술적 언어사용 능력'을 가지고 있는지를 짐작할 수 있을 것이다.

경남 통영의 사량도도 우스갯소리가 발달한 곳인데, 다음 예는 이곳 어촌의 생활환경을 여실히 반영하는 어촌 특유의 뛰어난 우스갯소리가 될 것이다(왕한석 2012a: 239-254).

〈경남 통영 사량도의 '우시개(소리)'〉

누가 아들 장개를 보내는데 혼사가 육지로 정해졌던 모양이다. 아부지[아버지]는 행여 '뱃놈' 소리를 들을까 봐 아들을 불러 '뱃놈 행사'를 절대 하지 마라고 단단히 일렀다.

아부지는 아들과 함께 상각上客으로 예를 올리러 색씨 집으로 갔다. 그런데 신랑이 잔치를 보러 많은 사람이 한참에 모여들자, 자신도 모르게 "오뉴월 군니 닥치드키 들어 닿는다"고 했다. 이를 들은 아부지는 성이 나 "이놈아 자석, 열라짝대이를 갖고 대갈빼이를 뿌사뻴라[부수어 버릴라]!"고 고함을 쳤다.

위에서 '오뉴월 군니 닥치드키 들어 닿는다'라는 표현은, 많은 사람들이 한꺼번에 들이닥치는 모습을 묘사하는 어촌 특유의 관용 표현이다. 여기서 '군니'는 바람은 없이 밀려오는 큰 파도를 가리키는데, 주로 (음력) 오뉴월에 생기는 바닷물의 변화다. 또 '열라짝대이를 갖고 대갈빼이를 뿌사뻴라'는 바다에서 뱃일을 할 때 흔히 쓰는, 이곳의 대표적인 위협의 욕 표현이다. 따라서 위의 이야기는 부자간父子間에 섬사람 티를 내지 않으려고 (그럼으로써 자신들의 '열등한' 지위를 숨기려고) 서로 약속하고 또 노력했지만, 자신들도 모르게 섬사람만이 쓰는 특유의 '관용적 표현'을 두 사람 모두 씀으로써 자신들이 섬사람임을 만천하滿天下에 드러냈다는, 구성면에서 매우 뛰어난 우스갯소리일 것이다.

경북 선산 지역에서도 특히 여성의 세계에서 내밀하게 행하는 우스갯소리가 발달해 있는데(왕한석 2012a: 525-536), 다음의 예는 그중에서도 수작秀作이다.

〈경북 선산 지역의 '우시개(소리)'〉

쑥이 쑥- 나오이께
씬냉이가 씹하자 캤거덩
나생이가 나도 카이께
돈냉이가 돌아가미 하자 캤거덩
그라이 미나리가 미칬나 캤단다.

씬냉이: 또는 '쓴냉이'로 씀바퀴다.
나생이: 냉이
돈냉이: 돈나물, 즉 돌나물

불과 5행으로 구성된 이 운문 구조의 우스갯소리는, 봄날에 솟아나는 다섯 가지 들나물을 소재素材로 그리고 문화적 금기인 성을 화제話題로 하는, 짧으면서도 일시적인 일탈逸脫이 시작, 전개, 완결되는 그야말로 '완성된' 말놀이의 예일 것이다. 여기서의 중심 표현 기법은 말할 것도 없이 동음 또는 유음類音의 반복 사용이다. 즉, 위에서 ('쑥'과 '쑥- 나오이께' 외에도) '씬냉이'와 '씹하자', '나생이'와 '나도', '돈냉이'와 '돌아가미 하자', 그리고 '미나리'와 '미칬나'에서 각기 첫 음절의 초·중성이 동일함을 본다. 한마디로 수준 높은 빼어난 어희담語戱談일 것이다.

(3) 옛 노래는 지역에 따라 발달한 곳도 있고 그렇지 않은 곳도 있

는데, 가령 전남 진도의 조도(왕한석 2010: 173-213)나 강원도 삼척 지역 같은 곳에서는 전통적인 '아리랑' 노래가 잘 발달해 있는 곳이다. 두 곳에서 각기 제보자들이 실제로 부른 120수 가량의 노랫말을 채록할 수 있었다.

아래의 노랫말은 조도의 소위 '아리롱 타랑'[아리랑 타령]이다. 이 조도의 아리랑은 기본적으로 여성들의 노래이고, 그 대부분이 매우 서정적抒情的인 노랫말로 구성되어 있다. 필자는 이 아리랑 노랫말이 단순한 노랫말의 차원을 넘어 ('한 문화의 가치관과 정서를 기억하기 쉬운 말로 표현한 것'인) 이른바 구전시口傳詩, oral poetry의 영역에 속할 것으로 보고 있다. 아래의 세 예에서, 먼저 첫 노래는 '아리롱 타랑' 그 자체에 대한 이곳 여성의 열정과 찬사의 노래다. 이곳 아리랑은 그 내용 면에서 두 가지 특색이 있는데, 하나는 성애性愛에 관한 노골적 표현의 발달이고, 또 하나는 남편이 아닌 연인 또는 다른 남성에 대한 강한 감정 표현이 발달한 것으로 분석된다. 아래의 두 번째 노래는 전자에 속하고 세 번째 노래는 후자에 속할 것인데, 두 노래 모두 병렬구조竝列構造, parallelism를 기본으로 하는 뛰어난 시적 표현이다.

〈전남 진도 조도의 '아리롱 타랑'〉

1. 소나무 개와장에 열두 도막이 나여도
   아리롱 타랑 참고는 못 사리라.

   개와장: 괘장枴杖, 즉 지팡이
   나여도: 나도, 즉 나도록 맞아도

2. 신금산 봉오리에 비온둥만둥

어린 가장 품안에 잠잔둥만둥.

신금산神禽山: 하조도下鳥島에서 가장 높은 산봉우리(해발 234m)
가장家長: 남편을 가리킴.
* 나이 어린 남편과의 잠자리에 대한 불만을 노래함.

3. 담 넘어 뛸 때는 큰맘을 먹었더니
문고리 잡고는 아리발발 떤다.

* 남편이 아닌 연인의 용기 없는 모습을 그림.

또 경북 선산 지역에서도 여성이 불러온 옛 노래 10여 수(그중에는 모두 105행으로 구성된 슬픈 '베틀가'도 있었음)를 들을 수 있었는데(왕한석 2012a: 504-524), 아래의 노래도 그중 하나다.

〈경북 선산 지역의 '화투 타령'〉

정월 솔에 솟아난 내 마음
이월 매조에 맺아 놓고
삼월 사구라 산란한 내 마음
사월 흑싸리 흩어 놓고
오월 난초 나비가 날아
유월 목단에 춤을 추네
칠월 홍돼지 홀로 누워
팔월 공산에 달이 솟아
구월 국화 굳은 마음

시월 단풍에 다 떨어졌네
오동추야 달 밝은 밤에
우산 쓰고 유람가네

위의 '화투타령'은 12행에 불과한 짧은 노래지만, 시적 구조 면에서 매우 뛰어난 노랫말이다. 기본적으로 각 행은 2음보音步로 구성되는데, 전체 12행 중 8행에서 음보 간에(즉, 두 번째 어절語節과 세 번째 어절에서) 동음 또는 유음의 반복이라는 체계적인 음운적 병렬구조phonological parallelism가 나타난다. 다시 말해 '솔에'와 '솟아난'(1행), '매조에'와 '맺아 놓고'(2행), '사구라'와 '산란한'(3행), '흑싸리'와 '흩어 놓고'(4행), '난초'와 '나비가'(5행), '홍돼지'와 '홀로 누워'(7행), '국화'와 '굳은 마음'(9행), '단풍에'와 '다 떨어졌네'(10행)에서 보듯이, 해당 단어 또는 구의 첫 음절의 음(엄격히는 종성을 제외한 초·중성)을 일관되게 맞추고 있다. 따라서 비교적 단순한 이 노래가 오래 전부터 널리 불려온 근저에는, 화투가 많은 사람들에게 친숙한 오락 도구라는 점도 있겠지만, 이 노랫말이 담고 있는 운율韻律의 아름다움, 즉 세련된 시적 표현의 면도 중요한 요인이 되었을 것임을 짐작할 수 있다.

(4) 오늘날의 시점에서 옛날이야기, 대표적으로 민담folk tale이나 전설legend류는 잘 전승되지도 않지만, 본 연구의 목적과도 한 걸음 떨어져 있을 것이다. 그 대신 좀 더 일반적인 이야기narrative를 (그것이 옛날 것이든 오늘날의 것이든 간에) 조사 과정에서 조금 듣게 되는데, 그중 해당 지역의 문화를 이해하는 데에 유의미한 배경이 되는 이야기들에는 자연 주목을 하게 된다. 다시 말하여 이 언어 민속지 작업에서는 연구 대상 사람들의 행동 및 사고방식 그리고 세계관world view을 이해하는 데에 직간접적으로 도움이 되는 이야기를 들으면, 거개 그것을 녹음·전사해왔다.

다음의 이야기는 전북 고창 지역에서 우연히 듣게 된, 짧지만 그러나 단순한 웃음의 이야기를 넘어 중요한 문화적 함의를 담고 있는 옛날이야기의 예다(왕한석 2010: 359-362).

〈전북 고창 지역의 '옛날이얘기'〉

> 긍게 인자 메누리[며느리]가 헌단 말이, 밥을 허믄서 헌단 소리가 "소안치[송아지]가 어치씨('어치'는 소에게 입히는 짚옷)를 입으시고 뛰시고 개님도 뛰시고", 인자 소안치허구 개허구 같이 장난 마냥으로 뛰지라잉. 시아버지가 "뭔소리냐, 뭔소리가 후닥닥 후닥후닥 그러냐?" 헌게, "아버지 눈깔치로 보시시오", 아버님이라고도 않고, "아버지 눈깔치로 보시시오" 그래 버렸어. 지지리 존대말 허다 시아버지게다 "아버지 눈깔치로 보시시오" 했으니 망신이지라잉. 긍게 징허게 까시럽제. "야야, 너 어째 그렇게 말을 허느냐?" 헝게 인자 무색해서 말도 못 허제 메누리가. 긍게로 메누리가 헌단 말이 "내가 아부이[아버님]게다 너무 다 실수했고 죄송헝게 용서해 주시시오." 용서해 도라고.

이 이야기의 직접적인 배경은 한국사회에서 시집온 여성이 시집 식구들과의 언어적 상호작용에서 채택해야 하는 존댓말 사용의 이상적 규범이다. 즉, 한국사회에서 혼입婚入한 여성은 규범적으로는 시집의 모든 식구에게 말을 높이게 된다. 물론 시댁의 상대방은 이 며느리에게 말을 높이는 자리(가령 시숙媤叔, 시동생媤同生, 손아래 시누이 등)도 있고 낮추는 자리(가령 시부모媤父母, 손위 시누이, 손위 동서 등)도 있지만, 새 며느리는 어쨌든 시집의 모든 식구에게 말을 높여야 하는 것이 한국 사회의 일반적인 이상적 규범이다(Wang 1984: 128-139). 새 며느리의 입장에서 이 어렵고 불평등한 상황을 두고, 지역에 따라서는 "시집에 가서는 개에게 소에게까지 말을 높여야 한다" 또는 "시집에 와서는 개한테도 존칭을 써야 한다"라는, 매우 자조적自嘲的인 비꼼의 속담까지 발달해 있다(왕한석 2002: 207).

위의 이야기는 바로 이 맥락에서 출발한다. 즉, 위 이야기의 주인공인 며느리는 이 '자조적인 비꼼의 속담'을 실제 담화에서 그대로 실천하는 '어깃장'을 시아버지 앞에서 놓는 것이다. 그리하여 '어치'에다 '-씨'를 붙이고, 주체 존대의 선어말어미 '-으시-'를 집 안의 짐승들에게 모두 바친다. 따라서 '소안치는 어치씨를 입으시고 뛰신'다. 개에도 '님'을 붙여, '개님도 뛰신'다. 이 말을 들은 시아버지는 그것이 결코 인간 세상에서의 말씨 사용이 아닌 것으로 판단하여, 그 말을 아무 의미 없는 단순한 의성어, 즉 '후닥닥 후닥후닥'이라는 소리로 인지한다. 그러자 며느리는 여기서 한 단계 더 나아가, 짐승에게도 꼭꼭 쓴 존칭 표현을, 정작 그 표현을 써야 할 대상인 시아버지에게는 쓰지 않고 거두어들여 버린다. 그리하여 시아버지를 존칭인 '아부이' 대신에 평칭인 '아부지'(고창 말은 '아부지'임)로 부르고, 심지어는 시아버지의 '눈'을 '눈깔치'라는 비어卑語로써 가리켜 버린다. (물론 시아버지에게 서술어는 '보시시오'라는 제대로 된 존대 표현을 사용하지만, 이 부분은 여기서 그리 중요하지 않을 것이다. 아마도 이 서술어마저 낮춤의 표현을 썼다면 전체적으로 너무 억지스러운 구조가 되어, 이 '옛날이얘기' 자체가 성립하기 어려웠을 수도 있을 것이다.)

전체적으로 위의 짧은 옛날이야기는 시집온 여성의 시집 내에서의 불평등한 언어사용 규범(그리고 그것이 당연히 야기하는 불평등한 사회적 관계)에 대한 상상을 뛰어넘는, 극히 냉소적인 비꼼의 이야기가 될 것이다. 따라서 그것은 다른 곳에서 슬픈 자조의 속담으로 표현하는 것을, 여기서는 웃음의 그러나 비꼼 가득한 말장난의 이야기로 그 장르를 바꾸어서 표현한 것으로 이해해야 할 것이다.

4. 〈한국의 언어 민속지〉 연구의 과제와 전망

이제 이 글을 마무리 짓기로 하겠다. 먼저 이 '한국의 언어 민속지' 작업은 학술적인 연구 결과로서 어떤 가치를 지닐까? 원론적으로 그것은 아마도 다음의 두 가지가 될 것이다(왕한석 2009: 9).

먼저 하나는 연구 대상 언어공동체 또는 (보다 넓게) 해당 지역의 언어문화에 대한 일차적인 경험적 연구로서의 가치를 일정 정도 가질 것이다. 물론 단기간의 현지조사에 바탕한 연구 결과이므로 부분적인 오류나 정치하지 못한 기술 항목도 더러 있을 것이다. 그러나 연구 대상 언어공동체의 언어문화의 중심적 그리고 특징적 유형을 실제의 현지조사 자료에 바탕하여 분석적으로 기술하고 그것을 문화 내적 시각emic point of view에서 이해하려는, 일차적인 '민속지'로서의 가치가 분명히 있을 것이라 생각한다.

다음으로 이 연구 결과들은 당연히 한국의 언어문화에 대한 앞으로의 진전된 연구를 위한 일종의 '안내(또는 발견) 모형heuristic model'으로서의 가치를 지닐 것이다. 말할 것도 없이 이 연구 작업에서 시도된 모든 질문 항목은 앞으로 (다른 연구자에 의해) 변형 확장됨으로써, 해당 연구 대상 언어공동체에 보다 합당한 그리고 한국의 언어문화를 좀 더 체계적으로 기술하는 데에 합당한 연구 모형으로 확대 발전될 수 있을 것이다.

나아가 이상적으로는 이 언어 민속지 작업이 완결된 후에, 모두 9편(초기의 작업까지 합치면 모두 12편)의 개별 언어 민속지 내용을 비교 분석하고 일반화하는 다음 단계의 연구 작업이 필요할 것이다. 다시 말하여 이 모든 연구 결과를 자료 및 분석 차원에서 가능한 한 포괄하면서, 동시에 한국 언어문화의 중심 유형 및 기본 특성들에 대한 보다 체계적인 이해를 지향하는 별도의 연구 단행본 작업이, 마지막 남은 제5권 〈강원·경기도편〉의 출간 이후에 계속 이어져야 할 것으로 생각한다.[6]

여기서 화제를 조금 바꾸어 필자의 이론적 전공인 언어인류학에 대한 논의로 잠시 옮겨가도록 하자. '언어인류학'이라는 일반인에게 잘 알려지지 않은 낯선 분야를 설명하면서, 필자는 종종 언어학과 비교하고는 한다. 즉, 순수 언어학 곧 형식 언어학formal linguistics이 한마디로 '사람은 없는 언어만의 세계'를 탐구하는 것인 데 비해, 필자가 공부하는 언어인류학은 '사람이 있는 언어의 세계'(또는 '사람과 함께 하는 언어의 세계')를 탐구하는 것으로 비유하곤 한다.[7] 여기서 이 '사람이 있는(또는 사람과 함께 하는) 언어의 세계'를 간단한 학술 용어로 바꾸어 표현하면, 그것은 곧 이 글의 핵심 어휘인 '언어문화'가 될 것이다.

필자는 지난 30여 년간 '한국의 언어문화'라는 다소간 새로운 영역을 나름대로 개척·연구해 왔다. 아마도 이 '한국의 언어 민속지' 작업이 완성되면, 필자의 입장에서는, 작은 공부의 한 마무리가 지어질 것 같다. 바로 이러한 맥락에서 보면, 필자의 작은 공부의 중심 부분을 이루는 이 '한국의 언어 민속지' 연구는 두 가지 중요한 그러나 숨겨진 '의미'를 전달하는 것 같다. 그것은 곧 (1) 언어학자들이 연구하는 소위 '문법grammar' 또는 '언어구조language structure'와 일반 인류학자들이 연구하는 '문화culture' 또는 '사회구조social structure' 사이에 '언어문화linguaculture'라는 언어 및 문화를 관통貫通하는 중요하고도 새로운 연구 영역이 존재할 뿐 아니라, (2) 한국사회는 이 언어문화의 연구 영역이 특히 광범하고도

---

6 2021년 현재 이 중 강원도 편이 먼저 출간되었다(각주 3 참조).

7 사실은 이 구분은 한 저명 학자가 약 반세기 전에 이미 명료히 진술한 바 있다. 즉, 하임즈(Hymes) 교수는 언어학과 언어인류학이 그것이 각기 지향하는 이상적 목표에 따라 나음과 같이 구획될 수 있음을 천명하였나. "(1) 언어의 관점에서 언어에 관한 지식을 통합하는 것은 언어학의 과제다. (2) 인간의 관점에서 언어에 관한 지식을 통합하는 것은 [언어]인류학의 과제다."(Hymes 1964: xxiii)

다대하게 발달해 있음을, 이 '한국의 언어 민속지' 연구가 여러 다양한 지역에서의 경험적 연구들을 통해 체계적으로 예시한 것이 될 것이다.

앞으로 이 분야의 많은 관련 학자들의 우수하고도 힘들인 연구를 기대해 마지않는다.

붙임

이 글이 『조선학보』에 발표된 뒤에, 『한국의 언어 민속지: 충청남북도 편』(2016)에 대한 박경래(2018), 안준희(2017) 교수의 귀중하고도 진지한 서평이 발표되었다. 치밀하고 수준 높은 서평을 힘들여 써주신 두 분 교수께 감사를 드린다. 그리고 경남 통영 사량도의 '물때'의 구분체계와 관련하여, 한국 물때 체계의 중심적인 지역적 변이와 역사적 기록(주로 실학자들의 기술)에 대한 좀 더 전면적인 연구(왕한석 2018)가 새로이 이루어졌음을 또 부기해 둔다.

참고문헌

강윤희, 2014, “서평: 『한국의 언어 민속지: 경상남북도 편』, 왕한석 지음, 2012, 서울: 서울대출판문화원,” 『한국문화인류학』 47(2): 327-335.

김정대, 2015, “왕한석 교수의《한국의 언어 민속지: 경상남북도 편》에 대한 서평,” 『방언학』 21: 273-301.

김주관, 2010, “언어 민속지의 주제와 방법에 대한 검토: 『한국의 언어 민속지 1: 서편』, 왕한석, 파주: 교문사, 2009년,” 『한국문화인류학』 43(3): 161-167.

김혜숙, 2009, “서평: 왕한석 『한국의 언어 민속지 [1] 서편』 ((주)교문사, 2009),” 『사회언어학』 17(2): 255-280.

박경래, 2018, “《한국의 언어 민속지: 충청남북도 편》에 대한 서평,” 『방언학』 27: 211-258.

안준희, 2017, “서평: 『한국의 언어 민속지: 충청남북도 편』, 왕한석 지음, 2016, 서울: 서울대학교출판문화원,” 『한국문화인류학』 50(1): 175-185.

왕한석, 2002, “친척 관련 속담의 민족지적 연구,” 『사회언어학』 10(1): 197-224.

______, 2009, 『한국의 언어 민속지 1: 서편』, 파주: 교문사.

______, 2010, 『한국의 언어 민속지: 전라남북도 편』, 서울: 서울대학교출판문화원.

______, 2012a, 『한국의 언어 민속지: 경상남북도 편』, 서울: 서울대학교출판문화원.

______, 2012b, “〈한국의 언어 민속지〉 연구와 언어 현지조사의 과정,” 『방언학』 15: 339-380.

______, 2015, “작은 공부의 연원과 특성 그리고 성과들에 대하여(정년기념 특별 강연),” 『사회언어학』 23(3): 3-32.

______, 2016, 『한국의 언어 민속지: 충청남북도 편』, 서울: 서울대학교출판문화원.

______, 2018, “한국의 물때 체계: 그것의 구분법과 지역적 변이 그리고 실학자들의 이른 기술을 중심으로,” 『한국문화인류학』 51(3): 9-63.

______, 2021, 『한국의 언어 민속지: 강원도 편』, 서울: 서울대학교출판문화원.

이기갑, 2011, “《한국의 언어 민속지: 전라남북도 편》에 대하여,” 『방언학』 14: 253-269.

최진숙·조숙정, 2011, “서평: 『한국의 언어 민속지: 전라남북도 편』, 왕한석, 서울대학교출판문화원, 2010년,” 『한국문화인류학』 44(3): 173-181.

Agar, Michael, 1994, *Language Shock: Understanding the Culture of Conversation*, New

York: William Morrow and Company.

Feng, Han-Yi, 1937, "The Chinese Kinship System," *Harvard Journal of Asiatic Studies* 2(2): 141-275.

Friedrich, Paul, 1989, "Language, Ideology, and Political Economy," *American Anthropologist* 91(2): 295-312.

Hymes, Dell, 1964, "General Introduction," in *Language in Culture and Society: A Reader in Linguistics and Anthropology*, Dell Hymes (ed.), New York: Harper & Row, pp. xxi-xxxv.

Lin, Mei-rong, 1983, "Morphological Structure and Semantic Extension in Chinese Kin Terms," unpublished Ph.D. Dissertation, University of California, Irvine.

Wang, Hahn-Sok, 1984, "Honorific Speech Behavior in a Rural Korean Village: Structure and Use," unpublished Ph.D. Dissertation, University of California, Los Angeles.

제2장

조석과 시간: '물때'에 관한 서해 어민의 민속지식*

조숙정

1. 서론

삼면이 바다인 한국의 해양문화에서 매우 특징적으로 발달한 영역 중 하나가 바로 조석潮汐 현상에 대한 민속지식folk knowledge의 양상이다. 끊임없는 바닷물의 움직임은 어민들의 생업 터전인 바다의 경관과 상태를 매일 다르게 만든다. 또한 바닷물의 규칙적인 변화는 바다 공간만의 독특한 시간 리듬을 만들어 바다에 대한 인간의 접근을 제약하기도 한다. 이러한 해양환경에 적응한 어민들은 육지 사람들과는 상당히 다른 그들만의 독특한 시간에 대한 이해를 발달시켜왔다.

바닷물의 상태와 시간을 가리키는 민속명칭folk term인 '물때'는, 자

* 이 글은 필자의 박사학위논문 중 '제5장 바닷물의 민속구분법: 시간의 지식'(2014: 182-256)의 일부를 재구성하여 *International Journal of Intangible Heritage*(2018: 206-220)에 게재한 영어 논문을 국내 독자용으로 수정하고 내용을 확장·보완한 것이다.

연현상인 조수의 변화가 문화적으로 얼마나 정교하게 구분되고 인지될 수 있는지를 잘 보여주는 한국의 고유한 언어문화 현상이다. 우리나라는 해역별로 조수간만의 차가 크게 다른데, 특히 서해는 3~9m에 이르는 대조차 환경이다. 그렇기 때문에, 서해 어촌의 해양환경과 문화의 관계를 고찰할 때는 이 지역 어민들이 바닷물의 변화를 어떻게 지각하는지를 이해하는 것이 매우 중요하다.[1]

필자는 한국 어민문화와 해양환경의 관계에 대한 민족지적 연구를 수행해왔다(조숙정 2012, 2014, 2015, 2018a, 2018b, 2019a, 2019b). 이 글에서 다루는 '물때'라는 의미영역semantic domain도 바로 이러한 연구 관심의 일부분이다. 다시 말해, 이 글은 조석에 대한 서해 어민들의 인지체계에 관한 것이다. 조석과 관련된 정교한 어휘의 발달 및 분화는 문화적 강조를 반영한다. 이 연구는 언어적 분석을 토대로 하는 민족과학ethnoscience 또는 넓게는 인지인류학cognitive anthropology의 이론적 관점을 적용하여, 사람들이 그들의 경험 세계를 어떻게 개념화하는지를 발견하려는 것이다.[2]

이 글에서 필자는 서해 곰소만 어촌의 민족지적 사례를 중심으로 물때라는 개념으로 범주화되는 조석과 시간에 대한 한국 어민들의 문화

---

1 한국 어민문화에 관한 여러 분야의 연구들은 서해안과 남해안에서 발달한 물때체계에 대해 적지 않은 보고를 해왔는데, 특히 최근에 발표된 왕한석(2018)의 연구 성과에 주목할 필요가 있다. 왕한석은 서해안과 남해안의 물때체계의 지역적 변이를 분석하고 두 해역의 물때체계가 분화하는 전이 지역을 찾아냈다. 또한 조선 후기 실학자들의 문헌에 나오는 조석론을 검토하여 오늘날 우리 어촌사회에서 사용하는 물때 명칭이 최소한 200~300여 년 전의 역사성을 가진 정교하고도 체계적인 전통지식임을 보여준다.

2 이론적 접근으로서 민족과학 또는 인지인류학에 대해서는 Goodenough (1957), Conklin(1955, 1962), Frake(1961, 1962), Sturtevant(1964), Tyler (1969), Spradley(1972), Casson(1981), D'Andarde(1995), 왕한석(1996) 등을 참조할 것.

적 지식cultural knowledge을 살펴보려고 한다. 어민들은 밀물과 썰물이 들고 썬 정도나 상태의 특성에 의거해 바닷물의 변화를 여러 범주로 구분하고 명명할 뿐만 아니라, 그 명칭들을 각 범주의 물에 내포된 시간성을 지시하는 말로 사용해왔다.[3] 이 물때체계는 상당히 정교하고 복잡하다. 이 글에서는 한 달에 두 번 지각되는 조석 범주에 초점을 맞추어 물때를 논하려고 한다.

먼저 조사지를 간략히 개관한 후에 물때를 세 가지 측면에서 검토할 것이다. 첫째, 서해 어민들이 바닷물의 변화를 어떻게 여러 시간 단위로 범주화하는지를 개괄하고 물때의 개념을 살펴볼 것이다. 15일 주기 물때를 전체 물때 체계 안에서 이해하는 데 필요한 배경 지식을 제공할 것이다. 둘째, 15일 주기 물때의 토착 명칭체계를 분석해 물때의 구조와 원리를 기술하고, 15일 주기 물때의 민속구분법을 밝힐 것이다. 셋째, 바다와 육지에서 모두 물때의 영향을 받는 어민들의 독특한 삶을 '물때생활'로 규정하고, 어민들이 일상생활에서 물때를 사용하는 구체적인 사례들을 소개할 것이다.

이 글의 분석 자료는 필자가 전라북도 부안군 곰소만에 있는 왕포마을에서 장기간 현지조사를 수행하면서 수집한 자료에 토대한다. 필자는 인지인류학적 관점에서 한국 문화와 해양환경의 관계를 연구하기 위해서 2007년 4월에 처음으로 부안군을 방문하여 조사지를 탐색하였다. 그리고 본격적으로 2008년 7월부터 2011년 7월까지 약 3년 동안 조사지 마을에 거주하며 참여관찰과 심층면담을 중심으로 현지조사를 했다. 그 뒤로도 2013년 2월까지 수시로 보충조사를 실시했다. 제보자들의 연령

3 이 지역의 전체 물때체계에 관한 자세한 내용은 조숙정(2014: 182-256)을 참조할 것.

대는 1930년대 생부터 1960년대 생까지다. 주요 제보자는 1930~40년대에 태어나 1950~60년대에 어부가 된 사람들이다. 그들은 '조석표'라는 이름으로 조석예보가 어민들에게 보편화되기 이전에 바다일을 시작한 사람들이다. 그들은 유능한 어부가 되는 과정에서 지역 해양환경에 대한 윗세대로부터 구전된 어로 지식 및 그들 자신의 경험적 이해에 의존도가 훨씬 컸던 전통어업 시대를 살아온 세대다.

2. 곰소만 북안北岸의 어촌, 왕포旺浦

곰소만은 조선시대부터 한국 최대의 조기어장이었던 서해 칠산바다에 연해 있는 만으로, 전라북도 부안군과 고창군 사이에 있다(그림 1 참조).[4] 만의 폭은 남북으로 7~9km이고 길이는 동서로 약 20km이다. 육지가 있는 동쪽으로 만입해 있는 동서로 긴 지형이다. 수심은 약 20m로 깊지 않다. 그러나 평균 4m 이상의 대조차가 발생하는 지역이기 때문에, 만내에 약 75km^{2}의 넓은 갯벌이 발달해 있다(고철환 2009: 68-69; 장진호 2009: 367-368)(그림 2 참조).

부안군에 속하는 곰소만 북안 지역은 변산반도의 험준한 산줄기들이 남쪽 해안 가까이까지 접근해 있어 해안평야가 발달하지 못했다(김일기 1988: 33). 그래서 과거부터 산간임해 지역인 곰소만 북안 지역에는 주로 밭농사를 지으며 소규모 어업을 생업으로 삼아온 바닷가 마을들이 만의 긴 해안선을 따라서 발달했다. 과거에 지역 어민들은 서해의 대표

4 칠산바다란 전라남도 영광군 앞바다인 칠산도와 안마도 부근에서 전라북도 부안군의 위도에 이르는 해역을 일컫는다.

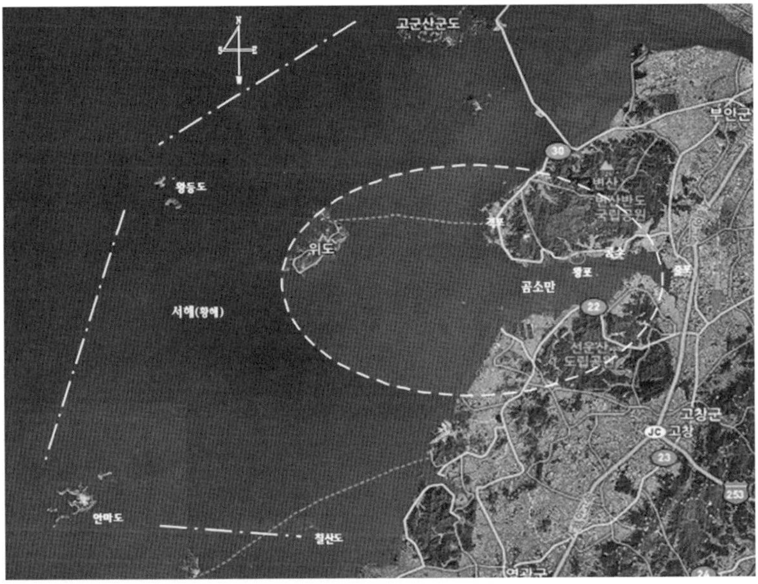

그림 1. 곰소만과 왕포의 위치(출처: 네이버. 필자 편집)

그림 2. 썰물 때 북쪽에서 본 곰소만과 왕포 마을 전경(촬영: 필자, 2008년 11월)

어종인 조기를 주로 잡았다. 곰소만 앞에 있는 위도는 조기파시로 유명한 곳이었다. 조기잡이는 어족자원을 고갈시킨 남획과 기후변화 때문에 1960년대 이후 쇠퇴하였다.[5]

왕포 마을은 곰소만 내에 있는 작은 어촌이다. 마을 이름은 근처 바다에서 고기가 제일 많이 잡히는 바닷가 마을이라는 뜻을 담고 있다. 300여 년 전에 김해 김씨 집안의 7대조가 터를 닦고 마을을 형성했다고 전해진다(김○만, 남, 1937년생; 양만정 1985: 291). 여전히 마을의 주요 성씨는 김해 김씨고, 마을 사람들 대부분이 멀고 가까운 친인척 관계에 있다. 2009년 기준 왕포에는 38가구 91명(남자 44명, 여자 47명)의 주민이 산다. 1980~90년대 김 양식 호황기에는 100세대 가까이도 살았다고 한다.

왕포 어민들은 오래전부터 소규모 연안어업에 종사해왔다. 1970년대 중반까지 1톤급 풍선과 주낙을 주로 이용해 조기·갈치·주꾸미 등을 많이 잡았다. 오늘날은 대부분 1~2톤 내외의 선외기 어선 및 나일론 자망과 소라껍데기 통발을 이용해 꽃게와 주꾸미를 주로 잡고, 젓새우와 피뿔고둥도 잡는다. 겨울에는 소수의 어민이 실뱀장어나 숭어, 굴을 잡기도 하지만 겨울철은 휴어기로 여긴다(조숙정 2017: 112).

당일치기 조업을 하고 있는 왕포 어민들의 일과를 살펴보면, 어민들은 보통 새벽 5시 전후 썰물에 출어한다. 계절에 따라 잡는 주 어종이 다른데, 바다에 여러 줄로 나누어 미리 설치해놓은 주꾸미 통발 또는 꽃게 그물의 일부를 매일 교대로 걷어올려 고기를 잡는다. 밀물이 되면, 대개 오전 11시 전후 또는 늦어도 오후 1시 전에는 포구로 돌아온다. 그리고 신착장이나 집에서 중간도매상에게 당일 어획물을 활어로 넘기고, 오후

---

5 조기어업은 서해안 어로문화에 지대한 영향을 미쳤다. 조기잡이는 쇠퇴했지만, 조기는 한국인이 선호하는 생선이고, 조상의례에 필수적인 음식이기 때문에(조숙정 2012: 265-268), 서해 어민들에게 조기는 여전히 상징적이다.

그림 3. 간조 때 선착장
(촬영: 필자, 2007년 4월)

그림 4. 만조 때 선착장
(촬영: 필자, 2008년 7월)

에는 걷어온 어구를 손질하거나 집안일을 한다(조숙정 2017: 112).

왕포 어민들의 조업 공간은 곰소만 내에서 외해 쪽으로 조금씩 확장되는 변화가 있었다. 그러나 예나 지금이나 어민들은 마을 서쪽에 있는 곰소만과 위도 주변 바다에서 주로 고기잡이를 한다(그림 1에서 점선으로 표시된 타원 내부 구역 참조). 그 조업 범위는 소형 어선을 타고 당일치기 조업이 가능한 거리다. 풍선을 탈 때는 곰소만 내외에서 주로 고기잡이를 했다. 1970년대 중반 이후 연안 수산자원의 감소와 함께 동력선이 도입되면서 어민들은 곰소만과 위도 사이 바다로 주 어업 공간을 이동했다.

3. '물때'의 개념

'물때'는 '물'과 '때'로 구성된 합성어다. 물은 문자 그대로 '물'을 의미하지만, 이 맥락에서는 조석潮汐 현상에 의해서 변화하는 물로서 조수潮水를 뜻한다. 민속명칭인 물때는 모든 바닷물의 변화를 포함하는 포괄적인 개념 범주이면서, 동시에 여러 시간 단위로 분절될 수 있는 각각의 바닷물의 상태를 지시하는 데도 사용된다.

곰소만 어민들이 물때라는 말을 일상 대화에서 실제로 어떻게 사용하는지를 관찰해보면, 물때의 개념을 이해하는 데 도움이 될 것이다. 예컨대 사람들이 함께 조개를 채취하거나 그물을 손질하면서 어떤 사람이 "지금 물때가 어떻게 되는가?"라고 물었다고 하자. 그러면 누군가는 물의 상태에 따라서 "지금 물 들온다" 또는 "지금 썰물이다"라고 답할 것이다. 사람들이 조업을 쉴 때 담소를 나누면서 어떤 사람이 "오늘 물때가 어떻게 되는가?"라고 묻는다면, 그는 "오늘 한마다" 또는 "오늘 조금이다"와 같은 답을 기대하는 것이다. 게다가 어민들은 바다에서 조업 시간이 얼마나 걸리는지를 말할 때, "한 물때 쓴다" 또는 "두 물때 쓴다"라고도 말한다. 여기서 '한 물때'는 하나의 썰물 또는 하나의 밀물을 의미하는 것으로 6시간을 뜻하고, '두 물때'는 12시간을 뜻한다. 그러나 15일 주기 물때에서 음력 초열흘날의 '한마'나 초여드렛날의 '조금'과 같은 '한 물때'는 하루를 나타내고, '두 물때'는 이틀을 나타낸다.

위의 예들은 민속명칭인 물때가 물의 상태를 알려주면서 동시에 그 물과 연관된 시간이나 날짜를 가리킨다는 것을 보여준다. 또한 어민들에게 물때는 실제로 더 포괄적인 개념이고 일반적으로 15일 주기 물때와 관련해 알려진 것보다 더 다양한 방식으로 사용된다는 것을 드러낸다. 간단히 말해, 물 곧 조수의 구분이 시간의 구분과 연결되어 있는 것이다. 따라서 어민들에게 물때란 바닷물의 주기적인 변화에 토대하여 구분된

그림 5.
아침 썰물 때 조개 채취
(촬영: 필자, 2007년 7월)

그림 6.
아침 조업 후 꽃게그물 손질
(촬영: 필자, 2008년 10월)

다양한 물의 상태 및 그와 관련된 시간을 포함하는 포괄적인 개념임을 이해해야 한다.

조석tide이란 지구에 작용하는 달과 태양의 인력으로 인해 바닷물의 규칙적인 승강운동이 초래한 자연현상이다. 왕포 어민들은 바닷물의 이 규칙적인 움직임을 가리켜 "물이 하루에 두 번 들고 쓴다[썬다]"는 말로 설명한다. 이 관용적 표현은 어민들이 바닷물의 변화를 하루라는 관점에서 6시간 주기로 일차적으로 지각하고 있음을 시사한다. 바닷물의 구분은 이 6시간 주기의 물에 기초하여 확장된다. 바닷물의 변화는 크게 하

표 1. 바닷물의 변화를 구분하는 시간 범주

하루			한 달		일 년
6시간	12시간	24시간	15일	30일	4계절

루와 한 달, 일 년이라는 세 개의 상위 시간 단위로 구분되고, 각 범주는 더 작은 시간 단위로 세분된다(표 1). 이 글에서는 한 달에 두 번 관찰되는 15일 주기 범주의 물때에 초점을 맞춘다.

사실 하루의 관점에서 바닷물의 변화라는 것은 24시간 50분이 걸리는 현상이다. 그래서 조수의 변화는 매일 똑같지 않고 다소 유동적이다. 어민들도 조수 변화의 유동성을 잘 알고 있기에 매일매일 물의 변화가 "약 1시간씩 늦어진다"고 설명하며, 여기에 맞추어 바다로 나가는 시간을 조정한다.

4. 15일 주기 물때의 원리와 민속구분법

조수의 상태는 매일 똑같지는 않지만 15일을 주기로 일정한 상태가 반복되는 것으로 인지된다. 즉, 15일 동안은 하루하루 물의 상태가 다르지만, 15일을 전체로 놓고 보면 한 달에 두 번 비슷한 물의 상태가 반복되는 것이다. 이 조수의 범주는 15일을 주기로 하는 물때로 알려져 있으며, 어민들의 전체 물때 인지체계에서 가장 핵심을 구성한다. 어민들의 일상대화에서도 물때라는 표현은 일차적으로 이 15일 주기 물때를 가리키는 경우가 많다.

1) 15일 주기 물때의 일별日別 명칭

15일 주기 물때는 15일의 하루하루에 그날의 물의 상태를 가리키는 물의 이름을 붙인 명칭체계로 구성되어 있다. 〈표 2〉를 보면, 15일 주기 물때는 '한마'/'한물'부터 '무심'까지 15개 명칭이 한 조를 이룬다. 그리고 이것이 한 달에 두 번 반복된다. 달의 기준은 음력이다. 예컨대 음력 1일과 16일의 물때는 항상 '일곱마'가 되고, 음력 10일과 25일의 물때는 '한마'가 되는 식이다. 특정 날짜에 특정 물때 명칭이 고정되어 있어 음력 날짜와 물때가 함께 인지된다. 그리고 하루하루의 물때는 '한 물때'로 계산된다. 예컨대 음력 10일의 '한마'와 음력 11일의 '두마'를 합쳐 '두 물때'라고 말하는 식이다. 이는 이틀을 의미한다.

〈표 2〉는 왕포 마을에서 조사된 세 종류의 물때 명칭체계를 유형화하여 보여준다. 세 유형의 차이는 먼저 수사형 물때 명칭에 결합되는 형태소에서 드러난다. 유형 I은 '마'를 쓰고 유형 II와 유형 III은 '물'을 쓴다. '마'는 물때의 수에서 '물'을 의미하는 방언이지만, 정확한 어원은 알려져 있지 않다.[6] 오늘날 어민들은 물때를 말할 때 이 두 형태소를 모두 사용한다. 예컨대 '일곱마'라고도 하고 '일곱물'이라고도 한다. 구조상으로 유형 I은 '한마'부터 '열마'까지 물때를 '수사+마' 어형의 수로 세고 이후 다섯 개는 별도의 명사형으로 세는 명칭체계다. 유형 II는 '한물'부터 '열한물'까지 '수사+물' 어형의 수로 세고 이후 네 개는 명사형으로 세고, 유형 III은 '한물'부터 '열서물'까지 수로 세고 이후 두 개만 명사형으로 센다.

6 장태진(1969: 108)에 따르면, '마'는 '물'을 가리키는 고구려어계의 '매'보다 고형(古形)일 것으로 추정된다.

표 2. 일별 물때의 민속명칭: '한마' 기준

연번	날짜			물때 명칭		
				유형 I	유형 II	유형 III
1	음력	25일	10일	한마	한물	한물(1물)
2	음력	26일	11일	두마	두물	두물(2물)
3	음력	27일	12일	서마	서물	서물(3물)
4	음력	28일	13일	너마	너물	너물(4물)
5	음력	29일	14일	다섯마	다섯물	다섯물(5물)
6	음력	30일	15일	여섯마	여섯물	여섯물(6물)
7	음력	1일	16일	일곱마	일곱물	일곱물(7물)
8	음력	2일	17일	야닯마	야닯물	야닯물(8물)
9	음력	3일	18일	아홉마	아홉물	아홉물(9물)
10	음력	4일	19일	열마	열물	열물(10물)
11	음력	5일	20일	한게끼	열한물	열한물(11물)
12	음력	6일	21일	대게끼	한게끼	열두물(12물)
13	음력	7일	22일	아침조금	대게끼	열서물(13물)
14	음력	8일	23일	한조금	조금	조금
15	음력	9일	24일	무심	무심	무심

곰소만 어민들이 전통적으로 사용해온 물때 명칭체계는 유형 I이다. 유형 II와 유형 III은 조석표 달력의 사용과 함께 순차적으로 전파된 것으로 짐작된다(그림 7과 표 4 참조). 한국 어민들에게 '조석표'라는 이름으로 조석예보가 보편화된 시점은 1970년대 말에서 1980년대 초반이다(이기복 2002: 20). 어민들은 면담 과정에서 윗세대부터 사용해온 지역의 물때 명칭을 유형 I로 설명했다. 그러나 일상 대화에서는 유형 III을 주로 사용하는 것으로 관찰되었다. 한 어민(김○풍, 남, 1943년생)의 말처럼, "지금은 옛날처럼 한게끼, 대게끼 안 쓴다." 다시 말해, 곰소만 어촌에서 물때 명칭체계의 이상형은 유형 I이지만, 오늘날 명칭 사용의 실제형은 유형 III

그림 7. 농협의 조석표 달력
(촬영: 필자, 2007년 4월)

인 것이다.

음력에는 30일까지 있는 '큰달'과 29일까지 있는 '작은달'이 있다. 그래서 개별 물때 명칭과 음력 날짜가 맞지 않는 달이 발생한다. 큰달에는 그믐날인 30일은 무조건 '여섯마'가 된다. 하지만 작은달에는 하루가 부족하기 때문에 그믐날인 29일에는 '다섯마'와 '여섯마'를 합쳐서 '두 물때'를 '한 물때'로 계산한다. 한 어민(김○옥, 남, 1934년생)은 "달이 적을 때는 (그믐날은) 다섯물도 되고 여섯물도 된다. 초하루가 일곱물이 되니까"라고 설명했다. 돌아오는 음력 초하루가 항상 일곱물이 되도록 음력 날수에 맞춰 물때의 수를 조절하는 것이다.

서해와 남해의 물때에 관한 연구들(장태진 1969; 이기복 2002: 34-35; 왕한석 2010: 58, 2012: 77, 2018)에 따르면, 음력 초하루의 물때가 몇 물로 시작하는가에 따라서 물때체계가 해역별로 차이가 있다. 일반적으로 서해안은 음력 초하루의 물때가 '일곱물'로 시작하고, 남해안은 '여덟물'로 시작한다. 남해안 물때는 '조금' 다음에 '무심' 단계가 없고 바로 '한물'로 시작하기 때문이다. 곰소만 어민들은 이러한 차이를 남해안(경상도)이 서해안

(전라도)보다 "항시 한 물때가 앞서간다"고 말한다.[7]

2) 15일 주기 물때의 구조와 원리: 유형 I 기준

세 유형의 물때 명칭체계는 두 부류의 어형 구조로 이루어진 공통점이 있다. 하나는 수사에 '마' 또는 '물'의 형태소가 결합된 '수사형 명칭'이고, 다른 하나는 별개의 이름을 갖는 '명사형 명칭'이다. 이를 〈표 3〉으로 정리했다. 간단히 말해, 15일 주기 물때의 명칭체계는 기본적으로 수사형 명칭과 명사형 명칭이 결합된 구조인데, 유형 I은 '10+5 명칭형'으로, 유형 II는 '11+4 명칭형'으로, 유형 III은 '13+2 명칭형'으로 분석된다. 유형 I에서 유형 III으로의 변화는 수사형 명칭은 확대되고 명사형 명칭은 축소되는 것으로 설명할 수 있다.

물때는 매일 들고 써는 물의 양과 물살의 세기로 지각되는 물의 상태 변화를 나타낸다. 15개의 물때 명칭은 물이 15일 동안 어떻게 변화하는지를 보여주는 언어적 지표다. 물때 명칭체계의 원리상, 수사형 명칭은 숫자가 커짐에 따라 수위와 수세가 점차 증가해가는 물의 범주를 나타내고, 명사형 명칭은 물이 점차 약해지는 범주를 나타낸다. 곰소만 어민들은 조수의 높이와 세기가 커지는 것을 '물이 산다' 또는 '물이 살아난다'라고 하고, 약해지는 것을 '물이 죽는다'라고 표현한다. 대략적으로 말하자면, 수사형 명칭은 '물이 사는 때'와, 명사형 명칭은 '물이 죽는 때'와 관련된 물때로 이해할 수 있다.

---

7 최근 연구에서 왕한석(2018: 20-34)은 서해안과 남해안의 이러한 물때 차이를 반영하여 두 물때체계를 '서해안 모델'(7물때식)과 '남해안 모델'(8물때식)로 구분하여 명명하고, 남해안에서 서해안보다 하루 먼저 물때를 세는 이유를 조석파(潮汐波)의 영향으로 설명하였다.

표 3. 유형별 물때 명칭의 어형 구조

구조 \ 유형	유형 I	유형 II	유형 III
① 수사형 명칭	한마 - 열마	한물 - 열한물	한물 - 열서물
② 명사형 명칭	한게끼 대게끼 아침조곰 한조곰 무심	한게끼 대게끼 조금 무심	조금 무심
①+② 명칭	10+5 명칭형	11+4 명칭형	13+2 명칭형

왕포 마을의 이상적인 물때체계인 유형 I을 기준으로 조수의 변화 과정을 자세히 살펴보자. '한마'는 이론상 수위와 수세의 변화가 멈추었던 물이 수위와 수세가 커지는 쪽으로 변화하는 첫 단계의 물때다. 이후 날마다 물의 양과 세기는 점차 커져간다. '두마'는 물의 상태가 아직 눈에 띄게 커지지 않는다. '서마'가 되면 바다로 고기잡이를 나갈 수 있을 만큼 수위와 수세가 커진 물의 상태가 된다. 그렇기 때문에 어민들이 중요하게 지각하는 물때 중 하나다. '너마', '다섯마'를 거치며 수위와 수세는 더 커지고, '여섯마'가 되면 수위와 수세가 매우 커지는 상태로 들어선다. '여섯마'는 '사리'라고도 부르는데, 물때 중에서 수위와 수세가 가장 커지는 때를 의미한다. 이때부터 '아홉마'까지 수위와 수세는 최고조를 향해 커져간다. 그리고 '열마'가 되면 물은 더는 살아나지 않는다. 그래서 '열마' 이후에는 물때의 명칭도 명사형으로 바뀐다. 수위와 수세가 약해지는 흐름으로 바뀌었음을 나타낸다.

'한게끼'에 들어서면 수위와 수세가 본격적으로 꺾이기 시작하고, '대게끼'에는 수위와 수세가 크게 떨어진다.[8] '게끼' 다음은 두 단계로

8 '한게끼'에서 '한'은 하나란 뜻이고, '대게끼'에서 '대'는 크다는 뜻이다. '게끼'

구성된 '조곰'[조금]인데, 물때 중에서 수위와 수세가 가장 약할 때다. 먼저 '아침조곰'[아침조금]은 물발이 약해 고기잡이를 나가기에 적합하지 않은 물의 상태로 들어선 첫 번째 조금이고, 두 번째 조금인 '한조곰'은 수위와 수세가 최대치로 떨어진 물때다.[9] '한조곰'을 그냥 '조금'이라고도 부른다. 과거 풍선과 주낙으로 고기를 잡던 전통어업 시절에 어민들은 대개 아침조금부터는 물발이 약하기 때문에 어로활동을 중단하곤 했다. 한조금 다음 날이자 15일 주기 물때의 마지막 단계인 '무심'은 물이 더는 죽지 않고 수위와 수세의 변화가 멈춘 상태다. 그리고 다시 '한마'가 돌아오면 물이 다시 살아날 징후를 보이기 시작한다. 이렇게 15일 주기 물때는 한 달에 두 번 반복한다.

15개 물때 명칭 중 두 개는 별도의 하위 명칭이 세분되어 사용된다. '여섯마'(즉, 사리)와 '한조곰'(즉, 조금)이 그것이다. 이것을 정리하면 다음과 같다.

① 보름 여섯마 또는 보름 사리: 음력 15일 여섯물 또는 사리
② 그믐 여섯마 또는 그믐 사리: 음력 30일 여섯물 또는 사리

① 초야드레 조곰 또는 초야드레 조금: 음력 8일 조금
② 수무살 조곰 또는 스무사흘 조금: 음력 23일 조금

'여섯마'와 '한조곰'의 하위 명칭들은 각 물때가 되는 음력 날짜가 결합된 형태다. 따라서 이 명칭들은 한 달에 두 번 든 '여섯마'와 '한조

는 '물이 꺼진다' 곧 물이 죽는다는 의미라고 한다.

9 '아침조곰'에서 '아침'은 작다는 뜻으로 추정되고, '한조곰'에서 '한'은 크다는 뜻이다(장태진 1969: 113-114).

곰'이 날짜상으로 어떤 주기의 물때에 해당하는지를 정확히 알려준다. 달의 변화에 대응해 보면, '여섯마'는 보름달이 뜨는 때와 달이 없는 그믐이 되는 때고, '한조곰'은 상현달과 하현달이 뜨는 때다. 나머지 물때의 명칭에는 물때와 음력 날짜의 관계를 표지하는 구분이 없다. 한 달의 관점에서 '여섯마'와 '한조곰'은 15일 주기 물때체계의 준거점 역할을 하고 있다. 달리 말해, '여섯마'와 '한조곰'의 하위 명칭의 발달은 물때체계에서 '사리'와 '조금'이 중요하게 인지되는 물때임을 반영하는 것이다. 사리와 조금이 심리적으로 부각되어 인지되는 현상은 다음에 살펴볼 물때의 민속분류법에서도 분명하게 확인할 수 있다.

3) 15일 주기 물때의 민속구분법: 유형 I 기준

곰소만 어민들은 15일 주기 물때를 한 조로 말할 때는 '사리'라는 표현을 사용한다. '사리'는 다의어polysemy로서, '여섯마'의 또 다른 이름인 '사리'와 같다. 물때 명칭으로 본 15일은 '한 사리'가 되고, 한 달에 '두 사리'가 있는 것이다. 여기서 주의할 점은 어민들이 '한 사리'를 '한 물때'라고는 하지 않는다는 것이다. 곰소만 어민들은 꽃게나 주꾸미 등 한 어종을 잡는 어기漁期로 대개 '네 사리'나 '다섯 사리'(즉, 두 달 또는 두 달 반)를 쓴다.

'한 사리'로서 15일 주기 물때는 〈표 4〉처럼 위계적으로 의미 구조화된 민속분류법의 유형으로 인지되는 것으로 분석되었다. 이 물때의 문화 모형은 어민들이 조수의 변화를 얼마나 정교하게 구조화된 체계로 인지하고 있는지를 잘 보여준다.

〈표 4〉에서 하위범주인 단계 IV는 일차적 범주로서 15개 일별 물때로 구성된다. 단계 I은 15일 주기 물때의 최상위범주로서, 이 단계의 명칭 '사리'는 '여섯마'를 지시하는 '사리'의 기본 개념이 확장되어 파생적

표 4. 15일 주기 물때의 민속분류법

단계 I	(한) 사리														
단계 II	조금(때)		사릿발							조금(때)					
단계 III	조금(때)		산짐			사릿발				게끼/거끔			조금(때)		
단계 IV	한마	두마	서마	너마	다섯마	여섯마	일곱마	야닯마	아홉마	열마	한게끼	대게끼	아침조곰	한조곰	무심

으로 사용된 가장 광의의 개념이다.

두 단계로 된 중간의 상위범주들을 살펴보도록 하겠다. 단계 III은 단계 IV의 15개 일별 물때들 중에서 물의 상태가 유사한 날들을 며칠씩 묶은 포괄적인 상위범주들로 구성된다. 단계 III의 물때 범주들은 다시 그 유사성에 의거해 상위의 단계 II에 포함된다. 각 중간 층위에서 구분된 상위범주들의 명칭은 각 범주의 유사한 물 상태라는 것이 무엇인가를 잘 드러내준다.

먼저 단계 III을 보면 이 층위는 네 개의 명칭으로 구분된 범주들로 이루어져 있다.

① 조곰(때) 또는 조금(때): 물이 적게 들어오고 적게 써는 물때로서 수위가 최고로 떨어진 단계다. 그래서 이때는 물발도 약한 것이 특징이다. 일차적 범주의 물때로 따지면, '아침조곰'부터 '두마'까지 '다섯 물때'(즉, 5일)를 포함한다. 물살이 약할 때는 고기가 잘 잡히지 않기 때문에, 과거 어민들은 대개 이 '조곰(때)'에는 어장을 나가지 않았다. '다섯 물때' 중 '한조곰'이 가장 물도 적게 들고 물발도 약한 물때로 인지된다. 보통 '한조곰'까지 물이 최고로 죽고 '무심'부터는 물이 더는 죽지 않는다.

따라서 물의 특성상으로나 명칭상으로나 '한조곰'이 물이 최고로 죽은 단계인 '조곰(때)'의 원형prototype, 즉 전형적인 범주인 것이다.

② 산짐: '조곰(때)'에 최고로 떨어졌던 물의 수위가 점차 살아올라오기 시작하는 물때를 구분한 범주다. '산짐'은 보통 '서마'부터 하는 것으로 인지된다. 물때로는 '서마'부터 '다섯마'까지 '세 물때'(즉, 3일)를 포함한다. '산짐'에 물이 살기 시작하므로 어민들도 이때부터 고기잡이를 시작한다. 물때 명칭체계의 원리로 보면 '한마'부터 산짐일 것이다. 그러나 실제는 '서마'부터 산짐으로 인지된다. 이는 아마도 충분히 지각 가능한 물의 변화가 실질적으로는 서마부터고, 이때부터 고기잡이가 가능한 물 상태가 되기 때문일 것이다.

③ 사릿발 또는 사리(때): 물이 '산짐'을 하면 그때부터는 물이 죽기 전까지 계속 살아나는데, 이렇게 물이 살아서 많이 들어오고 많이 써는 물때를 구분한 범주다. 물의 수위와 수세는 사실 비례관계이기 때문에, 들어오는 물의 양이 많아지므로 이때는 물발이 센 것이 특징이다. 그래서 물때 범주 중에서 '사리'만 '사릿발'이라고 하는데, 여기서 '-발'은 기세 또는 힘의 뜻을 더하는 접사다. 물때로 보면 '여섯마'에서 '아홉마'까지 '네 물때'(즉, 4일)를 사릿발로 본다. '여섯마'가 '사리'로 별칭되기는 하지만, 어민들에 따르면, 여섯마보다는 오히려 '일곱마'부터 '아홉마'까지가 실질적으로 물도 더 많이 들어오고 물발도 더 세다고 한다. 물발이 어찌나 센지 "총소리가 난다"라는 비유로 설명되기도 한다. 주낙어업은 물살이 너무 세도 안 좋기 때문에, '서마'부터 '여섯마'까지 주낫질하기는 제일 좋다고 한다.

④ 게끼 또는 거끔(질): 최고로 살았던 물이 죽기 시작하는 단계다. 수위가 떨어지므로 수세도 꺾여 물살도 약해지기 시작한다. 이 물때 범주의 특성을 보여주는 명칭 '거끔'과 '게끼'는 '물이 걷어진다' 또는 '물이 꺼진다'는 의미다. 게끼는 '열마'부터 '대게끼'까지 '세 물때'(즉, 3일)를 포함

한다. '게끼'는 물이 죽기 시작하는 단계지만, '조곰(때)'과 달리 실질적으로는 아직 물의 수위도 높고 물발도 센 편이다. 그래서 어민들은 대개 게끼까지 어로활동을 한다.

단계 III의 범주들을 구분 짓는 유사한 물의 상태라는 것은 일차적으로 물이 들어오는 양, 곧 수위의 변화와 밀접히 관련된다. '산짐'과 '게끼'는 각각 물의 수위가 올라가기 시작하는 때와 떨어지기 시작하는 때에 대한 구분이고, '사릿발'과 '조곰'은 물의 수위가 계속 높아지는 때와 계속 낮아지는 때에 대한 구분이다. 그러나 물의 수위는 '물심'[물 힘], 곧 물이 흐르는 세기와 동전의 양면과 같기 때문에, 물이 많이 들어오거나 적게 들어오는 상태는 사실상 물발이 세거나 약한 상태다. 그래서 특히 '사릿발'과 '조곰'은 물발의 강약에 의해서 그 물때의 범주적 특징이 강조된다.

단계 II는 단계 III의 네 하위범주를 다시 두 개의 포괄적 범주로 묶어 구분 짓는 상위 단계다.

① 조곰(때) 또는 조금(때): 물이 죽는 때. 즉, 물의 수위가 떨어지며 물발이 약한 때

② 사릿발 또는 사리(때): 물이 사는 때. 즉, 물의 수위가 올라가며 물발이 센 때

단계 II의 범주들이 지닌 유사한 물의 상태라는 것은, 어민들의 표현을 빌면, '물이 죽는다'와 '물이 산다'로 표현되는 바닷물의 변화에 대한 지각에 기반한다. 단계 II의 범주 명칭 '조곰(때)'과 '사릿발'은 단계 III의 두 범주와 명칭이 같다. 그러나 다의어로서 그 의미가 더 포괄적이다. 이 단계에서 '조곰(때)' 또는 '조금(때)'은 물이 죽는 모든 물때를 포함

하는 범주로서, 물의 수위가 떨어지며 물발이 약한 때다. 15개 물때로 보면, '조곰(때)'은 '게끼'와 '조곰(때)'('여덟 물때', 즉 8일)을 포함한다. 이와 대조를 이루는 '사릿발' 또는 '사리(때)'는 물이 사는 모든 물때를 포함하는 범주로서, 물의 수위가 올라가며 물발이 센 때이고, '산짐'과 '사릿발'('일곱 물때', 즉 7일)을 포함한다.

바꿔 말하면, 어민들이 '물이 죽는다'라고 말하는 물의 상태는 살았던 물이 죽기 시작하는 상태(게끼)와 물이 최저조를 향해 계속 죽어가는 상태(조금)를 포괄하는 의미다. 그리고 '물이 산다'고 말하는 물의 상태는 죽었던 물이 살아올라오기 시작하는 상태(산짐)와 물이 최고조를 향해 계속 살아올라가는 상태(사릿발)를 가리킨다.

15일 주기 물때의 명칭들과 범주화는 특히 '사리'와 '조금'이 중요한 물때로 인지되고 있음을 드러내준다. 즉, 물때의 구분체계는 조금과 사리를 두 축으로 하는 인지체계로 이해할 수 있다. 〈표 4〉에서 보는 바와 같이, 각 단계마다 사리와 조금의 명칭은 특정한 물의 범주를 규정짓고 서로 대조를 이루며 다의적 명칭으로 사용되고 있다. 한편, 조금과 사리의 관계에서 보면, 물때의 구분체계에서 원형 범주는 사리다. 최상위 단계의 범주 명칭이 '사리'고, 일별 명칭인 '여섯마'와 넓게는 '여섯마'를 포함하는 '사릿발'이 최상위 범주와 다의어 관계에 있기 때문이다. 따라서 조수와 관련된 어민 문화에서 가장 강조되는 물때 범주는 '사리'로 지시되는 물의 상태임을 알 수 있다.

4) 15일 주기 물때의 명칭체계 변화와 의미

끝으로, 지역 물때체계의 이상형인 유형 I에서 새로운 체계인 유형 III으로의 변화와 그 의미에 대해서 살펴보겠다.

곰소만 어민들이 일상 대화에서 실제로 사용하는 물때 명칭체계가 유형 I에서 유형 III으로 바뀌고 있다. 1980년을 전후로 조석예보가 어민들에게 보편화되면서 새로운 명칭체계들(유형 II와 III)도 점차 전통적인 물때 명칭체계(유형 I)와 함께 쓰이다가 어느 시점에선가 변화가 초래된 것 같다. 그런데 이러한 변화는 단순히 명칭 몇 개가 바뀌었다는 것 이상을 의미한다는 점에서 주목해볼 필요가 있다.

왕포에서는 부안수산업협동조합과 남부안농업협동조합이 연말연초에 조합원들에게 무료로 배포하는 달력이 모두 사용되고 있다. 집집마다 두 종류의 달력을 걸어놓고 사용하는데, 이 달력들에는 양력과 음력 날짜, 조석표와 함께 물때 명칭이 기재되어 있다(그림 7 참조). 〈표 5〉를 〈표 2〉와 비교해 보면, 수협 달력의 물때 명칭은 유형 II와, 농협 달력은 유형 III과 같은 체계임을 알 수 있다.

어민들은 수협 달력보다 농협 달력을 더 선호하였다. 수협 달력은 부안의 북쪽에 있는 군산 외항 기준의 조석표를 제공하고, 농협 달력은 곰소만 앞에 있는 위도항 기준의 조석표를 제공한다. 군산 기준 조석표는 곰소만과 1시간 정도 물때 차이가 발생한다. 곰소만이 군산보다 지리적으로 아래에 있기 때문에, 어민들은 조석표보다 실제 물때가 1시간 정도 빠르다는 점을 감안하고 참고해야 한다. 그러나 농협 달력의 조석표는 위도항 기준이기 때문에, 지역의 물때를 정확하게 제공한다. 그래서 곰소만 어민들에게는 "수협 달력보다 농협 달력 물때가 더 맞다."(강○고, 남, 1953년생) 물때가 부정확하다는 지역 어민들의 불만이 부안수협에 전달되었는지, 2011년부터 수협 달력도 위도항 기준 조석표를 제공하기 시작했다. 국립해양조사원에 따르면, 공식적으로 조석표가 처음 제공된 것은 1953년이고, 군산항과 위도항에서는 각각 1980년과 1984년부터 조위관측이 시작되었다고 한다.

여전히 어민들은 자연 상태의 바다를 보며 물이 들고 썬 정도나 상태 등을 판단하고 있다. 그러나 집에서 달력 조석표를 보며 만간조의 수

표 5. 조석표 달력의 물때 명칭

연번	날짜			물때 명칭	
				부안수협 달력	남부안농협 달력
1	음력	25일	10일	1물	1물
2	음력	26일	11일	2물	2물
3	음력	27일	12일	3물	3물
4	음력	28일	13일	4물	4물
5	음력	29일	14일	5물	5물
6	음력	30일	15일	6물	6물
7	음력	1일	16일	7물	7물
8	음력	2일	17일	8물	8물
9	음력	3일	18일	9물	9물
10	음력	4일	19일	10물	10물
11	음력	5일	20일	11물	11물
12	음력	6일	21일	한객기	12물
13	음력	7일	22일	대객기	13물
14	음력	8일	23일	조금	조금
15	음력	9일	24일	무쉬	무쉬

위와 시간을 확인하고 바다에 나가 조업하거나 어구를 설치할 시기를 판단하고 있는 것도 사실이다. 조석표가 보급되기 이전 자연 그대로 물의 변화를 오랜 경험으로 습득한 지식과 감각으로 지켜보며 바다의 상태를 판단해야 했던 때와는 분명히 다른 어로 환경이다. 달력 조석표의 사용과 일기예보와 같은 대중매체를 통해 관련 정보에 대한 노출이 증가할수록, 물때 명칭의 사용 및 어민들의 고유한 물때 인지체계도 어떤 식으로든지 영향을 받고 있는 것이다.

그렇다면 유형 III으로의 물때 명칭의 변화는 무엇을 의미하는가? 유형 II와 유형 III은 유형 I과 동일하게 음력 초하루가 '일곱물'로 시작하는 일곱물때식, 즉 '서해안 모델'(왕한석 2018 참조)이기는 하지만, 15개 물때 명칭의 의미 구조가 달라졌다는 점에서 큰 차이가 있다.

구조상 물때 명칭체계의 변화는 수사형 명칭의 확대와 명사형 명칭의 축소로 요약할 수 있다(표 3 참조). 유형 I의 명사형 명칭 '한게끼', '대게끼', '아침조곰'이 각각 '열한물', '열두물', '열서물'의 수사형 명칭으로 바뀐 것이다. '게끼'의 물때 명칭은 사라졌고, '조금' 범주는 '한 물때'로 축소되면서 '한조곰'은 그냥 '조금'으로 남았다. '아침조곰'의 소멸과 달리 '한조곰'이 '조금'으로 남은 것은 '한조곰'이 진짜 조금, 곧 조금의 원형 범주고, '여섯마' 사리와 함께 물때 구분체계에서 중요한 대조 범주이기 때문일 것이다.

이와 같은 물때 명칭의 유형 변화는 단순히 개별 물때 이름 몇 개가 바뀌었다는 정도의 문제가 아니다. 수사형 명칭과 명사형 명칭의 결합 구조는 15일 주기로 물의 상태가 어떻게 변하는지를 보여주기 때문이다. 유형 I은 물의 수위와 수세가 '한마'부터 그 수대로 점차 증가해가다가 '열마'에서 그 증가세는 멈추고 '게끼'의 단계부터 '무심'까지 물의 상태가 점차 약해지는 원리를 보여주는 물때체계다. 그러나 '열서물'까지 수사형 명칭으로 된 유형 III의 명칭체계는 표면상으로 '열세물'까지 물의 수위와 수세가 계속 증가하고 '조금'과 '무심'의 '두 물때'에서만 물의 상태가 약해지는 체계가 되는 것이다. 그러나 실제로 물의 양과 세기가 '열세물'까지 증가하지 않음은 물론이다.

유형 III은 '한게끼', '대게끼', '아침조곰'과 같은 복잡한 명칭을 사용하지 않고 '한물'부터 '열서물'까지 숫자로 셈으로써 15개 물때 이름을 단순화한 것이다. 그러나 이러한 편리성에 의한 단순화는 실제 물의 상태 변화를 제대로 보여주지 못한다는 문제를 안고 있다. 즉, 수사형 명칭의 확대로 어민이 아닌 사람들도, 그 의미를 이해하는 것과는 별개로, 물때를 셈하기는 상대적으로 쉬워졌다. 그러나 물때 명칭체계가 가지고 있는 물의 변화를 보여주는 기본 원리와 의미는 퇴색하게 된 것이다.

다음 〈사례 1〉은 어민의 입장에서 물때 명칭체계의 변화가 발생한 이유와 문제를 어떻게 인식하고 있는지를 잘 보여준다.

〈사례 1〉

"열마 다음은 인자, 지금은 복잡허고 그것을 누가 배우지 않고 헌게 어떻게 시는고니[세냐면], 저 (군청) 수산과 대니는 아들을[애들을] 보면은 옛날에 풍습에 따라서 배운 것이 아이라 지금은 양 쉽게코롬 열다섯마로 처버린당게 내나. 옛날에는 그걸 어떻게 허냐먼은, 열물이 딱 되면은 물이 탁 떨어져버리는 거여. 그대로 조수가 (증가해) 가야 그것이 지금 아들 만이로 열다섯마니 열네마니 이렇게 세가는 것이 맞인데, 열마가 딱 넘으먼은 조류가 팍 떨어져 죽어버려 물이. 그리서 그날을 한게끼라고 그러는 거여. 한게끼, 꺼진다는 의미여 그게. 대게끼. 다음날은. … 지금 셈수를 저그 달력에도 물이라고 나와 있잖여. 그러드끼 물로 시어서는[세서는] 뜻이 없어져 버리지."(김○만, 남, 1937년생)

5. 어민들의 물때생활

곰소만 어민들은 바다에서의 어로활동을 "물때 따라 하는 물때일"이라고 강조한다. 그런데 물때는 육지에서의 일상생활에서도 마찬가지로 중요하게 작동한다. 따라서 필자는 바다와 육지에서 모두 물때의 영향을 받고 살아가는 어민들의 독특한 생활방식을 '물때생활'로 정의한다. 이 개념은 '물때일'이라는 어민들의 관용적 표현을 확장한 것이다. 이 절에서는 물때생활의 전형적인 사례들을 소개함으로써, 어민들이 바다와 육지에서 실제로 물때의 영향을 어떻게 받고 물때 지식을 사용하는지를 살펴본다. 그럼으로써 우리는 바닷물의 변화와 관련된 어촌 특유의 문화적 시간 관념에 대한 이해를 확장하게 될 것이다.

1) 바다에서의 물때 이용

(1) 조업 기간과 물때 이용

앞에서 언급했듯이, 어민들이 조금보다 사리에 초점을 맞춰 물때를 인지하는 것은 무엇보다도 어로활동이 주로 사리 때에 집중된다는 물때와 어로활동의 관계 속에서 이해 가능하다. 물발이 셀 때 고기들의 움직임도 더 활발해지기 때문에 어획량이 더 좋다고 한다. 다음 어민의 진술은 이를 잘 보여준다.

〈사례 2〉

"근게 조곰부터서 한 두물, 세물까장은 물심이 없어. 근게 고기 잡으러 가서 고기 못 잡으면 '이 조금때 뭔 고기를 잡냐' 그랬지. 물심이 안 간게. 물심이 없으면 고기가 이상허게 안 잽혀. … 그리서 옛날부터 조금때는 뭔 고기 잡냐고 그런 말이 있고. (@그럼 고기를 언제 잡아야 좋은 거에요?) 암만히도 물살 사릿발이 낫지. 사리때가 낫지 고기 잡는 거는. 조금때도 어장허지만, (요즘) 쭈끼미배만 봐도 그러잖어. 사릿발에는 많이 잡어도 조금때는 쪼금씩백이 못 잡잖여."(김○풍, 남, 1943년생)

〈표 6〉은 15일 주기 물때체계에서 조업 기간을 표시한 것이다. 전통적으로 곰소만 어민들이 고기잡이를 나가는 물때는 '서마'에 시작하여 '대게끼'까지 '열 물때'(10일간)를 이용하고 '아침조곰'부터 '두마'까지 '다섯 물때'(5일간)는 바다에 나가지 않는 물때 이용을 선호해왔다. 상위단계에서 보면, '사릿발'(단계 II)인 '산짐'과 '사릿발'(단계 III)과 함께 '조

표 6. 15일 주기 물때에서 조업 기간

연번	날짜			물때		
				단계 IV	단계 III	단계 II
1	음력	25일	10일	한마	조곰(때)	조곰(때)
2	음력	26일	11일	두마		
3	음력	27일	12일	서마	산짐	사릿발
4	음력	28일	13일	너마		
5	음력	29일	14일	다섯마		
6	음력	30일	15일	여섯마	사릿발	
7	**음력**	**1일**	**16일**	**일곱마**		
8	음력	2일	17일	야닯마		
9	음력	3일	18일	아홉마		
10	음력	4일	19일	열마	게끼/거끔	
11	음력	5일	20일	한게끼		
12	음력	6일	21일	대게끼		
13	음력	7일	22일	아침조곰	조곰(때)	조곰(때)
14	음력	8일	23일	한조곰		
15	음력	9일	24일	무심		

곰(때)(단계 II)의 일부인 '게끼'(단계 III)가 이에 해당한다. '게끼'에는 '사릿발'의 영향으로 여전히 수위도 높고 물발이 센 편이기 때문에 어로활동이 가능한 것이다. 즉, '사리때' 주로 조업하고 '조금때' 쉬는 물때 이용의 방식을 보여준다. 조개 채취도 주로 '사리때' 이루어진다. 조개양식장이 있는 갯벌의 위치에 따라 변수가 있기는 하지만, 갯벌에서 채취어업의 물때 적용도 어선어업과 크게 다르지 않다.

물론 포획 어종에 따라서 '조금때'에 주로 조업하는 경우도 있다. 수중을 활발하게 유영하는 어종보다는 얕은 물가나 해저 가까이 붙어 서식하는 어종을 잡는 경우는 조금때가 더 선호된다. 예컨대 여성 어민들

그림 8.
조금 썰물 때 갯가 젓새우잡이
(촬영: 필자, 2009년 7월)

그림 9.
젓족대를 멘 여성 어민
(촬영: 필자, 2007년 7월)

이 7월부터 8월까지 갯가에서 작업하는 젓새우잡이가 대표적이다. 길이가 2~3cm 정도인 젓새우는 한국 사람들이 김치 양념으로 많이 사용하는 새우젓의 원료다. 곰소만 어민들은 이 작은 새우를 여름에 젓족대나 주목망을 이용해 잡는데, 여성 어민들이 주로 갯가에서 젓족대로 젓새우를 잡는 어로활동은 특히 조금 동안에 한다.

어민들이 '사리때'에 주로 조업을 나가는 것은 일반적으로 어획량이 높은 물때를 선호하기 때문이라는 점은 잘 알려져 있다. 그러나 이와 함께 풍선의 항해에 유리한 조류가 또 다른 변수로 작용했다는 것은 알려지지 않았다.

과거 풍선을 타고 주낙질을 하던 전통어업에서는 물때의 이용이 매우 중요했다. 풍선은 썰물을 이용해 바다에 나가고 밀물을 이용해 육지로 돌아오는 식으로 조류의 영향을 크게 받았다.[10] 어장이 보통 '서마'에 시작하기 때문에, 바다에 나가는 시간은 대개 '서마'를 기준으로 계산된다. '서마'가 되는 날 밤 12시 무렵에 만조가 되어 썰물이 시작되고 아침 6시 무렵에 간조가 되어 밀물이 시작되기 때문에, '서마'는 일별 물때와 시간을 계산하기에 편리한 기준이 되는 물때로 인식된다. 그래서 과거 풍선으로 썰물을 타고 출어할 때 '서마'에 바다에 나가는 시간이 새벽 1시 무렵이 되었고, 물때에 맞춰 출어 시간이 매일 약 1시간씩 늦춰졌다.

이렇게 조류가 하루에 50분씩 늦어지기 때문에, 밀물과 썰물의 시간이 유동적이라는 점을 고려해야 한다. 어민들은 주로 오전에 조업을 나가는데, 오전의 조류가 항상 썰물이 아니라 밀물일 때도 있는 것이다. 어민들은 15일 주기 물때 중에 '사리때'는 오전의 조류가 썰물이 되고, '조금때'는 밀물이 된다고 설명한다(표 7 참조). 오전이라는 조업 시간대와 풍선을 운항하기에 좋은 조류와 물발이 세서 어획량이 높은 물때라는 세 측면이 동시에 고려되어 어로활동에 좋은 물때가 되는 것이다.

요컨대 과거 전통어업에서 곰소만 어민들이 '사리때' 바다에 나가 고기를 잡고 '조금때' 쉬었던 것은, 물살이 센 물때와 어획량의 관계를 고려한 것일뿐만 아니라 바람과 조류를 이용하는 풍선 운항에 필요한 물때의 영향도 있었던 것이다. 결국 물때의 명칭과 구분체계에서 나타나는 '사리'에 대한 문화적 강조는 어로활동에 좋은 물때에 대한 높은 관심의 반영으로 이해할 수 있다.

10 풍선을 이용한 전통어업에서 물때와 함께 바람의 이용도 매우 중요했다. 바람에 대한 곰소만 어민들의 전통지식에 대해서는 조숙정(2015)을 참조할 것.

표 7. 15일 주기 물때와 오전 조류의 관계

15일 주기 물때 / 조석수	사리때	조금때
아침물때	썰물	밀물

오늘날 곰소만 어민들은 기계배를 타면서 밀물과 썰물에 상관없이 바다를 드나든다. 그리고 어구를 바다에 미리 설치해 두는 자망어업을 하면서, 날씨만 허락한다면, '사리때'와 '조금때'의 구분 없이 거의 매일 조업을 나간다. 그렇다고 해도 어획량은 여전히 조금때보다는 사리때 더 높고, 어종과 어법에 따라서는 조금과 사리를 구분해 조업을 한다.

(2) 조업 과정에서의 물때 이용

곰소만 어민들은 8월부터 9월까지 만 내에 주목망을 설치해 젓새우를 잡는다. 그물의 입구는 서쪽을 향하고 새우가 모이는 그물의 끝은 동쪽을 향하도록 설치한다. 그러면 조류를 따라 이동하던 새우들이 밀물에 떠밀려 그물에 들어와 잡히는 것이다. 갯가에서의 젓새우잡이와 달리, 주목망을 이용한 젓새우잡이는 '사리때' 하고 '조금때'는 하지 않는다.

어기가 아직은 수온이 높은 때라서 조금때 물속에 있는 그물에는 물때가 쉽게 낀다. 이 물때를 제거하지 않으면 촘촘한 그물이 막혀서 사리때의 빠른 물살에 그물이 터져버릴 수도 있다. 그래서 조금때는 그물을 빼내 와 뭍에 널어 햇볕에 말린다. 조금이 지나면 때꼽을 털어낸 그물을 다시 바다에 설치한다. 대략 '다섯물'부터 '열세물'까지는 조업을 하고, '조금'부터 '네물'까지는 그물을 육지에서 말리고 손질한다.

곰소만 어민들은 밀물과 썰물이 한 조로 지각되어 하루에 두 번 반복되는 조수의 시간대를 기준으로 '아침물'과 '저녁물'로 구분한다. 이 두 조수의 구분은 썰물이 일어나는 시간대가 오전인지 오후인지가 중요하다. 어민들은 주로 오전에 조업을 나가기 때문에, 이상적으로는 '아침

그림 10.
사리때 젓새우잡이
(촬영: 필자, 2008년 8월)

그림 11.
조금때 젓새우그물 말리기
(촬영: 필자, 2008년 9월)

물'의 썰물을 이용해 고기를 잡아왔다. 오늘날은 기계배를 타면서 '아침물때'가 썰물인지 밀물인지와 상관없이 조업을 나간다. 그렇다고 밀물과 썰물이 어로활동과 전혀 무관해졌다는 뜻은 아니다. 조류의 방향은 구체적인 어로 과정에서 여전히 영향을 미치고 있다. 다음은 주꾸미잡이를 하는 어민이 사리때와 조금때에 따라 아침물때의 썰물과 밀물을 어떻게 이용하는지를 보여준다.

〈사례 3〉

쭈끼미잽이는 아침물때에 한다. 지금은 아침물때가 썰물이라서 서쪽에서

그림 12.
아침 썰물 때 주꾸미잡이
(촬영: 필자, 2008년 10월)

동쪽으로 가며 작업한다. 조금 있으면 아침물때가 들물이라서 동쪽에서 서쪽으로 가며 작업한다. 물때 따라서 작업 방향이 틀리다. 그래서 줄이 긴 게 있고 짧은 게 있다. 사리때 물이 쌀[셀] 때만 들물, 썰물 따라 하고, 조금때는 물살이 약하니까 들물, 썰물 같이 봐 버린다.(전○봉, 남, 1957년생)

'아침물때'가 썰물이냐 밀물이냐에 따라서 주꾸미 통발의 줄을 끌어당기는 작업의 방향이 달라진다. 곰소만에서는 썰물은 동쪽에서 서쪽으로, 밀물은 서쪽에서 동쪽으로 흐른다. 그리고 어민들은 조류를 역수하며 양승기를 이용해 어구를 끌어올린다. 따라서 어민들은 '아침물때'가 썰물이면 서쪽에서 동쪽으로 올라가며 어구를 당기고, 밀물이면 동쪽에서 서쪽으로 내려가며 어구를 당기는 것이다. 또한 물발이 세고 약한 사리때와 조금때를 구별하여 조류 방향과 작업 방향도 고려한다. 어민들은 물때에 맞춰 조류 방향과 물살의 세기를 읽으며 어구 설치와 작업 방향까지도 계산하는 것이다.

2) 육지에서의 물때 이용

(1) 조금 물때에 맞춰 행사 치르기

어민들은 바다에서의 생업을 쉬고 육지에서 어떤 행사를 치러야 할 때 행사 날짜를 잡는 데도 물때를 고려한다. 어로활동이 주로 행해지는 물때가 보통 '사릿발'이고, 지금은 사리와 조금 구분 없이 어장을 한다고는 해도 조금때보다는 사리때에 아무래도 어획량이 높다. 그래서 어기 중에는 사리때보다는 조금때에 어장을 쉬어도 손해가 적게 나므로, 어민들은 행사 날짜를 가능하면 사리때를 피해 조금때의 한 날로 잡는 경향이 있다.

2009년 1월 중순에 부녀회원들이 모여 봄에 가는 마을 단체 관광 날짜를 잡기 위해 의논하는 과정을 관찰한 적이 있다. 2월 하순이면 봄 주꾸미잡이가 시작되기 때문에, 2월 말이나 3월 초로 날짜를 잡자는 의견이었다. 최근 몇 년 동안 마을 전체로 단체 관광을 다니지 못해 마을 단합에 아쉬움이 있었던 사람들은 이번 봄 여행을 성사시키기 위해 여행 날짜를 잡는 데 적극적으로 참여했다. 그러나 어장을 쉬어야 하는 것 때문에 주저하는 일부 회원들에게 부녀회장은 "조금때라도 하루 날 잡어 가지고"(김○임, 여, 1958년생) 관광을 가자고 독려했다. 다른 여성 어민들은 달력을 가져다 놓고 달력 조석표 물때를 보며 '조금때'에 해당하는 3월 5일(음 2. 9)이나 6일(음 2. 10)로 날짜를 좁혔다. 앞날은 물때가 '무심' 날이었고 뒷날은 '한마' 날이었다. 결국 여행 날짜는 물때가 '한마'인 3월 6일(금)로 결정되었다.[11]

11 현지조사 과정에서 이 장면을 관찰하기 전까지 연구자에게 쉬는 날이나 여행과 같은 행사 날짜는 요일이나 공휴일의 영향을 받는 사항이었다. 즉, 토요일과 일요일 또는 '빨간 글씨'로 표시된 공휴일에나 가능하다고 생각했다. 그래

여행 날짜를 조금때로 잡는 것은 또 다른 사례에서도 쉽게 확인된다. 왕포 어민들이 회원으로 가입되어 있는 '운호어촌계'에서 2010년에 단체 관광을 계획하였고 날짜가 4월 19일(월)로 확정되었다. 음력으로는 3월 6일로 물때가 '대게끼'(12물)인 조금 무렵이었다. 그런데 어촌계원 중 한 명인 다음의 제보자는 어장의 종류가 달라 단체 관광에 참여하지 못할 수도 있는 이유를 이렇게 설명했다.

〈사례 4〉

소라잡이 때라 우리는 못 갈 수도 있어. 쭈꾸미잽이는 조금이라 조업을 쉴 수 있으니까. 쭈꾸미 잡는 회원들에게 맞춰서 관광 날짜를 잡은 것이라. 숫자가 많으니까. 소라 잡는 집은 몇 안 되고.(임○식, 남, 1950년생)

위 제보자는 봄에 주꾸미잡이를 하지 않고 소라잡이를 한다. 4월은 소라잡이가 한창인 때다. 사리때에 주로 조업하는 주꾸미잡이와 달리 소라잡이는 조금때에 한다. 그런데 어촌계원 중에 주꾸미잡이를 하는 사람이 많고 소라잡이를 하는 사람은 적다 보니 단체 관광 날짜를 주꾸미잡이를 하는 회원들에게 맞춰 조금때로 잡은 것이다. 그래서 위 어민의 경우는 소라잡이를 해야 하는 조금때라서 여행을 가지 못할 수도 있다는 것이다. 어장에 따라 조업하는 물때가 서로 다르기 때문에, 어민들은 단체 활동에 참여하지 못하는 경우가 종종 발생한다.

서 부녀회장으로부터 여행 날짜를 의논할 것이라는 얘기를 들었을 때, 연구자는 당연히 3월 몇째 주의 토요일이나 일요일로 예상했다. 그런데 제보자들의 대화에서 요일이나 공휴일은 전혀 고려되지 않았고 물때가 언제냐가 중심 화제였다. 이날 연구자는 어민문화에 대한 무지를 다시 한번 깨달았고, 물때가 어민문화에 얼마나 중요한 시간 개념인지를 되새기는 기회가 되었다.

그림 13.
조금때 열린 어민대회
(촬영: 필자, 2008년 11월)

그림 14.
어민대회에 참석한 왕포 어민들
(촬영: 필자, 2008년 11월)

어민들의 일이 이렇게 어장에 따라서도 물때의 영향을 받다 보니 단체 활동에 참여도가 떨어지고 단합이 잘 안 되는 것으로 평가되기도 한다. 2008년 11월 5일 열린 '제3회 전라북도 수산업경영인대회'(어민들은 짧게 '어민대회'라고 부름)에 참석하러 가면서 한 젊은 어민과 나눈 대화는 어민문화의 특성을 결정짓는 중요한 요인 하나가 바로 물때임을 다시 한 번 확인해주었다.

〈사례 5〉

농민대회가 행사도 크고 더 볼 만하다. 어민대회는 별로다. 어민은 단합이 잘 안 된다. 농민들은 일이 비슷하게 끝나니까 농민대회에 많이 참여하지만, 어민들은 일이 물때 따라 움직이다 보니까 참여가 별로 안 좋다.(김○일, 남, 1962년생)

마을이나 지역 내 행사뿐만 아니라 도 단위 또는 전국 단위의 어민 행사의 날짜에서도 물때를 고려한 것이 감지된다. 2008년 11월 5일(수)에 부안 스포츠파크에서 열린 어민대회는 음력 10월 8일로 물때가 '조금' 날이었다. 2년마다 열리는 '전국수산업경연인대회'가 2011년에 전북 군산에서 2박 3일 일정으로 개최되었는데, 행사 날짜는 5월 11일(수)부터 13일(금)까지였다. 음력으로는 4월 9일부터 11일까지로 물때로 보면 '무심'부터 '두마'까지다. 어민후계자들의 모임인 두 대회 모두 조금때에 맞춰 행사를 개최한 것이다. 행사 주최 측에 확인한 것은 아니지만, 어민들이 참석하는 행사 날짜를 결정하는 데 물때가 고려되었음을 짐작할 수 있다.

(2) 사리 물때에 맞춰서 어판장 이용하기

어촌이라고 해서 필요한 모든 수산물을 자급자족하며 사는 것은 아니다. 왕포 어민들도 곰소, 줄포, 부안 등의 어시장을 이용해 필요한 수산물을 구입한다. 또는 좀 더 선도가 높은 제철 수산물을 대량으로 구입하고 싶을 때는 격포 활선어위판장(이하 '어판장')을 이용한다. 그런데 어판장을 이용할 때도 아무 때나 가는 것이 아니고 이때도 물때를 고려한다. 어판장에 해산물을 사러 가기에 좋은 물때가 있는 것이다.

마을의 한 여성 제보자는 음식 솜씨가 좋아서 봄이나 가을이 되면 서울에 사는 지인들로부터 간장게장을 담가 달라는 부탁을 받곤 한다. 사돈이나 지인들에게 간장게장을 선물하기도 한다. 그래서 1백만 원에 상당하는 꽃게를 한 번에 산 적도 있다고 한다. 옆집에 사는 남동생이 꽃

그림 15.
사리때 어판장을 찾은 왕포 여성들
(촬영: 필자, 2011년 5월)

그림 16.
사리때 구입해 담근 간장게장
(촬영: 필자, 2009년 5월)

게잡이를 하므로 마을에서 선도 높은 꽃게를 시가보다 싸게 구입할 수도 있다. 하지만 마을에서 너무 많이 어획물을 빼버리면 도매상에게 넘겨줄 어물이 적어져 판로에 지장이 생길 수 있으므로 적당한 선에서 마을 내 거래가 이루어진다. 그래서 대량으로 꽃게 등을 구입해야 할 경우 격포 어판장을 이용하기도 한다. 이 제보자는 2009년 5월 8일과 2011년 5월 16일 날 어판장에서 꽃게를 구입했는데, 이 날은 모두 물때가 '다섯물'인 '사리때'였다. 그 이유는 다음과 같다.

〈사례 6〉

물때 봐서 어판장에 가는 게 좋아. (@왜 물때 봐서 어판장에 가는 게 좋아요?) 다섯, 여섯물이 돼야 고기가 어판장에 많이 나오니까. 조금 무렵에는 고기가 아무래도 적게 나와.(최○조, 남, 1952년생)

다시 말해, '조금때'보다는 '사리때'에 어로활동이 활발하고 고기도 더 많이 잡히기 때문에, 어판장에 나오는 해산물의 종류와 양, 시세가 물때에 따라 달라진다. 그러므로 해산물을 사기 위해 어판장을 이용할 때도 미리 물때를 고려하는 것이다.

(3) 썰물 물때에 맞춰 장 담그기

음식과 관련된 신앙 행위들이 있다. 장은 한국 음식의 기본 양념이기 때문에, 장을 잘못 담그면 음식 맛을 버리게 되어 낭패를 보게 된다. 그래서 한국 문화에서 장 담그기와 관련한 여러 속설이 발달해 있고, 특히 장을 담그는 날에 대한 속설도 일반적이다. 예컨대 장은 손 없는 날로 택해서 말(馬)날(즉, 午日) 담그는 것이 좋다고 한다. 말날 장을 담가야 한다는 속설은 농어촌 구분 없이 일반적으로 퍼져 있는 것 같다.

그런데 어촌인 왕포에서는 장을 담그면 좋은 일자뿐만 아니라 하루 중 언제 장을 담그면 좋고 나쁜지에 대한 믿음이 물때와 관련해 발달해 있다. 즉, 메주에 장물을 붓는 날로 손 없는 날을 가려 하듯이, 손 없는 날의 물때도 고려의 대상이 되는데, 장은 썰물일 때 담가야 좋다는 것이다.

〈사례 7〉

① 장 담는 것은 시집오기 전에 들녘에 살아서도 알았다. 장은 날로는 말날 담는 것이다. 그런데 썰물에 장을 담아야 한다는 얘기는 이리 시집와서 배웠다. 들물에 장을 담으면 버큼[거품]이 일어나서 안 좋다고 썰

물에 담는 것이다. 장에 버큼이 생기는 것은 안 좋은 거니까. 지금도 지켜서 장을 담는다.(최○례, 여, 1934년생)

② 나는 걍 (손 없는 날 안 가리고) 아무 때라도 담어 버러 인자. 그리갖고 물 썰 때만 (장물을) 붓어 버려. (@물이 썰 때 소금물을 붓는다고, 할머니?) 장이 괸다고. 물 들올 때 장물을 붓으먼 장이 괸다고.(김○례, 여, 1937년생)

③ 메주 띄우는 것을 썰물에 한다는 소리다. 들물에는 메주가 안 뜨고 잠긴다고 썰물에 해야 메주가 뜬다고 옛날 노인네들이 하는 소리다. 날은 말날이 좋다고 하는데, 지금은 누가 그런 거 따져서 장을 담가니. 옛날 노인네들 말이 그렇다는 거지.(박○님, 여, 1931년생)

①의 제보자에 따르면, 시집오기 전에 들녘에서도 장 담그는 것을 배웠고 말날 담가야 좋다는 것은 알고 있었지만, 하루 중 물때가 썰물일 때 담가야 한다는 것은 어촌으로 시집와서 시어머니에게서 새로 배웠다고 한다. 즉, 밀물이 아니라 썰물에 장을 담가야 한다는 속설은 바닷가 마을인 어촌 특유의 문화적 금기인 것이다.

장을 밀물에 담그면 안 되는 이유는 두 가지가 있었다. ①의 제보자에 따르면, '들물'에 장을 담그면 장에 '버큼'(거품)이 일어나 좋지 않기 때문에 썰물에 담근다고 한다. 왕포가 친정 동네인 ②의 제보자의 '장이 괸다'는 설명과 같은 맥락이다. 그러나 ③의 제보자에 따르면, '들물'에 장을 담그면 메주가 뜨지 않고 잠겨 좋지 않기 때문에 썰물에 담근다는 것이다.

①의 제보자의 설명은 실제로 거품이 일어나는 바닷물의 상태에서 연상된 문화적 속설일 것으로 짐작된다. 2008년 7월 22일 이른 아침 만조 무렵에 촬영한 〈그림 17〉을 보면, 방파제 주변으로 거품이 낀 물이 흘러다니는 것을 볼 수 있다. 바닷물 위에 뜬 거품이 마치 육지에서 흘러내린 오폐수로 오염된 물을 연상시키고 특이하게 보여 촬영해 둔 것이다.

그림 17.
밀물 때 발생한 거품
(촬영: 필자, 2008년 7월)

그런데 이 거품 현상이 육지의 오폐수와 상관없이 여름철에 '들물'일 때 물 위로 하얀 거품이 뜨는 현상이라는 사실을 나중에 알게 되었다. '들물'에 생기는 이 거품 현상은 날이 뜨거운 여름에 나타나고 겨울에는 나타나지 않는다고 한다. 이 밀물의 거품 현상이 연구자에게 안 좋은 인상을 준 것처럼 어촌 사람들에게도 그러했던 것이 아닌가 짐작된다. 그래서 '들물'에 장을 담그면 거품이 떠서 안 좋게 된다는 유감주술類感呪術적 사고의 결과로서 썰물에 장을 담가야 한다는 속설이 발생한 것으로 추론해 볼 수 있다.

노인 세대에서는 위의 제보자들과 같이 여전히 이 금기를 지켜 장을 담그는 사람들도 있으나, 이제는 옛날 말로 치부하고 굳이 이 금기를 지켜 장을 담그지 않는다는 사람들도 있지만, 젊은 세대에서는 썰물에 장을 담가야 좋다는 속설을 아는 사람은 거의 없었다. 연구자가 다른 글에서 지적한 바와 같이, 한국사회에서 장류 등 전통 콩 식품의 소비는 여전히 일반적이지만, 장을 담그거나 두부를 만드는 등 식품을 생산·소비하는 구조가 바뀜에 따라서 식품 관련 문화적 지식과 과정 등이 단절 및 변화되어가는 현상이 나타나고 있다(조숙정 2010: 97). 본 연구지 어촌에서도 동일한 문화변동 양상이 일어나고 있음을 보여주는 한 사례로서 이해할 수 있을 것이다.

(4) 시간 길이를 물때로 계산하기

끝으로, 육체적 통증이 지속되는 시간 길이조차도 조수의 시간으로 표현하는 사례를 소개한다. 어민들의 시간 관념이 얼마나 물때 중심으로 체화된 사고체계인지를 보여주는 흥미로운 사례다.

곰소만 어민들이 '범치'라고 부르는 고기가 있다. 조기강 쏨뱅이목 양볼락과의 어류로 한국명은 쑤기미*Inimicus japonicus*다. 범치는 약 25cm까지 크는데, 생긴 것이 우락부락하고 등지느러미에 독가시가 있어서 성질이 매우 사나운 고기로 알려져 있다. 그래서 인상이 우락부락하고 성질이 사나운 사람에게 '범치'라는 별명을 붙이기도 한다.

범치의 등가시에 쏘이면 붇고 매우 아리다고 한다. 그 통증이 얼마나 심하면 "애기 낳는 것은 유도 아니다(비할 것이 못 된다)"(이○선, 여, 1966년생)라고 말할 정도다. 그래서 어민들은 그물에 범치가 잡히면 독이 있는 등가시를 먼저 잘라내고 고기는 식용하는데, 생긴 것은 볼품 없어도 맛은 좋다고 한다.

어민들의 바다와 관련된 경험담 중에 범치에 쏘여 고생한 이야기를

그림 18. 범치(쑤기미)
(촬영: 필자, 2009년 5월)

심심치 않게 들을 수 있다. 범치에 쏘이면 얼마나 아리고 아픈지, 그리고 그 통증이 얼마나 오래 가는지가 주된 이야깃거리다. 그런데 흥미로운 것은 범치에 쏘인 통증이 얼마나 오래 가는지를 설명하기 위해서 물때로 그 시간을 표현하는 방식을 사용하는 것이다. 면담 당시 70대의 나이에도 갯벌에서 조개 채취를 하던 왕포의 여성 어민의 이야기를 소개한다.

〈사례 8〉

범치 등어리는 이렇게 까시가 다쳐서 그놈 쏘면 인자 죽은게 그지. 범치 쏘면 워~메 말도 못허게 뛰어 댕임서 그리야 혀. … (범치는) 등어리 까시가 서슬이 멀끔혀. (쏘이면) 아픈 것이 아니라, 쓸물에 쏘면 들물이야 가랑는[가라앉는] 것인게. 그렇게 (통증이) 오래 있어. … 쏙 파러 가면 그전이, 각시 때 우리 저리 쏙 파러 가면, … 그전이는 뭐 장갑 찌고 댕겼가이. 손이로 이렇게 긁으면 범치가 따끔허네. 어린 디도 손도 쏘면. … 뻘바탕으도 있고 근당게. 암~ 디나 있어. 암 디나 가서 있어. 근게 조심히야 혀 바닥으[바다에] 댕기는 사람들은. 저 간선[관선] 사람이 쏘아[쏘여] 갖고, … 그 양반 엄○만이라고 있었는디. … 범치를 갯바닥으서 쏘았는디 그놈을 울고 곰소까지 걸어서 갔었다네. 싯도 못허고 아픈게. 그리갖고 또 곰소서 간선 오도락 울었대여. 그렇게 독헌 놈으 것여. 핏대나 쏘면 죽는다고대. 근디 범치 쏴 죽은 사람은 없는개벼.(박○님, 여, 1931년생)

제보자는 범치에 쏘인 통증이 썰물에 쏘이면 밀물이 되어서야 가라앉는다고 말한다. 앞에서 말한 바와 같이, 곰소만 어민들은 썰물이나 밀물을 '한 물때'로 표현하고 6시간을 지시하는 말로 사용한다. 바다에서의 조업 시간이나 이동 시간 등을 표현할 때뿐만 아니라 바다 생물에 쏘인 통증이 지속되는 시간을 비유적으로 표현하는 데도 물때를 사용하고 있는 것이다. 어촌의 고유한 문화적 특성을 드러내주는 이러한 언어 사용은 해양환경에 기대어 살아가고 있는 어민들이 바다의 시간 리듬을 얼마나 깊게 내면화하고 있는지를 압축적으로 잘 보여준다.

6. 결론

조수의 변화는 바다 공간만의 독특한 시간 리듬을 만들고, 어민들의 시간 관념과 생활방식에 큰 영향을 미친다. 이 글은 서해 곰소만 어촌의 민족지적 사례를 중심으로 물때라는 개념으로 범주화되는 조석과 시간에 대한 한국 어민들의 전통지식을 고찰하였다. 한국 어민들의 바닷물 인지체계에서 가장 핵심적인 15일 주기 물때체계에 초점을 맞추어, 그 구조와 원리, 민속구분법을 밝혔다. 15일 주기 물때체계는 사리와 조금을 중심으로 구조화되며, 특히 사리때가 강조되었다. 이는 '물때 따라' 어로활동을 하는 어민들의 관점에서 이해할 수 있었다. 그리고 바다에서뿐만 아니라 육지에서 어민들의 생활 및 시간 관념이 얼마나 물때와 밀접히 관련되어 작동하는지를 살펴보았고, 물때에 맞춰 살아가는 어촌의 삶을 '물때생활'로 개념화하였다.

필자는 어민들이 사용하는 물때 개념이 다의어고 일반적으로 알려져 있는 것보다 훨씬 더 포괄적임을 밝혔다. 조석현상에 대한 어촌 연구들은 대개 15일 주기 물때에 초점을 맞추었다. 그러나 지금까지 알려진 것과는 달리 어민들은 물때를 다양한 물의 범주 및 관련 시간을 지시하는 말로 사용하고 있다. 따라서 통상적 개념보다 훨씬 다층적이고 포괄적인 개념으로 사용되고 있는 물때라는 명칭은 어민문화의 관점에서 재검토되어야 할 것이다. 그래야 어민들이 조수현상을 어떻게 문화적으로 개념화하고 이용하고 있는지를 총체적으로 이해할 수 있을 것이다. 필자는 한국 어민문화 연구에서 물때의 개념과 그 사용에 대한 종합적인 검토가 필요함을 주장한다.

이 글에서는 한국 어민들의 조수 인지체계의 일부분만을 소개하였다. 그 핵심을 구성하는 15일 주기 물때체계 중에서도 그 구조와 원리를 중심으로 매우 기본적인 내용을 다루었다. 예컨대 이 글에서 소개한 15일 주기 물때체계는 일반적인 물의 상태에 관한 것이다. 그런데 어민들은 물의 상태가 가변적임을 지각하고 특수한 물의 상태를 명명하고 구분한다. 또 어로환경이 변함에 따라 물때의 민속분류법에서 세대별 차이가 발견되기도 한다. 한국 물때체계의 다른 부분들에 대해서는 다른 기회에 다루고자 한다.

지구는 70% 정도가 물로 덮여 있다. 많은 사람들이 바다와 관련된 삶을 살아가고 있다는 뜻이다. 지역별로 해양환경이 다를 것이고, 문화적으로 바닷물을 인지하고 이용하는 방법도 다양할 것이다. 연근해어업을 하는 사람들과 원양항해를 하는 사람들 사이에 조수의 지식에는 분명 차이가 있을 것이다. 그러나 조수와 관련된 해양문화는 별로 알려진 바도 없고, 조수에 대한 전통지식traditional knowledge은 아직까지 무형문화유산intangible cultural heritage으로서 주목받지 못했던 것 같다. 카보넬(Carbonell 2012)은 바람, 구름, 비, 안개 등 기후에 대한 카탈로니아 어부들의 전통지식을 인간과 환경의 긴밀한 관계를 보여주는 무형문화유산으로서 주목한 바 있다. 조수현상은 바람과 같은 날씨와 마찬가지로 어민들의 전통어업에서 지역의 해양환경에 대한 이해에 토대한 중요한 어로지식을 구성한다. 한국 어민들의 물때 전통지식은 무형문화유산으로서 주목할 가치가 있다고 생각한다. 오늘날 우리는 인류의 지속가능한 삶에 해양환경과 자원의 중요성이 커지는 시대를 살고 있다. 조수의 전통지식을 인류의 문화자원으로서 주목하는 것은 "인간이 자신의 주위 세계를 이해하고 관계를 맺는 방법 중 하나를 지키는 것"(Carbonell 2012: 74)과 다름 없기 때문이다. 앞으로 다양한 지역의 조수와 시간에 대한 전통지식

연구가 많이 축적되길 바란다. 그리고 문화 간 비교연구를 통해 조수현상과 관련된 인류의 해양문화를 더 넓고 깊게 이해할 수 있기를 기대한다.

끝으로 필자는 한국 어민들의 물때 구분법이 문화 다양성의 관점에서 "민속 과학적 지식folk scientific knowledge"(Casson 1981)임을 강조한다. 한국사회는 1960년대 이후 근대화를 경험하면서 서구 중심적인 사고와 논리로 무장한 '과학 만능'과 '국가 주도'의 표준화된 지식이 권위를 인정받고 우세한 지식의 위치를 점유하였다. 그러면서 한국의 전통지식 또는 민간의 지식 또는 지역지식local knowledge은 '틀린' 것 또는 '전근대적인' 것으로 낙인찍혔고, 그 '다름'이 무엇이고 무엇을 의미하는 것인지를 설명하고 이해해볼 새도 없이 빠른 속도로 일방적으로 '교정'되며 사라지는 양상이었다. 지식의 위계화 속에서 '지역의' 그리고 '민간의' 지식은 폄하되고 그 지속성이 위협받아왔다. 그러나 어민들의 지역 해양환경에 대한 민속지식 또는 지역지식도, 인간의 경험 세계가 조직되는 또 다른 방식에 대한 문화적 통찰력과 이해를 제공해주는 인류의 귀중한 지적 자산이라는 점을 인식해야 한다. 오랫동안 간과되어온 자연환경에 대한 전통지식을 무형문화유산으로서 새롭게 발견하고 보존하려는 최근의 세계적 조류는 이와 같은 인식의 전환을 잘 반영한다.

참고문헌

고철환, 2009, "우리나라 갯벌의 규모와 간척," 『한국의 갯벌: 환경, 생물 그리고 인간』(수정보완판), 서울: 서울대학교출판문화원, pp. 67-85.

김일기, 1988, "곰소만의 어업과 촌락연구," 서울대학교 지리학과 박사학위논문.

나승만, 2008, "서해 칠산의 조기잡이 어로문화에 주목하는 이유," 나승만 외, 『서해와 조기』, 서울: 경인문화사, pp. 1-22.

양만정, 1985, 『부안의 얼: 지명과 설화』, 전북 부안: 부안군교육청.

왕한석, 1996, "언어·사회·문화: 언어인류학의 주요 조류," 『사회언어학』 4(1): 3-50.

______, 2010, 『한국의 언어 민속지: 전라남북도 편』, 서울: 서울대학교출판문화원.

______, 2012, 『한국의 언어 민속지: 경상남북도 편』, 서울: 서울대학교출판문화원.

______, 2018, "한국의 물때 체계: 그것의 구분법과 지역적 변이 그리고 실학자들의 이른 기술을 중심으로," 『한국문화인류학』 51(3): 9-63.

이기복, 2002, "조석·조간대의 인식과 어업민속의 전개: 부안연안 지역을 중심으로," 고려대학교 문화재학과 석사학위논문.

장진호, 2009, "곰소 갯벌: 지형, 퇴적물 및 퇴적층서," 고철환 편, 『한국의 갯벌: 환경, 생물 그리고 인간』(수정보완판), 서울: 서울대학교출판문화원, pp. 367-386.

장태진, 1969, "조수(潮水) 어휘의 연구," 『아세아연구』 12(4): 89-127.

조숙정, 2010, "콩(豆)의 민족생물학적 분류체계에 관한 일 고찰: '콩'과 '팥'의 명칭과 범주화를 중심으로," 『한국민속학·일본민속학 VI』, 국립민속박물과, 서울: 국립민속박물관, pp.85-123.

______, 2012, "조기의 민족어류학적 접근: 서해 어민의 토착 지식에 관한 연구," 『한국문화인류학』 45(2): 241-280.

______, 2014, "바다 생태환경의 민속구분법: 서해 어민의 문화적 지식에 관한 인지인류학적 연구," 서울대학교 인류학과 박사학위논문.

______, 2015, "바람에 관한 서해 어민의 민속지식," 『비교문화연구』 21(2): 291-328.

______, 2017, "곰소만 어촌의 어로활동에 관한 민족지적 연구: 1970년대 이후 어업의 변화를 중심으로," 『비교문화연구』 23(2): 105-143.

______, 2018a, "조선시대 어보의 민족생물학적 재해석: 정약전의 『玆山魚譜』를 중심으로," 『한국문화인류학』 51(2): 281-324.

______, 2018b, "서해 어류의 민속 생물학적 분류와 변화: 곰소만 어촌의 민족지적 사례

연구,” 『한국문화인류학』 51(3): 65-107.

______, 2019a, “19세기 한국 어류의 민속 생물학적 분류: 『玆山魚譜』의 鱗類와 無鱗類를 중심으로,” 『민속학연구』 44: 133-169.

______, 2019b, “흑산도 어류의 민족생물학적 분류에 관한 연구: 19세기 전통지식의 지속과 변화의 관점에서,” 『비교문화연구』 25(1): 269-321.

Carbonell, Eliseu, 2012, “The Catalan Fishermen's Traditional Knowledge of Climate and the Weather: A Distinctive Way of Relating Nature,” *International Journal of Intangible Heritage* 7: 62-75.

Casson, Ronald W. (ed.), 1981, *Language, Culture, and Cognition: Anthropological Perspectives*, New York: Macmillan.

Conklin, Harold C., 1955, “Hanunóo Color Categories,” reprinted in Dell Hymes (ed.), 1964, *Language in Culture and Society*, New York: Harper & Row, pp. 189-192.

______, 1962, “Lexicogarphical Treatment of Folk Taxonomies,” reprinted in Stephen A. Tyler (ed.), 1969, *Cognitive Anthropology*, New York: Holt, Rinehart and Winston, pp. 41-59.

D'Andrade, Roy, 1995, *The Development of Cognitive Anthropology*, New York: Cambridge University Press.

Frake, Charles O., 1961, “The Diagnosis of Disease among the Subanun of Mindanao,” reprinted in Dell Hymes (ed.), 1964, *Language in Culture and Society*, New York: Harper & Row, pp. 193-206.

______, 1962, “The Ethnographic Study of Cognitive Systems,” reprinted in Stephen A. Tyler (ed.), 1969, *Cognitive Anthropology*, New York: Holt, Rinehart and Winston, pp. 28-41.

Goodenough, Ward H., 1957, “Cultural Anthropology and Linguistics,” reprinted in Dell Hymes (ed.), 1964, *Language in Culture and Society*, New York: Harper & Row, pp. 36-39.

Spradley, James P., 1972, *Culture and Cognition: Rules, Maps, and Plans*, San Francisco: Chandler Publishing Co.

Sturtevant, William C., 1964, “Studies in Ethnoscience,” reprinted in James P. Spradley, 1972, *Culture and Cognition: Rules, Maps, and Plans*, San Francisco: Chandler Publishing Co., pp. 129-167.

Tyler, Stephen A. (ed.), 1969, *Cognitive Anthropology*, New York: Holt, Rinehart and Winston.

제3장

"형님은 울지 않아요": 감정, 역할, 위계의 언어사회화*

안준희

1. 서론

감정사회화에 관한 인류학 연구들은 아동의 감정 발달이 문화적으로 특수한 사회화 환경에 의해 구성되는 과정에 주로 주목하였다(Geertz 1959; Harkness and Kilbride 1983; Harkness and Super 1983; Lutz 1983; Miller and Sperry 1987; Clancy 1999; Fung 1999). 사회화를 문화적 지식이 어른들로부터 아동들에게 전달되는 단선적 과정으로 간주한 초기 사회화 모델을 기반으로 한 이 연구들에서 감정사회화는 아동이 문화적으로 구성된 감정 세계에 편입되는 과정으로 규정된다. 이러한 맥락에서 연구는 주로 감정 발달에 관한 부모들의 토착 믿음 체계, 양육 방식, 문화적으로 구성된 감정 발달 단계 등을 포착하는 데 집중하였다(Geertz 1959; Harkness and Kilbride 1983;

* 이 글은 저자의 논문 "Don't Cry, You're Not a Baby": Emotion, Role, and Hierarchy in Korean Language Socialization Practice(*Children and Society* 30(1): 12-24, 2016)을 일부 수정·번역한 것이다.

Lutz 1983; Seymour 1983; Fung 1999; Hayashi and Tobin 2009; Hoffman 2013). 이 과정에서 아동이 문화재생산의 적극적 주체로서 문화적으로 구성된 감정 지식 및 모델의 생산과 재생산에 기여하는 것에는 상대적으로 무관심하였다.

이 글은 한국 아동이 감정에 관한 문화적 모델을 습득하고 체화하는 다양한 과정, 특히 아동의 경험과 시각을 중심으로 아동이 감정의 의사소통적·관계적·사회적 측면을 이해하고 내면화하는 과정에 주목한다. 논문은 아동과 교사의 일상적인 감정 담화 및 또래담화를 분석하여, 아동이 언어를 매개로 한 상호작용에 참여하면서 어떻게 문화적으로 특수한 감정 지식, 특히 감정과 역할의 관계 및 감정의 위계에 관한 지식을 습득하게 되는지를 살펴본다. 특히 또래담화의 영향력에 주목하여(Goodwin 1990; Eckert 1990; Cook-Gumpertz 1995; Sheldon 1996; Evaldsson 2002; Goodwin 2002; De León 2007), 아동이 자신들의 또래 세계의 문화적 목적을 달성하기 위해 감정과 관련된 문화적 지식을 창의적·전략적으로 이용, 차용함에 주목한다. 아동이 자신들만의 감정적 세계를 구성하는 과정을 살펴봄으로써 아동이 단순히 어른의 감정 담화에 노출됨으로써가 아닌 어른의 담화가 제공하는 언어적·감정적 지식을 자신들의 또래담화에 적극적으로 이용, 재해석, 재구성해봄으로써 문화적으로 특수한 감정 지식을 습득하게 됨을 논의한다.

2. 감정사회화, 또래담화, 아동의 행위성

이 글은 아동이 문화적으로 특수한 감정 지식을 습득하고 체화하는 과정과 이 과정에서 수반되는 아동의 행위성을 살펴본다. 이를 위해 본 연구는 아동의 또래담화를 문화재생산과 사회화의 주요 장소로 규정하는 최근 언어사회화 연구들에 주목한다(Cook-Gumperz and Kyratzis 2001; Kyratzis 2004; Goodwin and Kyratzis 2007, 2012 참조할 것). 언어사회화 연구들은 초기부터 감정을 주요 연구 주제로 다루면서, 아동들이 사회적·문화적으로 구성된 일상적 담화에 참여함으로써 어떻게 감정에 관한 문화적 지식을 습득하게 되는지를 살펴보았다. 이 연구들은 감정이 언어적으로 매개되고 담화에 스며들어 있으며(Besnier 1990), 동시에 맥락에 맞게 감정을 인지하고 표현하는 능력이 모든 사회의 아동이 습득해야 할 중요한 사회문화적 능력임에 주목하여(Ochs 1986: 8), 아동이 감정 언어 습득을 통해 특정한 감정 구조에 편입, 사회화되는 과정을 다루었다(Clancy 1986; Ochs 1986; Schiefflein 1986; Miller and Sperry 1987).

언어사회화 연구에서 감정이 주요 연구 주제였음에도 불구하고, 감정사회화의 쌍방향적 속성bidirectionality에 주목한 연구는 제한적이었다. 언어사회화의 상호작용적 속성과 아동의 행위성을 강조한 최근 언어사회화 연구들에 기초하여 수행된 몇몇 연구는 아동과 그들의 또래담화가 감정사회화의 중요한 축을 구성하고 있음을 보여준다(Kyratzis 2001; Lo 2009; Cekaite 2012; Goodwin, Cekaite, and Goodwin 2012; Martin and Evaldsson 2012). 키러티즈(Kyratzis 2001)는 미국과 중국 유아원의 동성 또래 집단의 감정 담화를 분석하여, 아동이 또래문화의 목표를 위해 감정 어휘와 감정에 관한 맥락 신호를 전략적으로 선택하고, 이를 통해 젠더화된 감정 표현을 적극적·협력적으로 재조정하고 있음을 보여준다. 특히 키러티즈는 아동들의 감정 언어가 시간이 지남에 따라 변화하고 특정 아동의 존재 혹은 부재가 아동의 또래 상호작용에서 사용되는 감정 담화의 유형에 큰 영향을 미치고 있음을 보여줌으로써, 감정사회화의 맥락적 유동성을 주장한다. 유사한 맥락에서, 최근 감정과 체화embodiment에 관한 연구들(Lo 2009; Cekaite 2012; Goodwin, Cekaite, and Goodwin 2012; Martin and Evaldsson 2012)은 감정을 대화dialogic로 개념화하고, 도덕 및 감정사회화에 있어 초보자들의 감정적 태도가 미치는 영향력을 강조한다. 예를 들어 커케이트Cekaite는 스웨덴 초등학교 1학년 교실에서의 감정사회화 연구에서 초심자들의 감정이 들어간 비순응적인 태도가 교사들의 반응에 영향을 미쳐 결과적으로 초심자 아동이 '나쁜 학생'이라는 정체성을 가지게 되는 결과를 낳게 됨을 보여주었다.

이 글은 감정에 관한 언어사회화 연구, 특히 또래담화 연구에 의해 제시된 또래 기반 모델에 기초하여, 한국 중산층 아동이 다양하고 광범위한 언어적·감정적 지식을 전략적으로 차용, 조정하여 자신들의 감정사회화 과정에 적극적으로 개입하는 과정에 주목한다. 이를 통해 감정사회화가 어른들에 의해 고안된 언어적·담화적 환경에의 노출뿐만 아니라 아동의 또래담화에의 적극적 참여를 수반하는 다면적 과정임을 논의하고자 한다.

3. 연구 대상 및 방법

이 글의 기초가 되는 현지조사는 2010년 12월부터 2012년 2월까지 총 15개월간 서울 강남에 위치한 소망어린이집(가명)에서 수행되었다. 소망어린이집은 만 0세부터 만 5세 아동을 보육 및 교육하는 기관으로 연구 당시 총 9개 반으로 이루어져 있었다. 연구자는 만 3, 4, 5세를 대상으로 하는 단일 연령반 4개 반과 4, 5세 혼합반 1개 반을 대상으로 연구를 진행하였다. 소망어린이집 아동들의 부모는 대부분 전문직이나 관리직에 종사하는 중상류 계층이었으며, 강남이라는 지역적 특성을 반영하듯 부모들의 교육열은 매우 높은 편이었다. 연구자는 조사 대상 학급을 정기적으로 방문하여, 아동과 교사들의 일상생활에 대한 참여관찰과 교사와 부모를 대상으로 인터뷰를 진행하였다. 특히 이 글의 중심이 되는 교사와 아동의 일상적인 담화 및 아동 또래담화를 수집하기 위해 연구자는 교실의 일상적인 흐름을 방해하지 않으면서 교사와 아동들의 상호작용의 일부가 되기 위해 노력하였다. 이 글에 제시된 담화들은 교사와 아동들이 연구자를 구성원의 일부로 인식하기 시작한 조사 시작 3개월 이후에 수집된 것들로, 교실의 공식적·비공식적 활동에 나타난 다양한 담화를 포착하기 위해 오디오 녹음과 비디오 촬영을 병행하였다. 아동 또래담화 및 아동과 교사들의 담화는 오디오 혹은 비디오 녹음되어, 제퍼슨Gail Jefferson이 고안한 전사 원칙(Sacks et al. 1974: 731-733)을 논문의 목적에 맞게 단순화해 전사하였다.[1]

이 글은 수집된 교사와 아동 및 아동 또래담화 자료 중 감정적 내용이나 의미를 지닌 담화와 상호작용을 주된 분석 자료로 사용했다. 이때 감정 담화 및 감정에 관한 상호작용은 굿윈과 굿윈(Goodwin and Goodwin 2000: 239)의 감정에 관한 접근을 차용하여 감정적 내용이나 감정적 효과가 있는 가능성이 있는 모든 언어적·상호작용적·비언어적 의사소통 자원으로 정의되어 추출하였다. 추출한 담화 자료들은 다음의 두 측면을 고려하여 분석하였다. 첫째, 교사와 아동의 상호작용 자료는 교사들이 언어적으로 매개된 일상적 상호작용을 통해 사회화하고자 하는 감정에 관한 문화적 모델을 찾아내기 위해 사용되었다. 또한 감정사회화에 관한 교사들의 명시적 관점을 알아보기 위해 교사들을 대상으로 한 반구조화된 인터뷰를 분석하였다. 둘째, 아동의 일상적 또래담화를 분석하여

1 이 글에서 사용하고 있는 구체적인 전사기호는 다음과 같다.
(( )) 대화상황에 관한 설명이나, 비언어적 활동에 관한 설명으로, (( ))가 발화보다 먼저 나올 경우, 기호 안의 활동이 발화보다 먼저, 혹은 발화 중에 일어난 것이며, (( ))가 발화보다 후에 올 경우, 기호 안의 활동이 발화의 마지막 부분이나 발화 후에 일어난 것이다.
( ) 개별 화자의 특성, 예를 들어 나이, 성별, 직업 등에 관한 설명.

아동들이 감정에 관한 다양한 언어적·의사소통적 자원을 자신들의 사회적 세계를 구성하는 데 어떻게 창의적으로 사용, 변형하는지 살펴보았다.

4. “형님은 울지 않아요”: 일상적 사회화 담화에 나타난 역할과 위계의 감정사회화

소망어린이집의 감정과 관련된 일상적 사회화 담화에 나타난 특징 중 하나는 역할과 위계의 강조다. 최근 한국 사회의 교육 및 사회화 현장은 서구적 사회화 관습의 유입과 사회 전반에 걸친 서구화와 전 지구화의 영향으로 다양하고, 때로는 모순적인 사회화 가치들이 공존한다. 이러한 경향성은 감정사회화의 지형에서도 드러난다. 교사들은 개별 아동의 내면 감정을 존중하고 진정한 감정을 발견, 표현하는 것의 중요성을 언급하면서도, 일상적 상호작용에서는 아동들에게 타인의 감정에 민감하게 반응하고, 그룹을 위해 개인의 감정을 조절하고, 자신의 지위와 위계적 사회관계를 고려해 감정을 표현할 것을 강조하였다. 특징적인 것은 내면 감정의 자유로운 표현에 대한 강조는 명시적 사회화 담화나 공식적인 교육의 맥락에서 종종 등장하는 반면, 감정의 조절과 통제에 대한 강조는 좀 더 일상적인 상호작용과 담화에서 두드러지게 나타난다는 점이다. 이는 새로운 사회화 가치와 관습의 유입에도 불구하고 한국의 전통적인 사회화 가치라고 보고되는 협력, 복종, 위계, 존경 등이 여전히 일상에서 지속적이고 때로는 강력히 실천되고 있음을 시사한다.

내면 감정의 조절과 통제에 관한 소망어린이집 교사들의 일상적 담화는 크게 두 가지 측면을 강조하였다. 우선 교사들은 아동의 내면 감정 및 감정 표현의 통제에 있어 더글라스(Douglas 1970)가 명명한 “지위의 사회화positional socialization" 방식에 의존하였다. 지위의 사회화란 아동이 현재 혹은 미래에 다른 사람들과의 관계에서 차지하거나 차지하게 될 지위나 역할에 맞는 행동 규칙을 강조하는 사회화 전략을 의미하는 것으로, 흔히 위계나 사회적 지위가 사회관계 및 사회적 장에서 중요한 역할을 하는 사회에서 강조되고 정교하게 나타나는 것으로 보고된다. 지위의 사회화는 소망어린이집의 일상적인 사회화 담화에서 뚜렷하게 나타났는데, 다음 사례가 보여주듯 교사들은 감정의 사회화에 있어서도 역할에 따른 적절성과 의무를 강조하였다.

〈사례 1〉

1. ((점심 식사 배식 줄에 선 민서(3세, 여)와 하은(3세, 여)이 테이블 위에 있는 서윤(3세, 여)의 창작품을 만진다.))
2. 서윤: 만지지 마. 만지지 마. 그거 내 작품이야.
3. 하은: 아니야. 그거 니꺼 아니야.
4. 민서: ((웃으면서)) 작품 아니야.
5. 서윤: ((목소리를 높이면서)) 아니야. 아니야.
6. 하은: ((웃으면서)) 야, 그거 작품 아니야, ((민서를 쳐다보면서)) 그치?
7. 민서: 맞아. ((웃는다))
8. 서윤: 아니야. 그거 내 작품이란 말이야. ((목소리를 높이고 울기 시작한다))
9. ((교사는 점심 배식을 하면서 이를 쳐다본다))
10. ((서윤이 더 크게 울기 시작하자, 교사가 아이들 쪽으로 간다))
11. 교사: 왜 그래요?
12. 서윤: 쟤가, 쟤가⋯ 정하은이 내 작품 망쳤어요. 정하은이 놀렸어요.
13. 교사: 선생님 생각엔 실수로 그런 것 같은데.
14. 서윤: 아니⋯ 아니⋯ ((운다))
15. 교사: 선생님이 서윤이가 형님 됐으니까 이제 눈물로 아니고 말로 이

야기했으면 좋겠어. 선생님이 서윤이 아가라고 하면 좋겠어요?

16. ((서윤이 고개를 흔든다))

17. 교사: 그치요. 서윤이 형님이지요? 형님은 울지 않아요.

이 사례에서 교사는 아동들의 다툼을 중재하는 과정에서 역할에 맞는 감정 표현의 중요성을 강조한다. 서윤의 창작품을 만지는 것을 두고 일어난 다툼에서 교사는 초기에는 다툼에 개입하지 않지만, 서윤이 목소리를 높이고 울기 시작하자 개입하여 서윤의 감정 행동을 문제 삼는다. 교사는 민서와 하은이 자신의 창작품을 훼손했다는 서윤의 주장에 대해 이를 '사고'로 규정하고, 다툼을 중재하는 것보다는 서윤의 감정 표현을 교정하는 데 집중한다. 이때 서윤의 감정은 역할에 맞지 않는 표현으로 문제시된다. 교사는 서윤에게 '형님'이라는 역할을 부여하면서 서윤이 역할에 맞는 감정 행동의 규범을 위반했음을 지적한다(15, 17줄). 한국어에서 형을 존대하여 지칭 및 호칭하는 용어인 '형님'은 소망어린이집에서 흔히 높은 연령의 아이 혹은 아이들의 집단을 지칭, 호칭하는 데 사용되었다. '형님'에 관한 담화는 특히 교사가 아동에게 바람직한 혹은 기대되는 행동을 사회화하는 맥락에서 종종 등장하는데, 이 장면에서도 교사는 서윤에게 울고 싶은 충동을 억누르고 '형님'이라는 역할에 기대되는 감정을 표현할 것을 강조한다. 여기서 드러나는 감정 표현과 관련된 민속 모델은 내면 감정의 절제와 역할에 맞는 감정 행동의 표현이다.

소망어린이집의 일상적 감정사회화 담화의 또 다른 특징은 '감정의 위계affective hierarchy', 즉 사회적 장에서 상대적으로 높은 지위를 차지하고 있는 사람의 감정이 낮은 지위를 지닌 사람의 감정보다 우선시됨에 대한 강조다(Lo 2007). 로(Lo)는 한국계 미국인의 한국어 교실에서의 언어적 상호작용을 분석하여, 교실 담화에서 아동의 감정보다 교사의 감정에 대한 존중이 우선시됨을 보여주면서 이러한 현상을 '감정의 위계'라고 명명한다. 로의 사례와 유사하게, 소망어린이집 교사들의 담화도 서로 다른 사회적 지위를 지닌 사람들의 감정적 불균형을 구체화하는 방식으로 구성된다. 예를 들어 다음 장면에서 교사는 아동들의 잘못된 행동으로 인해 부정적 감정을 가지게 된 존재로 이야기되는 반면, 아동들의 내면 감정은 무시되거나 부적절한 것으로 규정한다.

〈사례 2〉

1. ((성은(3세, 여), 지민(3세, 여), 민(3세, 여)이 점심 식사 시간에 누가 누구 옆에 앉을 것인지에 관해 이야기하고 있다))
2. 성은: 알았어. 내가 여기 앉을게. 너((민을 가리키며))는 여기. ((성은 옆의 자리를 가리킨다))
3. 지민: 아니야. 내가 여기고 민이 여기야. ((지민의 옆자리를 가리킨다))
4. 성은: 아니, 아니. 내가 민이랑 앉아야지.
5. 지민: 아니. 너는 여기야.
6. 민: 알았어. 그만. 내가 여기, 됐지? ((자신의 가방을 자리에다 던진다))
7. ((성은이 민이 던진 가방에 얼굴을 맞는다))
8. 성은: 선생님, 선생님. 김지민이 얼굴 이렇게 했어요. ((얼굴을 때리는 시늉을 한다))
9. 교사: 왜? 왜 그랬어, 지민아?
10. 지민: 민이가 이렇게 했어요.
11. 교사: 민아, 그렇게 하면 선생님 너무 화날 거 같애. 선생님이 너무 화날 거 같애. 우리 그렇게 장난으로라도 안 하기로 했잖아.
12. ((민이 울기 시작한다))
13. 교사: 왜 울어요? 이건 울 일이 아니에요. 이건 슬픈 일이 아니야.

이 담화에서 성은을 때리는 민의 행동은 교사에게 '화'라는 부정적인 감정을 일으키는 문제적 행동으로 규정된다. 주목할 것은 민의 행동으로 인해 부정적인 감정을 경험했을 주요 인물인 성은의 감정은 고려되지 않는 반면, 교사의 부정적인 감정은 지속적으로 표현되고 정당한 감정으로 간주되고 있다는 점이다. 즉, 민의 행동이 문제가 되는 것은 그것이 다른 친구의 감정을 상하게 하기 때문이라기보다는 문제적 행동을 보는 교사의 감정에 영향을 미치기 때문인 것이다(11줄). 더욱이 교사는 교사의 훈계로 인해 일어난 것으로 추정되는 울음으로 표현된 민의 감정을 맥락에 적절하지 않은 것으로 규정함으로써("왜 울어요? 이건 울 일이 아니에요. 이건 슬픈 일이 아니야", 13줄), 자신을 아동들의 감정 표현의 적절성을 판단하고 따라서 아동들의 감정에 영향력을 미칠 수 있는 존재로 정당화한다. 이 담화에서 아동들의 내면의 감정과 이의 표현은 무시되거나 부적절한 것으로 비난받는 반면, 교사의 감정은 정당한 것으로 규정됨으로써 아동들의 감정성보다 교사의 감정성이 우선시되는 감정의 위계에 관한 모델이 제시된다.

이상에서 살펴보았듯, 교사의 일상적인 감정 담화는 아동을 감정성, 사회적 역할, 위계가 얽혀 있는 문화적으로 특수한 감정 모델에 노출시킨다. 이는 현재 한국 사회화 관습 지형에서 내면 감정의 억제와 감정 표현의 절제를 주된 특성으로 하는 전통적인 한국의 사회화 이데올로기가 여전히 중요한 감정사회화의 목표로 자리 잡고 있음을 시사한다. 특히 앞서 살펴본 사례들에서 교사들이 모두 아동의 울음에 주목하는 것은 부정적인 감정 표현의 통제에 사회화 목표가 집중되어 있는 동아시아 혹은 유교 문화의 감정사회화 목표의 특성을 반영하는 것으로 보인다(Hsueh and Tobin 2003; Keller and Otto 2009). 감정사회화에 관한 비교 문화적 연구들(Matsumoto 1991; Fernandez and others 2000)은 협력, 순응, 위계가 사회적 관계의 주요 축을 구성하는 사회에서 부정적인 감정은 사회의 화합을 위협하는 것으로 간주되어, 아동의 울음은 규제의 대상으로 규정된다고 보고한다.

다음 장에서는 이러한 감정적 가치들에 노출되어 아동들이 어떻게 문화적으로 적절한 감정의 지형과 감각을 습득하게 되는지를 살펴본다. 특히 아동들이 또래 세계의 문화적 목표를 달성하기 위해 다양한 일련의 언어적·감정적 특징을 어떻게 전략적으로 차용, 조정하는지에 주목한다.

5. "강아지야, 울지 말자": 감정 담화를 통한 또래 세계의 재구성

또래문화에 관한 기존 연구들은 공모, 다툼, 통제, 사회적 차별, 위계와 권위의 추구 등을 범문화적인 또래 세계의 주요 특성으로 제시한다 (Corsaro and Eder 1990; Jenks 1996; Corsaro and Miller 1992; James and Prout 1997). 소망어린이집 또래 세계에서도 위와 같은 특성이 주요한 문화적 주제로 나타났는데, 특히 소망어린이집 아동들이 만들어내는 사회조직은 협력적·배타적인 관계의 지속적인 변화와 위계적 관계의 추구를 주된 특징으로 하였다. 아동들은 일상의 상호작용 속에서 누가 누구와 같은 편이며 누가 그 관계에서 제외되는지, 그리고 자신들의 상대적인 사회적 지위에 관해 끊임없이 협상하고 논쟁하였다. 아동들은 이러한 사회적 목표를 달성하기 위해 성별, 연령과 같은 사회 범주를 이용하거나, 자신의 소유물을 내어주거나, 경쟁 담화를 생산하는 등 다양한 의사소통 및 대인관계의 기술을 동원하였다. 특히 아동들은 감정과 관련된 다양한 언어 및 의사소통의 자원을 사용했는데, 이 과정에서 감정과 관련된 매우 정교한 의사소통능력을 보여줄 뿐만 아니라 언어적·감정적 지식을 적극적으로 재해석, 재구성하여 자신들만의 고유한 감정 세계를 구축하였다.

〈사례 3〉

1. ((아이들이 카펫에 앉아 비디오를 함께 시청하고 있다))
2. ((예진(3세, 여)이 함께 앉아 있던 지형(3세, 남)과 하은(3세, 여)의 옆으로 기어간다))
3. 예진: ((기면서)) 응애. 응애. ((우는 시늉을 한다))
4. ((지형과 하은은 반응하지 않는다))
5. 예진: ((지형에게 우는 목소리로)) 아빠, 아빠.
6. 하은: 김지형 니 아빠 아니야. 니 아빠 아니야. 너도 애기 아니잖아. 너 애기 아니잖아. 김지형, 돌봐주지 마.
7. ((예진은 하은을 노려보고, 나정(3세, 여)과 진석(3세, 남)에게 기어간다))
8. 예진: 응애. 응애.
9. ((나정과 진석은 반응하지 않는다))
10. ((예진은 기는 것을 멈추고 비디오를 본다))

이 사례에서 예진은 다른 아동들과의 협력적인 관계를 구축하기 위해 흔히 '아기와 같은' 감정 행동이라고 규정되는 일련의 표현들을 동원한다. 예진은 우선 전형적인 아기의 감정 행동인 울음과 '기어다니기'와 같은 행동을 동원하며 가상의 프레임pretend frame을 구현한다(2, 3줄). 협력적 관계를 맺고자 하는 지형과 하은이 이에 반응하지 않는 방식을 통해 암묵적으로 예진의 제안을 거절하자, 예진은 지형을 '아빠'라고 호칭하고, 아기의 전형적인 말투인 우는 목소리를 동원하여 가상의 프레임을 강화한다(5줄). 이때 아기를 지표화index하는 감정적·언어적 특성들은 예진을 보호를 받아야 할 무력한 존재로 형상화시킴으로써 예진이 기존의 하은과 지형의 관계에 포함되어야 할 정당성을 부여한다. 예진의 시도에 대항하여, 하은은 지형이 예진의 아빠가 아니며 예진도 아기가 아니라는 발화를 통해 적극적으로 가상의 프레임을 부정한다(6줄). 예진은 다른 아이들과의 협력적 관계 구축을 위해 지속적으로 아기의 감정 행동을 동원하지만 다른 아동들이 가상의 프레임을 부정함으로써 이 시도는 결국 좌절된다. 비록 예진의 시도는 실패하지만, 이 과정에서 나타난 예진의 감정 표현과 이에 대한 아동들의 반응, 특히 하은의 반응은 아동들이 역할에 적절한 감정 표현에 관한 정교한 지식을 가지고 있으며, 이를 또래 세계의 사회적 목표 달성을 위해 창의적으로 사용하고 있음을 보여준다. 교사들이 아동들과의 담화에서 사회적으로 적절한 감정 표현의 사회화라는 목적을 위해 사회적 역할과 감정 표현의 관계를 강조했다면, 아동들은 이를 또래의 사회적 거리를 조정하는 데 전략적으로 사용하고 있는 것이다. 아동들의 창의적 재해석을 통해 교사들의 감정 담화에서 격하되었던 아기와 같은 감정 행동은 아동들의 또래담화에서는 또래의 사회적 목표를 달성할 수 있는 중요한 상호작용의 자원이 된다.

역할에 적합한 감정 표현은 협력적 관계 구축뿐만 아니라 위계적 사회관계를 만들어내는 데도 사용된다.

〈사례 4〉

1. 정호(4세, 남): ((연구자에게)) 쟤가 여기 때렸어요.
2. 연구자: 아이구, 아프겠다.
3. ((교실의 다른 쪽에 있던 아랑(4세, 여)이 다가와서 정호를 안는다))
4. ((정호는 우는 시늉을 하며 기어간다))
5. 정호: 응애. 응애.
6. 아랑: ((정한(4세, 남)에게)) 야, 김정한, 이선우가 김정호 때렸데.
7. ((아랑은 정호를 안아주고 정호의 등을 토닥인다))
8. 아랑: 이리와. 이리와. ((정호에게 손짓을 한다))
9. ((아랑은 함께 놀고 있던 진아(4세, 여)에게로 가고, 정호는 기어가면서 아랑을 따라간다))

10. 아랑: 빨리 오세요. 빨리 오세요.

11. 진아: 정호가 여기 꾸며 주세요. ((정호의 등을 토닥인다))

이 장면은 정호가 남자 아이들의 블록 놀이에 접근하는 과정에서 선우에게 맞은 후 이를 연구자에게 이야기하는 것에서 시작되었다. 정호의 이야기를 교실의 다른 쪽에서 듣고 있던 아랑은 정호에게 다가와 '끌어안기'라는 감정 행동을 통해 정호를 달래준다(3줄). 이러한 아랑의 감정 표현에 대해, 정호는 전형적인 아기의 행동인 '기어가기'와 함께 아기의 감정 행동인 울음을 동원하여 자신을 아기 혹은 아기와 같은 존재로 구현한다(4, 5줄). 아랑은 '끌어안기'와 '토닥여주기' 등의 감정적 제스처를 동원하여 자신을 돌봄에 능하고 배려심이 많은 존재로 형상화하고(7줄), 정호 또한 '기어가기'를 통해 자신을 아기로 표현한다. 아랑의 정호를 향한 돌봄의 자세와 정호의 아기로의 형상화는 이들 사이의 협력적 관계의 구축을 가능하게 하지만, 다른 한편으로 이는 아랑이 정호의 행동을 통제하는 위계적 관계를 가능하게 하기도 한다. 자신을 돌봄과 배려의 존재로 형상화한 후, 아랑은 지속적인 명령문 사용을 통해 정호의 행동을 통제하기 시작한다(8, 10줄). 특히 아랑과 진아는 어른들이 사회화 맥락에서 아동들에게 흔히 사용하는 명령형인 "~해 주세요"를 동원하여 어른의 권위를 표현한다(10, 11줄). 이때 어른의 역할을 표시하는 레지스터register와 토닥임과 같은 이에 동반되는 감정 제스처는 아랑과 진아에게 정호의 행동을 통제할 수 있는 힘을 준다. 역할에 맞는 언어적·감정적 표현이 위계적인 또래관계를 구축하고 유지하는 데 적극적으로 사용되고 있는 것이다.

아동들은 또래 세계의 사회적 질서를 구축하기 위해 역할에 적합한 감정 표현뿐만 아니라 감정의 위계에 관한 정보를 적극적으로 차용하기도 한다.

〈사례 5〉

1. ((지연(5세, 여)이 교실 밖에서 교사와 이야기를 나눈 후 교실로 들어와, 블록으로 케이크를 만들고 있는 아랑(4세, 여)과 은영(4세, 여)에게 접근한다))
2. ((지연이 블록을 들고, 케이크 위에 놓는다))
3. 아랑: 우리 케이크 만드는 거야. ((아랑은 옆으로 움직여 지연이 앉을 수 있는 공간을 마련해준다))
4. ((지연은 합류하여 케이크를 함께 만들고, 은영은 아랑에게 우는 표정을 짓는다))
5. 아랑: ((은영에게)) 언니가, 언니가 안 망쳐. 안 망쳐. 괜찮아.
6. ((은영이 아랑에게 우는 표정을 짓는다))
7. 아랑: 강아지야. 강아지야. 하지 말자. 하지 말자. ((지연의 등을 토닥이면서)) 그러면 엄마가 화가 나지.

이 장면에서 아동들의 갈등은 수빈과 아랑보다 한 살 위인 지연이 수빈과 아랑의 놀이에 접근하면서 시작된다. 아랑은 자신들의 놀이를 설명하고 자리를 내주는 동작을 통해 지연의 진입을 허락하는 반면(3줄), 은영은 슬픔과 거절을 의미하는 얼굴 표정을 통해 지연의 접근에 반대하고 이를 아랑에게 호소한다(4줄). 아랑은 지연의 진입이 자신과 은영의 협력적 관계를 위협하지 않을 것이라는 점을 암시하는 발언으로 은영을 설득하지만(5줄), 은영이 지속적으로 슬픔을 표현하자, 지연에게 정면으로 맞서지 않으면서도 지연을 통제할 수 있는 전략을 고안해낸다: "강아지야, 강아지야. 하지 말자. 하지 말자. ((지연의 등을 토닥이면서)) 그러면 엄마가 화가 나지"(7줄). 아랑이 지연을 '언니'라고 지칭하는 것, 그리고 은영이 지연의 접근을 직접적으로 반대하지 않고 그 대신 아랑에게 호소한다는 점은 아랑과 은영에게 지연이 쉽게 맞설 수 없는 권위적인 존재임을 시사한다. 이때, 직접적인 도전이 불가능한 권위를 지닌 존재인 지연과 자신과 협력 관계에 있는 은영 사이에 있는 아랑은 감정의 위계를 동반한 가상의 프레임을 동원하여 문제를 해결하고자 한다. 현실에 존재하는 감정의 위계는 아랑이 지연에게 화난 감정을 표현하거나 지연의 감정을 통제하는 것을 불가능하게 한다. 그러나 프레임을 가상으로 전환함으로써 아랑은 자신에게 엄마의 지위를 그리고 현실에서 언니인 지연에게 강아지의 지위를 부여하고, 이를 통해 현실에 존재하는 감정의 위계를 전복시키고자 한다. 여기서 가상의 프레임은 아동들과 그들의 가상 역할 사이의 구분을 모호하게 만들어 아랑을 그가 한 말에 대한 책임에서 자유롭게 한다. 아랑의 '그러면 엄마가 화가 나지'라는 발화는 앞선 사례 2의 '솔아, 선생님이 화가 나려고 해요'라는 교사의 발화를 연상하게 한다. 교사가 아동의 행동을 통제하는 과정에서 감정의 위계에 관한 모델을 제시했다면, 아랑은 이를 수동적으로 모방하기보다는 또래 세계의 사회적 질서와 위계를 협상하고 조정하기 위해 창의적으로 가상의 프레임을 동원하고 그 프레임에 감정의 위계에 관한 지식을 전략적으로 사용한다.

6. 결론

감정에 관한 초기 언어사회화 연구들은 문화적으로 특수한 감정 모델의 습득에 있어 어른들의 담화 관습이 미치는 영향력에 주목하였다(Clancy 1986; Ochs 1986; Schiefflein 1986; Miller and Sperry 1987). 이 글은 또래담화를 문화재생산의 중요한 장으로 보는 관점에 기반하여(Corsaro and Miller 1992; Cook-Gumperz and Kyratzis 2001; Kyratzis 2004; Goodwin and Kyratzis 2012), 문화적으로 특수한 감정 태도와 습관의 사회화가 단순히 어른들이 중심이 되어 만들어낸 관습화된 언어적 상호작용language routine에 노출됨으로써가 아닌 아동들의 또래담화에의 적극적인 참여로 이루어짐을 보여주었다. 교사들의 일상적 감정 담화를 통해 제시된 한국사회의 감정과 관련된 문화적 모델은 사회적으로 적절한 감정 표현을 위해 자신의 내면 감정을 누르고 조절하는 것, 즉 역할과 위계에 민감한 감정 표현의 중요성을 강조한다. 아동들은 이러한 감정과 관련된 민속 모델을 수동적으로 습득하기보다는 이를 적극적으로 이용, 변형하여 자신들만의 감정 세계를 구성한다. 이 글에서 살펴본 아동들은 한국사회의 문화적으로 특수한 감정 모델이 제시하는 역할과 사회관계의 질서 및 위계에 따라 자신의 감정을 자제, 통제, 표현할 줄 안다. 이때 이러한 감정적 구조와 습관의 체화는 어른들의 담화에 지속적으로 노출되는 것뿐만 아니라, 아동들이 또래 담화에 적극적으로 참여해봄으로써, 즉 자신들의 사회적 장에서 감정 담화가 미치는 영향력과 효과를 경험해봄으로써 가능한 것이다.

이 글은 아동들이 관습화된 언어적 상호작용에 참여함으로써 해당 문화의 구성원으로 사회화된다는 언어사회화 연구의 주요 주장을 뒷받침한다(Schieffelin and Ochs 1986). 더 나아가 이 글은 문화적 생산과 재생산에 있어 아동의 행위성이 지니는 영향력을 보여줌으로써 어른들이 만들어낸 사회화 환경의 영향력에 주로 주목한 기존 언어사회화 연구를 확장시킨다. 아동 또래담화의 중요성을 강조한 언어사회화 연구의 증가에도 불구하고, 또래 감정 담화에 관한 연구는 매우 제한적으로 이루어졌다. 특히 연구들은 주로 미국 중산층이나 스웨덴과 같은 서구 사회를 중심으로 수행되었다(Kyratzis 2001; Cekaite 2012). 이 글은 감정성을 구성하는 데 있어 사회적 역할과 위계가 중요한 축으로 기능하는 한국의 또래 감정 담화에 대한 연구 사례를 제공함으로써, 또래 감정 담화 연구가 문화적 다양성에 주목하는 데 기여할 수 있을 것으로 기대한다.

참고문헌

Adler, Patricia A. and Peter Adler, 1998, *Peer Power*, New Brunswick: Rutgers University Press.

Besnier, Niko, 1990, "Language and Affect," *Annual Review of Anthropology* 19: 419-451.

Cheah, Charissa and Park Sun-Yun, 2006, "South Korean Mothers' Beliefs Regarding Aggression and Social Withdrawal," *Early Childhood Research Quarterly* 21: 61-75.

Cekaite, Asta, 2012, "Affective Stances in Teacher-novice Student Interactions: Language, Embodiment, and Willingness to Learn," *Language in Society* 41: 641-670.

Clancy, Patricia, 1986, "The Acquisition of Communicative Style in Japanese," in Bambi Schieffelin and Elinor Ochs (eds.), *Language Socialization Across Cultures*, Cambridge: Cambridge University Press, pp. 213-250.

Clancy, Patricia, 1999, "The Socialization of Affect in Japanese Mother-child Conversation," in Ruth Kanagy (ed.), *Language Socialization and Affect in First and Second Language Acquisition, Special issue (11), Journal of Pragmatics* 31: 1397-1421.

Cook-Gumperz, Jennifer, 1995, "Reproducing the Discourse of Mothering: How Gendered Talk Makes Gendered Lives," in Kira Hall and Mary Bucholtz (eds.), *Gender Articulated: Language and the Socially Constructed Self*, New York: Routledge, pp. 401-421.

Cook-Gumperz, Jennifer and Amy Kyratzis, 2001, "Child Discourse," in Deborah Schiffrin, Deborah Tannen and Heidi Hamilton (eds.), *A Handbook of Discourse Analysis*, Oxford: Blackwell, pp. 590-611.

Corsaro, William A. and Donna Eder, 1990, "Children's Peer Cultures," *Annual Review of Sociology* 16: 197-220.

Corsaro, William A. and Peggy J. Miller, 1992, *Interpretive Approaches to Children's Socialization*, San Francisco: Jossey-Bass.

De León, Lourdes, 2007, "Parallelism, Metalinguistic Play, and the Interactive Emergence of Zinacantec Mayan Siblings' Culture," *Research on Language and*

Social Interaction 40: 405-436.

Douglas, Mary, 1970, *Natural Symbols: Explorations in Cosmology,* New York: Vantage Books.

Eckert, Penelope, 1990, "Cooperative Competition in Adolescent Girl Talk," *Discourse Processes* 13: 92-122.

Evaldsson, Ann-Carita, 2002, "Boy's Gossip Telling: Staging Identities and Indexing Masculine Behavior," *Text* 2: 198-224.

Fernandez, Itziar, Dario Paez, Pilar Carrera, and Luis Candia, 2000, "Differences between Cultures in Emotional Verbal and Non-verbal Reaction," *Psicothema* 12: 83-92.

Fung, Heidi, 1999, "Becoming a Moral Child: The Socialization of Shame among Young Chinese Children," *Ethos* 27: 180-209.

Garrett, Paul and Baquedano-Lopez P., 2002, "Language Socialization: Reproduction and Continuity, Transformation and Change," *Annual Review of Anthropology* 31: 339-361.

Geertz, Hildred, 1959, "The Vocabulary of Emotion: A Study of Javanese Socialization Processes," *Journal for the Study of Interpersonal Processes* 22: 225-237.

Goodwin, Majorie Harness, 1990, *He-Said-She-Said: Talk as Social Organization among Black Children,* Bloomington: Indiana University Press.

______, 2002, "Exclusion in Girls' Peer Groups: Ethnographic Analysis of Language Practices on the Playground," *Human Development* 45: 392-415.

Goodwin, Majorie, Asta Cekaite, and Charles Goodwin, 2012, "Emotion as Stance," in Anssi Peräkylä and Leena Sorjonen (eds.), *Emotion in Interaction,* Oxford: Oxford University Press, pp. 16-63.

Goodwin, Majorie and Charles Goodwin, 2000, "Emotion within Situated Activity," in Alessandro Duranti (ed.), *Linguistic Anthropology,* Oxford: Blackwell, pp. 239-257.

Goodwin, Majorie and Kyratzis Amy, 2012, "Peer Language Socialization," in Alessandro Duranti, Elinor Ochs, Bambi Schieffelin (eds.), *The Handbook of Language Socialization,* Malden: Wiley-Blackwell, pp. 365-390.

Goodwin, Marjorie Harness and Amy Kyratzis, 2007, "Children Socializing Children: Practices for Negotiating the Social Order among Peers," *Research on Language and Social Interaction* 40(4): 279-289.

Han Namjae, 1999, *Understanding of Contemporary Korean Family*, Seoul: Ilji-sa.

Harkness, Sara and Philip L. Kilbride, 1983, "Introduction: The Socialization of Affect," *Ethos* 11(4): 215-220.

Harkness, Sara and Charles M. Super, 1983, "Cultural Construction of Child Development: A Framework for the Socialization of Affect," *Ethos* 11(4): 221-231.

Hayashi, Akiko and Mayumi Korasawa, 2009, "The Japanese Preschool's Pedagogy of Feeling," *Ethos* 37(1): 32-49.

Hoffman, Diane, 2013, "Power Struggles: The Paradoxes of Emotion and Control Among Child-Centered Mothers in The Privileged United States," *Ethos* 41(1): 75-97.

Hsueh, Yeh and Joseph Tobin, 2003, "Chinese Early Childhood Educators' Perspectives: on Dealing with a Crying Child," *Journal of Early Childhood Research*, 2003(1): 73-94.

James, Allison and Alan Prout, 1997, *Constructing and Reconstructing Childhood: Contemporary Issues in the Sociological Study of Childhood*, New York: Routledge.

Jenks, Chris, 1996, *Childhood*, Oxford: Routledge.

Ju, Dong-Beom and Chung Il-Hwan, 2000, "The Effect of Maternal Employment on School Children's Educational Aspirations in Korea," *Journal of Research in Childhood Education* 15: 1-20.

Keller, Heidi and Hiltrud Otto, 2009, "The Cultural Socialization of Emotion Regulation during Infancy," *Journal of Cross-Cultural Psychology* 40: 996-1011.

Kim, Uichol and Soo-Hyang Choi, 1994, "Individualism, Collectivism, and Child Development: A Korean Perspective," in Patricia Greenfield and Rodney Cocking (eds.), *Cross-Cultural Roots of Minority Child Development,* Lawrence Erlbaum Associates, pp. 227-257.

Kyratzis, Amy, 2001, "Emotion Talk in Preschool Same-Sex Friendship Groups: Fluidity over Time and Context," *Early Education and Development* 12: 359-392.

______, 2004, "Talk and Interaction among Children and the Co-Construction of Peer Groups and Peer Culture," *Annual Review of Anthropology* 33: 625-649.

______, 2007, "Using the Social Organizational Affordances of Pretend Play in American Preschool Girls' Interactions," *Research on Language and Social Interaction* 40(4): 321-352.

Kyratzis, Amy and Guo Jiansheng, 2001, "Preschool Girls' and Boys' Verbal Conflict

Strategies in the U.S. and China," *Research on Language and Social Interaction* 34(1): 45-74.

Lebra, Takie, 1992, "Mother and Child in Japanese Socialization," in Patricia Greenfield and Rodney Cocking (eds.), *Cross-Cultura Roots of Minority Child Development,* Lawrence Erlbaum Associates, pp. 259-274.

Lo, Adrienne, 2009, "Lessons about Respect and Affect in a Korean American Heritage Language School," *Linguistics and Education* 20(3): 217-234.

Lutz, Catherine, 1983, "Parental Goals, Ethnopsychology, and the Development of Emotional Meaning," *Ethos* 11: 246-262.

Lutz, Cctherine and Greoffrey White, 1986, "The Anthropology of Emotions," *Annual Review of Anthropology* 15: 405-436.

Martin, Cathrin and Ann-Carita Evaldsson, 2012, "Affordances for Participation: Children's Appropriation of Rules in A Reggio Emilia School," *Mind, Culture, and Activity* 19: 51-74.

Matsumoto, David, 1991, "Cultural Influences on Facial Expression of Emotion," *Southern Communication Journal* 56: 128-137.

Miller, Peggy and Linda Sperry, 1987, "The Socialization of Anger and Aggression," *Merrill-Palmer Quarterly* 33(1): 1-31.

Ochs, Elinor, 1986, "From Feelings to Grammar: A Samoan Case Study," in Bambi Schieffelin and Elinor Ochs (eds.), *Language Socialization Across Cultures,* Cambridge: Cambridge University Press, pp. 251-272.

Ochs, Elinor and Bambi Schieffelin, 2012, "The Theory of Language Socialization," in Alessandro Duranti, Elinor Ochs, and Bambi Schieffelin (eds.), *The Handbook of Language Socialization,* Malden: Wiley-Blackwell, pp. 1-21.

Paley, Vivian, 1992, *You Can't Say You Can't Play,* Cambridge: Harvard University Press.

Park, Sung-Yun and Charissa Cheah, 2005, "Korean Mothers' Proactive Socialization," *International Journal of Behavioral Development* 29: 24-34.

Sacks, Harvey, Emanuel Schegloff, and Gail Jefferson, 1974, "The Simplest Systematics for the Organization of Turn-Taking for Conversation," *Language* 50: 696-735.

Schieffelin, Bambi, 1986, "Teasing and Shaming in Kaluli Children's Interactions," in *Across Cultures,* Bambi Schieffelin and Elinor Ochs (eds.), *Language Socialization Across Culture,* Cambridge: Cambridge University Press, pp. 165-181.

Schieffelin, Banbi and Elinor Ochs, 1986, *Language Socialization Across Cultures,*

Cambridge: Cambridge University Press.

Seymour, Susan, 1983, "Household Structure and Status and Expressions of Affect in India," *Ethos* 11: 263-277.

Sheldon, Amy, 1996, "You Can Be the Baby Brother, But You Aren't Born Yet: Preschool Girls' Negotiation for Power and Access in Pretend Play," *Research on Language and Social Interaction* 29(1): 57-80.

| 제2부 |

한국어와 언어예술

제4장 귀신말 또는 한국어의 피그 라틴Pig Latin

제5장 어린이 동음이의어 말놀이pun의 구조와 특성

제6장 한국사회 중년 남성의 전형화에 대한 고찰: '아재 개그' 사례를 중심으로

제7장 한국어 라임으로서 랩: 낯선 것의 지역적 레지스터화

제4장

귀신말 또는 한국어의 피그 라틴Pig Latin*

김주관

1. 서론

언어가 정보 전달만을 목적으로 하는 단순한 의사소통의 도구가 아니라는 사실은 언어의 기능에 관한 다양한 논의를 통해 이미 잘 알려졌다.[1] 언어를 정보 전달을 목적으로 하는 의사소통의 수단으로만 사용한다면 인간의 삶은 상당히 무미건조할 것이다. 다행히 인간은 언어를 의사소통 이외에 다른 용도로 사용할 수 있는 능력을 가지고 있다. 그리하여 인간은 다양한 문학 장르를 만들어냈을 뿐만 아니라 코미디와 같은 연행, 끝

* 이 글은 『비교문화연구』 제17집 1호에 실린 같은 제목의 필자의 논문을 수정·보완한 것이다.

1 예컨대 Jakobson(1960)은 언어의 기능을 감정적(emotive), 감화적(conative), 메타언어적(metalingual), 시적(poetic), 지시적(referential), 친교적(phatic) 기능으로 분류하고, 이 각각의 기능은 전언의 표출을 통해 관여하게 되는 의사소통의 제 요소, 즉 화자(addresser), 청자(addressee), 부호(code), 전언(message), 맥락(context), 접촉(contact)과 연관되어 있음을 언급한다.

말잇기나 낱말맞추기[2] 등과 같은 말을 이용한 놀이에 이르기까지 일상생활을 훨씬 더 풍요롭게 하는 다양한 언어적인 장치를 발달시켜왔다.

하지만 의사소통의 목적 이외에 사용되는 이러한 언어적 현상에 대한 연구는 언어 그 자체에 대한 연구나 의사소통 능력에 대한 연구들에 비하면 상대적으로 빈약하다. 그 이유는 아마도 고담적인 담론을 주로 하는 학문의 영역에서 말장난으로 보이는 이러한 언어적인 현상이 적절한 연구 대상으로는 여기지 않았기 때문일 수도 있을 것이며(Chiaro 1992: 1; Sherzer 2002: 7-8), 일상적인 말하기의 장르와 긴밀하게 융합되어 있기 때문에 독립적인 장르로 파악하는 것이 어렵거나, 혹은 일부 화자에 의해 배타적으로 사용되기 때문에 그러한 언어적 행위를 발견하는 것 자체가 어렵기 때문일 수도 있을 것이다.

의사 전달의 목적을 넘어 말하기 그 자체를 유희의 목적으로 사용하는 다양한 언어적 행위가 말하기에서 하나의 장르로 주목받으며, 사회문화적인 맥락을 고려하며 연구되기 시작한 것은 20세기 중반 이후의 일이다. 호케트(Hockett 1973)의 농담에 관한 연구를 시작으로, 파브(Farb 1973)는 다양한 종류의 말놀이word play와 그에 사용되는 전략, 그 배면에 숨겨진 규칙들을 밝히려 했으며, 키어센블라트-짐블라트(Kirshenblatt-Gimblett 1976)는 교차문화적으로 말놀이가 갖는 창의성에 주목하여 구조적인 측면뿐만 아니라 습득에 관한 연구들을 보여준다. 이후에 좀 더 깊이 있는 연구들은 대체로 유머나 농담, 웃음에 관한 것들로 한정되어 있다(Basso

2 이 글을 준비하는 과정에서 우연히 낱말 맞추기(crossword puzzle)에 관한 다큐멘터리(Creadon 2006)가 있음을 알게 되었다. 『뉴욕 타임스』의 지원으로 미국의 사례를 가지고 제작한 90분 분량의 이 다큐멘터리는 낱말 맞추기와 관련된 다양한 자료와 인물을 보여준다. 이 필름을 통해 낱말 맞추기라는 말놀이가 미국인의 일상 속에 얼마나 깊숙이 자리 잡고 있는가를 알 수 있다.

1979; Apte 1985; Nash 1985; Chiaro 1992; Glenn 2003). 파브(Farb, 1973)의 연구에 비교할 만한 말놀이의 다양한 장르에 관한 연구는 상대적으로 최근에 와서야 이루어졌다. 셔저(Sherzer 2002)의 연구가 이에 해당하는 것으로 그는 말놀이speech play뿐만 아니라 언어예술verbal art에 이르기까지 다양한 장르의 유희적 언어사용에 대한 교차문화적인 사례를 수집하여 비교·분석한다.

말놀이라는 말하기의 한 장르가 중요한 연구 대상으로 자리 잡은 데는 방법론적으로 의사소통의 민족지학이 소개된 것과 밀접한 연관이 있다. 즉 의사소통의 민족지학이라는 방법을 통해서 말놀이의 언어적 및 사회문화적 의미와 기능에 대해 인류학자들이 새롭게 인식하게 되었다고 할 수 있다. 이러한 인식은 두 가지 측면에서 요약할 수 있다.

첫째, 말놀이가 '놀이'라는 속성에 기인하는 것으로 다른 말행위와 마찬가지로 일련의 규칙에 의해 행해진다는 것이다. 이러한 규칙은 문법적인 의미에서의 규칙뿐만 아니라 의사소통 능력과 관계된 사회문화적 규칙을 포함한다. 따라서 말놀이의 연구는 화자들의 언어적인 지식뿐만 아니라 언어의 사용과 관련된 사회문화적 지식을 밝혀주는 실마리를 제공해줄 수 있다는 점에서 중요한 연구 대상으로 인식되었다. 즉 말놀이의 연구는 언어의 구조에 대한 지식과 이의 습득에 대한 단서를 제공해주며, 말놀이에서 사회언어학적 변수들이 적용되는 양상을 통해 언어의 사용과 연관된 의사소통 능력과 태도 등을 이해할 수 있게 해준다는 것이다.

둘째, '놀이'의 또 다른 측면과 연관된 것으로 연행이라는 행위에 대한 인식이다. 이는 말놀이라는 행위의 연구를 통해 언어의 지시적 기능 이외에 시적 혹은 미학적 기능을 파악할 수 있으며, 나아가 언어 사용에 있어 인간의 창조적인 능력을 이해할 수 있다는 점에서 중요한 함의를 갖는다. 특히 이러한 측면은 언어예술과 연관된다는 점에서 말놀이가 좀 더 정형화되고 발달된 형식인 언어예술의 연구를 위한 출발점이 된다는 것이다.

말놀이의 연구가 말행위의 이해에 있어 갖는 이러한 중요성에도 불구하고 한국어를 대상으로 한 말놀이에 대한 언어인류학적 연구는 거의 없었다. 따라서 말놀이라는 장르에 대한 일반적인 정의나 말놀이라는 장르에 포함될 수 있는 말행위의 범주에 대한 논의도 이루어진 바 없다. 이는 앞으로 말놀이에 대한 다양한 연구가 축적되어야 해결될 문제지만 일단 이 글에서는 말놀이를 '언어를 재미나 즐거움을 위해 유희적인 목적으로 사용하는 말행위'로 규정한다. 그리고 이러한 장르에 포함될 수 있는 말행위들은 교차문화적으로 광범위하게 나타나는 것으로 간주되는 범주들, 즉 "놀이 언어play languages, 동음이의어를 사용한 말재간puns, 농담jokes, 풍자put-ons, 속담proverbs, 수수께끼riddles, 말 겨루기verbal dueling" 등이 포함되는 것으로 잠정적으로 설정한다(Sherzer 2002: 26).

이러한 기준을 놓고 보면 한국어에서 나타나는 말놀이에 대한 인류학적 연구는 조희웅(1971)과 진성기(1973)의 '수수께끼'에 대한 연구와 최진숙(1995)의 '농담'과 '곁말'에 대한 연구를 들 수 있다. 조희웅의 논문은 수수께끼라는 말의 어원과 수수께끼의 발생, 종류, 그리고 기능을 기술한다. 하지만 이 연구는 수수께끼가 실제 실행되는 말하기의 상황을 기술한 것이 아니라 수수께끼에 대한 연구자의 지식을 바탕으로 한 것이라는 한계를 갖는다. 이러한 한계에도 불구하고 이 논문에서 수수께끼의 기능이 오락적인 기능과 지력 계발의 기능이 있고, 또 수수께끼를 사용하는 화자들이 주로 아동과 여성이라는 지적은 주목할 만하다. 진성기의 논문은 제주도의 수수께끼를 대상으로 그 내용을 분석하여 수수께끼가 생태적 환경뿐만 아니라 사회문화적 환경을 반영한다고 기술한다. 이 논문 역시 수수께끼가 실제로 연행되는 상황을 바탕으로 기술한 것이 아니라는 점에서 한계가 있지만, 수수께끼를 오락이라고 지적하고 있어 말놀이의 한 형식으로 간주될 수 있음을 보여준다. 최진숙의 논문은 '농담'과 '곁말'이라는 두 범주의 말행위에 대한 민족지적인 연구를 통해 이들 간의 차이와 각각의 하위 범주에 포함되는 말행위를 기술한다. 이 연구는 농담이 놀이라는 맥락에서 실행된다는 점을 지적하고 있으며, 곁말은 운율과 압운을 갖는 말놀이의 특징이 있음을 밝혀낸다. 또한 곁말의 사용과 관련하여 동음이의어를 사용한 말재간puns 현상도 나타나고 있음을 기술한다. 이 연구는 말놀이의 한 하위 범주로 간주되는 농담이라는 말행위에 대한 유일한 언어인류학적 연구로, 앞으로 말놀이의 다양한 범주를 찾아내고 분석하는 데 있어 유용한 방법론적 도구를 제공한다.

이 글은 영어사용권에서 피그 라틴Pig Latin[3]이라고 알려진 말놀이와 유사한 말행위가 한국어에서도 나타나고 있음을 발견하여, 이에 대한 구조와 사용을 분석하고 교차문화적으로 나타나는 유사점과 상이함을 살펴보고자 한다.

2. 피그 라틴의 일반적 특징과 한국어의 귀신말

셔저(Sherzer 2002: 26-29)에 따르면 피그 라틴은 놀이 언어play languages의 범주에 해당하는 말놀이 형식으로 교차문화적으로 가장 광범위하고 보편적으로 나타난다. 피그 라틴의 범주에 들어가는 말놀이들은 음운-형태론적 수준에서 소리의 유형을 변형하거나 구조를 변형하여 만드는 것이

3 피그 라틴(Pig Latin)은 '돼지들이 사용하는 라틴어'라는 의미로 해석될 수 있지만, 실제 라틴어를 가리키는 것이 아니라 영어를 모국어로 하는 화자들에게 라틴어처럼 이상하고 이국적으로 들리는 언어라는 의미로 사용된 것이다. 이 글에서는 번역어를 사용하지 않고 피그 라틴으로 사용하기로 한다.

일반적이다. 즉 피그 라틴은 구조적으로 음절 혹은 음운의 도치와 삽입이라는 방법을 통해 일상적으로 사용되는 언어와는 다른 형태의 언어를 만들어내는 것이다. 기능적으로 피그 라틴은 어린이들 사이에서 유희적인 언어나 비밀 언어로 사용된다는 유사성이 있다.[4]

이러한 형태의 말놀이는 교차문화적으로 다양한 언어에서 나타나는 것으로 보고되고 있다. 예컨대 베른 지역의 노동자들이 사용하는 독일어의 Mattenenglisch, 스웨덴 독일어의 Allspraket나 Fikonspraket, 프랑스어의 Loucherbem 등이 피그 라틴과 유사하며, 이 외에도 일본어, 타이완어, 수마트라의 벤쿨루Benkulu어, 파나마의 쿠나Kuna어 등에서 유사한 말행위들이 나타나는 것으로 보고된다(Burling 1970: 135-137; Farb 1973: 106-108, Sherzer 2002: 26-29).

필자는 한국어에서 이러한 형식의 말놀이가 있음을 오래전부터 알고 있었다. 필자는 초등학교와 중학교에 다니던 시기에 이러한 말을 들은 적이 있으며, 수년 전에 우연히 필자가 알고 있던 것과 유사하지만 다른 형식의 말이 있음을 알게 되었다. 필자가 알고 있었던 말놀이는 그에 대한 표제어가 없었지만, 상대적으로 최근에 접한 말놀이는 '귀신말' 또는 '도깨비말'로 불린다는 사실을 알게 되었다.

필자가 한국어에서 발견되는 이러한 형식의 말놀이를 피그 라틴의 범주에 넣는 것은 이러한 말행위들이 구조적으로 음절 혹은 음운의 도치와 삽입에 기초한다는 사실 때문이다. 이러한 구조적인 공통점뿐만 아니라 사용에 있어서도 귀신말 또는 도깨비말은 피그 라틴과 유사함을 보여준다는 점에서 피그 라틴의 범주에 넣는 것이 타당하다는 결론을

4 피그 라틴이 어린이나 10대가 사용한다고 알려진 것이 일반적이지만, Haycock(1933)의 경우 성인이 사용하는 것을 경험했다는 보고도 있다.

얻었다.

이 글에 사용된 자료는 전적으로 면접에 의존하여 수집하였다. 면접에 의존할 수밖에 없었던 것은 몇 가지 이유가 있다. 가장 큰 이유는 현재 귀신말의 사용이 거의 사라져 소수의 화자에 의해서만 사용되기 때문이다. 현재 초등학교에서 고등학교까지 다니는 학생들을 대상으로 면접을 시도했으나 귀신말에 대한 지식이 있는 제보자는 전혀 없었다. 두 번째 이유는 귀신말의 속성상 그 사용이 지극히 개인적이고 은밀하게 일어나기 때문에 귀신말을 사용하는 말하기의 상황을 포착하기가 거의 불가능하였다. 이러한 이유로 이 글에서 사용된 자료는 귀신말을 사용한 경험이 있는 제보자들을 중심으로 면접을 통하여 수집되었다. 제보자들은 20대 초반에서 50대 중반 여성 18명으로 구성되었으며, 출신 지역은 서울, 부산, 대전, 강릉 등이었다. 이들의 지역과 연령 분포는 〈표 1〉과 같다.

필자가 연고가 있는 서울, 부산, 강릉에서 제보자 선정은 귀신말에 대한 지식이 있는 지인에게서 소개를 받는 방식을 사용하였다. 인적 연결망을 따라 선정되었기 때문에 이 지역 출신의 제보자들 중에는 귀신말이라는 말놀이를 함께 했던 경험이 있는 사람들도 포함되어 있다. 대전에 거주하는 제보자들은 필자의 수업을 듣는 대학원생들 중 귀신말을 사용한 경험이 있는 사람들과 이들을 통해 소개받은 사람들을 선정하였

표 1. 연구 대상자들의 지역과 연령 분포

연령	서울	부산	대전	강릉
20대	1		2	
30대	2	2	3	1
40대	1	2	1	1
50대				2

다. 대전 출신의 제보자들은 제보자들 간에 귀신말을 사용한 경험이 있는 사람들은 없었다.

제보자의 선정에 어려움이 있어 면접 이외에 인터넷에 있는 자료들을 사용하였다. 인터넷에 있는 자료들은 주로 귀신말을 사용한 경험이 있는 사람들이 올린 글이나 댓글 등을 참고하였다. 인터넷 자료들은 조사 과정에서 발견되었던 사실들을 교차 점검하거나 누락되었을 수 있는 자료들을 보완하는 데 유용한 정보를 제공하였다.

3. 영어권 피그 라틴의 구조와 사용

영어의 피그 라틴은 오래전부터 현상 그 자체에 대한 관심으로 주목을 받아왔고(Chrisman 1893; Hirschberg 1913; Haycock 1933; Schwartz 1965; E.A.S. 1967), 근래에 들어서는 어린이들의 음운 인식이나 언어 습득과 관련해서 심도 있게 논의되고 있다(Barton 외 1980; Cowan 1989; Bagemihl 1995; Pierrehumbert and Nair 1995; Barlow 2001; Nevins and Vaux 2003). 이 절에서는 자료의 수집이나 연구가 상대적으로 축적되어온 영어권의 피그 라틴을 한국어의 귀신말과 비교하기 위한 하나의 준거로 채택하여 그 구조와 사용에 대해 간략하게 살펴보기로 한다.

일반적으로 피그 라틴은 영어권 화자들이 어렸을 때 잠깐 사용하는 음운론적으로 왜곡된 형식을 갖는 말행위를 말한다. 전형적인 피그 라틴 형식은 단어의 수준에서 변형된다. 단어가 자음으로 시작할 때는 초성 자음이나 자음군, 즉 두음onset을 그 단어의 끝으로 이동하고 여기에 '-ay'를 붙여서 만든다. 단어가 모음으로 시작하는 경우에는 그 단어의 끝에 반자음인 'y'를 첨가하고 여기에 자음으로 시작하는 단어와 마찬가지로 '-ay'를 붙여서 만든다.[5] 이를 규칙화하면 다음과 같다.

두음이 있는 경우: C(C)(C)V__# → V__#-C(C)(C)-ay

두음이 없는 경우: V__# → V__#-y-ay

이 규칙에 따라 만들어진 피그 라틴의 예는 다음과 같다.

cat = atcay

dog = ogday

scratch = atchscray

flight = ightflay

apple = appleyay

under = underyay

피그 라틴은 단어의 수준에서 변형되기 때문에 피그 라틴으로 문장을 만들 때는 위의 규칙을 문장을 이루는 개개의 단어에 적용하여 만든다. 피그 라틴으로 표현된 문장의 예는 다음과 같다.

he will give it to me

ihay ilway ivgay ityay utay imay

please listen to us

izplay isnlay utay usay

---

5 이 원칙에 변이형이 존재하는 것처럼 보일 수 있다. 예컨대 Farb(1973: 106)는 '-ay'를 붙이는 것으로 기술하고 있지만, Burling(1970: 135)은 'cy'을 붙이는 것으로 기술하고 있다. 하지만 전자는 표기법에 근거하여 기술하고 있고, 후자는 음성학적 전사에 근거하여 기술하고 있기 때문에 위의 두 기술은 동일한 것으로 보아야 할 것이다.

paint the fence white

aintpay ethay encefay itewhay

이러한 전형적인 형태 외에도 변이형들이 존재하는 것으로 보고되고 있다.[6] 예컨대 벌링(Burling 1970: 135)과 파브(Farb 1973: 106)는 'op 언어'가 피그 라틴의 전형적인 형식과는 달리 나타나는 피그 라틴의 한 변이형으로 기술한다. 이 언어는 단어의 초성 자음 또는 자음군과 그다음에 따라오는 모음 사이에 '-op-'를 삽입하고, 모음으로 시작하는 단어는 단어의 앞에 'op-'를 첨가하여 만드는 것이다. 이를 규칙화하면 다음과 같이 나타낼 수 있다.

(C)(C)(C)V_# → (C)(C)(C)-op-V_#

다음의 예문은 위의 전형적인 피그 라틴의 예로 든 동일한 문장을 위의 규칙을 적용하며 'op 언어'로 변환한 것이다.

he will give it to me

hopi wopil gopiv opit topu mopi

please listen to us

plopiz lopisn topu opus

---

6 피그 라틴의 변이형들은 이론적으로 다양하게 존재할 수 있으며, 실제로 예시된 형식 이외의 것들이 사용되기도 한다. 하지만 이 글에서는 광범위하게 알려진 형식이나 문헌상으로 보고된 사례를 중심으로 기술하였다.

paint the fence white

popaint thope fopens whopait

미국에서는 'op 언어' 외에도 다른 변이형들이 존재하는 것으로 보고되고 있다. 슈워츠(Schwartz 1965)는 자신이 펜실베이니아의 알렌타운에서 들은 언어의 형태를 '시리아인들의 피그 라틴Syrian Pig Latin'으로 명명하고 그 예를 보여준다. 이 언어는 기본적으로 'op 언어'와 동일하지만 '-op-' 대신 '-eerz-'를 삽입한다. 다음은 슈워츠(Schwartz 1965: 79)가 비교 예시한 라틴 피그와 시리아인들의 라틴 피그의 사례에 'op 언어'를 추가한 것이다.

English	Pig Latin	Op 언어	Syrian Pig Latin
block	ockblay	blopock	bleerzock
left	eftlay	lopeft	leerzeft
light	ightlay	lopight	leerzight
miss	issmay	mopiss	meerziss
right	ightray	ropight	reerzight
street	eetstray	stropeet	streerzeet
traffic	affictray	tropaffic	treerzaffic

미국에서 보고되는 이러한 사례들은 피그 라틴이 지역적으로 광범위하게 분포되어 사용되고 있으며, 지역적으로 변이형들이 존재한다는 사실을 보여준다.[7]

7 이 외에도 Arpy Darpy, Double Dutch, Gibberish, Obby Dobby, Ubbi Dubbi 등과 같은 다양한 변이형이 미국 내에서 사용된다고 보고되고 있다.

피그 라틴은 일반적으로 어린이나 10대에서 사용하는 것으로 알려져 있지만 정확한 연령에 대한 언급은 없다. 코원(Cowan 1989)의 연구에서 연구 대상 소년이 7살이 넘어서도 완벽하게 피그 라틴을 구사하지 못한다는 점을 보면 적어도 그 이상의 나이가 되어야 피그 라틴을 정확하게 만들어 사용할 수 있다는 사실을 유추할 수 있다. 한편 반담(VanDam 2001)은 피그 라틴과 같은 말놀이가 초등학교 밖에서는 그리 주목받지 않는다는 사실을 언급하고 있어 피그 라틴이 주로 초등학교 학생들 사이에서 사용된다는 것을 암시한다. 이러한 단편적인 사실들에서 유추할 때 피그 라틴의 사용이 적어도 초등학교 이상의 어린이와 10대에서 사용된다고 결론지을 수 있다.

하지만 피그 라틴이 주로 어린이와 10대가 사용한다고 해서 이들에 의해 배타적으로 사용된다는 것을 의미하지는 않는다. 실제로 성인들에서도 사용되는 사례들이 나타난다. 예컨대 한 웹사이트에 실린 글에서 필자는 "일곱 살 난 우리 애가 알아들었으면 하지 않는 대화를 나눌 때 남편과 나는 즐겨 피그 라틴을 사용한다"고 기술하고 있다.[8] 이 기술은 피그 라틴이 성인들도 사용한다는 사실뿐만 아니라 피그 라틴이 일곱 살 어린이가 이해하기에는 어렵다는 사실, 그리고 피그 라틴이 비밀 언어로 기능한다는 것을 알 수 있다.

피그 라틴의 일차적 기능은 앞의 인용에서 보듯이 비밀 언어로서의 기능이다. 보통 동년배 집단에서 피그 라틴을 아는 화자들끼리 비밀 언어로 사용하거나, 위의 예에서 보듯이 어른들이 피그 라틴을 모르는 아이들이 있을 때 아이들이 알아듣지 못하도록 피그 라틴을 사용한다. 그

8 http://www.victorianpassage.com/2006/12/pig_latin_goose_latin_and_all.php December 2006 게시(2010년 4월 16일 검색).

외에도 앞의 코원의 연구에서 보듯이 피그 라틴이 순수하게 언어적인 유희로 사용되기도 하고, 몇몇 화자는 금기시되는 단어를 사용할 때 그 단어에 대해 피그 라틴을 사용하는 것으로도 보고되고 있다.

이상의 논의에서 영어권에서 피그 라틴은 광범위한 지역에서 사용되며, 변이형들이 존재하고, 초등학교 어린이와 10대가 주로 사용하며, 그 주요 기능은 비밀 언어라고 요약할 수 있다.

4. 귀신말[9] 또는 한국어의 피그 라틴

영어권에서의 피그 라틴에 해당하는 한국어의 말놀이 형식은 피그 라틴과 마찬가지로 그 기원은 알 수 없지만 상당히 오래 전부터 사용되었던 것으로 보인다. 제보자의 연령 상한이 50대 후반으로 이들이 중·고등학교에 다닐 때 사용했다는 제보에 기초하여 산정하면 대략 1970년대에 피그 라틴 형식의 말놀이가 행해졌던 것으로 추정할 수 있다. 하지만 피그 라틴이라는 말행위의 사용과 기능이라는 속성에 비추어볼 때, 현재까지 수집된 자료에는 나타나지 않았지만 그 이전에도 사용되었을 것이라는 개연성을 무시할 수는 없을 것이다. 즉 이 글을 위한 조사에서 넓은 지역에 걸친 집중적인 면접이 불가능했기 때문에 미처 발견하지 못한 자료들이 많을 수 있다는 것이다.

9 귀신말이라는 용어가 한국어의 피그 라틴 형식을 모두 포괄하는 표제어로 사용되기에는 문제가 있지만 가장 일반적으로 알려진 용어이기 때문에 일단 이를 표제어로 사용하기로 한다. 예컨대 귀신말 이외에 도깨비말이나 엘프어라는 용어가 사용되기도 하지만 일반적으로 쓰이는 것은 아니었다. 또한 이러한 표제어가 붙은 것도 상대적으로 최근의 일이어서 이러한 표제어가 사용되기 이전에는 이러한 말행위를 가리키는 용어가 존재하지 않았던 것으로 파악되었다.

또한 피그 라틴이라는 말행위는 비밀 언어로서의 기능을 수행하기 때문에 소수의 집단에서 배타적으로 일정 기간 사용되다가 주변의 사람들이 알게 되면 곧 사라지는, 따라서 생성에서 소멸까지의 주기가 매우 짧다는 특성이 있다. 이러한 특성에서 비롯되는 것으로 같은 지역에서 같은 연배의 사람들이라 하더라도 모든 성원이 피그 라틴 형식의 말행위에 대한 지식을 공유하는 것은 아니었다. 따라서 어떤 제보자를 만나는가도 자료의 수집에 중요한 영향을 미쳤는데 이 과정에서 50대 후반 이상에서 피그 라틴 형식의 말행위를 알고 있는 제보자가 누락되었을 수도 있다.

이러한 한계로 1970년대 이전에도 그러한 말행위가 있었을 수도 있다는 가능성은 열어두지만, 현재로서는 수집된 자료에 기초하여 1970년대에 사용했다는 사실로부터 논의를 시작할 수밖에 없다. 이를 전제로 이 절에서는 한국어의 피그 라틴이라 할 귀신말의 구조와 습득, 사용에 대해 살펴보기로 한다.

1) 귀신말의 구조

한국어에서 피그 라틴의 형식인 귀신말을 만드는 데 있어 가장 광범위하게 사용되는 방법은 음절 — 좀 더 정확히는 글자 — 단위에서 이루어진다. 즉 모음으로 끝나는 음절의 경우는 '한글 자음 중 하나+앞 음절의 모음'을 해당 음절의 다음에 덧붙이고, 자음으로 끝나는 음절은 종성을 분리하고 앞의 음절에 '한글 자음 중 하나+앞 음절의 모음'을 덧붙이고 종성을 그다음에 덧붙이는 형식을 취한다. 이론적으로는 한글의 자음 중 하나를 무작위로 선택한다고 하지만, 실제 사용에서는 주로 'ㅂ'이나 'ㅅ'을 사용하는 것으로 파악되었다.[10] 이를 규칙화하면 다음과 같이 나타낼 수 있다.

$$(C_1)V_1(C_2) \rightarrow (C_1)V_1\text{-}C_3V_1\text{-}(C_2)$$

(C₃: 주로 'ㅂ' 또는 'ㅅ')

이 규칙에 따라 단어를 만들면 다음의 예와 같이 나타낼 수 있다.

단어	'ㅂ'을 사용한 경우	'ㅅ'을 사용한 경우
대한민국	대배하반미빈구북	대새하산미신구숙
학교	하박교뵤	하삭교쇼
귀신말	귀뷔시빈마발	귀쉬시신마살

문장의 단위를 표현할 때도 마찬가지로 각각의 음절에 위의 규칙을 적용하여 만든다. 따라서 다음의 예문과 같이 사용된다.

'ㅂ'을 사용한 경우: 나바는븐 학박교뵤에베 간반다바.

'ㅅ'을 사용한 경우: 나사는슨 학삭교쇼에세 간산다사.

그러나 일반적으로 이 규칙보다는 앞서 제시한 규칙에 의해 귀신말을 만드는 경우가 더 빈번하며, 지역적으로도 광범위하게 나타나는 것으로 파악되었다. 다음에 인용한 것은 인터넷의 한 카페에 실린 글이다. 필자가 조사하는 동안에는 발견할 수 없었던 내용이지만, 다양한 변이형이 존재한다는 것을 알 수 있는 자료다.[11]

10 일부 제보자는 자음을 'ㅂ'을 사용하는 경우를 도깨비말로, 'ㅅ'을 사용하는 경우를 귀신말로 부른다고 했으나, 제보자 대부분은 이러한 구분에 동의하지 않았다.

그런데 도깨비말이나 귀신말의 잇는말이 저가 "ㅂ"과 "ㅅ" 이라고 설명해 드렸는데요
지역마다 약간 차이가 잇더라구요~; 저의 지역에서는 도깨비말 잇는말이 "ㅋ" 이예요
"ㅂ"과 "ㅅ" 외에도 "ㅋ", "ㅁ", 등이 있어요
그런데 이런 말로 말할때 가장 알아듣기 어려운 말은 "ㅋ" 입니다
"다이어리" 을 잇는말 "ㅋ" 으로 바꾸어 볼게요
"다카이키어커리키" 이걸 빨리 말하면 왠지 일본어 같기도 하고
다른 말들중 가장 간지가 나서 전 "ㅋ"을 많이 사용해요~
그외 저가 위에 쓰느 "ㅁ"도 바꿔비교해볼까요?
"다이어리" 를 잇는말 "ㅁ"으로! → "다마이미어머리미" 외계어 같져? ㅋ

다른 변이형은 그 말에 대한 특별한 표제어가 없이 사용되었던 경우로 이 변이형은 강릉 지역에서 50대 후반의 여성 제보자에게서 얻은 것이다. 이 변이형은 다른 지역에서나 강릉 지역의 다른 연령대에서 사용했거나 들은 적이 있다는 제보를 전혀 찾을 수 없었다. 이 말에 대한 경험을 들려준 제보자 역시 자신이 중학교에 다닐 때 잠깐 사용한 것으로 기억하고 있었으며, 이후에는 그 말을 듣거나 사용한 적이 없는 것으로 보고하였다.

강릉 지역에서 사용되었던 이 말은 모음으로 끝나는 음절은 음절의 다음에 '-나사'를 첨가하고, 자음으로 끝나는 음절은 자음의 종성을 분리하여 그 사이에 '-나사'를 삽입하고 종성을 '-나사'의 끝에 붙여 반든

11 http://cafe.naver.com/decodiary.cafe?iframe_url=/ArticleRead.nhn%3Farticleid=1706623. 맞춤법을 교정하지 않고 카페에 실린 그대로 옮겼다. 2008년 7월 8일 작성된 글이다. (2009년 5월 29일 검색)

다. 하지만 단어나 조사를 포함하는 어군의 마지막 음절은 이를 적용하지 않는다. 이를 규칙화하면 다음과 같이 나타낼 수 있다.

$(C_1)V_1(C_2) \rightarrow (C_1)V_1$-나사-$(C_2)$

이 규칙에 따라 단어를 변형하면 다음과 같이 표현된다.

대한민국 = 대나사하나산미나산국

학교 = 하나삭교

대한민국은 = 대나사하나산미나산구나삭은

학교에 = 하나삭교나사에

이를 문장으로 표현하면 다음과 같이 실현된다.

나는 학교에 간다.

나나사는 하나삭교나사에 가나산다.

이 변이형을 제외하면 다른 형태의 변이형은 발견되지 않아 영어권과 비교하면 상대적으로 피그 라틴이라 할 만한 말 형식이 다양하게 나타나는 것은 아니다.[12]

형태론적인 규칙의 측면에서 볼 때 강릉 지역에서 사용되었던 변이형을 포함하여 한국에서 사용되는 귀신말은 영어권에서 나타나는 전형

12 앞의 인터넷 인용문의 댓글 중에 "우리는 글자글자마다 뒤에 '나'붙이는데 여긴 그게 없네요"라는 언급이 있어 강릉 지역에서 사용했던 것과 유사한 형태가 있음을 짐작할 수는 있지만, 이에 대한 구체적인 자료는 수집할 수 없었다.

적인 피그 라틴보다는 벌링(R. Burling)과 파브(P. Farb)가 피그 라틴의 변이형으로 예시했던 'op 언어'와 더 유사한 것으로 나타난다. 즉 소리나 소리군의 이동 없이 음절 사이에 다른 소리를 삽입한다는 점에서 그러하다. 그런데 이러한 형태의 변이형들이 교차문화적으로 더 광범위하게 나타나는 것으로 보인다. 앞에서 예로 든 '시리아인들의 피그 라틴'도 이와 동일한 구조며, 기타 다른 형태의 변이형들도 기본적으로 이러한 구조를 가진다. 다른 변이형들인 Arpy Darpy, Double Dutch, Gibberish, Obby Dobby, Ubbi Dubbi 등도 소리의 이동 없이 음절 사이에 다른 소리를 삽입하여 만든다. 이러한 사례들에 비추어 소리의 이동 없이 단순하게 소리를 음절 사이에 삽입하는 좀 더 단순한 형태가 더 일반적인 것으로 보인다.

음성학적인 측면에서는 귀신말의 구성에서 왜 'ㅅ'이나 'ㅂ'이 주로 선택되는가는 밝혀져야 할 부분이다. 사마린(Samarin 1972)은 종교적인 방언의 연구에서 특정한 소리의 선택이 무작위적으로 일어나는 것이 아니라 언어습득과 연관된 음향심리학적 요인이나 모국어에서 나타나는 음운론적 현저함, 또는 문화적인 요인에 의해 결정된다고 지적한다. 제보자들에게 왜 'ㅅ'이나 'ㅂ'을 선택하는가를 질문한 결과 제보자 대부분이 정확하게 그 이유를 설명하지 못하였다. 단지 소수의 제보자가 단정적이지는 않으나 자신들의 생각에 'ㅅ'이나 'ㅂ'을 삽입했을 때 가장 이상하게 들리는 말이기 때문이라고 답하였다. 실제로 국어의 자음 빈도수에 대한 연구들(리의도 1981; 신지영 2008, 2010)은 'ㅅ'이나 'ㅂ'의 발생 빈도가 그리 현저한 편이 아님을 보여주고 있어, 이러한 선택은 음향심리학적인 요인이나 문화적인 요인에 의해 결정되는 것으로 이해된다. 즉 귀신말의 조직에 있어 한국어 화자들에게는 음향심리학적으로나 문화적으로 'ㅅ'이나 'ㅂ'이 가장 이국적인 소리로 인식된다는 사실을 알 수 있다.

2) 귀신말의 습득

귀신말은 또래 집단 사이에서 구전에 의해 습득되는 경우가 가장 빈번하다. 즉 친구 관계의 연망을 따라 귀신말을 사용하는 집단에 속해 있던 한 화자가 다른 집단의 성원들에게 귀신말을 만드는 원리를 가르쳐주는 방식으로 전파된다. 18명의 제보자 중에서 17명이 친구에게 배워서 귀신말을 사용했다고 대답하였다. 서울 출신의 20대 제보자는 자신이 귀신말을 습득하게 된 과정을 다음과 같이 설명하였다.

> 중학교 다닐 때였는데 하루는 같은 반 친구 둘이 이상한 말을 서로 하는 거예요. 그래서 물어봤죠. 어느 나라 말이냐고. 그런데 안 가르쳐주는 거예요. 지네들끼리 웃으면서 계속 이상한 말을 주고받고 하면서. 그래서 나중에 집에 갈 때 한 명에게 살짝 물어봤어요. 그랬더니 그 친구가 가르쳐 주더라고요. 뭐 알고 나니까 별것도 아니었지만…

대전에서 30대 초반의 제보자 한 사람만이 유일하게 스스로 귀신말의 조성 원리를 알게 되어 사용했다고 말하였다. 이 제보자에 따르면,

> 아마 초등학교 5학년 때쯤으로 기억하는데요. 몇몇 친구들이 그런 말을 사용하는 것을 들었어요. 하지만 그 원리가 너무도 단순해서 금방 알겠더라고요. 그래서 저도 친구들과 그 말을 사용했지요.

하지만 최초에 누가 사용하기 시작했는지는 모든 제보자가 전혀 정보를 가지고 있지 않았다. 제보자들의 말을 종합해보면 귀신말의 습득은 대체로 초등학교 고학년 이상의 연령대에서 가능한 것으로 나타났다. 귀신말의 원리를 배워서 사용했거나 스스로 터득하여 사용했거나 관계없

이 귀신말을 자유롭게 구사하는 것은 이 연령대 이상에서 가능하였다. 강릉 출신의 50대 제보자에 따르면 자신은 귀신말을 잘 구사했지만 자신의 동생들은 귀신말 사용에 문제가 있었던 것으로 기억했다.

> 이 말을 알게 된 것은 중학교 다닐 때였어요. 친구에게 배웠는데, 배우고 난 후에 친구들과 사용하는 데 문제가 없었어요. 그냥 대화도 이 말을 사용해서 했으니까. … 친구들과 이 말을 사용하면 동생들은 잘 알아듣지 못했어요. 하나는 국민학교 2학년이었고, 하나는 그때 학교에 다니지 않았는데 집에서 같이 하려고 가르쳐줘도 잘 못하더라고요.

귀신말의 습득과 관련해서는 더 많은 연관된 자료와 연구가 필요하겠지만, 이러한 제보와 초등학교 고학년 이상에서 주로 사용했다는 제보자들의 공통된 의견으로 미루어볼 때 대체로 10세를 넘어서야 국어 사용자들은 국어의 음운과 음절 조직에 대한 지식을 가지게 된다고 말할 수 있을 것이다.[13] 즉 언어 습득의 발달 단계에서 단순히 음운에 대한 지식이나 음절의 구조에 대한 개별적인 지식이 아니라, 그러한 지식을 바탕으로 음절을 규칙에 따라 자유롭게 조작하는 지식을 갖추게 되는 것은 10세 이후에 이루어진다는 사실을 귀신말의 습득 과정을 통하여 알 수 있다.

3) 귀신말의 사용

귀신말은 초등학교 고학년에서 중학교 정도의 연령대 화자들이 주로 사용하며, 이 시기가 지나서까지 사용하는 경우는 아주 드물게 나타났다. 이

13 이에 대한 좀 더 단정적인 결론은 더 많은 자료가 축적되어야 가능할 것이다.

연령대 이상에서는 사용한다 하더라도 특수한 상황에서만 사용하였다.

귀신말을 주로 사용하는 연령층에서 귀신말의 사용은 일차적으로는 놀이로서의 기능과 연관된다. 즉 귀신말을 사용하는 가장 큰 이유가 재미를 위해 유희적으로 사용하는 것이다. 이 경우는 귀신말을 할 줄 아는 대화자 간에 단순히 재미있다는 이유로 사용하기도 하고, 또 나아가 누가 더 유창하게 말할 수 있는지 경쟁하기도 하면서 사용하는 것이다. 귀신말을 놀이로 사용한 사례들을 기억하고 있는 제보자들의 경험은 다음과 같다.

> 그냥 재미있어서 했어요. 학교가 끝나고 집에 가는 동안 친구하고 그 말로 얘기하면서 갔죠. 그냥 말로 하는 것보다 그 말을 사용하면 더 재미있으니까. (서울, 40대)

> 친구들하고 누가 틀리지 않고 더 오래 이 말을 사용할 수 있는지 내기하기도 했어요. 이 말로 얘기를 하면서 상대편이 틀리는지 잘 듣고 있다가 상대가 틀리면 내가 이기는 거고… 그런 식으로 이 말로 얘기하기도 했어요. (강릉, 50대)

귀신말의 유희적인 사용은 말놀이가 갖는 일상으로부터의 일탈이라는 기능을 하는 것으로 해석할 수 있다(Sherzer 2002: 153).

귀신말을 유희적인 목적으로가 아니라 정보 전달의 목적으로 사용한 사례는 귀신말을 비밀언어로 사용하는 경우다. 비밀언어로 사용되는 경우는 크게 두 가지로 구분할 수 있다. 하나는 놀이와 정보 전달의 경계선상에 있는 것으로, 주로 또래 집단 내에서 사용되는 경우이며, 다른 하나는 정보 전달의 목적을 수행하는 것으로 비밀 언어로서의 본연의 의도로 사용되는 경우다.

첫 번째에 해당하는 경우는 또래 집단 내에서 귀신말을 모르는 사람이 청자의 범위에 포함되는 있을 때 사용하는 것이다. 귀신말에 대한 지식이 있는 화자들이 그렇지 않은 청자를 대화에서 배제시킴으로써 청자를 놀리는 경우다. 예컨대 다음과 같은 제보자의 사례가 이에 해당하는 것으로 볼 수 있다.

> 이 말을 모르는 애가 있을 때 우리끼리 이 말을 쓰기도 했어요. 이 말을 아는 애들끼리 눈짓이나 신호를 보내고 쓰기 시작하면, 이 말을 모르는 애는 막 화를 내기도 하고 그랬어요. 뭐 별 얘기 아니라도 지는 무슨 소린지 못 알아들으니까 화를 내고 그랬지요. 그럼 우리는 또 재밌어하고 웃고 놀리고 뭐 그렇게… 이 말을 하는 애들은 좀 잘난 척도 하고. 다른 애들이 모르는 말을 하니까 좀 잘난 척도 하고 그랬어요. (대전, 20대)

모든 제보자가 이러한 경험이 있었으며, 이러한 사례들에서 귀신말에 대한 지식은 일종의 암묵적 위세를 갖는 것으로 간주되는 것으로 해석할 수 있다. 즉 귀신말에 대한 지식을 공유하는 집단 내에서 귀신말에 대한 지식을 가지고 있는 화자는 일종의 위세를 인정받지만, 그렇지 않은 경우는 이 집단에서 배제되는 것이다. 이러한 해석을 뒷받침해주는 것은 귀신말을 만드는 원리를 아무에게나 잘 가르쳐주지 않는다는 사실이다. 예컨대 앞서 언급한 제보자 중에서 혼자 그 원리를 알게 되었다고 말한 제보자에 따르면 귀신말을 하는 아이들이 귀신말에 대해 가르쳐주지 않아서 혼자 알아냈다고 말하였다. 또 대전의 20대 제보자의 인용에서 보듯이 귀신말을 알고 있는 것이 "잘난 척"할 수 있는 근거가 되었다는 사실은 귀신말에 대한 지식이 또래 집단 내에서 암묵적인 위세를 갖는 것임을 반증한다.

귀신말이 정보를 전달하는 기능의 두 번째 사례는 발화 장면에 존재하는 제삼자에게 정보의 내용을 숨기기 위해 사용하는 경우다. 다음에 인용한 언급들에서 이러한 방식으로 귀신말을 사용한 사례들을 볼 수 있다.

> 중학교때 한참 유행하던 도깨비 문자, 도깨비 말로 수업시간에 쪽지보내고
> 우리끼리만 아는 말로 별것도 아닌이야기를 마치 중요한 비밀이야기인양
> 조잘조잘 쉴새없이 떠들어 대었던 기억이 난다
> 지금도 아직 그말을 기억한다 아주 간단한 방법이었는데
> 만약 신둘해를 도깨비말로 바꾸어 쓴다면
> 시신두술해새 이런식으로 받침과 모음을 "ㅅ" 과함께 반복하는 것이다
> 한때 정말 선풍적인 인기였던 도깨비 말 지금 생각해보니
> 이걸 제일 처음 만든 사람이 누구일지 궁금해진다
> 과연 누구일까?
> 학원선생님들이 유일하게 아는 도깨비말은 "바사보소" 바로 바보였다 ㅋㅋ
> 우리가 맨날 바사보소하니까 그거 하나만 알아듣고
> 도대체 무슨 말이냐며 자기도 가르쳐 달라고 했던게 생각난다
> 중학교 시절 장난도 많이치고 즐거웠던 추억이 새록새록 기억이난다[14]

> 예를 들어 싫어 하는 친구 욕 할때 도깨비말 할 줄 아는 친구에게 가서
> 예]야 있잖아 재 짜징나
> 야샤 이싰자삻아사 재새 짜싸지싱나사[15]

---

14 http://blog.naver.com/tlscnfgo?Redirect=Log&logNo=30002043503. 이 글은 2006년 2월 19일 작성된 것이며 맞춤법 교정 없이 옮긴 것이다. (2009년 5월 29일 검색)

15 http://hje9804.blog.me/90037645126. 2008년 11월 19일 작성된 글이다. (2009

다음은 앞의 각주 11)에서 인용한 글에 달린 댓글 중에서 귀신말의 사용과 관련된 것들만 선택한 것이다.

- 이런거 비밀문자로 써야징~~ㅋㅋ
- 저 초등학교때 남자애들 못듣게 친구들이랑 비밀암호였어요 ㅋㅋㅋ
- 알살고소있싰었섰어서요쇼^*^애새들슬이시 주수로소선선생생님심 대새 놓솧고소 욕쇽할살때새 쓰쓰이시는슨!![16]
- 초보디빙때배애배드블이비이비거벌로보비비미빌으블대배노뽕고보마발 해뱄어버요뵤 그븐데베조보그븜어버려벼워붜요뵤[17]

이러한 귀신말의 사용은 장난스러운 내용에서 심각한 내용까지 다양한 내용의 범주를 포괄하지만 공통적으로 발화되는 내용이 알려지는 것을 방지하기 위해 사용한다는 것이다. 내용이 알려지기를 꺼려하는 것은 발화 장면에 존재하는 제삼자의 흉을 보거나 비난하는 경우, 그리고 대화의 내용 자체를 알리고 싶지 않은 경우 등이 포함되는 것으로 나타났다. 위에 예로 든 인터넷 댓글 사례에서 이러한 쓰임을 볼 수 있다. 여러 제보자가 부모님이 자신들의 얘기를 알아들을까봐 귀신말을 사용했던 경험을 들려주었다.

> 우리 부모님이 아주 엄했거든요. 늦게 들어오거나 친구들하고 놀러가지도 못했어요. 친구들이 찾아와서 놀러갈 거 얘기하고 할 때 이 말을 썼어요. 부모님은 모르시니까, 친구들하고 편안하게 할 얘기 막 다 하고 그랬어요.

년 5월 29일 검색)

16 "알고 있었어요. 애들이 주로 선생님 대놓고 욕할 때 쓰이는"

17 "초딩때 애들이 이걸로 비밀을 대놓고 말했어요. 근데 조금 어려워요"

(강릉, 40대)

옛날에는 전화가 집에 한 대밖에 없었잖아요. 전화하면 온 식구들이 다 들을 수 있는… 친구하고 전화하면서 부모님이 아시면 안 되는 얘기할 때 이 말을 썼었어요. 뭐, 친구가 남학생을 만났다거나 그런 얘기들 있잖아요. 주로 그런 얘기들… (부산, 30대)

부모님이나 선생님, 즉 화자들보다 사회적인 지위가 높은 사람들에 대해 귀신말을 사용하는 것은 화자들이 이들에 대해 갖는 지위의 불리함을 극복하는 하나의 방법이다. 귀신말의 이러한 사용은 말놀이가 갖는 또 다른 기능, 즉 주변적인 지위에 있는 집단에게 말놀이는 "자신들의 정체성을 표현하고 반헤게모니적counterhegemonic 저항의 중요한 수단"(Sherzer 2002: 153-154)으로 기능하는 것으로 이해할 수 있다. 이러한 점은 다음 절에서 살펴보겠지만 귀신말이 여성들이 주로 사용한다는 사실과도 연관된다. 즉 여성의 주변적인 지위와 귀신말의 사용이 귀신말의 이러한 기능을 확인해준다.

4) 사회언어학적 변수들의 교차문화적 비교

이 글에서 사용된 자료들은 면접을 통해 얻은 자료로 실제 자연발화 상황에 기초한 것이 아니다. 이러한 자료상의 한계는 실제로 발화 상황에서 사회언어학적 변수들이 어떻게 작용하는가를 밝히는 것을 불가능하게 만든다. 하지만 제보자들의 정보를 기초하여 사회언어학적 변수들의 개략적인 작용 원리는 살펴볼 수 있다. 이 절에서는 귀신말의 사용과 관련한 사회언어학적 변수들의 영향을 정리하고, 그러한 영향이 갖는 의미를 교차문화적 비교 관점에서 밝히고자 한다.

앞서 언급한 바와 같이 귀신말은 초등학교 고학년에서 중학교 정도의 연령대 화자들이 주로 사용한다. 16명의 제보자들은 초등학교나 중학교, 좀 더 오래는 고등학교에 다닐 때까지 사용한 경험은 있으나 그 이후에는 사용하지 않은 것으로 보고하였다. 강릉 출신의 두 명의 제보자만이 고등학교를 졸업한 이후에도 사용한 경험이 있다고 보고하였다. 하지만 이들도 그 사용 빈도는 현저히 떨어져 아주 특수한 경우, 예컨대 사람들이 붐비는 장소에서 주변의 다른 사람들이 들으면 곤란한 내용을 말할 때 몇 번 사용한 것이 전부였다고 보고하였다.[18] 귀신말 사용에 있어서 화자들의 연령 제한은 인터넷 자료에서도 동일하게 나타난다. 다음의 댓글들은 그러한 정황을 잘 보여준다.[19]

- 예전에 이말 많이 했었는디 ㅋㅋㅋㅋㅋ
- 어머낫 아직도 쓰고있네요… 제가 중2때 쓰던말을ㅋㅋㅋ
- 저이거 초등학교때 써먹던건데 아직도 쓰고잇네요 !!! 신기하다 ㅋㅋㅋ
- 허걱; 8년 전에 제 시절에 유행하던 말이 지금도…!!! 놀랍네요 ㅋㅋㅋ

이처럼 귀신말은 화자들의 특정 연령대에서 집중적으로 사용되다가 그 시기가 지나면 더는 사용되지 않는 것으로 나타났다. 귀신말의 사용에서 나타나는 이러한 특징은 피그 라틴과 구분되는 점이기도 하다. 앞서 부부 간에 피그 라틴을 사용한 예에서 보는 바와 같이 피

18 이 두 제보자는 학교에 다닐 때 귀신말을 사용하여 대화한 경험이 있는 친구 사이였다.

19 http://cafe.naver.com/decodiary.cafe?iframe_url=/ArticleRead.nhn%3Farticleid=1706623. 인터넷상의 자료에서도 추측하면 20대 초반까지 사용하는 사례도 있는 것으로 보이지만 확인 가능한 정보가 아니기 때문에 제외하였다. (게시일 미상, 2006년 5월 6일 검색)

그 라틴은 성인들이 사용하기도 하지만, 귀신말은 그렇지 않다는 것이다.

수수께끼의 사용에 대한 조희웅(1971)의 지적, 즉 아동과 여성에 의해 주로 연행된다는 지적도 귀신말의 사용과 함께 말놀이에 대한, 혹은 더 넓게는 언어 사용에 대한 한국어 화자들의 태도를 보여준다. 즉 말장난 같은 놀이는 언어 사용에 대한 전통적인 예절에 비추어 성인들이 사용하기에는 적절치 못한 것이라는 태도가 암묵적으로 전제되어 있는 것으로 이해된다(고대혁 2009; 이석주 2009 참조).[20]

화자의 성과 관련하여 귀신말의 사용과 성적인 편향성을 보인다. 제보자를 찾는 과정에서 남성 화자들이 귀신말에 대한 지식이 있는 경우는 한 사례도 없었다. 또한 면접 과정에서 남성들이 사용한 사례에 대한 정보는 가족 내에서 오빠와 남동생이 자신들과 사용했다는 제보자가 두 명 있었다. 이러한 성적 편향성은 앞에 인용한 인터넷 댓글에서 "저 초등학교 때 남자애들 못 듣게 친구들이랑 비밀암호였어요"라는 언급에서도 잘 나타난다. 귀신말의 성적 편향성 또한 피그 라틴의 사용과는 다른 양상을 보이는 것이다. 피그 라틴의 경우 부부가 사용하는 사례도 있었으며, 코완(Cowan 1989)의 연구에서는 소년을 대상으로 한 것이고, 슈워츠(Schwartz 1965)의 보고에서도 성에 관계없이 일반적으로 사용되고 있음을 볼 때, 피그 라틴은 그 사용에 있어 성별에 따른 편향성이 나타나지 않는다.

귀신말의 이러한 성적 편향성은 연령과 마찬가지로 언어 사용에 대한 태도를 반영하는 것으로 이해된다. 또한 남성 화자들은 사회적인 규

20 더 어린 연령에서 귀신말의 사용이 나타나지 않는 이유는 언어능력의 한계 때문이다.

범으로부터의 이탈이 쉽지 않지만 여성 화자들은 상대적으로 그것이 가능하다는 점을 보여주는 것으로 해석된다(Keenan (Ochs) 1989[1974] 참조).

귀신말의 사용에 있어 연령과 성별이라는 사회언어학적 변수들은 말놀이의 사회적인 기능과 관련해서도 중요한 시사점을 준다. 앞서 언급한 바와 같이 귀신말은 사회적 지위가 낮은 집단에서 암묵적인 위세를 갖는 말행위이며, 이는 집단 내부적으로는 동질감 형성이라는 기능을 수행함과 동시에 외부적으로는 자신들을 표현하고 지배적인 문화에 대항하는 수단으로 기능한다(Sherzer 2002: 153-154).

귀신말이 언어공동체 내에서 공유되는 것은 상당히 비균질적인 특징을 보인다. 이는 귀신말이 비밀언어로서의 역할을 수행하는 것과 연관이 깊다. 즉 귀신말은 특정의 언어공동체 내에서 배타적으로 사용되는 속성이 있어, 해당 공동체 외부의 성원에게는 잘 알려지지 않는다는 점이다. 따라서 규모가 큰 언어공동체 내에 존재하는 또래 집단, 또는 집중적인 상호작용이 일어나는 소규모의 집단 내에서만 알려진다는 것이다. 앞에서 언급한 귀신말의 습득 과정에서 보듯이 귀신말은 전파라는 과정을 통해서 습득되는 것이 일반적이라 전파 과정에서 배제되는 화자들은 이에 대한 지식을 전혀 갖지 못하게 된다. 이러한 이유 때문에 귀신말은 언어공동체 내에서 비균질적인 분포를 갖게 되는 것이다. 다음의 인용들은 이러한 분포 상황을 보여준다.[21]

- 도깨비말쓰면 좋은점이 친구들이나 부모님이 도깨비말을 모르시다면 막 말할수있다는게 좋은점이죠~ ㅋㅋ
- 애들이도깨비말쓸때,못알아들엇는데정말감사해여ㅕ♡ㅠ♡

21 http://cafe.naver.com/decodiary.cafe?iframe_url=/ArticleRead.nhn%3Farticleid=1706623 (게시일 미상, 2006년 5월 6일 검색).

이러한 분포상의 특징은 귀신말의 사용 주기와 연관이 있다. 즉 특정의 언어공동체 내에서 성원 대다수가 귀신말에 대한 지식을 갖게 된다면 귀신말은 더는 비밀언어로서의 기능을 수행할 수 없을 뿐만 아니라 암묵적 위세를 갖는 말행위로서의 지위를 잃기 때문에 소멸하게 된다. 즉 언어공동체 내에서 귀신말에 대한 지식이 있는 화자들의 수가 비밀언어로서의 기능을 수행하고 화자에게 암묵적인 위세를 주는 말행위로서의 지위를 유지할 수 있는 적정수를 넘어서면 귀신말의 사용 빈도는 점차 줄어들어 일정 기간이 지나면 소멸하게 된다. 귀신말을 사용하기 시작해서 소멸하기까지의 주기는 대체로 3개월에서 6개월인 것으로 파악되었다. 제보자들에 따르면 새로운 학기가 시작되면 누군가가 귀신말을 사용하기 시작하고 학기의 중간쯤이 되면 누구나 알기 때문에 귀신말의 사용이 시들해진다는 것이다. 이러한 비균질적인 분포와 상대적으로 짧은 사용상의 주기는 귀신말이 놀이로서의 기능보다는 비밀 언어로서의 기능에서 더 중요하게 사용된다는 사실을 보여준다.

이러한 귀신말의 특징은 피그 라틴에서는 언급되어 있는 경우가 없기 때문에 비교가 불가능하지만, 피그 라틴 역시 비밀 언어로서의 기능을 수행한다는 사실을 고려한다면 비슷한 양상을 보일 것으로 판단된다.

피그 라틴의 사용에서는 언급되어 있지만 귀신말의 사용에서는 나타나지 않는 현상으로 금기어를 대체하는 기능이다. 피그 라틴은 일부 성인 화자들 사이에서 금기시되는 단어를 대체하는 것으로 사용되기도 하지만, 귀신말은 그러한 용례가 전혀 나타나지 않는다. 이러한 차이는 귀신말과 피그 라틴이 사용되는 연령층 및 성별과 밀접한 연관이 있는 것으로 보인다. 즉 피그 라틴은 상대적으로 광범위한 연령대에서 사용되기도 하지만, 귀신말은 아주 제한된 연령대에서만 배타적으로 사용되고 성인들에서는 전혀 사용되지 않으며, 사회적으로 금기시되는 단어를 거의 사용하지 않는 여성 화자들이 주로 사용하기 때문에 피그 라틴의 용례와 같은 사례가 나타나지 않는 것이다.

마지막으로 귀신말이 표현되는 매체가 말행위뿐만 아니라 글로도 나타난다는 것이다. 서울 출신의 30대 제보자는 인터넷으로 채팅을 할 때, 그리고 대전 출신의 30대 제보자는 일기를 쓸 때 귀신말을 사용한 경험이 있었다고 보고하였다. 표현되는 매체의 다양성에도 불구하고 사용 사례에서 나타나는 것은 귀신말이 여전히 비밀 언어로서의 기능을 수행한다는 점이다. 피그 라틴은 이러한 매체의 다양성에 대한 언급은 없지만 최근에 인터넷상에 피그 라틴의 번역을 자동으로 해주는 사이트들이 있는 것으로 보아 글로 표현되는 사례도 있었을 것으로 보인다.

5. 결론

말놀이에 대한 연구가 전무한 상태에서 한국에서 나타나는 말놀이의 장르들을 범주화하는 것은 현재 단계에서는 불가능한 일이다. 외국의 사례를 대상으로 한 기존의 연구에서 적어도 보편적으로 나타나는 말놀이의 장르로 밝혀진 범주를 기반으로 할 때, 한국에서 나타나는 귀신말은 그 구조와 사용에 있어 놀이 언어의 범주인 피그 라틴과 유사한 점을 보여준다. 이러한 범주적인 유사성에 비추어 귀신말을 한국에서 나타나는 피그 라틴의 한 형식이라 할 수 있다.

귀신말의 분석을 통해 밝혀진 사실들은 다음과 같이 요약할 수 있다. 일차로 언어의 문제와 연관해서는 다음 네 가지를 지적할 수 있다. 첫째, 귀신말의 구성과 관련하여 한국어의 화자들은 음향심리학적으로나 문화적으로 'ㅅ'이나 'ㅂ'을 가장 이국적인 소리로 인식한다는 것이다. 둘째, 귀신말의 습득과 관련해서는 국어의 화자들은 대체로 10세 이후에 국어의 음운과 음절 구조를 완벽하게 이해하고 사용한다는 것이다.

셋째, 귀신말은 말놀이로서의 기능과 비밀 언어로서의 기능을 수행하며, 따라서 언어의 지시적 기능뿐만 아니라 심미적 기능을 동시에 보여준다는 것이다. 마지막으로 언어 사용에 대한 한국어 화자들의 전통적이고 규범적인 태도를 보여준다는 점이다. 귀신말이 특정 연령대의 여성 화자들에 의해 배타적으로 사용된다는 점은 귀신말이 성인 남성 화자들에게는 적절한 의사소통의 수단이 아니라는 인식을 보여준다는 것이다.

사회문화적인 수준에서는 다음의 사실들을 지적할 수 있다. 첫째, 귀신말은 화자들에게 암묵적 위세를 부여하며, 화자들은 이를 통하여 언어공동체 성원들 간에 일종의 연대감을 형성하는 기능을 한다. 둘째, 귀신말은 오락적인 기능을 수행하기도 하지만 말놀이가 갖는 기능 중 하나로 주변에 있는 화자들에게는 자신들을 표현하고 기성의 문화에 대항하는 수단으로서의 기능도 수행한다는 것이다.

피그 라틴에 대한 분석적인 연구가 거의 없는 관계로 제한적이기는 하지만, 교차문화적으로 귀신말은 피그 라틴과 비교하여 몇 가지 특수하고 공통적인 특징을 보여준다. 귀신말은 피그 라틴과는 달리 화자의 연령과 성별에 있어 한정적이며, 이러한 특징과 연관되어 그 사용 주기가 상당히 짧다는 특징이 있다. 또한 피그 라틴은 성인 화자들에 의해 금기어를 대체할 때 사용하는 사례들이 있지만, 귀신말은 그러한 용례들이 나타나지 않는다. 피그 라틴과 비교하여 공통적으로 나타나는 특징은 비밀 언어로서의 기능을 한다는 점, 여러 표현 매체를 사용하여 표현될 수 있다는 점 등이다.

이 글은 귀신말이 비밀 언어로 사용된다는 사용상의 특징과 개인 통신의 발달로 귀신말의 사용이 거의 소멸되었다는 이유 때문에 자연발화 상황을 바탕으로 기술, 분석할 수 없었다는 한계가 있다. 이 부분은 향후 지속적인 조사로 보완되어야 할 것이며, 그 과정에서 한국에서 행해지는 말놀이의 새로운 범주를 찾아낼 수 있기를 기대한다.

참고문헌

고대혁, 2009, "한국 유교 말 문화와 언어예절," 『화법연구』 14: 29-55.

리의도, 1981, "한국 의성어의 음운 통계 시론 (I)," 『국제어문』 2: 147-173.

신지영, 2008, "성인 자유 발화 자료 분석을 바탕으로 한 한국어의 음소 및 음절 관련 빈도," 『언어청각장애연구』 13(2): 193-215.

_____, 2010, "한국어 사전 표제어 발음의 음소 및 음절 빈도," 『언어청각장애연구』 15(1): 94-106.

이석주, 2009, "한국 전통 사회와 언어예절," 『화법연구』 14: 9-28.

조희웅, 1971, "수수께끼 소고," 『한국문화인류학』 4: 71-77.

진성기, 1973, "제주도 수수께끼 연구," 『한국문화인류학』 6: 137-141.

최진숙, 1995, "'농담' 및 '걸말'의 구조와 사용양식," 서울대학교 석사학위논문.

Apte, Mahadev L., 1985, *Humor and Laughter: An Anthropological Approach,* Ithaca: Cornell University Press.

Bagemihl, Bruce, 1995, "Language Games and Related Areas," in John A. Goldsmith (ed.), *The Handbook of Phonological Theory*, Cambridge: Blackwell, pp. 697-712.

Barlow, Jessica A., 2001, "Individual Differences in the Production of Initial Consonant Sequences in Pig Latin," *Lingua* 111: 667-696.

Barton, David, Ruth Miller, and Marlys A. Macken, 1980, "Do Children Treat Clusters as One Unit or Two?" *Papers and Reports on Child Language Development* 18: 105-137.

Basso, Keith, 1979, *Portraits of 'the White Man': Linguistic Play and Cultural Symbols among the Western Apache,* Cambridge: Cambridge University Press.

Burling, Robbins, 1970, *Man's Many Voices: Language in Its Cultural Context*, New York: Holt, Rinehart and Winston.

Chiaro, Delia, 1992, *The Language of Jokes: Analysing Verbal Play,* London: Routledge.

Chrisman, Oscar, 1893, "Secret Language of Children," *Science* 22: 303-305.

Cowan, Nelson, 1989, "Acquisition of Pig Latin: A Case Study," *Journal of Child Language* 16: 365-386.

E.A.S., 1967, "More on Syrian Pig Latin," *American Speech* 42(3): 237-238.

Farb, Peter, 1973, *Word Play,* New York: Alfred A. Knopf.

Glenn, Philip, 2003, *Laughter in Interaction,* Cambridge: Cambridge University Press.

Haycock, Arthur J., 1933, "Pig Latin," *American Speech* 8(3): 81.

Hirshberg, Leonard Keene, 1913, "'Dog Latin' and Sparrow-Languages Used by Baltimore Children," *Pedagogical Seminary* 20: 257-258.

Hockett, Charles F., 1973, "Jokes," reprinted in *The View from Language,* Athens: The University of George Press, pp. 257-289.

Jakobson, Roman, 1960, "Concluding Statement: Linguistics and Poetics," in Thomas Albert Sebeok (ed.), *Style in Language,* New York: Wiley, pp. 350-377.

Keenan (Ochs), Elinor, 1989[1974], "Norm-Makers, Norm-Breakers: Uses of Speech by Men and Women in a Malagasy Community," in Richard Bauman and Joel Sherzer (eds.), *Explorations in the Ethnography of Speaking,* 2nd edition, 1989, Cambridge: Cambridge University Press, pp. 25-143.

Kirshenblatt-Gimblett, Barbara (ed.), 1976, *Speech Play: Research and Resources for Studying Linguistic Creativity,* Philadelphia: University of Pennsylvania Press.

Nash, Walter, 1985, *The Language of Humour,* London and New York: Longman.

Nevins, Andrew Ira and Bert Vaux, 2003, "Underdetermination in Language Games: Survey and Analysis of Pig Latin Dialects," Talk Presented at the Annual LSA Meeting, Atlanta, GA.

Pierrehumbert, Janet and Rami Nair, 1995, "Word Games and Syllable Structure," *Language and Speech* 38: 77-114.

Samarin, William J., 1972, *Tongues of Men and Angels: The Religious Language of Pentecostalism,* New York: MacMillan.

Schwartz, David L., 1965, "Syrian Pig Latin," *American Speech* 40(1): 78-79.

Sherzer, Joel, 2002, *Speech Play and Verbal Art,* Austin: University of Texas Press.

VanDam, Kara, 2001, "The Secret Languages of Children: Eaking-spay Ig-pay Atin-lay," http://www.suite101.com/article.cfm/language_society_retired/66358/1 (게시일 미상, 2006년 5월 6일 검색)

다큐멘터리

Creadon, Patrick, 2006, *Wordplay*, New York: Grinder Productions, O'Malley Creadon Productions, and The Weinstein Company.

제5장

어린이 동음이의어 말놀이pun의 구조와 특성*

강나영

1. 서론

이 글은 유아기 아동의 말놀이speech play에 대한 사회언어학적 연구로, 어린이 또래언어children's peer talk에서 행해지는 '동음이의어 말놀이pun'라는 유희적 언어사용의 양상을 심층적으로 기술·분석한다. 이러한 언어의 유희적 사용을 통해 볼 때, 언어란 단지 의사소통을 위한 것 이외에 다른 목적, 즉 언어의 심미적인 기능이나 창의적 표현을 위한 언어사용이 존재함을 주지시킨다.[1] 그러나 말놀이가 언어적으로 그리고 문화적으로 두

---

* 이 글은 『사회언어학』 23호 1권에 실린 필자의 논문 "어린이 '동음이의어 말놀이'(pun)의 구조 및 내용적 특성에 대한 사회언어학적 연구"를 수정·보완한 것이다.

1 언어는 진위 명제적 내용과 관련된 지시적 기능(referential function) 이외에도, 말의 상황과 관련하여 느낌이나 감정을 전달하는 표현적 기능(expressive function), 듣는 이에게 영향을 미칠 수 있는 명령, 부탁, 요청 등의 능동적 기능(conative function), 감정이입 및 유대감을 표하는 친교적 기능(phatic

드러지고 특징적인 현상임에도 불구하고, 말놀이의 특성, 즉 그 특유의 '가볍고 유쾌한 성격'(이재원 2006: 118) 때문에 언어학 혹은 언어인류학 연구에서 그간 연구되어야 할 적절하고 중요한 연구주제로 간주되지는 않았다(Sherzer 2002: 1, 7-8). 그러나 일상의 언어 활동에는 유희적 속성이 반드시 존재하고(파브 2000: 10-11), 그 대표적 영역으로서 말놀이는 언어의 구조적 특징(문법)과 문화의 교차점에 존재하며, 유희적 언어사용을 연구함으로써 밝혀낼 수 있는 특정한 언어문화의 특징이 있다(Sherzer 2002: 26).

말놀이가 하나의 사회적 행위로서 인정되고, 하나의 말하기 장르로 학술적으로 연구한 것은 델 하임즈(Dell Hymes)가 의사소통의 민족지학을 주창한 20세기 후반이다(파브 2000[1973]; Kirschenblatt-Gimblett 1976; Isbell and Fernandez 1977; Basso 1979; Cowan 1989; Sherzer 1993[1997], 2002). 이 연구들이 주목하는 유희적 언어사용의 양상은 '말놀이speech play'(파브 2000[1973]; Kirschenblatt-Gimblett 1976), '놀이 언어play language'(Basso 1979), '동음이의어 말놀이pun'(Sherzer 2002), '농담jokes', '수수께끼riddles'(Isbell and Fernandez 1977), '말 겨루기 놀이verbal dueling'(Sherzer 1993[1997]), '피그 라틴pig latin'(Cowan 1989) 등이 있다. 한국어의 말놀이 혹은 언어예술verbal art 연구로는 경기 덕적도의 성인들의 '농담'과 '곁말'에 대한 연구(최진숙 2010[1995])와 경기 강화도의 '우스매소리'[우스갯소리], '농담', '곁말' 연구(왕한석 2009: 87-102), 전라도 진도군 조도의 '농담'과 '우스매소리', '빈담' 연구(왕한석 2010: 150-165), 경상도 통영 사량도와 선산 지역의 '우시개(소리)' 연구(왕한석 2012: 239-254, 525-536) 등이 대표적이다. 그리고 김주관(2011)은 초등 고학년에서 중학생들이 사용했던 한국어의 '귀신말' 혹은

function), 언어 자체에 대한 고찰을 하는 메타언어적 기능(metalingual function), 미학적인 시적 기능(poetic function)과 같은 여러 다른 언어적 기능이 있다(Hymes 1972).

'피그 라틴'에 대하여, 변혜원(2011)은 중학생들의 '허무개그', '즉흥적인 말놀이'에 대하여 상세히 기술하였다. 이 연구들은 그 수는 방대하지 않더라도 한국사회의 여러 지역 혹은 세대에 따른 말놀이의 양상을 구체적이고 생생한 사례를 바탕으로 정치하게 기술하고 분석했다.

말놀이가 그간 학계에서 크게 주목받지 못했던 것과 동일한 맥락에서 어린이들의 말놀이 역시 주요한 연구주제로 부각되지 못했다. 이 말의 장르는 어린이 화자들에 의해 배타적으로 사용되어 포착하기 어렵고 고정된 텍스트가 없기 때문이다. 동시에 아이들의 말놀이는 그저 귀엽거나 유치하게 여겨져, 말하자면 이 '유치의 장벽' 때문에 본격적으로 탐구되지 못했다(Mechling 1986: 91-93).[2] 그러나 어린이의 말놀이 연구는 다음의 두 가지 이유에서 중요하다.

첫째, 어린이의 일상과 자람을 시간적인 순서에 따라 성장을 일구어내야 하는 과업으로 접근하는 시각에서 나아가, '민족지적 현재' 혹은 '화용론적 현재'로서의 어린이 또래언어의 '지금과 여기'에 주목하기 때문이다. 어린이는 어른이 되어가는 과정에 있거나 혹은 어른의 축소판이 아니다(Caputo 1995: 27). 그리고 아이들의 문화적 지식체계를 어른 중심의 시각으로 조망해왔다는 비판을 정면으로 불식시킬 수 있는 최적의 연구주제는 바로 어린이들의 말놀이에 관한 연구다. 허쉬펠드(Hirschfeld 2002:

2 어린이의 언어습득과 사회화에 대한 언어인류학의 어린이 언어사회화(language socialization) 연구는 어린이의 의사소통능력(communicative competence)의 '발달' 혹은 '성장'을 주로 다루었으며, 마찬가지로 어린이 또래문화(peer culture)에 대한 인류학 연구에서도 말놀이 자체는 중요한 연구주제로 다루어지지 못했다. 말놀이보다는 '놀이의 말'(가령, 역할놀이에서의 말 사용의 형태와 내용)에 대한 연구(Anderson 1986; Corsaro 1979; Sachs 1987; 안준희 2010)에 초점을 맞추어왔고, 아이들이 체득하여 놀이에서 재연하는 언어적·사회적·문화적 지식이 무엇인지에 더 관심을 두어왔기 때문이다.

613)는 어린이 세계의 독특한 문화(예를 들어 어린이들만의 게임의 규칙, 노래 등의 문화 형태)에 대한 탐구를 통해서만이, 어린이와 어른 사이에 가로놓인 삶의 세계의 차이, 즉 신체적·언어적·지적 차원에서의 '성숙'과 '미성숙'의 문제를 넘어서서(Bjorklund 1997: 153), 좀 더 근본적인 문화적 세계의 차이를 이해할 수 있다고 보았다. 어린이들의 말놀이는 어른들의 언어문화와는 '다른' 독창적 세계를 드러내는 유희적 세계로(Danby 1998: 175-177), 그 사용은 단순히 의사소통이나 사회적 개념을 학습하는 수단만은 아니다. 오히려 언어능력의 발달이나 언어의 교육적 기능을 강조하는 교실담화classroom discourse의 건조함과 경직성을 넘어서게 하는 아이들만의 새롭고 즐거움을 담보하는 말의 장르가 되는 것이다.

둘째, 아동의 말놀이, 특히 이 글에서 다루는 동음이의어 말놀이는 (어른의 시각에서) 그 형태나 기능 면에서 단순해 보일지라도, 아이들의 말놀이는 빈도수 면에서 두드러질 뿐만 아니라 언어를 '가지고 놀 수 있는' 충분한 인지적·언어적·사회적 능력이 있어야만 가능하다.[3] 연행된 말놀이와 아동의 연행자로서의 능력은 그 연령 시기에서만 읽어낼 수 있는 언어사용의 형태, 기능과 의미를 함의하고 있으며, 나아가 어른 문화에 대한 날카로운 통찰력을 제공하기도 한다.

이 글은 어린이 동음이의어 말놀이 사례를 바탕으로, 어린이들의 언어사용의 유창성, 지적능력, 창의성과 역동성, 그리고 유희적 측면에 주목하고자 한다. 이 글에서 탐구하는 연구주제는 크게 두 가지다. 하나는 아이들이 사용하는 동음이의어 말놀이의 '구조'를 밝히는 것으로, 동

3 동음이의어에 대한 어휘 지식은 유치원 시기인 4세경에 형성되기 시작하여 초등학교 저학년에 빠르게 형성된다(Cains, Waltzman, and Schlisselberg 2004: 70). 본 연구의 어린이들은 연령상으로도 동음이의어 말놀이를 시도해보고 재미를 느끼고 또 시도하는 역동적인 과정에 있다고 할 수 있다.

음이의어 말놀이라는 특정 언어행위의 심미적 기능을 가능케 하는 각종 언어적 장치, 특히 언어의 형식적 자질 혹은 패턴 등에 대한 고찰이다. 다른 하나는 동음이의어 말놀이의 '내용'적 특성에 대한 분석으로, 그 사용의 사회문화적 의미를 기술하고 어린이 또래집단의 언어문화적 특성에 대하여 논의한다. 구체적으로 어린이들의 말놀이라는 연행적 특성, 교실 맥락에서의 지적 유희와 웃음, '성性'과 '욕辱' 같은 금기어를 사용함으로써 획득하는 아이들 간의 비밀스러운 유대와 유희성에 주목한다.

2. 연구 대상과 방법

이 글은 연구자(강나영 2014)의 박사학위논문 작성을 위한 현지조사fieldwork 과정에서 수집된 자료들 중에서 미처 다루지 못했던 말놀이 자료에 바탕한다. 현지조사는 2010년 3월부터 2011년 2월까지 부산의 한 유아교육기관('A어린이집'[4])의 만 3~4세, 한국 나이로 다섯 살~여섯 살[5] 혼합연

---

4 본 연구에 참여해준 제보자들의 익명성을 보장하기 위하여, 논문에서 인용되는 모든 기관명과 이름은 가명으로 사용하였다.

5 어린이들의 사회적 세계에서 연령은 태어나면서부터 '한 살'이 되는 한국나이로 주로 이야기되기 때문에, 인용되는 말 사례들에서 한국나이로 표기함을 원칙으로 하고, 만으로 연령을 언급할 필요가 있을 경우에는 만 ○세라고 표기하였다. 2006년생인 만 3세 어린이는 (2010년 3월을 기준으로) 평균 44개월의 월령으로 '한국' 어린이들의 사회적 세계에서는 다섯 살이고, 2005년생의 만 4세 아이들은 평균 월령 55개월로 여섯 살이다.

연구자는 '어린이의 언어사회화'라는 주제어를 가지고, 서울시 송파구 B유치원의 만 5세(한국나이로 7세) 반에서 2008년 2학기(9~12월), 2009년 1학기(3~6월) 동안 예비 현지조사를 하였다. 연구자가 계획하고 기대했던 바와는 달리, 만 5세 아이들은 '적절한' 혹은 '적절하지 못한' 한국어 사용의 규칙에 대하여 이미 상당한 정도의 학습이 진행되었다는 것을 알게 되었다. 예

령학급인 '하모니반'에서 이루어졌다. 이 학급은 담임교사(26세, 경력 3년차, '이지영 선생님'), 보조교사(51세, '작은선생님'), 남녀 어린이 18명(만 3세 아동 13명, 만 4세 아동 5명이며, 여아 9명, 남아 9명)으로 구성되었다. 연구자는 1년 동안 등원에서 하원까지의 어린이들의 일과생활에 '학생선생님'으로 참여 관찰하였고, 교사와 인터뷰를 행하였다. 녹음 혹은 녹화된 아이들의 말놀이 자료를 전사했으며, 이해되지 않는 언어자료에는 아이들에게 촬영한 비디오를 보여주거나 사진을 보여주는 등의 방법을 활용하여 아이들의 기억 속의 사건에 대한 더 많은 이야기를 자연스럽게 이끌어내고자 하였다. 연구대상 어린이집은 다른 유아교육기관과 달리 한글, 한자, 수학, 영어와 같은 교과 수업을 하지 않는 '놀이 중심의 교육'을 지향하였고, 아이들의 자율성과 선택권을 존중해주려는 담임교사의 노력으로 하모니반은 어느 반보다도 자유롭고 활발한 '형형색색의 왁자지껄한' 분위기였다. 이 때문에 이 학급은 어린이들의 말 상황speech situation을 좀 더 많이 그리고 가까이에서 참여할 수 있다는 점에서 연구자에게는 '좋은' 연구

비 현지조사에서 연구에 참여할 아동의 연령을 초등학교 입학 직전의 만 5세 아동으로 선정했던 것은 그간의 어린이 언어발달을 다룬 인류학 연구들이 아직 말을 하지 못하거나 이제 막 말을 시작하는 만 2세 이전의 유아와 그들의 부모, 특히 어머니의 양육 관습이나 실천에 집중되었던 연구 경향(Tronick, 2008[1987]; Hewlett 2008[1992]; Chisholm 2008; Snow 2008; LeVine and Norman 2008[2001])에 대한 연구자의 비판적 시각에서 비롯되었다. 그러나 예비적 현지조사를 통하여 만 5세 아이들의 경우 이미 낯선 어른과의 일상적 의사소통이 자연스러우리만치 의사소통능력의 발달에 있어 나름의 성취를 이루었음을 알게 되었다. 이제 막 사회적 생활에 발걸음을 내디딘 아이들의 언어사용을 보려던 연구자의 의도와는 다름을 알게 되었고, 어린이들의 언어 발달 정도에 대한 예민한 감각이 없던 초보 연구자의 실수를 교훈삼아, 아이들의 보다 적극적이고 활발한 의사소통능력의 습득이 이루어지는 생생한 현장을 포착하기 위해서는 아직 언어습득 과정에 있는 더 어린 연령의 만 3세 혹은 만 4세 어린이가 어울리리라 생각하였다.

지였다.

연구자는 어린이들과의 상호작용에서 적극적으로 수용적인 태도를 취하였고, 연구자의 참여 관찰이 아이들의 놀이의 흐름을 방해하지 않고 자연스럽게 받아들여지도록 하는 데 주의를 기울였다. 한국어라는 언어공동체에 '우리가' 속해 있을지라도, 어린이들의 언어에 새로이 적응하고 학습할 필요가 있었고, 어린이의 발음, 어휘뿐만 아니라 대화의 화제나 주제, 말하기 방식에 대한 새로운 학습이 요구되었다. 연구자는 어린이들 말놀이의 말의 구조와 사용 및 의미에 대한 기술·분석을 통하여 어린이 또래문화의 일상의 삶의 모습을 제대로 그리고 생생하게 구현하고자 하였다. 어린이를 연구하는 많은 연구자가 신체적으로는 교사와 유사한 어른일지라도 '전형적이지 않은a incompetent adult'(Corsaro 2003: 15) 어른으로, '조금 더 큰 아이a big kid'로, 나아가 어린이들의 '친구a new friend'(Corsaro 2003: 25)로 자신을 위치 지우는 전략을 취하는 것처럼(Corsaro 2003: 8-9), 연구자 역시 아이들에게 지시나 명령을 최소한으로 하는 등의 노력을 통하여, 비전형적인 어른으로서, 아이들보다 조금 더 큰 아이로, 나아가 그들의 친구로 다가가려 했으며, 아이들과 세상을 열고 닫을 만큼 무수히 많은 이야기를 나누면서 공고한 유대감을 공유하는 사이로 발전하였다. 연구자는 어린이집에서 이루어지는 아이들의 말 상황을 심층적으로 이해하기 위하여 아동의 자연스러운 일상이 있는 교실인 그곳에 있으면서 아이들의 삶을 연구하고 의미를 찾으려 하였다. 그리고 그에 대한 아이들의 매우 확장된 깊은 지식에 대한 이해는 어린이들의 사회적 세계를 인식하고 이해하며 해석하기 위한 작지만 적절한 틀이 되어줄 것으로 믿는다.

마지막으로 이야기할 것은 전사자료의 표기에 관한 것이다. 본 연구의 사례들은 구어로 표현되었을 때에 말놀이로서의 특성이 더욱 현저하게 나타난다. 발음의 유사성에 기초를 두고 있는 아이들의 말놀이를 문어로 표현하게 되면 그 순간 본래의 의도를 거스르게 될 위험성도 분명히 존재한다. 동시에 가장 재미있고 우스운 언어표현을 분석하고 해석한다는 것이 오히려 그 재미를 해체하는 일이 될지도 모른다. 연구자는 이러한 위험성들을 최소화하려 노력하였다. 현지조사 기간 동안 녹음된 언어자료에 대한 전사transcription는 다음과 같은 원칙에 따랐다.

(1) 개별 화자의 발음에 따라 충실히 전사했는데, 발음이나 간단한 문법의 오류에는 [ ]로 바른 표현을 표기하였다.
(2) 연구대상자의 말을 인용한 경우에는 " "로, 글을 인용한 경우에는 ' '로, 노래는 ♫ 뒤에 노래 가사를 표기하였다.
(3) 대화 상황을 설명하거나 대화 중의 행동을 서술할 때에는 〈 〉로, 연구대상자의 말에 대한 연구자의 보충 설명은 ( )로 표기하였다.
(4) 연구대상자의 말 중 강조하고자 하는 부분은 진하게 표기하였다.
(5) 전사자료는 말의 내용을 그대로 눈으로 볼 수 있도록 받아 적어야 할 터이지만, 어린이 화자들의 독특한 비언어적 특징이나 부산 방언 특유의 강세, 억양이나 말의 빠르기 등의 준언어적 특질에 대한 정보를 기술하는 데에는 어느 정도 한계를 가질 수밖에 없었다. 다만 특징적이고 중요하다고 생각되는 비언어 텍스트에 대해서는 되도록 자세하고 생생하게 기술하려고 노력하였다.
(6) 실제의 대화에서는 말 겹치기overlap와 말 중단시키기interruption가 약간 있으나 전사자료에서는 이를 무시하고 대화참여자를 기준으로 대화를 전사했음을 밝혀눈다.

3. 동음이의어 말놀이의 구조적 특징

동음이의어는 한 단어의 소리는 같으나 그 뜻이 다른 특성에 기초한다. 그간 국어학계에서의 동음이의어란 단어의 '동음同音'만을 인정하는 좁은 혹은 엄격한 의미의 정의(임지룡 1992; 박영환 2010; 김봉국 2013)가 주로 인정되어온 경향이 있다. 동음이의어의 전형적인 예로는 '말言과 말馬', '눈眼과 눈雪'과 같이 하나의 단어가 서로 다른 뜻을 가진 단어들이 있다. 그리고 동음이의어를 활용한 말놀이는 '펀pun'(임수만 2001), '언어유희'(김순영 2007), '재담의 하나의 방식으로서 동음이의어를 사용하는 것'(손세모돌 1999; 이도영 1999; 서대석 2004; 이재원 2006)으로 각기 정의된다. 이는 (1) 소리나 형태는 같으면서 의미는 다른 어휘를 이용한 말놀이(임수만 2001; 권오숙 2002), (2) 웃음을 위하여 한 단어를 두 개 혹은 그 이상의 의미를 암시하도록 사용하는 것, 즉 다의성을 이용한 말놀이(이재원 2006), (3) 일상의 의미에서 벗어나 전혀 예상치 못한 의미로 상대의 허를 찌르는 말놀이(손세모돌 1999; 주경희 2007)로 구체화된다. 국어학계에서 이루어진 동음이의어를 활용한 말놀이 연구에는 크게 두 가지 연구 경향을 읽을 수 있다. 하나는 말놀이가 생성되는 조건에 대한 연구(이도영 1999; 구현정 2000; 윤재연 2004; 임지원 2007)이고, 또 다른 하나는 텍스트를 바탕으로 말놀이의 구조에 대한 분석(손세모돌 1999; 최형용 2000; 남경완 2002; 김정우 2003; 윤재연 2004; 임지원 2007; 이재원 2006)이다. 이 연구들은 주로 광고 언어 혹은 〈개그콘서트〉와 같은 예능 프로그램의 텍스트 구조에 대한 분석이 주된 내용이다. 이들은 말놀이가 되기 위한 조건, 말놀이의 문법적 특성에 대한 적절한 논의이기는 하나, 말놀이란 단순히 단어들이 가진 다의성이나 동음이의성만을 바탕으로 하는 것은 아니다. 따라서 말놀이에 숨겨진 특징을 제대로 이해하려면 말놀이가 행해지는 연행적 특징 그리고 말 상황에 대한 세심한 고려와 분석이 요구될 터인데 이것이야말로 본 연구의 출발점이다.

동음이의어를 사용한 말놀이는 소리는 같고 뜻이 다른 낱말을 두 가지 의미로 확장하여 듣는 이의 웃음을 유발하고자 하는 뚜렷한 목적을 가지고 있다. 그런데 이때 동음이의어 말놀이를 단지 단어만이 아닌 더 넓은 시각으로 확장할 필요가 있다. 셔저(Sherzer 2002: 1)는 말놀이를 다음과 같이 정의한다.

> 말놀이란 언어의 구성 요소 및 성분을 조작manipulation하는 것인데, 이 조작은 언어적 요소들 간의 관계 그리고 언어사용의 사회문화적 맥락과 관련하여 이루어지는 것인 동시에 발화의 전면에 드러나지 않는 언어적 가능성들verbal possibilities을 배경으로 그에 대해against 이루어진다. 이 조작은 소리의 패턴sound pattern에서부터 통사적 영역morphology and lexicon, 의미적 영역syntax and semantics, 담화의 차원pragmatics, 나아가 다중언어 사용 상황bilingual puns에서의 다양한 언어의 사용 방식과 심지어 비언어적 의사소통에 이르기까지, 언어의 어떠한 차원에서도 이루어질 수 있다.

이러한 맥락에서 본 연구에서 다루는 어린이들의 '동음이의어 말놀이pun'는 엄격한 의미에서 동음이거나 혹은 실제로 어떻게 표기되는가보다는, 더 넓은 의미로 확대하고자 한다. 먼저 소리의 같음뿐만 아니라, 유음類音까지 포함하고자 하며, 어휘뿐만 아니라 형태론적·의미론적·통사적·화용론적으로(Sherzer 2002: 29-36) "발음상 유사할 때"를 그 조건으로 하고자 한다. 말놀이 연행자인 아이들은 다른 사람들을 웃기기 위하여 웃음을 유발하는 장치를 자기 나름대로 설치하는데, 이 장은 어린이가 웃음을 유발시키기 위하여 어떠한 언어적 장치를 활용하는가에 대한 논의다. 말놀이는 일상적 언어와는 다른 의도적인 목적을 가지고 있는 동음이의어 말놀이를 놀이의 혹은 예술적 언어의 구조적 특질을 가지고 있다. 이 장에서는 말의 형식적 차원을 동일한 소리, 어휘의 대체, 문형의 반복, 화용론적 차원으로 구분하여, 각 언어적 장치들의 소리의 유사성에 기반한 말놀이의 구성과 실현에 대하여 정리해보겠다.

1) 동일한 소리를 활용한 동음이의어 말놀이

동음이의어 말놀이는 언어의 어떠한 구성 요소 및 성분을 조작하는 것인데(Sherzer 2002: 1), 그 조작의 가장 엄격한 혹은 전형적인 방식은 의미적인 연관성을 갖지 않지만 동일한 음성 형식을 가진 두 단어를 활용하는 형태다. 이를테면 '다리가 많다'라는 말은 중의적ambiguous 의미가 있고, 듣는 이는 생각한 여러 의미 가운데 상황적 맥락상 적절하다고 판단되는 하나의 의미를 빠르게 선택하여 말의 전체 내용이나 맥락을 이해하게 된다. 다음은 동일한 음을 가진 단어를 활용하여 두 가지 다른 의미를 파생시키는 말놀이를 하는 사례다.

〈사례 1〉

교사(26세, 여): (플라스틱 접시에 물감으로 그림 그리는 방식을 설명하면서) "자, 접시를 하나씩 드세요."

승형(5세, 남): "뭐? 접시를 (입에 넣는 시늉을 하며) 드시라고?"[6]

위 사례에서 교사는 아이들에게 접시를 '들라'며 '드세요'라는 말을

---

6 이 글에서 논의하는 말 사례들은 본 연구의 아이들이 창의적으로 만들어내고 그들이 특정한 순간에 향유한 것이다. 말의 형식 면에서, 그리고 내용 면에서 완전히 같은 것은 다른 유아교육기관에서 혹은 2015년 현재의 하모니반 아이들에게서도 발견되지는 않을 것이다. 그러나 동시에 이 글에서 논의하는 말놀이의 구조와 내용은 한국사회의 유아기 아동의 또래문화에서 분명히 공유되는 것이라 생각된다.

한다. '드세요'는 '들다'의 여러 말단계(들어라-들어-들어요-드세요) 중 하나다. 이 '드세요'는 아동과 어른이 통상 그러하듯 비대칭적 말단계를 주고받는 방식이 아닌 교사들이 아이들에게 '해요체'를 사용하는 교실의 수업이라는 맥락에서의 말하기 방식이다. 이때 다섯 살 남아는 순간적인 기지를 발휘하였다. 이 아동은 교사가 '들다'라는 의미의 "드세요"를 말한 것에 착안하여, 이와 대응되게 발음은 같으나 뜻이 다르게 "드시라고?"라고 말놀이를 하여 의도하였던 목적, 즉 웃음을 유발한 것이다. 동음이의어 말놀이는 다른 청자들의 기대를 벗어나는 것에서 출발하지만, 그것이 어느 범위를 벗어나게 되면 웃음을 유발하지 못하기에 자신의 말놀이의 맥락을 좀 더 분명하게 전달하기 위하여 접시를 쥔 것처럼 손 모양을 하여 '입에 넣어 먹는 시늉'이라는 몸짓까지 행하였다. 말놀이란 일상적인 언어사용을 넘어서게 하는 어떠한 의도적인 선택을 포함한다고 할진대(Sherzer 2002: 2), 이 남아 역시 말놀이의 이러한 전형적인 특징을 잘 살려 앞선 화자, 즉 교사의 발화 속에서 선택된 어휘("드세요")와 동일한 음을 가지면서 동시에 다른 뜻을 지니는 어휘("드시라고?")를 가져와서 웃음을 유발하였다. 이때 웃음을 일으킬 수 있는 것은 본래 의도한 의미와 다른 의미로 해석되어 제시된 대답이 듣는 이의 예측을 깨뜨렸기 때문이다. 즉 승형이가 교사의 말을 중의성을 이용하여 의도적으로 해체하고, 이러한 엉뚱함이 교사와 다른 아이들의 기대와 예측을 어긋나게 하여 웃음을 유발한 것이다.

2) 어휘의 대체를 통한 동음이의어 말놀이

〈사례 2〉

예원(6세, 여): "선생님, 나 아파요. 잠잘 때 계속 김치[기침]해요."

"우리 엄마는 고등어학교[고등학교] 다녀요."

"우리 엄마, 어제 당근[당직]이었어요."

위 세 문장은 모두 한 여섯 살 여아의 말이다. 예원이는 발음의 유사성에 바탕하여 '기침'을 '김치'로 표현하고, 고등학교 교사인 어머니가 '고등어학교'[고등학교]에 다니며, 어제는 '당근'[당직]을 했다고 말하였다. 이와 유사한 사례로 "헬리콥터 보면 헬로[hello]라고 인사하자"(6세 여아)나 '동생 두 마리[명]', '나무 한 그릇[그루]' 등이 있다. 이는 모두 아이들의 인지적 말실수가 아닌 웃기려는 의도가 명확한 의도적 말장난(구현정 2002: 4)으로, 소리의 유사성을 독창적으로 조작하고 변형하여 새로운 의미를 가진 단어로 대치하는 형태다. 말놀이는 그 자체가 주는 파격의 즐거움이 있고, 이러한 파격은 유쾌한 웃음을 유발한다. 이 말놀이 사례들은 아이들의 말에서 빈번히 활용되는 형태였다. 동시에 비단 또래아동 언어문화에서뿐만 아니라 청소년 문화에서(변혜원 2011: 109-136) 그리고 어른들의 언어문화에서도 일상적인 웃음을 위하여 여러 예능 프로그램(가령, 〈개그콘서트〉)(이재원 2006)과 광고(최형용 2000; 김정우 2003) 등에서 흔히 발견할 수 있는 전형적인 동음이의어 말놀이인 것도 사실이다.

3) 문형의 반복을 활용한 동음이의어 말놀이

〈사례 3〉

7세 아동 A: "그림터 선생님, 제가 만들고 싶은 것 만들어주셔서 감사합니다."

7세 아동 B: "김지은 선생님, 장기를 같이 두어주셔서 감사합니다."

7세 아동 C: "조리사 선생님, 맛있는 밥 만들어주셔서 감사합니다."

승형(5세, 남): "감사드려서 감사합니다."

연우(5세, 남): "감사, 감사. 감자. 감~자~ (웃음) 감자 먹고 싶다."

위는 7세 아이들의 졸업식 장면이다. 졸업식에서 7세 아이들은 원장 선생님에게서 졸업장을 받은 뒤 "○○ 선생님, △△해주셔서 감사합니다"라는 말을 하도록 했는데, 위 사례에서와 같이, "그림터 선생님, 제가 만들고 싶은 것 만들어주셔서 감사합니다"라는 것이 그 예다. 50여 명의 졸업생들이 이 형태의 말을 반복하는 동안 다섯 살 남아 승형이는 꽤 지루했던지 졸업식장에 그 소리가 울려 퍼질 정도로 매우 큰 소리로 "감사드려서 감사합니다"라고 하였고, 이 소리는 조용하고 진중한 분위기의 졸업식장에 울려 퍼지면서 청중의 웃음을 자아냈다. 승형이의 이 말은 졸업장에 참석한 졸업 당사자가 아닌 다른 이들의 마음의 상태를 빠르고 강력하게 전달해주는 말이었는데, 이 예상치 못한 도발적인 즐거움과 활기에 청중들은 웃음으로 답하였다. 뒤이어 다섯 살 남아 연우는 '감사'를 발음이 유사한 '감자'로, 그리고 감자의 어휘를 좀 더 명확하게 전달하기 위하여 '감자 먹고 싶다'라고 하였다. 앞선 화자들의 문장 형태를 모방하여 반복하면서도 내용상으로는 살짝 비튼 말을 한 것에서, 어린이들이 자신들의 사회적 세계에서 마주하는 여러 상황을 해석하고 표현하는 창의적인 모습을 볼 수 있다.

〈사례 4〉

주언(5세, 여): (연구자에게) "나는 할머니랑 같이 살아요. 할머니랑, 엄마랑…"

예원(6세, 여): "근데 우리 할아버지는 아파요."

지연(5세, 여): "우리 할아버지는 죽었는데…"

지호(5세, 여): "야, 우리 할아버지는 옛날에 죽었다."

서은(5세, 여): "우리 할아버지는 백(100)년 전에 죽었다."

아이들: (까르르 웃음)

위 사례에서 주언이의 '나는 할머니랑 산다'라는 말에 예원이가 문득 할아버지가 떠올랐는지 "우리 할아버지는 아파요"라고 말을 하고, 뒤이어 여아들은 "우리 할아버지는 ○○하다"라는 문형을 반복하여 죽었다, 옛날에 죽었다, 백년 전에 죽었다라고 확장시켰다. 〈사례 3〉과 마찬가지로 이 여아들은 앞선 화자가 말한 문형을 반복하면서도 살짝 바꾸어 대화를 형성하고 이어나가는 대화의 패턴을 만들어냈다. 이와 같은 말의 형태는 어린이집의 일과 중 하루에도 몇 번씩이나 들을 수 있는 것이었다. 또 다른 예로는 교사의 "내일은 산타 할아버지가 어린이집에 오시는 날이예요"라는 말에, 아이들이 '산타 할머니' → '산타 삼촌' → '산타 아빠' → '산타 엄마' → '산타 아가' → '산타 지렁이' → '산타 누나'로 확장시키는 장면도 볼 수 있었다. 아이들은 앞선 화자의 이야기에서 자신의 경험과 유관한 맥락의 단서를 찾았을 것이고, 그것을 토대로 대화를 이어나가고 있다.[7]

4) 화용론적 차원의 동음이의어 말놀이

〈사례 5〉

예원(6세, 여): (주판을 들고) "선생님, 이거 '주판'이죠?"

---

7 경쟁처럼 보이는 이 대화는 아이들 또래집단에서 공유하는 타인과 관계를 맺는 방식이며, 나아가 또래집단 속에 좀 더 자연스럽게 진입하게 하는 어린이들의 대화 방식이라 생각된다. 아이들은 '다시 풀어 말하기(reformulation)'를 통하여 현재의 화자가 한 말을 다음 사람이 나름대로 재해석해서 또는 좀더 명확하게 이야기를 할 수 있고, 대화의 주제에 대한 자신의 생각을 첨가하고 확인하며 결과적으로 대화 참여자들은 대화를 함께 구성해나가는 과정을 갖게 되는 것이다(이원표 2001: 295). 동시에 어른들의 시각에서는 유기적이지 않은 화제들로 대화가 구성된 것처럼 보일지라도, 이것은 또래 간의 관계 맺기와 어린이말의 중요한 대화의 특성인 것으로 생각된다.

지원(6세, 여): (웃으며) "두 판?"

서은(5세, 여): (큰 소리로) "세 판!"

지원: (더 큰 소리로 빠르게 경쟁하듯) "네 판!"

지호(5세, 여): (지원이보다 더 목소리를 크게 하여) "열 판!"

예원: (제자리에서 콩콩 뛰며 경쾌하게 웃으면서) "백 판!"

아이들: (모두 웃음)

예원이가 말한 '주판'이라는 맥락을, 지원이가 발음의 유사성에 근거한 '두 판'이라고 말함으로써 말놀이로 말의 장르를 변화시켰고, 이어 주변에 함께 있던 여아들이 '두 판'에서 '세 판'으로, '네 판'으로 그리고 '열 판'으로, 마지막에는 '백 판'이라고 경쟁적으로 이야기하였다. 그리고 그 말놀이를 통하여 최종의 목표, 즉 웃음과 서로 간의 친밀함을 획득하고 나누게 되었다. 위 사례는 그 대화가 담방담방 이어지는 형식의 면에서 볼 때 강한 응집력cohesion과 협력(본빌라인 2002: 149)을 바탕으로 하는 '경쟁적 말하기competitive talk'다. 지원이가 '주판'을 인지한 청자들의 사전지식을 가늠하고 '두 판'이라는 그 예측을 벗어나는 의외성을 두드러지는 말을 하였고, 이를 매개로 아이들은 자신의 개성과 창의성을 돋보이고자 하기보다는 긴밀한 협조 혹은 응집력을 바탕으로 말놀이를 구축하고 완성해가는 것이었기 때문이다.

〈사례 6〉

예원(6세, 여): (다섯 살 승형이가 자신이 예원이와 같이 여섯 살이라고 우기자, 이에 예원이가 천천히 또박또박 말하며) "내가 여섯 살이면, 얘가 다섯 살. 내가 다섯 살이었으면, 얘는 네 살. 내가 세 살이었으면, 얘가 두 살. 내가 두 살이었으면, 얘는 한 살. 내가 한 살이었으면, 얘는 빵 살이었겠다. (같은 나이인 정욱이와 지원이에게) 맞제?"

정욱(6세, 남): (웃으며) "빵 살?"

승형(5세, 남): (웃으며) "빵 살~"

지원(6세, 여): (연구자의 수첩을 만지면서) "선생님, 나 빵 살 때 아빠가 수첩 줬어요."

승형: "빵 살?" (웃으며 말하면서 엉덩이를 내밀며 손바닥으로 엉덩이를 탁 친다.)

정욱: (웃으며) "빵의 살?"

지원: (웃으며) "내가 엉덩이 살 때…"

아이들: (모두 깔깔 웃음)

위 말 사례에서는 아이들의 연령 차이와 호칭어 사용 규칙에 대한 첨예한 문화적 관심이 말놀이로 확장되는 과정을 자세히 볼 수 있다. 하루에도 몇 번씩 이어지는 다섯 살 승형이의 여섯 살에 대한 열망과 우김에 지친 예원이는 이번에는 한 살, 한 살 따져가며 자신과 승형이는 전체적으로 한 살의 나이 차이가 있으며, 이 때문에 결코 어느 순간에도 같은 나이가 될 수 없음을 차근차근히 알려주었다. 그런데 영[0]이 아닌 '빵 살'이라고 하는 표현상의 즐거움 그리고 태어나면서 한 살이 되는 한국인의 연령 계산법상으로 존재할 수 없는 나이라는 점 때문에, 이 대화는 이내 즐거운 말놀이로 변했다. 지원이가 '어릴 때'를 대신한 표현으로 '빵 살'을 언급하자, 승형이가 엉덩이를 내밀며 연령으로서의 '빵 살'을 몸의 지방을 의미하는 '살fat'로 동음이의어에 기반한 말놀이로 그 맥락을 변화시켰고, 그 흐름을 정욱이와 지원이가 각각 "빵의 살"과 "엉덩이 살"로 자연스럽게 연결시킴으로써, 연령을 둘러싼 긴장된 상황은 어느덧 즐거운 언어유희의 장이 되었다.

어린이 화자들의 말놀이의 구조적 특질은 말이 형식적 차원에서 이상과 같이 정리된다. 앞서 제시한 사례들에서 볼 수 있다시피 아이들의 말놀이 대화는 구조적으로 매우 긴밀하게 구성되어 있고, 앞선 화자의 발화와 다음 화자의 발화는 깊이 관련되어 있기에 유희적 언어사용은 맥락의존적 성격이 강하다. 어린이 화자들은 자신의 일상의 언어를 다양한 형태로 조작할 수 있으며, 이로서 말놀이의 유희적 특징을 획득한다. 아이들이 말놀이라는 맥락을 고려하고 공유하면서 대화를 자연스럽게 이어나가기 위해서는 다른 대화 참여자들의 언어적 표현뿐만 아니라, 비언어적 표현 속에 숨겨진 의도를 읽어낼 수 있는 통찰력이 필요한데, 이러한 통찰력을 기초로 아이들은 대화의 내용과 그 의미를 확대시키면서 말놀이 게임을 즐겼다.

4. 동음이의어 말놀이의 내용적 특성

1) 말놀이 연행자로서 어린이와 연행으로서 말놀이

본 연구의 어린이들이 일상적으로 행하는 동음이의어 말놀이에서 고정된 텍스트는 대체로 존재하지 않았으며, 상황적 맥락에 따라 즉석에서 만들어지고 이야기되었으며 또 다시 반복되지 않는 특징을 보였다. 아이들의 동음이의어 말놀이는 그 자체로 연행performance의 특징이 있었으며, 어린이는 연행자로서 그들의 순발력과 재치, 창의성이 이 말놀이를 이끌어가는 원동력으로 보였다. 자유로운 상상력을 바탕으로 한 발상의 전환, 사람들의 궁금증을 증폭시킬 수 있는 이야기 조직 능력, 반전에 웃음을 집중시킬 수 있는 언어 표현 감각 등이 말놀이 연행자로서의 능력이기 때문이다.

〈사례 7〉

지호(5세, 여): (승형이의 머리를 쓰다듬으며) "애기야~ 밥 먹었어?"

승형(5세, 남): (웃으며 의기양양한 태도로) "애비! 나 애비다."

지호: (웃으며 손을 내저으며) "애비! 애비!"

위 사례는 연구자의 1년 동안의 현지조사 중 아이들의 즉흥적인 말재간과 언어사용의 유창성, 창의성이 가장 돋보이는 말놀이로 꼽을 수 있는 것이다. 다섯 살 여아 지호는 자신보다 키가 작고 장난기가 가득한 웃는 얼굴의 승형이가 귀여운 듯, 승형이를 '애기'[아기]라고 칭하며 "애기야~ 밥 먹었어?"라고 말한다. '애기'는 보통은 놀림이나 조롱으로 사용됨이 보통이다. 하지만 이 경우에는 지호가 승형이에게 보이는 평소의 친밀한 감정과 동시에 이 사례에서 사용된 다정한 말투를 통해서 볼 때, 그리고 지호의 말에 대한 승형이의 노련한 대응으로 인하여 '애기'는 놀림의 맥락이 아닌 즐거운 말놀이의 장르가 되었다. 다섯 살 남아 승형이는 지호가 말한 '애기'를 가족관계의 지위상 상위자인 '애비'[아버지]로 격상시키는 즉각적인 응수를 하였던 것이다. 이에 지호는 승형이의 '애비'[아버지]를 '애비', 즉 경상도 방언 중 아기가 위험하거나 더러운 것을 만지지 못하도록 행동을 급히 제재할 때 사용하는 아기말baby talk[8]인 '애비'로 전환하는 재기 넘치는 말솜씨를 보여주었다. 승형이가 '애비'를 말할 때는 앞 음절인 '애'가 강하게 발음되는 반면, 지호의 '애비'에서는 '비'가 강하게 발음되며, 이 말을 할 때에는 좀 더 단호한 어조로 말하며, 말의 속도가 빠른 부차언어적 특징이 수반된다. 위 말 사례는 승형이의

8 왕한석(2008: 433-435)에 따르면, 연구자가 '애비'로 표기한 금지의 아기말은 부산 동래 지역에서는 '이비'로, 함양 개평 지역에서는 '에비'로 표기되거나 발음된다. 부산 방언의 특성상 '애비' 혹은 '에비'라고 표기하는 것이 모두 무방하리라 생각되지만, 아버지의 '애비'와 뚜렷한 대조를 시각상으로 좀 더 드러내기 위하여 '애비'라 표기하였다.

의기양양하고 우쭐한 태도의 ('아기'에 대한 반박인) '애비'[아버지]를 지호가 금지의 아기말인 '애비'로 저지하는 뛰어난 동음이의어 말놀이 사례로, 두 아동의 수사적으로 뛰어난 말재간 또는 예술적인 언어사용 능력을 매우 잘 보여주는 사례다. 이러한 재미의 원천은 훌륭한 연행자 혹은 연행에 있으며, 동음이의어 말놀이는 상황에 깊이 의존하여 순간 연행되고 즉시 사라지기에 연행자의 순발력과 상상력, 창의력, 적절한 타이밍이야말로 그 핵심 자질이다.

2) 교실 수업 맥락에서의 지적 유희와 웃음의 말놀이

말놀이는 아이들 간의 상호작용으로 이루어진 세계로, 이 사회적 세계에서는 외부, 즉 교사가 강제하는 규범을 따르기보다 자신들의 시각과 선호에 따라 새로운 가치를 만들어나간다. 이 글에서 언급한 대부분의 말놀이가 아이들 또래세계에서 행해진 것이고 교사를 직접적인 청자로 간주하고 있지 않은 가정하에 행해진 말놀이가 대부분이지만, 예외적으로 교실 수업 맥락에서 행해지는 말놀이도 분명히 존재한다.

〈사례 8〉

교사(26세, 여): (『팥죽할멈과 호랑이』라는 동화를 읽어준 뒤) "어땠어요?"

정욱(6세, 남): "재밌어요."

종윤(5세, 남): (장난스러운 목소리로) "짐 있어요. 할머니 짐 있어요."

아이들: (큰 소리로 까르르 웃는다.)

서은(5세, 여): (종윤이의 말을 따라하며 웃으면서) "짐 있어요. 할머니 짐 있어요."

건우(5세, 남): (웃으며) "할머니 뱀 있어요."

〈사례 9〉

교사(26세, 여): "얘들아 오늘은 앤서니 브라운Anthony Browne의 『너와 나』 라는 책이야. 전에도 외국 작가가 쓴 동화책 읽어줬었지? 아, 그 사람 누구더라? 혹시 기억나니? '밥' 뭐였던가?"

종윤(5세, 남): "밥서니 브라운."

아이들: (큰 소리로 까르르 웃는다.)

승형(5세, 남): "앤서니 브라보."

교사: "아, '밥'이 아니다. '햄'이다, '햄'. 존 버닝햄John Burningham. 앤서니 브라운이랑 존 버닝햄은 동화책을 너무 너무 재미있게 잘 쓰는 사람이에요."

건우(5세, 남): "할머니 브라운."

〈사례 8〉에서와 같이 특정한 활동이 끝난 후 "어땠어요?" 혹은 "재밌었어요?"라며 활동한 내용을 상기하고 그 느낌을 말하게 하는 것은 교실에서 일상적으로 일어나는 말 상황이다. 하모니반 교사는 책을 읽어주고 난 후 아이들에게 "어땠어요?"라고 물었는데, 정욱이의 '정답'인 "재밌어요" 이후에 이어지는 다섯 살 아이들의 창의적인 말들에 주목해 볼 만하다. 교사의 "어땠어요?"라는 별다른 지시적 의미가 없는 무표적인unmarked 질문에, 종윤이는 '다른' 대답을 하는 것을 통하여 유표적인 marked 의사소통 행위(사빌-트로이케 2009: 16)를 한 것이다. 종윤이는 동음이의어를 이용한 말놀이로 전형적인 교실담화의 구조에 파격을 가하고자 한 것인데, "재밌어요"와 발음이 유사하면서도 동화책에 등장하는 주인공 할머니의 '짐'을 연상하여, "짐 있어요"라는 재미있는 표현을 만들어 냈다. 종윤이의 재치가 번뜩이는 이 말은 교사와 아이들에게 큰 웃음을 선사하였고, 다섯 살 서은이는 종윤이의 말을 그대로 따라했으며, 나아가 건우는 '짐'을 '뱀'으로 치환하여 "뱀 있어요"라고 하였다. 마찬가지로 〈사례 9〉에서 교사가 이야기한 동화작가 '앤서니 브라운'과 '밥'이라는 말에 착안하여 아이들은 각기 '밥서니 브라운'에서 '앤서니 브라보'로, '할머니 브라운'으로 확장하였다. 대부분의 수업 맥락에서 아이들은 교사와의 관계에서 다소 수직적인 언어행동 질서를 실천하고 있었으며, 교사는 아이들에게 지식과 규범 체계를 전달하고 아이들이 질서에 순응하는 방식으로 행동하기를 기대하는 것도 사실이다. 그러나 교사는 자신이 이끌어가는 수업에서 아동이 웃음을 자아내는 말놀이를 시도하는 것에 대하여 '어느 정도' 묵인 혹은 용인해 주었다.

3) 금기어의 말놀이: 비밀스러운 유대와 유희성의 공유

앞서 논의한 말놀이 사례들과 달리, 공식적으로 그 사용이 허용되지 않아 비밀스럽게 행해지는 말놀이의 소재들도 분명히 존재한다. 이 말놀이 소재들은 교실에서 금기시되는 것들이지만 아이들의 일상의 삶과 매우 밀접한 관련이 있는 것이다. 말하고 싶고 듣고 싶은 것이지만 공식적으로는 이야기하기 어려운, 그러면서도 어린이들이 관심을 가지는 것들, 즉 '배설과 배설기관'이나 '성性', '욕辱' 등이 말놀이의 중심 소재가 된다. 본 연구의 아이들은 교사가 청자로서 혹은 대화참여자로서 존재하지 않는(다고 믿는) 말놀이의 상황에서 신체부위로서 '엉덩이', 그리고 배설물로서 '방귀'나 '응가/똥', '성'(성기, [이성과의] 뽀뽀와 결혼, 임신과 출산 등)에 대한 이야기를 언급하는 것만으로도 킥킥대며 즐거운 웃음을 터뜨렸다. 아이들의 이러한 말들은 교사가 말하는 '예쁜 말/고운 말'과 '나쁜 말'의 경계를 아슬아슬하게 넘나들며, 때로는 조심스럽게 혹은 서슴없이 이야기되었다. '나쁜 말'은 어린이가 하지 말아야 할 거의 모든 말을 통칭하는 민간명칭folk term이기도 하고, 욕에 한정해서도 사용된다. '바람직하지 않은 말'에 대한 또 다른 표현으로는 '못난이 말', '미운 말'이 있는데, 이

말은 그 사용이 바람직하지는 않지만 맥락에 따라 어느 정도는 허용 가능한 말의 목록들로 구성되어 있다(가령, 아동들 간의 가벼운 놀림의 상황에서 사용되는 방귀나 똥 등의 배설물). 나쁜 말의 반대는 '예쁜 말' 혹은 '고운 말'로 이는 어른에게 공손하고 예의바르게 말하는 것, 친구들에게 친절하게 말하는 것을 포함한다.

(1) 노골적이거나 은밀한 '성性'의 말놀이

〈사례 10〉

서은(5세, 여): (간식으로 나온 사과주스를 마시며) "다음에는 포도주스, 토마토주스 나왔으면 좋겠다."

희준(5세, 남): "서은아, 양원이가 너 아기 낳으면 좋겠대."

다섯 살 여아 서은이가 자신이 좋아하지 않는 사과주스가 간식으로 나오자, "다음에는 포도주스, 토마토주스 '나왔으면' 좋겠다"라고 하자, 이 말을 들은 다섯 살 남아 희준이는 "서은아, 양원이가 너 아기 '낳으면' 좋겠대"라고 하는 '나왔으면'을 '낳으면'이라고 바꾸는 발음의 유사성에 바탕한 말놀이를 시도하였다. 동시에 희준이가 행한 "나왔으면"을 "낳으면"으로 치환하는 것은 이는 금기taboo로서의 성에 관한 이야기로 내용상으로 아이들의 웃음을 유발하였다. 이렇듯 아이들은 성 혹은 성기에 대한 이야기를 노골적으로 혹은 은밀하게 하며 킥킥대기도 했는데, 또 다른 예로 의사-환자 놀이 중 산부인과에서 아이를 출산하는 역할놀이가 있다. 이 역할놀이의 대략적인 개요는 티셔츠 속에 작은 인형을 집어넣고 아기가 나올 것 같다고 환자 역할의 어린이가 말하면, 의사 역할의 아이가 환자 역할 아이의 옷을 걷어올려 인형을 꺼내며 아기가 태어났다고 하면 모두 깔깔거리며 웃는 것이다. 이때 의사 역할은 대체로 남아가, 간호사 역할은 여아가 행하지만, 아이를 낳는 환자 역할은 항상 여아가 하는 것은 아니었다.

또 하나 빈번하게 관찰했던 것은 성기로서의 '고추'라는 표현에 관한 것이다. 아이들은 배추벌레를 보고 "고추벌레다!"라고 말하며, 그 말을 수없이 반복하며 좋아하기도 하였다. 동시에 '고추'라는 말의 사용을 교사 및 또래집단 내부의 암묵적인 규율에 의해 제지당하기도 하였다. 다음의 사례는 고추라는 말 사용을 둘러싼 두 아동의 흥미로운 대화다.

〈사례 11〉

예원(6세, 여): (점심식사 중 꽈리고추 반찬을 보고 연구자에게) "선생님, 이거 뭐예요?"

정욱(6세, 남): "이거 고추다."

예원: (웃으며) "꼬치?"

정욱: (정색하며) "고추."

승형(5세, 남): (깔깔 웃으며) "고추?"

정욱: "선생님, 고추냉이가 매워요? 청량고추가 매워요?"

예원: "이거, 고추." (고추를 들고 자신의 성기를 가리키면서 쿡쿡 웃는다.)

위 사례는 음식으로서의 '고추'와 '꼬치'(성기로서의 고추)가 소리의 유사성을 바탕으로 이야기된다. 예원이는 '고추'라는 단어의 중의성을 이야기하기 위하여 의도적으로 연구자를 이야기의 맥락으로 끌어들이고, 예원이의 의도를 간파한 정욱이가 연구자가 뭐라고 답을 하기도 전에 "이거 고추다"라고 하며 예원이의 성에 관한 말놀이를 일축하려 하였다. 그러나 예원이는 아랑곳하지 않고 /고추/가 아닌 /꼬치/라고 발음하고, 이는 승형이를 비롯한 다른 아이들의 웃음으로 그 지지와 타당성을 얻었다. 이 이야기가 계속되는 것이 싫었던 정욱이는 음식으로서의 고추의 가장 특징적인 속성인 '매운 맛'을 언급하며 '고추냉이'와 '청량고추'로 화제를 돌리려 노력했지만, 예원이는 결국 하고 싶었던 이야기인 성기로서의 고추에 대해 이야기하고 말았다. 이후 연구자의 인터뷰에서 정욱이는 하모니반에서 가장 친한 단짝친구이자, '여자'인 예원이가 '그런' 이야기를 하는 것이 싫었다고 슬쩍 이야기하고는 이내 화제를 돌렸다. 정욱이를 통해 볼 때 어른들이 아이들에게 주는 정보, 즉 금기로서의 성에 대한 문화적 지식에 대하여 짐작해볼 수 있고, 정욱이는 어른인 연구자가 이미 청자로 존재하고 있는 상황에서 그 비밀스러운 언어가 새어나가는 것이 몹시 신경 쓰였던 것으로 추측된다.

(2) 노래에 실어 보내는 부정적 감정과 '욕辱'의 말놀이

하모니반 교실에서 욕은 '나쁜 말'로 이야기되는데, 그 예로는 '변태', '재수 없다', '새끼', '(나쁜)놈' 등이 있었다. 이는 교사에 의해서 엄격히 금지될 뿐만 아니라, 아동 또래집단 내에서도 그 사용이 엄격하게 제지되며, 사용할 경우 "선생님, ○○가 나쁜 말해요"라고 하며 교사의 권위에 기대어 그 사용에 제재를 구하기도 하였다. 현지조사 기간 중 한 다섯 살 여아가 다른 여아에게 "변태, 죽어라!"라는 말을 한 '사건'이 발생한 일이 있었다. 이 때문에 담임교사, 두 아동의 어머니, 아버지들이 만나 그 말을 한 아동과 부모가 그 말을 들은 아동과 부모에게 사과했고, 담임교사와 오랜 시간 면담을 하였으며, 교사는 나이 차이가 많이 나는 꽤 거친 성향의 오빠에게서 받는 나쁜 영향에 대하여 걱정하였다.

그런데 연구지에서 하나의 흥미로운 허용적 일탈을 볼 수 있었는데, 그것은 노래에 욕과 부정적 감정을 뒤섞어, 욕인 듯 동시에 욕이 아닌 듯 은근히 흘려보내는 것이었다. 예를 들어 아이들은 대중가요를 흥얼거리는 듯 "♫새끼[shake it, /쉐킷/이 아닌 /새끼/로 발음함]~ 새끼~"라고 노래하며 놀기도 하였다. 아이들은 욕, 즉 나쁜 말을 쓰는 것이 교실에서 허용되지 않는 것, 교실문화에서 가장 수용되기 어려운 금기 중 금기임을 잘 알고 있기에, 욕을 하거나 부정적 감정을 표현하는 말이나 태도가 노골적이 아니거나 말이나 행동을 빙 둘러서 하는 아주 완곡한 양상을 보이는 것이다. 하지만 교사는 대개 아이들이 노래를 부르며 느끼는 일탈과 재미를 어느 정도 묵인해주며 도덕적인 제한을 살짝 허용해주는 것으로 보였다. 다만 그것이 어느 한계를 넘어설 때 가령, 단지 즐거운 놀이의 맥락이 아니라, 다른 아동을 놀리거나 노래의 형식을 빌려 실제로 타 아동에게 욕을 하는 경우에는 엄하게 야단을 치기도 하였다. 이럴 때면 '새끼'와 '애기'가 공통으로 가지고 있는 속성, 즉 '어리다'라는 것에 창의적으로 착안하여 "♫새끼~" 대신에 "♫애기~"라고 가사를 재빨리 바꾸어 교사의 엄한 시선을 피해가기도 하는 것이었다. 어린이들은 노래라는 틀frame을 통하여 발화의 내용 주체가 아동 집단이 아님을 명확히 하고자 하는 의도를 담은 것이다.

〈사례 12〉

연우(5세, 남): "♫이지영(담임교사 이름)~ 이지영~ 이리 날아와 방구[방귀] 껴라! 똥싸라!"

〈사례 12〉에서 교사에게 야단을 맞아 기분이 상한 연우는 "♫나비야, 나비야 이리 날아오너라!"라는 노래 가사를 바꾸어 "♫이지영~ 이지영~ 이리 날아와 방구[방귀]껴라! 똥싸라!"라고 하며 '비밀스럽고 위험하게' 감정적 해소를 하기도 하였다. 이 아동은 노래를 하면서도 곁에 있는 (교사와 같은 권위 혹은 권력이 없는) 어른인 연구자의 존재를 괘념치 않았고, 다만 담임교사를 매우 의식할 뿐이었다. 이 아이는 교사가 이 노래를 듣기를 바라지 않으면서도 동시에 듣기를 바라는 것으로 보였다. 이는 앞서 '♫새끼' 사례와 같이 노래라는 틀을 적극적으로 활용하여 교사-아동 혹은 어른-아동의 언어 질서의 틀에서 틈을 찾아내어 이를 벌려놓는 심리적 전복顚覆의 실현이라고도 해석 가능하다. 이렇듯 아이들의 '나쁜 말' 사용이라는 말 사용 규칙의 위반과 제재를 둘러싼 긴장이 항상 첨예한 갈등으로 연장되거나 확대되는 것은 아니며, 용인 가능한 귀여운 말장난과 웃음으로 여겨져 팽팽한 긴장이 쉽게 해소되기도 했다. '성'과 '욕'에 대한 말놀이는 듣는 이와 말하는 이의 공고하고 비밀스러운 유대감을 나누는 한편 동시에 유희성을 공유하는 것으로 보였다. 어른, 특히 아동을 통제할 수 있는 막강한 권위와 권력을 가진 교사라는 외부인의 존재를 무척 의식하기도 하였고, 그 때문에 이러한 성격의 동음이의어 말놀이는 어른들의 시각과 세계와 구분되는 '아이들만의 특별한 정체성과 또래들 간의 유대감'(Corsaro 2003: 194)을 과시하고 어른과의 경계를 유지하는 기능을 분명히 수행한다.

이상과 같이 아이들은 동음이의어 말놀이라는 말하기 방식의 규칙을 공유하는 것을 통하여 어린이 또래집단, 즉 '우리'라는 유대감을 강하게 형성하는 것으로 생각된다. 개인을 넘어 그들 사이에 관계가 형성되면 그들만의 사회적 세계를 만들어가는 과정에서 '우리 공간'은 보호되어야 할 배타적인 공간(오문자·이방실·이유나 2012: 456)인 것이며, 이때 그들이 공유하는 대화의 규칙은 아동들이 반드시 알아야만 하는 중요한 문화적 지식인 것이다. 아이들은 다른 아이들과 공간의 사용이나 취향이나 행동에 있어 통일성을 추구할 뿐만 아니라, 위와 같은 언어사용의 규칙을 공유함으로 하여, 자신들이 이 집단의 구성원임을 확인하고 공동체 의식과 유대감을 느끼는 것으로 보였다. 이 말하기 방식은 아이들이 또래집단의 '구성원임을 확인하는 징표membership token'라는 상징적 위상을 갖는다. 이 말놀이는 또래집단 성원들의 '협력', '응집성'이라는 사회적·언어적 가치관으로 변형되고 재해석되어 채택되면서 공동체의 결속을 위한 문화 형성과 이를 위한 창의적 도구로 전유되고 있었다. 이러한 맥락에서 동음이의어 말놀이는 아이들 간 관계 맺기의 '각본script'이라고 할 수 있는데, 이때 그 각본의 틀 안에서 말하기는 어른들의 귀에 엉뚱하게 들리며 창의적이어서 때때로 경이로운 것들로 이루어져 있음은 물론이다.

5. 결론: 어린이와 말놀이 그리고 '네버랜드'

이 글은 아이들의 말놀이에서 나타나는 언어의 구조적 특징과 유희성을 사회언어학적 시각으로 기술하고 분석하였다. 그 내용으로 다음의 두 가지를 지적할 수 있다. 첫째, 아이들은 말놀이를 행하면서 언어의 구조적 특질을 변형하거나 재구성하였다. 어린이들은 한국어의 문법체계를 잘 알기에, 동일한 말소리를 활용하고 어휘를 대체하고, 문장의 형태를 반복하고 화용론적 차원에서 소리의 유사성을 적절하게 통제하고 조작하여 매우 창의적이고 다채로운 말놀이를 행함을 볼 수 있었다. 둘째, 유아기 아이들의 말놀이는 고정된 텍스트가 존재하기보다는 그 순간 행해지고 한바탕 웃고 다른 아이들에 의해 확장되고 이내 사라져 다시 반복되지 않는 연행적 특징을 지닌다. 말놀이 연행자로서 아이들은 이 말놀이 연행을 통하여 서로 공유하고 소통하는 독창성과 또한 자신이 알고 있는 앎의 세계를 언어를 통해 충분히 활용하고 게임처럼 즐기는 지적 유희성을 마음껏 드러내는 한편, 욕과 성에 관한 금기에 대한 문화적 지식과 가치관을 잘 알기에 타인에 대한 불만이나 직개심을 말놀이의 여러 형태를 활용하여 용인될 만한 비폭력적이고 완곡한 형태로 전환하여 말놀이를 하였다.

유아교육학, 인류학 등 많은 어린이 연구들이 어린이의 성장과 발달 혹은 발달의 적절한 방향에 대해 이야기한다. 그러나 아이들은 어른들이 지향하는 발달을 향하여 매일 한 걸음씩 나아갈 뿐만 아니라, '지금 여기'의 이 순간에서 자신의 일상적 세계를 즐거운 놀이의 맥락으로 만들고 향유하는 것도 사실이다. 연구자는 "모든 아이는 자란다. 딱 한 명만 빼고"로 시작되는 동화, 『피터 팬』의 '네버랜드'를 상기하며, 어린이들의 말놀이야말로 어린이가 의사소통능력을 발달시키고 유아교육기관에서 학생으로서의 교실언어를 배워나가야 하는 학습자임을 부정하지 않으면서도, 동시에 어떻게 어린이가 그들 나름의 경이롭고 창조적이며 일탈적인 언어세계를 구축하며 확장하는지를 보여주는 적절한 연구주제임을 강조하고자 한다. 어린이들의 동음이의어 말놀이는 아이들이 주체가 되어 언어를 적극적이고 창의적으로 사용하여 놀이를 하고 장난을 치면서 재미와 즐거움을 기대하는 놀이의 장이라 할 수 있다. 동시에 이러한 언어적 유희는 아동에게 있어 그들 또래관계를 구축하고 유지하는 중요한 요소이기도 하였다. 언어는 어느 하위문화에서나 마찬가지로 독특한 정체성을 확보하면서 집단을 결속하고 문화를 창조해내는 힘을 가지고 있다. 이와 마찬가지로 어린이 또래문화의 유희적 언어사용 역시 그러한 시각에서 이해할 필요가 있다.

참고문헌

강나영, 2014, ""나는 여섯 살이 되면 비행기가 될 거예요.": 한국 만3~4세 어린이의 언어사회화 연구," 서울대학교 박사학위논문.

구현정, 2000, "유머담화의 구조와 생성 기제,"『한글』248: 159-184.

______, 2002, "말실수의 유형 연구: 대중매체 텍스트를 중심으로,"『사회언어학』10(2): 1-24.

권오숙, 2002, "햄릿의 말놀이 연구,"『Shakespeare Review』38(1): 5-24.

김봉국, 2013, "한국어의 동음이의어에 대하여,"『우리어문연구』45: 181-200.

김순영, 2007, "『이상한 나라의 앨리스』를 통해 본 언어유희(pun)의 번역,"『번역학연구』8(2): 31-52.

김정우, 2003, "광고 언어의 전달 구조 연구," 고려대학교 박사학위논문.

김주관, 2011, "귀신말 또는 한국어의 피그 라틴(Pig Latin),"『비교문화연구』17(1): 5-38.

남경완, 2002, "유머텍스트의 내적 구조와 추론 양상,"『텍스트언어학』13: 295-314.

박영환, 2010, "한국어 동음어 교육연구,"『언어연구』26(1): 57-76.

본빌라인, 낸시, 2002,『문화와 의사소통의 사회언어학』, 강현석·김용진·김혜숙·박준언·백경숙·이원표·채서영 역, 서울: 한국문화사.

변혜원, 2011, "청소년들의 언어사용: 중학생 언어행동의 주요 특성과 변이," 서울대학교 석사학위논문.

사빌-트로이케, 뮤리엘, 2009,『언어와 사회: 의사소통의 민족지학 입문』, 왕한석·백경숙·이진성·김혜숙 역, 서울: 한국문화사.

서대석, 2004,『한국구비문학의 수용된 재담 연구』, 서울: 서울대학교출판부.

손세모돌, 1999, "유머형성의 원리와 방법,"『한양어문』17: 5-34.

안준희, 2010, "감정적 여성, 이성적 남성: 미국 중산층 아동들의 또래 놀이에 나타난 젠더와 감정,"『한국문화인류학』43(1): 173-216.

오문자·이방실·이유나, 2012, "공동체 문화 형성의 관점에서 바라본 만 3세 유아들의 적응 과정,"『유아교육학논집』16(1): 449-472.

왕한석, 2008, "아기말의 구조와 사용,"『한국어와 한국사회』, 파주: 교문사: 427-470.

______, 2009,『한국의 언어 민속지 1: 서편』, 파주: 교문사.

______, 2010, 『한국의 언어 민속지: 전라남북도 편』, 서울: 서울대학교출판문화원.

______, 2012, 『한국의 언어 민속지: 경상남북도 편』, 서울: 서울대학교출판문화원.

윤재연, 2004, "텍스트의 비예측성," 『겨레어문학』 32: 86-110.

이도영, 1999, "유머 텍스트의 웃음유발 장치," 『텍스트언어학』 7: 422-445.

이원표, 2001, 『담화분석: 방법론과 화용 및 사회언어학적 연구의 실례』, 서울: 한국문화사.

이재원, 2006, "의사소통이론에 기댄 유머 텍스트의 분석: 개그콘서트를 중심으로," 『독어교육』 35: 117-141.

임수만, 2001, "현대시의 언어유희와 웃음," 『관악어문연구』 26: 387-405,

임지원, 2007, "유머 담화의 생성 기제와 제약 조건," 『우리어문연구』 28: 129-157.

임지룡, 1992, 『국어의미론』, 서울: 탑출판사.

주경희, 2007, "언어 유희적 기능의 개념 정립의 필요성," 『텍스트언어학』 23: 129-153.

최진숙, 2010[1995], "'농담'과 '곁말'의 구조와 사용양식," 왕한석 엮음, 『한국어·한국문화·한국사회』, 파주: 교문사, pp. 421-468.

최형용, 2000, "광고전략과 언어적 중의성," 『텍스트언어학』 9: 169-193.

파브, 피터, 2000[1973], 『말의 모습과 쓰임: 사람들이 말을 할 때 어떤 일이 일어나는가』, 이기동·김혜숙·김혜숙 역, 서울: 한국문화사.

Anderson, Elaine, 1986, "The Acquisition of Register Variation by Anglo-American Children," in Bambi Schieffelin and Elinor Ochs (eds.), *Language Socialization Across Cultures*, New York: Cambridge University Press, pp. 153-161.

Basso, Keith, 1979, *Portraits of 'the White Man': Linguistic Play and Cultural Symbols among the Western Apache*, Cambridge: Cambridge University Press.

Bjorklund, David, 1997, "The Role of Immaturity in Human Development," *Psychological Bulletin* 122(2): 153-169.

Cains, Helen Smith, Dava Waltsrman, and Gloria Schlisselberg, 2004, "Detecting the Ambiguity of Sentence: Relationship of to Early Reading Skill," *Communication Disorders Quarterly* 25(2): 68-78.

Caputo, Virginia, 1995, ""Anthropology's Silent "Others": A Consideration of Some Conceptual and Methodological Issues for Study of Youth and Children's Culture," in Vered Amit Talai and Helen Wulff (eds.), *Youth Cultures: A Cross-Cultural Perspective*, London; New York: Routledge, pp. 19-42.

Chisholm, James, 2008, "Swaddling, Cradleboards and the Development of Children," in Robert LeVine and Rebecca New (eds.), *Anthropology and Child Development: A Cross-Cultural Reader*, Malden: Blackwell, pp. 100-114.

Corsaro, William, 1979, ""We're Friends, Right?": Children's Use of Access Rituals in a Nursery School," *Language in Society* 8: 315-336.

______, 2003, *We're Friends, Right?: Inside Kids' Cultures*, Washington, D.C.: Joseph Henry Press.

Cowan, Nelson, 1989, "Acquisition of Pig Latin: A Case Study," *Journal of Child Language* 16: 365-386.

Danby, Susan, 1998, "The Serious and Playful Work of Gender: Talk and Social Order in a Preschool Classroom," in Nicola Yellland (ed.), *Gender in Early Childhood*, London: Routledge, pp. 175-205.

Hewlett, Barry, 2008[1992], "Fathers and Infants among Aka Pygmies," in Robert LeVine anf Rebecca New (eds.), *Anthropology and Child Development: A Cross-Cultural Reader*, Malden: Blackwell, pp. 4-99.

Hirschfeld, Lawrence, 2002, "Why Don't Anthropologists Like Children?" *American Anthropologist* 104(2): 611-627.

Hymes, Dell, 1972, "Models of Interaction Language and Social Life," in John Gumperz and Dell Hymes (eds.), *Directions in Sociolinguistics: The Ethnography of Communication*, New York: Rinehart and Winston, pp. 35-71.

Isabell, Jean and Fredy Fernandez, 1977, "The Ontogenesis of Metaphor: Riddle Games among Quechua Speakers Seen as Cognitive Discovery Procedures," *Journal of Latin American Lore* 3(1): 19-49.

Kirschenblatt-Gimblett, Barbara, 1976, "Child Language and Children's Traditional Speech Play," in Barbara Kirschenblatt-Gimblett (ed.), *Speech Play: Research and Resources for Studying Linguistic Creativity*, Philadelphia: University of Pennsylvania Press, pp. 65-110.

LeVine, Robert and Karin Norman, 2008[2001], "Attachment in Anthropological Perspective," in Robert LeVine and Rebecca New (eds.), *Anthropology and Child Development: A Cross-Cultural Reader*, Malden: Blackwell, pp. 127-142.

Mechling, Jay, 1986, "Children's Folklore," in Elliott Oring (ed.), *Folk Groups and Folklore Genres: An Introduction*, Utah: Utah State University Press, pp. 91-120.

Sachs, Jacqueline, 1987, "Preschool Boys' and Girls' Language in Pretend Play" in Phllips Steel, Susan Steele, and Christine Tanzanites (eds.), *Language, Gender, and Sex in Comparative Perspective*, Cambridge: Cambridge University Press, pp. 178-188.

Sherzer, Joel, 1993[1997], "On Puns, Comebacks, Verbal Dueling, and Play Languages: Speech Play in Balinese Verbal Life," *Language in Society* 22, pp. 217-233.

______, 2002, *Speech Play and Verbal Art*, Austin: University of Texas Press.

Snow, Catherine, 2008, "Talking and Playing with Babies: Ideologies of Child-Rearing," in Robert LeVine and Rebecca New (eds.), *Anthropology and Child Development*, Malden: Blackwell, pp. 115-126.

Tronick, Edward, 2008[1987], "Multiple Caregiving in the Ituri Forest" in Robert LeVine and Rebecca New (eds.), *Anthropology and Child Development: A Cross-Cultural Reader*, Malden: Blackwell, pp. 73-83.

제6장

한국사회 중년 남성의 전형화에 대한 고찰: '아재 개그' 사례 분석을 중심으로*

최진숙

1. 서론

최근 '아재'가 국내 대중매체에 빈번하게 등장하고 있다. TV 방송의 코미디 프로그램 및 일반 예능 프로그램, 광고에서 30대 중반에서 40대 중반 사이의 남성 출연자가 연행하는 '아재 개그'가 인용되는가 하면, 아재 개그의 인기와 더불어 '아재'라 불리는 독특한 중년 남성 인물을 탄생시켜, 이제 '아재'는 대중 문화계의 인기 소재이자 주제가 되기에 이르렀다.[1] SBS 예능 프로그램 〈웃음을 찾는 사람들〉에서 나오는 '부장 아재' 코너는 직장 상사의 개그에 억지로 웃어주는 인턴사원의 고충을 웃음의

* 이 글은 저자가 2016년 『한국문화인류학』 제49집 3호에 발표했던 동명의 논문을 수정하고 추가 논의를 포함하여 편집한 것이다.

1 다음소프트가 사회관계망서비스(SNS)상에서 '아재'라는 단어의 언급량을 분석한 결과, 2011년 1만 8,390회 언급되었던 것이 2016년에는 48만 3,186회를 기록해 27배 증가했다고 한다(조선일보 2016. 6. 7).

소재로 삼고 있고, KBS2 예능 프로그램 〈개그콘서트〉의 '아재씨' 코너는 '아재 악령'을 쓴 등장인물의 언어 유희적 개그로 웃음을 선사하였다. 개그맨 신동엽은 tvN 예능 프로그램 〈SNL 코리아〉에서 '아재 셜록'의 주인공으로 등장한다. 그뿐만 아니라 광고 및 페이스북이나 트위터와 같은 사회연계망서비스(이하 SNS)상에서도 아재 개그는 무수히 반복 재생산되고 있으며, '아재'라는 명칭도 그 사용 빈도가 급증하였다.

그런데 이와 같이 아재 개그가 지속적으로 유행하고, '아재'라는 용어가 온라인과 오프라인 소통 공간에서 빈번하게 회자될 정도로 이 사회의 중요한 현상으로 드러남에도 불구하고 신문과 방송 기사 및 대중문화비평만 볼 수 있을 뿐, 아재 개그의 사회문화적 의미를 이해하기 위한 사회과학적 연구는 아직 없다. 이 글은 이와 같이 대중문화에 빈번히 등장하는 아재 개그 및 아재라는 명칭이 근본적으로 사회문화적 현상으로서의 언어 사용이라고 보아, 이에 대하여 언어인류학적 관점에서 고찰하고자 한다. 구체적으로 다음과 같은 연구 질문에 답하고자 한다. 아재 개그의 형식적 특징과 그것의 사회문화적 의미는 무엇인가? '아재'라는 용어가 어떻게 특정한 아재의 이미지를 획득하게 되었는가? 이 과정을 분석·기술하기 위해 언어인류학적 연구에서 활용해온 기호학적 분석틀에 의존하고자 한다. 우선 말놀이에 대한 언어인류학적 연구를 검토한 후, 기호와 연관되는 사물/사건/사람에 대한 의미 구성에 관련된 기호학적 분석틀을 검토하고, 방송과 인터넷상에서 수집된 아재 개그의 사례를 기술·, 분석함으로써 최근 회자되고 있는 아재 개그의 사회문화적 의미를 파악하고자 한다.

2. 선행 연구 검토

1) 말놀이speech play에 대한 언어인류학적 연구

언어인류학에서 전통적으로 연구되어온 말놀이speech play는 '동음이의어 말놀이pun', '수수께끼riddles', '말 겨루기 놀이verbal dueling' 등과 같은 말 장르를 포괄한다(Sherzer 2002). 국내에서 수행된 말놀이 관련 연구들에서는 주로 일상생활에서 수행되는 말장르 등을 다루었다(왕한석 2009, 2010; 최진숙 2010[1995]; 김주관 2011; 변혜원 2011; 강나영 2015; 조강제 2016). 전통적인 말놀이 혹은 언어예술verbal art 연구로는 경기 강화도의 '우스매소리[우스갯소리]', '농담', '곁말' 연구(왕한석 2009), 전라도 진도군 조도의 '빈담' 연구(왕한석 2010), 그리고 경기 덕적도의 '농담'과 '곁말'에 대한 연구(최진숙 2010[1995]) 등이 대표적이다. 전통적 말놀이 연구에서는 주로 말놀이가 수행될 수 있는 맥락과 시적poetic 구조 등에 주목하였다. 이들이 전통적 농촌 및 어촌 공동체에서의 언어사용을 다루었다면, 도시 청소년 및 아동의 말놀이에 주목한 연구들도 있다. 가령, 청소년 사이에서 유행하던 허무개그(변혜원 2011), 귀신말(김주관 2011), 아동의 말놀이(강나영 2015), 그리고 국제학교 초등학생들의 이중 언어 활용을 통한 말놀이(조강제 2016) 등의 연구들이 그것이다. 이들 연구에서는 아동 및 청소년이 언어자원을 활용하여 창의적인 동음이의어 말놀이를 구사하는 양상을 기술하였다. 이 연구들에 따르면, 한국사회 아동과 청소년의 말놀이는 단순한 놀이에 그치는 것이 아니라 또래집단 내 유대 관계 및 집단정체성 형성에 주요한 역할을 한다.

이와 같이 말놀이 장르에 대한 국내 언어인류학적 연구에서는 주로 일상적으로 행해지는 말놀이의 구조적 특징 및 사용 양상, 사회적 기능 등을 기술·분석해 왔다. 그러나 대중매체에서 연행되는 특정 말놀이 장르가 반영, 재생산하는 사회구조 및 특정 말놀이를 연행하는 화자의 정체성에 초점을 두어 그것이 한국사회에서 가지는 사회문화적 의미를 고찰한 연구는 아직 없다. 이 글은 '아재 개그'라는 말장르 및 이 말장르의 화자인 '아재'의 사회문화적 의미를 언어인류학적으로 고찰해보고자 한다. '아재'라는 인물이 묘사되는 방식을 고찰하기 위하여 말장르에 관한 언어인류학적 연구 외에도 대중문화 속에서 남성이 재현된 양상을 다룬 여타 연구를 참고해볼 필요가 있다.

2) 대중문화와 남성의 재현

기존의 언론학 및 문화연구culture studies에서는 드라마, 영화에서 남성이 재현된 방식, 그리고 그것이 시대적으로 변화하는 양상을 고찰해왔다(한경혜 1997; 성시정 1998; 황혜진 2008). 해외의 문화연구에서는 대중문화 속의 남성성(Hanke 1998; Battles and Hilton-Morrow 2002)에서 사회의 변화에 따라 시트콤의 남성 주인공 설정이 변화된 양상을 다루었다. 한케(Hanke 1998)는 〈Home Improvement〉라는 시트콤에서 미국 중산층 중년 남성이 자학 농담과 같은 전략을 활용하여 전통적인 '마초' 남성성을 희화화하는 양상을 논의하였다. 배틀즈와 힐튼-모로우(Battles and Hilton-Morrow 2002)는 미국 시트콤에서 게이 남성이 재현된 방식에 주목하였다. 이들이 연구한 〈Will & Grace〉라는 주중 방영 시트콤은 1998년부터 2006년까지 방영되었는데, 미국 시트콤 중에서 최초로 게이 남성이 주인공으로 등장한 것으로 유명하다. 이 시트콤을 통하여 그때까지 부정적으로 묘사되었던 게이 남성의 이미지가 긍정적으로 변화했다는 평가를 받았다(Battles and Hilton-Morrow 2002). 〈Home Improvement〉 및 〈Will & Grace〉 모두 중년 남성의 다변화된 재현을 시도함으로써 고정관념을 탈피하고, 사회 변화를 반영했다는 평가를 받지만, 동시에 아직까지도 '남성 = 밖의 일' 및

‘남성 = 이성애적 남성’이라는 전통적 틀을 크게 벗어나지 않았다는 비평도 받았다.

위의 국내외 코미디 및 드라마 속의 남성성을 다룬 문화 연구들에서는 코미디 쇼 및 시트콤 드라마에서 남성의 전형성을 재생산하거나, 혹은 전형성에서 벗어난 정체성을 재현하는 양상을 비판적으로 다루었다. 그러나 이들 연구에서는 어떠한 과정을 거쳐 특정 기호와 특정 이미지, 속성이 연관되는지를 보여주지는 않는다. 이 글에서 다루는 대중 매체 속에서의 ‘아재’도 이와 유사하게 특정한 남성의 이미지가 묘사된 것으로 볼 수 있을 것이다. 그러나 여타 문화 연구 등에서 다루는 젠더의 재현과는 달리, 이 글에서는 ‘아재’라는 명칭으로 불리는 인물이 어떻게 전형화된 이미지를 갖게 되는지를 분석하고자 한다. 이를 위해서는 기호와 의미 간의 연결 과정을 분석할 수 있는 이론적 틀을 적용하고자 한다.

3) 의미 구성의 기호학적 작용semiosis

이 글에서는 ‘아재’라는 기호가 특정한 이미지를 획득하게 되는 것을 분석 기술하기 위해 언어인류학적 연구에서 적용한 기호학적 분석틀에 의존하고자 한다. 기호/언어인류학적 접근에서는 한 기호에 임의로 부여된 의미가 마치 그 기호의 고유한inherent 의미인 것처럼 보이게 되는 과정에 주목해왔다. 주로 언어 및 의례 등과 같은 문화적 특질의 한 사회에서 특정한 의미를 가지게 되는 양상에 주목한 연구, 그리고 최근 브랜드의 기호학적 창출에 대한 연구들이 이 글에서 수행할 논의에 유용하다.

먼저 언어적 자질이 언어 외의 다른 것—사회적·경제적·문화적 특질—을 의미하게 되는 양상을 연구한 언어인류학적 연구들이 있다. 가령, 어치올리(Urciuoli 1996)는 뉴욕시의 푸에르토리코 이민자들의 스페인어 악센트가 섞인 영어가 '게으르다거나 놀기 좋아하는' 사람의 자질과 연관되는 현상을 고찰하였다. 어치올리는 이러한 편견이 바로 언어적 자질과 그 밖의 것이 마치 자연스럽게 연결되는 것처럼 보이게 하는 언어 이데올로기적 작용이 전형화typification에 기여함을 논의하였다(Urciuoli 1996). 바바라 존스턴(Johnstone 2009)은 미국 피츠버그 방언이 티셔츠에 적혀 피츠버그 지역의 자긍심을 지닌 상품으로 판매되는 과정을 기호학적 모델로 분석하였다. 이 연구에 따르면 '방언'이나 '언어'를 규정할 언어적 자질들을 의식하지 않던 언어 사용자들이 마치 방언, 언어라고 규정지을 수 있는 변이형이 존재하는 것으로 인식하고, 다시 방언이나 언어가 특정 성격의 인물을 자연스럽게 표현하는 담론을 생산, 소비, 유통하는 데 참여하게 된다는 것이다. 이들 연구는 공통적으로 언어 변이형 혹은 악센트와 같은 언어자질이 지표index로서 사람의 성격이나 집단의 정체성을 표현한다고 간주되는 관념이 바로 언어 이데올로기임을 밝혔다.

이와 같이 사물/사건/사람의 성질과 그것들의 상像의 연결이 마치 고유하며 자연스러운 것인 양 여겨지는 과정이 도상화iconization[2]다. 어바인과 갈(Irvine and Gal 2000)은 도상화가 언어적 기호와 사회적 의미를 마치 본질적인 연관성이 있는 것처럼 재해석하는 과정이며, 이를 통해 지표적 연계성을 '자연화naturalization'하는 과정이라고 하였다. 이러한 분석틀을 활용, 강윤희(2004)는 인도네시아의 쁘딸랑안 사회에서 토착민의 고유한 문화가 도상화되는 과정을 다루었다. 이 연구에 따르면 도상화 과정에서

2 Gal(2013)은 도상화를 '레마화(rhematization)'로 재개념화한 바 있다. 이는 A라는 속성이 B라는 상으로 '읽히는' 것은 더 정확히 말하자면 해석체 차원의 문제임을 강조하고자 하였기 때문이다. 즉 '도상으로 해석하는 해석체'를 퍼스는 '레마(rheme)'라고 한 바 있다. 이 글에서는 논의의 전개에 크게 차이가 없다고 보아 '도상화'라는 개념을 사용할 것이다.

뽀딸랑안 의례의 속성 중 일부는 '제거erasure'되고, 소위 '민속' 문화에 해당된다는 요소들—음악, 춤, 수공예품 등—만 선별되어 포함되었다.

이 외에도 지표성indexicality 형성과 도상화 과정을 상세히 분석한 연구들 중, 고경난(2016)은 화장품 색채어에 대한 기호인류학적 연구를 시도한 바 있다. 구체적으로 고경난은 저가 색채 화장품의 브랜딩에 있어서 작동하는 의미 구성 및 체화 과정을 상세히 분석 기술하였다. 특히 색채명이라는 언어 기호를 빌려 색이라는 비언어적 물질 기호를 소비자에게 유의미하고 활용 가능한 것으로 전환하는 브랜딩 작업을 분석하였다. 특정 화장품 회사의 색채 이름이 인용citation을 통하여 궁극적으로는 그 화장품 소비자가 '소녀다움'이라는 이미지를 가진 것처럼 보이는 성격화characterization 과정을 보여주었다. 이 연구에서 고경난은 언어적 기호를 통해 특정 소비자층과 연결시키는 지표성 형성, 그리고 다시 그 기호가 현재 한국사회의 이상적 소녀의 자질을 가졌다고 상상되는 도상화 과정을 보여주고, 이러한 과정이 바로 추상적인 자질을 투사하는 브랜딩 과정임을 밝혔다.

이러한 인물들이 특정 속성을 가지는 인물로 재현되는 것은 대중 매체의 발달과 더불어 더 활발해졌다. 특히 최근 방송이나 신문 외에 오히려 더 많이 활용하고 있는 SNS 등에서도 매개화된 인물mediatized figures(Agha 2011b)의 재현은 더 수월해졌고, 그 확장과 유통의 속도가 예전보다 더 빨라졌다. 가령 '여피족', '시골 사람', '성공한 사람', '중년 남성' 등과 같이 "사람됨의 이미지images of personhood"(Agha 2011b: 177)가 방언이나 스타일과 같은 특정한 말하는 방식과 어떻게 연관되는지를 볼 수 있는 주제도 다루어왔다.

이와 같은 연구들은 특정 기호가 우리에게 익숙한 의미를 가진 것으로 고착되는 기호학적 의미 구성 과정semiosis을 기술·분석한 것이다. 이 과정에는 거듭되는 인용을 통한 의미 형성이 포함되며, 기호와 여타 사회적 자질들이 마치 고유한 연계성을 가지고 있는 듯이 보이게 하는 전형화(Urciuoli 1996)로 귀결된다. 이러한 연구들과 마찬가지로 이 글에서 다룰 아재 개그의 '아재'는 대중매체에 무수히 인용, 회자되는 용어다. 여기에서 '인용'이란 나카시스(Nakassis 2012)의 '인용citation' 개념을 빌려, "동일한 틀 속에 다수의 기호학적 사건들을 집합시켜 하나의 목소리로 만드는 작업이며, 한 담론적 행위로 다른 담론에 새로운 생명을 불어넣는reanimation 행위"(Nakassis 2012: 626)로 이해하고자 한다.

다음 절에서는 크게 말장르로서의 '아재 개그'의 구조적 특징, 그리고 '아재'상像의 형성 과정, 이 두 측면으로 나누어 기술·분석하고자 한다. 이 글에서 분석·기술할 자료는 대부분 방송과 인터넷에서 수집 가능한 아재 개그의 사례와 아재 담론들이다. 연구자가 본 연구의 아이디어를 생각한 것은 〈개그콘서트〉의 '아재씨'가 시작된 2016년 3월이었다. 현재까지도 신문 기사, 문화 비평, 블로그, 페이스북 등에서 '아재'라는 단어가 지속적으로 등장해왔다.[3] 그러므로 아재 개그의 사례는 물론 아재라는 용어가 활용된 사례를 찾기는 어렵지 않았다. '아재'라는 용어가 사용되는 방식을 보기 위하여 주로 언론의 담론(주로 문화 비평) 및 블로그, 광고, 페이스북 및 트위터와 같은 SNS상의 포스트 및 댓글에 의존하였다. 그 외에도 연구자 주위의 20~40대 성인을 대상으로 비공식 인터뷰를 통하여 인터넷상의 아재 개그에 관련된 의견을 구할 수 있었다. 아재 개그 사례들은 2016년 3월 이후부터 9월까지 주로 TV에서 방영된 예능 프로그램이나 코미디 프로그램에서 찾았고(가령, 〈개그콘서트〉의 '아재씨', 〈웃찾사〉의 '부장개그', 〈SNL 코리아〉의 '아재셜록', 〈마리텔〉의 오세득 셰프), 그 밖의 아재

3 물론 2016년 11월 현재 인터넷 포털 뉴스와 페이스북은 정치적 보도 및 평론이 대부분이기 때문에 '아재' 관련 기사는 거의 눈에 띄지 않는다.

개그의 사례를 인터넷의 블로그 및 웹툰 등에서 찾았는데, 수집된 사례는 대략 100여 개다.[4] 아재 개그의 양식에 따라서 사례를 분류했으며, 화자와 청자 간의 관계를 보기 위해서는 코미디와 같이 서사 양식이 있는 것을 주로 참고하였다. '아재' 용어의 인용 사례들은 광고에서부터 페이스북의 댓글 등 수없이 많은데, 특히 '아재'로 지칭되는 대상에 주목하였다.

3. 아재 개그의 구조적 특징

1) 아재 개그의 정의

'아재 개그'의 사전적 의미는 아직 없지만, 인터넷상에서 통용되는 정의 중 공통적인 것을 모아보면 다음과 같다. 주로 '재미없는 개그', '시대에 뒤떨어진 개그', '다소 무리한 개그', 그리고 '(아저씨들이 하는) 썰렁한 말장난'이라고 정의된다. 페이스북이나 문자 메시지에서 아재 개그를 자주 하면 '독거노인 지름길' 혹은 '대인관계를 끊는 길'(대학생, 여성, 23)이라는 식의 반응을 보이기도 한다. 아재 개그와 유사한 것으로서 한국사회에서 1990년대에 '썰렁 개그'가 유행한 적이 있었다. '썰렁하다'라는 것은 '웃기지 않다', '싱겁다'라고 흔히 하는 청자의 반응을 묘사한 것이다. '썰렁 개그'의 사례는 다양하지만 그중 특히 수수께끼의 형식을 따

4 아재 개그 사례의 수를 정확히 가늠하려는 시도는 하지 않았다. 왜냐하면 아재 개그 중에도 한 단어(가령, '시립대')를 활용한 다수의 버전('손이 시립대', '발이 시립대', '서울시립대')이 존재하므로, 이것을 굳이 개수로 따지는 것은 무의미하기 때문이다.

라서 '곤충을 3등분 하면? 죽는다'[5]와 같이, 지극히 당연하기 때문에 오히려 답을 예상하지 못하게 하는 것이 있다. 이러한 수수께끼와 같은 말놀이는 청자로 하여금 '썰렁하다'는 반응을 일으킨다고 해서 '썰렁 개그'로 불렸다. 소위 썰렁 개그라고 불리는 많은 사례가 현재 아재 개그의 사례들로 재활용되는 경우도 많이 발견된다. 가령, '대통령 선거의 반대말은? 대통령 앉은 거'와 같은 것은 최근 '아재 개그' 모음에서도 흔히 발견되는 사례인데, 1990년대 당시 유행했던 썰렁 개그의 사례이기도 하다.

이러한 썰렁 개그는 2000년대에는 '허무 개그'라고 불리기도 하였다. 변혜원(2011)의 중학생의 허무 개그[6] 사례들을 볼 때 예전의 썰렁 개그라고 불린 사례들이 다수 포함된 것으로 보인다. 이와 같이 동음이의어를 이용한 말놀이는 이미 존재해왔던 말장르이며, '아재'들만 하는 것은 아니었다. 변혜원(2011)의 청소년 언어 연구 결과 중 소위 허무 개그로 범주화된 말놀이 관련 기술을 살펴보면, '바나나를 먹으면 나한테 반하나?'라는 동일한 말놀이 사례가 존재한다. 이 외에도 '수박을 먹으면 나한테 반할 수밖에'와 같은 것도 청소년이 사용했던 사례들인데, 최근 아재 개그의 사례로서 통용되기도 한다.

그리고 아재 개그의 사례들은 소위 '넌센스 퀴즈'라는 이름으로도 통용되어왔는데 이것도 위의 썰렁 개그 및 허무 개그와 마찬가지로 주

5 '썰렁 개그'의 사례들은 현재 연구자의 기억에 남아 있는 것 외에 인터넷상의 개인 블로그에서 자료를 찾을 수 있었다.

6 '허무 개그'는 1980년대 일명 '최불암 시리즈'와 같은 우스개 소리를 지칭하는 용어이기도 했는데, 당시 허무 개그를 놓고 세대를 구분하기도 하였다. 즉, 허무 개그를 알아들으면 신세대이며 알아듣지 못하면 구세대라는 것이다. 그런 허무 개그가 오늘날 '아재 개그'로 재탄생하게 되면서 이제는 '쉰세대'가 하는 유머가 되었다.

어진 질문에 직설적으로 답하기보다는 다의성과 다음성을 고려해야 답할 수 있는 수수께끼[7]와 같은 형식을 따른다. 가령, '세상에서 가장 큰 컵은? 월드컵'과 같이 질문의 지시적 의미보다는 어휘의 중의성을 파악해야 대답 가능한 문제다. 결국 아재 개그는 이미 존재해왔던 수수께끼, 넌센스 퀴즈, 썰렁 개그, 허무 개그 등에서 이용되는 동음이의어 말놀이 형식을 모두 포함하는 말장르라고 할 수 있다. 이와 같이 아재 개그 자체가 형식상 예전의 썰렁 개그 및 허무 개그와 큰 차이가 없기 때문에 흔히 "유행에 떨어진 농담"(여성, 대학생, 21세)이라고 불리기도 하며, 젊은이들 사이에서는 "왜 우리가 흔히 난센스 퀴즈라고 불렀던 것을 굳이 아재 개그라고 하는지 모르겠다. 왠지 '그들'이 우리 것을 가져간 느낌이다"(여성, 대학원생, 27세)라고 하기도 하였다.

타 사회에서 아재 개그와 유사한 사례로 일본의 '오야지 개그'가 있다. 오야지 개그おやじギャグ란 주로 중년층 남성이 자주 사용하는 다자레駄洒落—동음이의어同音異議語나 유음어類音語(음이 거의 유사한 단어)로 노는 일종의 말놀이[8]—혹은 지구 치地口—속담이나 경구 등 발음이 비슷한 어구를 서로 맞춰서 노는 말놀이—의 요소를 포함한 개그(천호재 2014: 123)다. 천호재(2014)에 따르면 일본에서는 중년 남성이 오야지 개그를 하면 너무 재미가 없어서 젊은이(20~30대)들이 오야지 개그의 화자에게 반감과 혐오감을 갖는다고 한다. 유사한 말장르로서 미국의 '아빠 농담dad jokes'이 있는데, 이도 일본의 오야지 개그와 마찬가지로 청자로부터 그리 좋은 반

---

7 좀 더 자세히 분류한다면 수수께끼라는 장르 내 하위장르인 '농담 질문'(joking question)에 가까울 것이다(Green 1992).

8 오야지 개그의 사례로는 カレーは辛れ~('카레와 카레'라 읽히며 '카레는 매워'라는 의미)와 같이 '카레'와 맵다의 구어체 표현인 '카레'를 이용한 말놀이와 같은 것이 있다.

응을 얻지 못한다. Urban dictionary에 따르면 아빠 농담은 "주로 아빠가 아이들에게 하는 지나치게 저급하고 멍청한 농담An indescribably cheesy and/or dumb joke made by a father to his children"[9]으로 정의된다. 심지어 아빠 농담은 듣는 사람으로 하여금 '(너무 혐오스러운 나머지) 짜증을 내며 신음소리를 내게 하는groan' 반응을 일으킨다고도 한다. 즉, 청자에게 웃음이 아니라 괴로움을 주는 농담이 될 수 있다는 것이다.[10] 일본, 미국 모두 한국과 마찬가지로 동음이의어 말놀이를 활용하여 농담을 하는 화자는 중년 남성이라는 공통점이 있으며 이와 같은 말놀이는 청자로부터 웃음보다는 짜증과 같은 반응을 유발한다는 것을 알 수 있다.

이와 같이 국내 및 타 사회에 존재하는 동음이의어를 활용한 말놀이는 새로운 어휘 목록이 추가되면서 한층 더 다양해지고, 그 해석을 위한 맥락과 의미가 공유되어야 성립 가능하다. 그리고 한글, 한자, 영어, 숫자 등과 같은 각기 다른 기호를 활용할 수 있어야 한다. 다양한 기호를 이용한 동음이의어 말놀이 형식을 따를 때 매우 다양한 표현이 가능하다. 다음 절에서는 이러한 동음이의어 활용을 주요 특징으로 하는 아재개그의 언어적 형식을 기술 분석할 것이다.

---

9 Urban dictionary, https://www.urbandictionary.com/define.php?term=Dad%20Jokes

10 "25 dad jokes to make your kids groan," http://mashable.com/2014/06/14/best-dad-jokes/#R74ADZnl9sq3에서 참고하였음. 이 외에도 'How I survived dad jokes' 등 dad jokes에 대하여 많은 웹사이트에서 조롱하고 혐오하는 내용을 담고 있다. Dad jokes의 사례로는 "How does a Jewish man make tea? Hebrews it"(유태인 남자가 차를 어떻게 만드는가? 차를 달인다)와 같은 것이 있다. 여기서 유태인은 'Hebrew' 언어를 사용한다는 점에 착안하여 사용된 단어인데 마침 'He brews(tea)'가 차를 달인다는 의미이기도 한 것이다.

2) 언어 형식적 특징

아재 개그의 가장 공통적인 특징은 동음과 다중적 의미를 활용한 말놀이와 수수께끼의 형식으로 나눌 수 있다는 점인데, 다음과 같이 동음이의어를 사용한 말놀이 형식의 아재 개그가 인터넷상에서 유통되고 있다.

> **둘리**가 가만히 **둘리** 없어
> **참외**를 먹으니 **참 외**롭네
> **안주**는 더 **안주**나
> **고기**가 **고기**('거기') 있네
> **조기**는 **조기**('저기') 있네
> 바나나를 먹으면 나한테 **반하나**?
> 자가용이 너무 **작아용**

이 밖에도 아래와 같은 수수께끼의 양식(혹은 '넌센스 퀴즈')이 아재 개그 사례의 80%를 차지한다. 수수께끼 장르의 특징 중 하나는 의미의 모호성을 전략적으로 이용하는 것인데, 여기에 가장 빈번히 동원되는 언어적 선택이 동음이의어 및 문법적 모호성이다(Abrahams and Dundes 1972). 수수께끼란 그리스 신화에 등장하는 스핑크스의 유명한 수수께끼 문제처럼 일반적으로 상대방이 풀기 어렵게 만들어진다. 그린(Green 1992)은 수수께끼 중 '농담질문joking question'과 '알아차리기 놀이catch'로 분류했는데, 이 두 말장르는 청자로 하여금 오래 생각하지 않고 곧바로 답변을 하지 못하면 항복해야 하는 놀이의 조건과 웃음을 야기한다는 점에서 유머의 두 요소를 모두 포함한다는 특징이 있다. 아재 개그도 언뜻 보면 이러한 수수께끼의 형식을 가지기 때문에 문제를 냈을 때 재빨리 답할 수 있지 않으면 '항복'을 해야 하는 일종의 게임과 같다고 할 수 있다. 다음은 다양한 인터넷 사이트에서 수집된, 방송에서나 일상생활에서도 활용되는 아재 개그 사례 중 일부다.

> 새우가 출연하는 사극은? 대하 사극
> 허구한 날 미안한 동물은? 오소리
> 아몬드가 죽으면? 다이아몬드
> 비가 1시간 동안 내리면? 추적 60분
> 고양이가 미워하는 고양이는? 미어캣
> 설날에 세뱃돈을 못 받은 사람을 뭐라 하나? 설거지
> 세상에서 가장 가난한 왕은? 최저임금
> 손가락은 영어로 핑거다. 그럼 주먹은? 오므린거
> 불인데 뜨겁지 않은 불은? 이불
> 뱀이 불에 들어가면? 뱀파이어
> 그늘에 있으면 행복한 이유는? 해피해서
> 논리적인 사람이 총을 쏘면 나는 소리는? 타당 타당
> 햄버거의 색깔은 무슨 색인가? 버건디
> 신이 아이를 낳으면? 갓난아이

대부분의 아재 개그 사례들은 여타 사회 및 집단 내 말놀이와 마찬가지로 대중문화 및 한국어, 한국 문화적, 그리고 시대적 특수성을 파악하지 못하고는 그 의미를 이해하기 어렵다. 가령, 〈추적 60분〉의 경우 현재 나올 수 있는 아재 개그로서 청소년에서 노년까지 포괄하는 일반 대중이 이해할 수 있는 내용이겠지만, 아재 개그와 형식이 같은 90년대 썰렁 개그의 한 사례로서 '창문 100개 중 5개가 깨지면? 윈도우 95'와 같은 것은 '윈도우 95'가 나온 후 태어난 현재 10대 청소년은 이해하기 어려울 것이다.

아재 개그는 또한 특별한 말재간이 요구되지 않고, 무한 반복하여 재생산될 수 있는 말놀이다. 전통적인 말장르 중 하나인 '곁말'의 경우 '말재주가 있어야 할 수 있는'(최진숙 2010[1995]) 것으로 보고된 바 있다. 곁말을 달리 지칭하는 '빈담'도 '상대방을 웃기는 말' 혹은 '웃기려고 (말을) 돌려서 하는 말'(왕한석 2010: 151) 등 말하는 기술이 요구된다. 한국사회 청소년의 언어사용을 연구한 변혜원(2011)은 청소년 사이 교환되는 말놀이의 경우 '말을 엄청나게 재미있게 하는' 기술을 일종의 집단 내 일종의 '권력'을 가질 수 있는 자원이기도 함을 논의한 바 있다. 반면 아재 개그는 단순한 구조 때문에 뛰어난 말재간을 가지지 않은 사람도 몇 가지 공식을 기억하여 재생산하거나, 반복할 수 있도록 하는 특징이 있다. 가령 아래와 같이 동일한 어휘로 여러 변이형을 만들어낼 수 있다. 아래에서 보듯이 '추우면?'과 '~가 웃으면?'이라는 질문, 그리고 '시립대'와 '풋'이나 '킥'이 포함된 답변이 무한 반복될 수 있다.

서울이 추우면? 서울시립대
서울대가 추우면? 서울시립대
시립대 가면 손이 시립대
시립대 가면 발이 시립대

축구공이 웃으면? 풋볼
사과가 웃으면? 풋사과
고추가 웃으면? 풋고추
바나나가 웃으면? 바나나킥
칠판이 웃으면? 킥보드

이와 같이 무한 반복하여 생산될 수 있는 말놀이로서의 아재 개그는 앞서 언급했듯이 예전의 수수께끼, 넌센스 퀴즈, 허무 개그, 썰렁 개그 등으로 불렸고, 언어적 형식에 있어서 이러한 장르들의 형식과 크게 다르지 않다. 모두 단순한 농담과 같은 말장르와는 달리 '언어를 사용한 유머스러운 게임' 형식이라는 점이다. 사례들 중 수수께끼와 같이 풀기 어려운 문제를 의도한 것도 있고, 재치가 넘치고 웃음을 유발하는 것도 있지만, 단순히 동음이의어를 활용했다는 것 외에 그다지 말재간이 필요하지 않는 것들도 있다. 다음 절에서 다룰 참여자들 간의 사회관계야말로 아재 개그가 예전의 유사한 말놀이와 차별성을 가지는 주요한 특징이다.

3) 아재 개그에 참여하는 화자들 간의 사회관계

위에서 언급했듯이 아재 개그는 예전에 존재했던 말놀이 장르의 특징을 가진다. 다른 점이 있다면 예전의 말놀이와 달리 '아재가 하는 개그'라는 의미에서, 특정 화자가 명시되었다는 점이다. 아재 개그의 화자는 그 명칭에서 알 수 있듯, '아재'라고 불릴 수 있는 사람이다. 전통적으로 '아재'란 경상도 지역 방언에서 보통 부계 쪽의 '오춘아재비FFBS'나 칠춘아재비FFBSS'로 사용하는데, 남편의 혼인한 남동생을 지칭하는 '씨아재HBy'와 같은 경우처럼 지칭 대상이 연하인 경우에는 '아재'라고 하기도 한다(왕한석 2012: 130-137). '아재'는 결국 항렬상으로는 자신보다 높지만, 나이는 어릴 때 흔히 사용하던 친척용어다. 그러나 현재 인터넷이나 방송에서는 의사친척용어로서 '아저씨'와 같은 의미로 사용되다가, 그 의미가 확장되어 세대를 가르기 위한 호칭/지칭어로 사용되어왔다. 가령, '오빠와 아저씨 중간에 있는 아재' 혹은 '오빠 아닌 아저씨 아닌' 사람이 '아재'라고 불린다고 하기도 한다(조선일보 2016. 6. 7). 한국사회에서는 이미 의사친족용어가 광범위하게 사용되어왔으며, 그중 '아저씨' 혹은 '삼촌' 등은 오빠라고 부르기에는 나이가 더 많은 남성을 지칭하는 용어로 사용되어왔다. 아마도 '아재'는 그 변이형 중 하나로서 '오빠'와 '삼촌'의 중간 지점에 모호하게 위치한 남성을 지칭하는 데 사용할 수 있는 용어로 볼 수 있을 것이다.[11]

방송에서 등장하기 시작한 아재 개그의 화자는 주로 중년 남성인데, 드라마에서 흔히 등장하는 아버지나 남편과 같이 가족 내 관계 속에서의 남성으로 그려지기보다는 회사에서의 부장, 가게에서 흔히 볼 수 있는 평범한 아저씨, 문제를 해결하려 나오는 탐정 등으로 등장한다. 가령 KBS에서 방영된 〈개그콘서트〉의 '아재씨'라는 코너에 등장하는 '아재'는 '아재 악령'이 씌워진 중년 남성으로 등장한다. 다른 등장인물들은 아재 악령을 쫓아야 하는 퇴마사들이다. 이 '아재씨'는 전혀 매력적이지 않을 뿐만 아니라, 오히려 혐오를 유발하는 행동을 하는 중년 남성이다. 흰색 속옷 셔츠 바람에 반바지, 무릎 바로 아래까지 추켜올린 양말, 그 양말을 신은 상태에서 샌들을 신고 나온다. 거기다가 타인 앞에서 지켜야 할 매너도 없다. 남 앞에서 코를 푼다거나, 이쑤시개로 이를 쑤신 후 나온 음식을 다시 먹는다. 그러나 이를 보고 있는 사람들은 직접적인 비판은 하지 못하고, 혐오스럽다는 반응만 보일 뿐이다. 그러나 주인공 '아재씨'는 너무 당당한 표정으로 아무 일 없다는 듯이 행동한다. 여기 덧붙여, '세종대왕이 나온 고등학교는? 가갸거겨고교'라고 하면서 등장인물 중 청자들—아재 악령을 쫓으려 온 퇴마사들—과 방송국 스튜디오의 청중들에게 '이거 웃긴 건데 안 웃어?' 하며 웃음을 강요한다. 이와 같이 아재 개그와 아재는 〈개그콘서트〉에서 청자의 불편함을 초래하고 야유,

11 이러한 모호한 위치를 지시한다는 점이 '아재'의 다양한 활용을 가능하게 하지만, 최근 중년 남성에 대한 대중매체의 관심의 증가도 관련이 없지 않다.

비난, 혹은 조롱의 대상으로 묘사된다.

이에 관련, 문화비평에서는 〈개그콘서트〉 프로그램이 더는 웃기지 않는다며[12] 그중 '아재씨' 코너를 예로 들었다. 이미 아재 개그 자체가 "재미없는" 개그인데 그것을 개그 프로그램의 한 코너로 만든 것은 스스로 함정을 판 것이나 다름없다는 것이다. 웃기지도 않은 아재 개그를 계속 시도하는 인물을 등장시킴으로써 아재 혹은 아재 개그 자체를 희화화하는 효과가 있지만, 개그 프로그램이 제공해야 하는 '웃기는' 효과는 없는 셈이다. 그러므로 개그 프로그램에 등장하는 아재 개그는 결국 재미없는 개그로 웃음을 유발하고, 아재 개그의 청자/청중은 가끔 (억지로) 웃어주어야 하는 상황에 처한다.

바로 이와 같이 강요된 웃음을 유발하는 아재 개그 연행자가 등장하는 또 다른 코미디 프로그램으로 SBS에서 방영되어온 〈웃음을 찾는 사람들〉에서는 '부장 아재'가 있다. 아래의 사례에서 등장인물 중 부장이 아재 개그를 연행하고, 이를 들은 신입 인턴직원이 이를—직장을 유지하기 위하여—버텨야 하는 일로 경험하고 있는 장면이 나온다.

> (첫 직장에서 인턴으로 일하게 된 등장인물이 직장을 가지게 되자 기뻐서 들떠있는 가운데, 그에게 부장이 다가온다)
>
> 부장: 어제 해오라는 서류는 다 했나?
>
> 인턴: 네, 오늘 오후까지 다 해놓겠습니다.
>
> 부장: 내가 인턴 때는 그러지 않았어요. 응?
>
> 나는 **말이야**, 얼룩**말이야**. (방청객 웃음)

12 『엔터미디어』, "위기의 개콘, 웃기지도 못하면서 무엇을 바라는가," http://m.entermedia.co.kr/news_view.html?idx=5838#cb(2016. 10. 3. 접속)

인턴: 예?

부장: (손으로 말의 앞발 흉내를 내며) 이히히힝! 깜짝 놀랬지?

인턴: (당황하는 표정으로) 아, 네. 정말 깜짝 놀랐습니다.

부장: 아, 그럴 때는 그냥 웃으면 돼.

인턴: (억지로 웃음) 아, 예. 하하하.

부장: 그렇지, 그렇지!

(중략)

(이후 이와 같이 부장 아재 개그가 계속되자 인턴으로 나오는 등장인물은 허공을 바라보며 "엄마, 나 꼭 정직원 되어야 하니까 참고 견뎌야겠지?"라며 울먹이자 청중 웃음)

[SBS 〈웃음을 찾는 사람들〉의 156회 2016. 7. 29 '부장 아재' 중]

이와 같이 아재 개그가 권력 남용과 연관된 경우는 부장님이라는 인물이 아재 개그를 연행하는 프로그램에서 확연히 드러난다. 전통적인 한국사회에서의 '농하는 관계'(최진숙 2010[1995])는 일시적일지라도 동등하고 친밀한 관계를 의미한다. 그리고 또 다른 말놀이 장르인 '곁말'의 화자는 일반적으로 '저 사람은 원래 저렇게 싱거워'(최진숙 2010[1995]: 447)라고 하듯, 단순히 말로 장난을 잘 치는 사람으로 묘사되는 것으로 보아, 실제로 화자와 청자들 간의 관계가 아재 개그와 같이 상하 관계로 규정되지 않는다. 그러나 코미디 프로그램에서 연행되는 아재 개그의 경우, 비대칭적 사회관계를 맺고 있는 참여자들 간에 상위자가 아재 개그를 연행하고, 손아래이거나 지위가 낮은 청자는 웃음으로 수동적으로 반응하는 것으로 묘사된다. 위에 기술된 '부장 아재'의 에피소드의 경우 인턴직의 젊은 남성 청자가 웃기지 않은 아재 개그에 억지로라도 웃음으로 반응해야 하는 이유는 바로 인턴을 마치고 나서 정직원이 되기 위해서는 아무리 어려운 일—이 경우 억지웃음을 지어야 하는 일—이라도 감내해야 하기 때문이다. 아재 개그는 이와 같이 한국사회에서 '갑을관계'

혹은 '상명하복'으로 대변되는 위계관계를 잘 보여주는 언어 사용 양식으로 비치고 있는 것이다.

앞서 '아재씨'와 '부장아재'에서 등장하는 아재는 중년 남성이 욕망하는 일상적인 권력의 재현을 담고 있기도 하다. '아재씨'에 등장하는 중년 남성이 공공장소에서 무례한 행동을 함으로써 웃음을 유발하는가 하면, '부장 아재'에서는 부장들이 친근한 농담을 하는 듯하지만, 결국 위계관계에서 하위 청자가 억지로 웃어야 한다. 이러한 서사에서 중년 남성의 권력은 아재 개그와 같은 농담의 연행을 통하여 확인되기도 하지만, 동시에 희화되기도 한다. 즉, 한편으로는 중년 남성의 권위가 쇠락하는 모습을 연행하지만, 한편으로는 그들이 여전히 이 사회의 위계질서 내에서 차지하고 있는 위치를 재현하는 것이다. 이러한 특징은 아래의 사례와 같이 상위자의 아재 개그를 인용한 후, 이를 권력의 남용으로 해석하는 시각을 반영한 메타화용론적metapragmatic 담론에서 재생산된다.

> 교수님이 '오늘 메뉴는 산채비빔밥인가? 죽은채비빔밥보단 낫지'라고 하니깐 조교들이 모두 웃는다. **나도 저런 권력을 손에 넣고 싶다**.
>
> [2015. 8. 12. 한 트위터(twiter) 사용자의 페이지.
> 당시 6812번 리트윗(retweet)된 발언]

이 아재 개그의 인용은 마치 위의 '부장 아재'의 한 에피소드와 같이, 상위자가 아재 개그를 연행하고, 하위자인 청자들이 (억지로) 웃는 현장을 묘사하고 있다. 거기에 더 나아가 이 트위터 사용자는 이에 대하여 '나도 저런 권력을 손에 넣고 싶다'라는 상위화용론적 평가를 덧붙인다. 즉, 교수님이라는 상위자의 위치에 있는 화자의 아재 개그 연행 자체가 그가 가진 권력을 반영한다는 것으로 묘사된 것이다.

이러한 상사들의 개그에 대한 억지웃음을 둘러싼 메타화용론적 논평은 실제 회사 조직 내 인간관계 관련 설문 조사에서도 발견된다. 가령, 2014년 실시된 삼성화재의 사내 설문조사[13]에는 다음과 같은 문항과 선택할 수 있는 답변이 포함되어 있다. 물론 당시에는 아재 개그라는 명칭을 사용하지 않았지만, 상사의 '썰렁한' 농담이라고 하는 것을 보면 현재 아재 개그라고 부를 수 있는 농담을 의미하는 것으로 보인다. 이는 당시 〈개그콘서트〉의 한 꼭지였던 '애매한 상황에서 어떻게 할까'를 질문과 함께 답변을 해주는 방식을 패러디하여 직장 내 애매하고 어려운 상황에서 잘 적응, 극복하는 방법을 알려주는 부분이었다.

Q 상사의 썰렁한 농담에도 웃어야 할까?

(1) **웬만하면 웃어드린다**.	**85%**
(2) 박장대소하며 오버리액션 하기	2%
(3) 웃지 않는다. 버릇 되신다.	6%
(4) 과반수 이상이 웃으면 따라 웃는다.	3%
(5) 기타	5%

이와 같이 부장 아재 개그에 '웃어드린다'도 있지만, 더 나아가 부장과 같은 상사, 혹은 연장자에게 '잘 보일 수 있는 방법'으로서 아재 개그가 활용되기도 한다. 심지어 아재 개그 사례들을 모아놓은 것 중에는 "직장생활 편하게 해주는"[14] 혹은 "부장님께 사랑받을 수 있는"[15] 아재

13 『삼성화재 NEWS』, "[talk talk 설문조사] 직장생활 중 애매한 상황, 당신의 선택은?" http://blog.samsungfire.com/2472(2018. 9. 3. 접속)

14 『인사이트』, "직장생활 편하게 해주는 아재개그 25선," https://m.insight.co.kr/newsRead.php?ArtNo=42815(2018. 12. 20. 접속)

15 『인사이트』, "딸랑딸랑 부장님께 잘 보일 수 있는 아재개그 20선," https://www.insight.co.kr/news/56186(2018. 12. 20. 접속)

개그 등이 있는데, 이는 조직 내 중년 남성 상사의 권력에 복종하거나 그와 연대감을 형성해야 조직생활을 잘할 수 있음을 의미한다.

지금까지 아재 개그의 언어 형식 및 참여자 관계 등을 포함하는 특징을 기술하였다. 아재 개그의 특징은 아재 개그의 무한한 재생산, 반복이 가능하다는 언어 형식적 특징, 그리고 중년 남성이라는 특정 젠더 및 연령대 화자와 비대칭적 관계에 놓인 청자라는 참여구조의 특징을 가진다. 바로 이러한 구조적 특징은 다음 절에서 논의할 아재의 전형화와 밀접한 연관을 가진다. 다음 절에서는 아재 개그의 화자인 '아재'라는 인물이 다양한 담론 속에서 인용, 회자되어 전형적인 이미지로서 재생산되는 양상을 분석, 기술하고자 한다.

4. '아재'의 지표성indexicality과 도상화iconization

3절에서는 2절에서 기술한 아재 개그의 구조적 특징이 다양한 소통매체에서 다양하게 인용, 활용되고, 더 나아가 사회적 범주에 투사되어 나타나는 양상에 주목하고자 한다. 2절에서는 아재의 성질들이 언어적 형식 및 참여자 관계의 측면에서 나열되었다면, 3절에서는 이러한 성질이 기호학적 작용을 통해 특정 이미지로서 고착화되는 과정을 기술할 것이다.

앞서 언급했듯이, 이제까지 유사한 형식의 말놀이가 다른 명칭으로 존재해왔음에도 불구하고, 아재 개그만큼 대중매체에서 빈번히 언급된 경우는 없었다. 아재 개그의 경우 특히 그 화자인 '아재'만 별도로 온라인과 오프라인 소통 공간에서 무수히 인용되고 있다. 특히 앞 장에서 논의했던 비대칭적 참여자 관계에서 권력과 권위를 가진다고 간주되는 '아재'는 바로 그것이 한국사회 중년 남성이 가지는 가부장적 권위주의를 대변하는 것으로 인용된다.

가령, '아재도의회'라 제목을 붙인 『강원도민일보』의 오피니언 섹션에서는 다음과 같이 정치적인 보수성을 '아재'의 속성과 연관시킨다.

> 공동체를 위해 기성세대 역시 현실에 안주하거나 자신의 생각만을 고집하지 않고 젊은세대와 함께 능동적으로 조응해야 한다. … 경선 결과 후반기 의장과 부의장, 그리고 5개 상임위원장과 예결특위위원장까지 9자리 모두 새누리당 의원으로 사실상 결정됐다. 전체 의석의 81.8%를 차지하고 있는 새누리당으로서는 당연한 일이라고 강변하지만, 8석의 야·무소속도 전체 의석의 18.2%에 이른다. 그래서 소수에 대한 배려와 특히 '협치'가 강조되는 시대정신에 반한다는 점에서 아쉬움을 남겼다. '**아재**도의회'라 할 만한 일 아닌가.[16]

이와 같이 권위주의적이고 소통과 공감 능력이 부족한 정치인을 '아재'라고 부르는 경우는 아재의 자질을 과거의 관습을 답습한다는 것으로 규정함을 의미한다. 기성세대지만 "자신의 생각만 고집"하지 말고, "소수에 대한 배려"를 해야 하는데 이를 못한다는 점에서 '아재'라 불릴 수 있다는 것이다.

'아재'는 반드시 중년 남성 자체만이 아닌, 위의 논평에서처럼 몇 가지 행위의 특징을 가진 사람을 지칭한다. 이 외에도 연령과 무관하게 자신보다 상대적으로 어린 사람 앞에서 선배 노릇하고 권위적으로 가르치려 드는 사람을 아재라고 하기도 한다. 이 경우 '아재'는 '꼰대'라는 용어와 동일한 것으로 사용되기도 한다. 자칭 '아재'도 없지 않은데, 흔히 '시

16 『강원도민일보』, "아재도의회," http://www.kado.net/news/articleView.html?idxno=788147(2016. 9. 3. 접속)

대 흐름에 도태될 때'나 '어린 시절이 문득 그리워질 때' 자신을 아재로 여긴다고도 한다. 가령, 20대 대학생이라도 스스로 자신을 아재라고 규정하는 경우도 있는데, 바로 아래와 같이 소위 '인생 선배'로 자칭하는 경우다. 다음은 최근 모 대학의 익명 게시판에 95년생 복학생이 올린 소위 '선배로서의 조언'이 페이스북 및 블로그상에서 유통되어왔는데, 이를 발췌한 것이다.

> 95 **아재**다. 인생 선배로서 조언 몇 마디 한다.
> 인생무상이라…살다보니 나도 이제 **아재** 소리 듣게 되었다.
>
> 엄청 어릴 때는 패기라도 있었지
> 이젠 나이도 먹을 대로 먹어서 패기조차 없어졌다
> 그래도 나이 좀 먹은 인생 선배로서 몇 가지 조언 좀 해주자면…(2016. 7. 17)

이 사례는 '아재'가 중년 남성을 의미하는 것이 아니라, 20대임에도 불구하고 '상대적으로 더 나이든 사람'이라는 의미로 과장하여 사용한 것이다. 실제로 대학생들과의 비공식적 인터뷰에 따르면, 군대 전역 후 복학한 남학생들이 대학에서 '아재'라고 지칭되는 경우가 없지 않다고 한다. 가령, 대학생들의 익명 게시판에서는 대학생들 중 '11학번이 복학하면 아재 소리 듣나요?'라는 질문이 올라오기도 한다. 그 밖에도 20대 대학생들과의 비공식적 면담에 의하면, "재미없는 개그를 눈치없이 하는 것, 그런 걸 아재 개그라 한다. 예를 들면 '바나나를 먹으면 반하나?' 이런 거 (웃음). 별로 재미 없다. 심지어 복학생들도 이런 개그 가끔 해서 복학생들 오빠들을 '아재'라 부르기도 한다"(22세, 여학생)라고 하는 등, 인터넷상에서 떠도는 담론과 크게 다르지 않다. 앞에서 언급했던 '웃음을 강요하는' 아재 개그의 화자들은 개그 프로그램만이 아니라 일상에서도 존재하는 것이다.

'아재'가 상대적으로 구세대에 속하는 사람을 지칭하는 의미로 사용된다는 점에서 특정 상품의 소비자와 등치되는 방식으로도 표현되기도 한다. 가령 페이스북에서 25세 정도 된 선배가 '이번에 아이폰에서 삼성폰으로 바꾸었다'고 하자 후배들이 댓글에 '아재요'라고 하는 경우다. 그 밖에도 (헤비)메탈 음악을 즐겨 듣는 선배 남학생(복학생)에게 후배 남학생이 '아재가 다 되었군'이라는 반응을 보이기도 한다. 대학생들의 익명 게시판에는 '동아리 후배들한테 여름방학에 지리산 좀 같이 갈 사람 없냐고 하니까 등산하면 아재 같다고 무시당함 ㅠㅠ'이라는 글이 올라오기도 하였다. 이러한 예들에서 삼성폰, 헤비메탈, 등산 등은 바로 아재의 지표들로 열거될 수 있다.

'아재'는 한국사회의 구세대적 지표들만 의미하는 기호에 머물지 않으며, 그 범위는 시공간을 넘나들기도 한다. 2016년 하계 올림픽 경기에서 다수의 금메달을 획득한 수영선수 펠프스가 한때 부항을 뜬 적이 있었다. 그의 어깻죽지에 부항 자국이 남아 있는 것을 보고 네티즌들은 그에게 '아재'라는 명칭을 붙이기도 하였다. 여기서 네티즌들의 담론은 이 외국 남성 운동선수 몸에 있는 부항 자국이라는 기호를 한국 중년 남성의 속성이라는 의미와 연결시킨 것이다. 또 다른 신문 기사에서는 그 제목에서 한국의 중년 남성이 아닌 사람을 지칭할 때도 '아재'가 사용되기도 한다. 가령, 미국 대통령 후보 트럼프에 대하여 "천만원대 명품 브리오니 '아재 스타일'로 입는 트럼프, 저소득 백인 남성 사로잡아"[17]라고 한 것이 그 한 예다. 당시 대통령 선거 운동 중 민주당의 클린턴 후보가

17 『한국경제』, "천만원대 명품 브리오니 '아재스타일'로 입는 트럼프, 저소득 백인 남성 사로잡아," http://www.hankyung.com/news/app/newsview.php?aid=2016071579631(2016. 9. 16. 접속)

흰색 정장 바지를 입은 반면, 공화당의 트럼프 후보는 영화 007 시리즈의 주인공인 제임스 본드가 입는 명품 브리오니를 입었다. 그런데 명품 양복을 좀 큰 사이즈로 헐렁하게 입은 모습 때문에 트럼프는 제임스 본드처럼 세련되어 보이지 않는다는 평을 받은 것이다. 이와 같이 펠프스와 트럼프 두 인물의 경우 시공간적으로 상이한 맥락에 '아재'라는 지표적indexical 기호로 불림으로써 호출된 것이다.

이 밖에도 '아재'의 속성을 아재상과 연결시키려는 전략은 "~하면"이라는 공식의 활용이 두드러진다. 가령, '아재'를 정의하는 데 사용되는 속성들이 "목깃 세운 티 입고, 추어탕 먹는 39세 남성"이라는 묘사에서 의상, 음식, 연령 등 다양한 자질로 구성되기도 한다. 그 밖에도 인터넷에는 "(1970년 당시 칠성 콜라병 사진을 가리키며)이 콜라 기억하면 아재", "버스 요금 130원 기억하면 아재", "문자할 때 물결무늬 표시 많이 하면 아재" 등과 같은 담론이 유통되고 있다. '부항', '추어탕', '헐렁한 양복', '삼성폰', '물결무늬' 등은 아재를 연상시키는 지표들로 제시되어 아재를 전형화하는 전략으로 활용되고 있다. 이와 같이 음악, 음식, 패션 등 소비문화에 대한 담론에서 '아재'가 다양한 맥락을 넘나들며 적절하게 지표 기호로 활용되는 양상이 보인다.

아재를 구분하는 전략은 "---을 먹으면, 하면, 사면, 입으면" 등과 같이 명백한 증거가 제시된다고 간주되는 텍스트를 만들어내는 것으로 요약된다. 그리고 아재를 전형화하는 기호학적 전략은 대조되는 성질을 구분함으로써 구현된다. '아재'를 경험 가능한 성질로 상상하는 작업은 A vs. B로 구분함으로써 가능해지며, "유사성—도상적 관계—은 바로 '차이'의 맥락에서 해석"(Gal 2013: 34)될 수 있기 때문이다. 갈은 상호 구분되는 특정 언어의 특징들이 마치 실체가 있는 것으로 구성하는 기호학적 작용을 논의하면서 이러한 기호학적 작용은 대조되는 성질의 구분에 의존하는 경향을 기술한 바 있다. 가령 '차분하고 단순함'이 마쟈

르어Magyar[18]의 성질로 간주된다면, 독일어나 이탈리아어는 그 문법에서도 '꾸불꾸불하고 돌려진twisty and turny' 성질이 있는 것으로 간주된다는 것이다(Gal 2013: 36). 이와 마찬가지로 "--하면 아재"라는 공식은 구세대를 지표하는 기호(예: 삼성폰)를 문장에 인용함으로써 그 기호와 '아재' 집단을 연결하여 누구나 쉽게 알 수 있는 '아재'의 의미 혹은 '아재성性'을 형성한다. 그리고 이를 확인 및 강화reinforce하는 전략으로써 '아재 대 오빠/꼰대'라는 이분법적 대립을 사용한다. 양복을 헐렁하게 입은 사람이 '아재'라면, 타이트한 양복을 입은 사람은 '오빠'라고 하는 대립 구도에서 기호와 사람됨personhood 사이의 유사성을 수립하고 아재를 전형화하는 데 성공한다.

이상과 같이 "--하면 아재"라는 공식을 이용한 인용은 주로 세대를 가르는 담론 속에서 아재가 '아닌 것'을 배제함으로써 도상화에 기여한다. 이와 같이 도상성을 구성하는 과정이 바로 'A 하면 A′'라는 공식에서 A′라는 사람들의 전형적 상像을 만들어가는 과정이다. A가 아재성性이라면 A′는 아재상象이며, B는 아재성으로 요약되는 성질들과 반대되는 성질들이다. 이를 간략히 도식화하면 다음과 같다.

B ⟷	A ⟶	A′
아이폰	삼성폰	아재
타이트한 양복	헐렁한 양복	
오빠	꼰대	
코카콜라	칠성콜라	

18 헝가리어를 달리 지칭하는 이름.

5. 결론

이 글에서는 크게 말장르로서의 아재 개그의 구조적 특징, 그리고 대중매체에 빈번히 언급되는 '아재'라는 용어의 사용 양상에 주목하여 아재 개그의 사회문화적 의미를 파악하고자 하였다. 이를 위하여 최근 유행하는 아재 개그 사례들을 분석, 기술하고, '아재'라는 기호가 어떠한 사회적 특질로 구성되며 어떤 이미지로 전형화되는가를 대중매체 및 인터넷 등에서 수집한 자료를 중심으로 고찰하였다. 아재 개그의 말놀이적 사례들 및 개그 프로그램에서의 연행, 그리고 인터넷 및 SNS에서 표현된 아재에 대한 담론을 분석한 결과, 현재 한국사회의 중년 남성에 대한 담론이 축약된 것으로 보인다. '아재'는 '아재 개그'라는 말놀이를 하며 젊은 사람과 어울리고 하기 때문에 기존의 가부장적 권위주의를 벗어난 남성으로 보이기도 한다. 그러나 아재 개그가 연행되는 맥락과 참여자들 간의 관계를 보건대 아재 개그를 연행하는 화자는 여전히 '부장'이나 '교수' 등과 같이 위계 질서에서 상위에 있으며, 때로는 '꼰대'라고도 불리는 권위주의적 중년 남성이다.

실제로 '아재'라는 호칭이 지시하는 중년 남성이라는 세대는 명료하게 구분되기 어렵다. 패트리샤 코헨(2016)은 미국사회에서 '중년'이라는 개념이 생긴 지는 고작해야 50여 년밖에 안 되었으며, 실제로는 대머리 치료제와 같은 상품을 판매할 목적으로 마케팅에서 유용하게 활용된 개념이라고 주장한다. 즉, 특정 세대란 단순히 생물학적인 연령에 의한 구분이 아닌 역사, 사회, 문화적 맥락 속에서 창출되는 기호라고 할 수 있다. 마찬가지로 한국사회에서도 특정 세대를 이름 짓고 구분하는 것은 특수한 맥락의 지배를 받는다. 가령 소위 '386 아재'[19]는 단순히 '중년 남성'이라는 연령과 성을 구분하는 의미를 넘어, 한국사회의 특수한 정치적 굴곡을 겪었으며 민주화 운동의 승리를 맛본 자긍심과 동시에 현재 한국사회의 구조적 모순을 그대로 반영하는 세대를 의미한다(손희정 2017). 이와 같이 중년 남성이 단일한 세대와 성의 정체성으로 수렴될 수 없듯이, '아재'가 도상화하는 남성의 모습은 역사적으로, 문화적으로 특수하고 다양하며 한국 사회의 시대적 특징을 포괄하는 인물인 것이다. 그런데 이 글의 고찰 결과, 기호('아재')와 대상('아재다움') 간의 연관성이 아재의 고유한 속성인 양 자연화naturalization되어 한국 사회 중년 남성이 마치 시간과 공간을 초월한, 획일적인 정체성을 가진 것인 양 보이게 만드는 의미 작용을 파악할 수 있었다.[20]

이 글은 기존의 말장르 연구가 다루지 않은 인물상을 다룸으로써 말장르에 대한 언어인류학적 연구의 지평을 넓혔다. 기존의 국내 말장르 연구에서는 말장르의 범주 구분, 구조적 특징 및 사용 양상에 대한 분석 및 사회적 기능에 대한 파악에 주목하였다. 그러나 이 글에서는 아재 개그라는 말장르 범주의 속성이 '아재'라는 상상된 인물을 구성하는 데 전략적으로 이용되어 '아재'가 도상화되는 데 기여함을 파악하였다. 또한 대중문화 연구에서 언어인류학적 연구가 유용할 수 있음을 보여주었다. 국내외 코미디 및 드라마 속의 남성성을 다룬 문화 연구들에서는 코미

19 손희정(2017)은 더 나아가 최근 중년 남성들이 주로 등장하는 소위 '아재' 예능 프로그램에서 JTBC의 〈아는 형님〉과 같이 여전히 교복을 입는다거나, KBS의 〈미(운)우(리)새(끼)〉와 같이 여전히 어머니의 보살핌이 필요한 40대 중년 남성의 등장은 그 나이에도 '여전히 자라지 않는 중년 남성'을 재현한다고 하였다.

20 이런 의미에서 최근 국내 마케팅 담론에서 활용되는 '아재'의 변이형으로서의 중년 남성—가령 최근 유행하기 시작한 '아재 파탈'이나 '트렌드세터' 및 '꽃중년' 등—은 또 다른 방식의 '전형화'된 인물을 창출하는 데 기여한다. 이는 Agha(2011b)가 언급했던 '매개화된 인물(mediatized persohood)'의 좋은 예라고 할 것이다. 이러한 새로운 아재 인물의 전형화에 대해서 다루기에는 본고의 공간이 제한적이므로 이는 추후 연구 주제로 미루기로 한다.

디 쇼 및 시트콤 드라마에서 남성의 전형성을 재생산하거나, 혹은 전형성에서 벗어난 정체성을 재현하는 양상을 비판적으로 다루었다. 그러나 이들 연구에서는 어떠한 과정을 거쳐 특정 기호와 특정 이미지, 속성이 연관되는지를 보여주지는 않는다는 분석적 한계가 있다. 이 글에서는 특정 말장르의 연행자인 중년 남성의 정체성이 자연화되는 의미작용을 통하여 획일적이고 전형적·집단적 정체성으로 구성되는 양상에 주목하였다.

참고문헌

강나영, 2015, "어린이 '동음이의어 말놀이'(pun)의 구조 및 내용적 특성에 대한 사회언어학적 연구," 『사회언어학』 23(1): 1-30.

강윤희, 2004, "주변화에 따른 전통구술장르의 변화와 언어이데올로기: 인도네시아 쁘딸랑안 부족의 사례," 『한국문화인류학』 37(2): 23-48.

고경난, 2016, "색의 성격화: 한국 화장품 기업의 "핑크" 브랜딩에서 색채어 유희와 기능," 『비교문화연구』 22(2): 13-43.

구명철, 2001, "광고문에 나타난 언어유희적 특성," 『한국광고홍보학보』 3(1): 62-87.

김광옥·민진영, 2009, "개그 콘서트의 웃음의 형식적 특성," 『동서언론』 12: 37-58.

김정우, 2003, "광고 언어의 전달 구조 연구," 고려대학교 박사학위논문.

김주관, 2011, "귀신말 또는 한국어의 피그 라틴(Pig Latin)," 『비교문화연구』 17(1): 5-38.

김훈순·김명혜, 1996, "텔레비전 드라마의 가부장적 서사전략," 『언론과 사회』 12(8): 6-50.

박기수, 2004, "대중문화콘텐츠의 서사 전략 연구: 개그콘서트의 서사 전략을 중심으로," 『언어와 문화』 1: 141-168.

박이은실, 2013, "패권적 남성성의 역사," 『문화/과학』 76: 151-184.

변혜원, 2011, "청소년들의 언어사용: 중학생 언어행동의 주요 특성과 변이," 서울대학교 석사학위논문.

성시정, 1998, "IMF 시대 가족주의 담론의 등장과 성 정체성의 위기," 『여성학연구』 8(1): 75-91.

손희정, 2017, 『페미니즘 리부트: 혐오의 시대를 뚫고 나온 목소리들』, 서울: 나무연필.

왕한석, 2009, 『한국의 언어 민속지 1: 서편』, 파주: 교문사.

______, 2010, 『한국의 언어 민속지: 전라남북도 편』, 서울대학교출판문화원.

______, 2012, 『한국의 언어 민속지: 경상남북도 편』, 서울대학교출판문화원.

이석웅, 2005, "TV 코미디 프로그램의 유머 분석," 『어문학』 89: 1-26.

이재원, 2006, "의사소통이론에 기댄 유머 텍스트의 분석: 개그콘서트를 중심으로," 『독어교육』 35: 117-141.

조강제, 2016, "국제초등학교 교실에서 나타나는 콩글리시의 언어적 특성과 의미에 대한 언어인류학적 연구,"『비교문화연구』 22(2): 123-137.

천호재, 2014, "오야지 개그(おやじギャグ)의 언어적 고찰,"『일어일문학』 61: 123-139.

최준란, 2012, "개그콘서트: 생활의 발견의 웃음코드 분석,"『문화 더하기 콘텐츠』(1): 38-49.

최진숙, 2010[1995], "'농담' 및 '결말'의 구조와 사용양식," 왕한석 편,『한국어 한국문화 한국사회』, 파주: 교문사, pp. 421-468.

패트리샤 코헨, 2016,『중년이라는 상품의 역사』, 권혁 역, 서울: 돋을새김.

한경혜, 1997, "아버지상의 변화" 여성한국사회연구회 편,『남성과 한국사회』, 사회문화연구소, 33-52.

한성일, 2007, "광고 텍스트의 중의성 연구,"『한말연구』 20: 267-292.

홍경수·조의진, 2012, "개그콘서트의 웃음생성 전략,"『한국콘텐츠학회논문지』 12(1): 138-145.

황혜진, 2008, "새로운 남성 정체성의 모색, 가능성과 한계,"『한국콘텐츠학회논문지』 8(12): 131-140.

Abrahams, Roger D. and Alan Dundes, 1972, "Raddles," in Richard M. Dorson (ed.), *Folklore and Folklife: An Introduction*, Chicago: University of Chicago Press, pp. 129-143.

Agha, Asif, 2011a, "Commodity Registers," *Journal of Linguistic Anthropology* 21(1): 22-53.

______, 2011b, "Large and Small Scale Forms of Personhood," *Language and Communication* 32(3): 171-180.

Battles, Kathleen and Wendy Hilton-Morrow, 2002, "Gay Characters in Conventional Spaces: Will and Grace and the Situation Comedy Genre," *Critical Studies in Media Communication* 19(1): 87-105.

Gal, Susan, 2013, "Tastes of Talk: Qualia and the Moral Flavor of Signs," *Anthropological Theory* 13(2): 31-48.

Green, A. Thomas, 1992, "Riddles," in Richard Bauman (ed.), *Folklore, Cultural Performances, and Popular Entertainments: A Communications-Centered Handbook*, New York: Oxford University Press, pp. 134-138.

Hanke, Robert, 1998, "The "Mock-Macho" Situation Comedy: Hegemonic Masculinity And Its Reiteration," *Western Journal of Communication* 62(1): 74-93.

Irvine, Judith. T. and Susan Gal, 2000, "Language Ideology and Linguistic Differentiation," in Paul V. Kroskrity (ed.), *Regimes of Language: Ideologies, Polities,*

and Identities, Santa Fe: School of American Research Press, pp. 35-83.
Johnstone, Barbara, 2009, "Pittsburghese Shirts: Commodification and the Enregisterment of an Urban Dialect," *American Speech* 84(2): 157-175.
Nakassis, Constantine V., 2012, "Brand, Citationality, Performativity," *American Anthropologist* 114(4): 624-638.
______, 2013, "Citation and Citationality," *Signs and Society* 1(1): 51-77.
Parmentier, Richard J., 1994, *Signs in Society: Studies in Semiotic Anthropology*, Bloomington: Indiana University Press.
Sherzer, Joel, 2002, *Speech Play and Verbal Art*, Austin: University of Texas Press.
Urciuoli, Bonnie, 1996, *Exposing Prejudice: Puerto Rican Experiences of Language, Race, and Class*, Boulder, CO: Westview Press.

자료

『강원도민일보』, "아재 도의회," 2016. 6. 21일자, http://www.kado.net/news/articleView.html?idxno=788147 (2016. 9. 3. 접속)
『뉴스웨이』, "TV 광고, '언어유희' 휩쓸어.. 아재 개그 중독성 강해"(윤경현), 2016. 6. 9일자, http://www.newsway.co.kr/view.php?ud=2016060914235543471(2016. 9. 26. 접속)
『뉴스 1』, "'아재파탈' 시대: '아재스러움' 벗어나보자," 2016. 9. 3일자, http://news1.kr/articles/?2764761(2016. 8. 25. 접속)
『삼성화재 NEWS』, "[talk talk 설문조사] 직장생활 중 애매한 상황, 당신의 선택은?" 2014. 4. 14일자, http://blog.samsungfire.com/2472(2018. 9. 3. 접속)
『엔터미디어』, "위기의 개콘, 웃기기도 못하면서 무엇을 바라는가," 2016. 9. 26일자, http://media.daum.net/entertain/enter/newsview?newsid=20160926154216336 (2016. 10. 3. 접속)
『연합뉴스』, "왠지 귀여운 '아재', 어딘가 불쾌한 '개저씨'," 2016. 5. 23일자, http://m.media.daum.net/m/media/culture/newsview/20160523070111599(2016. 6. 23. 접속)
〈웃음을 찾는 사람들〉, '부장 아재' 에피소드, 2016. 7. 29일자, https://www.youtube.com/watch?v=CQ4_TEy07NQ
『인사이트』, "직장생활 편하게 해주는 아재개그 25선," 2015. 12. 10일자, https://m.insight.co.kr/newsRead.php?ArtNo=42815(2018. 12. 20. 접속)
『인사이트』, "딸랑딸랑 부장님께 잘 보일 수 있는 아재개그 20선," 2016. 4. 2일자,

https://www.insight.co.kr/news/56186(2018. 12. 20. 접속)

『조선일보』, "오빠 아닌 아저씨 아닌 '아재'라 불리는 사람들," 2016. 6. 7일자, https://news.v.daum.net/v/20160607081806890 (2016. 8. 7. 접속)

『중앙일보』, "'안웃긴데 웃기는' 안철수식 아재개그 시리즈… '회먹으니 회식'," 2016. 4. 18일자, http://news.joins.com/article/19903849(2016. 8. 15. 접속)

『중앙일보』, "아, 이게 뭐야..안 웃긴데 웃기네 '아재 개그'," 2016. 4. 15일자, http://media.daum.net/culture/others/newsview?newsid=20160415005604837 (2016. 8. 13. 접속)

『중앙일보 매거진M』, ""아재 아재 궁금하제?" 한국 사회를 흔든 '아재 열풍' 집중 분석," 2016. 4. 16일자, http://news.joins.com/article/19897791 (2016. 8. 20. 접속)

『한국경제』, "천만원대 명품 브리오니 '아재스타일'로 입는 트럼프, 저소득 백인 남성 사로잡아", 2016. 7. 15일자, http://www.hankyung.com/news/app/newsview.php?aid=2016071579631 (2016. 9. 16. 접속)

〈SNL 코리아〉, "아재 맛의 달인," 2016. 4. 16일자, https://www.youtube.com/watch?v=uCjKWh4HzsU (2016. 8. 8. 접속)

"25 Dad Jokes to Make Your Kids Groan," 2014. 6. 14일자, http://mashable.com/2014/06/14/best-dad-jokes/#R74ADZnl9sq3(2016. 9. 29. 접속)

"Dad jokes" – the best Dad Jokes on reddit https://www.reddit.com/r/dadjokes/ (2016. 9. 29. 접속)

"Dad jokes," 2013. 11. 20일자, https://www.urbandictionary.com/define.php?term=Dad%20Jokes (2018. 9. 8 접속)

제7장

한국어 라임으로서 랩: 낯선 것의 지역적 레지스터화*

박종현

1. 서론

이 글은 '낯선' 기원을 가진 레지스터가 새로운 기호학적 맥락 속에서 화자들 간의 논의 및 형식적 실험을 통하여 새로이 드러나는 방식을 탐구하고자 한다. "한 언어 속에서 변별적인" 존재로서 대두되는 과정으로 레지스터를 보는 "레지스터화enregisterment"라는 관점(Agha 2003: 232)에 기반하여, 이 글은 1990년대 중반 처음 등장하였고 현재는 남한에서 하나의 변별적 말하기 방식으로 여겨지는 한국어 랩 레지스터(화)라는 과정에 초점을 맞추어본다. 특히 한국의 래퍼들이 남한이라는 언어공동체 속에서 (새로운 예술적 리터러시literacy의 소유자라는) 특정한 정체성을 지시하는 '한국어 랩'이 무엇인지에 대한 동의에 어떻게 일정 정도 다다르는지에 관

* 이 글은 2013년 미국인류학회 세션 "이질성과 이종성: 언어인류학회 대학원생 논문 공모전 라운드테이블"에 발표된 것을 바탕으로 작성된 동명의 저널 논문(*Journal of Linguistic Anthropology* 26(3): 278-293)의 일부를 번역하고, 편집한 것이다.

심을 둔다. 래퍼들의 메타화용적metapragmatic 언사들 그리고 그들의 실제 연행들을 분석함으로써, 이 글은 한국어 랩이라는 레지스터가 예술언어적 장치로서의 라임rhyme이라는 낯선 개념을 둘러싼 메타화용적·화용적 실천들을 통해 형태화되어왔음을 보이고자 한다. 또 이러한 실천들이 시적·실험적 한국어 사용의 다발로서 한국어 랩이 한국어에 이미 존재하는 가치체계나 "지시적 질서indexical order"(Silversein 2003: 193)에 대한 지역적 지식 내부에 위치하게끔 했음을 주장코자 한다.

한국어 랩에 대한 기존의 언어학적 연구들은 대체로 (제3-)세계 힙합 연구라는 장르 혹은 시각 속에서 이루어졌으며, "힙합에서의 글로벌/로컬 관계"(Pennycook 2007: 98)라는 시각에 입각하여 수행되었다. 가사 속 아프리칸-아메리칸 속어AAVE의 사용에 대한 연구(Lee 1997, 2010)나, 이중모음화와 같은 음성적 "영어화anglicization"에 대한 관심(Moon, Starr, and Lee 2012) 등은 세계-영어World-Englishes 및 언어적·사회문화적 글로컬리제이션의 시각 속에서 한국어 랩이 논의된 사례다. 이러한 분석들에서, 한국어 랩은 영미권의 랩, 다시 말해 상상된 그리고 '진정한' 혹은 '권위있는 authentic' 장르를 향하거나 그에 반하려는 욕망의 연행으로 틀지어졌다. 물론 한국어 랩과 그 형식적 특질이 한국어 및 한국어 랩 밖의 세계로부터 영향을 받은 것은 부인할 수 없다. 그러나 이러한 분석적 틀 속에서 지역 혹은 로컬the local은, 개념적으로든 이데올로기로서든, 국제 혹은 글로벌과의 관계 속에서 '네거티브'한 개념으로서만 다루어졌다. 즉, 지역적인 것이란 몰역사적이고 무표적인unmarked 기호 형식들의 집합으로서 글로벌리제이션에 '영향받는' 것으로(만) 묘사되었다. 이러한 틀 속에서 간과되어온 것은, 문화 생산자로서의 한국(어) 래퍼들이 언어내적intra-linguistic 환경에 대한 지식에 기반하여 새로운 언어적 실천을 고민하고 그와 협상negotiate하는 민족-역사적ethnohistorical 과정들이다. 이러한 비판적 시각 속에서 이 글은 소위 '글로벌한' 언어 형태들이 지역적 의미체제local regimes of signification에 편입될 때 '국제성globality'과 같은 의미를 수반하지 않을 수도 있는 어떤 지역적 지식의 형태화에 관심을 갖는다.

이러한 관점의 변화는 우리로 하여금, 시적poetic 레지스터로서 한국어 랩의 탄생 과정을 살필 때 이를 영어 랩 형태 및 관련 이데올로기의 이식으로 보기보다는, 특정한 시공간 속의 지시적 질서 안에서 내적으로 진행되는 "변증적 경쟁dialectic competition"(Silverstein 2003: 193) 과정으로 볼 수 있도록 해준다. 위드만(Weidman 2006)은 남인도의 카르나틱 음악Karnatic music 연행자들이 20세기 초반 바이올린과 그것의 음향적 특질을 장르에 편입시키는 것이 서구 근대the Western modern의 편입을 의미하는 것이 아니라 장르 전통 속에서의 소리, 미학, 그리고 예술적 자아에 대한 집단적 재성찰의 과정임을 보여준 바 있다. 한국어 랩도, (영어 랩 속에서 중요한 요소인) 라임이라는 시적 장치에 대한 유사한 형태의 성찰적 논의들이 1990년대 이후 지속되어왔다. 래퍼들은 라임을 다양한 방식으로 규정함으로써 랩의 상상된 혹은 바람직한 위상에 대한 의견을 개진하였다. 논문의 첫 부분은 잘 알려진 초기 래퍼들 사이의 '라임 논쟁'을 중심으로, 이러한 논의가 어떻게 진행되어왔는지를 기술코자 한다.

많은 래퍼들은 ('한국어-밖'이라는 의미에서) 낯선 기원을 지닌 새로운 개념인 라임을, 새로운 장르 레지스터를 규정하는 특질로 이해한다. 그러나 라임과 랩스러움rap-ness의 연결고리를 강조("highlighting")(Bucholtz 2004: 495)하는 메타화용적 차원에서의 논의가 곧 화용적 층위에서의 '라임하기'를 규정할 수 있게 하는 것은 아니다. 이 글의 후반부는 랩 화자들이 그들의 언어 안에서 외래의 개념을 어떻게 (화용적 차원에서) 싹틔우고 있는지를 살핀다. '한국어로 라임하기'라는 행위는, 영어와 한국어 사이의 통사적·형태적 간극에 대한 래퍼들의 지식 및 신념에 기반하면서, 지역에 존재하는 다른 시적 장치poetic devices들과의 관계 속에서 시도되고 있다. 이러한 언어 간 간극 자체가 새로운 유형의 예술적 리터러시를 구성하는 재료로서 기능한다. 이러한 시도들 속에서 한국어 랩은, 제한된 수의 단어적·문법적 규범 혹은 스타일들로 굳어진 것이 아니라 (라임인지 아닌지, 좋은 라임인지 아닌지에 관한) 집합적인 판단을 '기다리는' 새로운 실천과 시도들의 다발로서 존재하게 된다. 이러한 실천들은 다양한 실험과 전략을 수반하는데, 통사적 재배열, 문법 요소들의 선택적 제거, 단어로부터 형태소 떼어내기, 음소들 사이의 관계 재정의하기, 모음의 음성적 공간 확장, 그리고 언어 간trans-lingual 라임의 전시 등을 포함한다. 창작과 연행 속에서 이러한 시도들을 수행하면서, 한국어 래퍼들은 라임이라는 개념과 일상적으로 씨름하는데, 그 씨름 자체가 한국어 랩 장르와 그 역사의 한 부분이 된다.

이 글에서 사용하는 데이터는 방송 및 웹에 기반한다. 인터뷰, 에세이, 기사 등은 대부분 대표적 웹커뮤니티인 힙합플라야와 리드머를 참조하였다. 대중매체 속의 라이브 퍼포먼스 사례로서 TV 프로그램 〈쇼미더머니〉의 초반 두 시즌(Mnet 2012, 2013)과 웹 기반 비디오 클립 시리즈 〈마이크 스웨거Mic Swagger〉 첫 시즌을 자료로 사용하였다. 전자는 잘 알려진 '프로' 래퍼들과 지망생(으로 위치지어진) 래퍼들이 함께 가사를 창작하고 연행하며 관객들에게 평가받는 형식을 취하고 있다. 후자는 잘 알려진 래퍼들이 자신의 프리스타일 랩 실력을 보여주는 형태다. 이러한 자료들을 통해, 연구자는 래퍼들의 언어적 실천들뿐 아니라, 언어 이데올로기적 측면의 지향을 담은 표현들을 수집할 수 있었다.[1]

1 이 글이 쓰여진 시기는 2012~13년으로, 그 뒤 한국 랩 및 라임의 발전이 두드러졌기에, 이 글은 이미 과거의 한 공시태를 탐구한 일종의 근현대사로서 읽혀야 할 것이다.

2. 랩/힙합 커뮤니티의 대두

이규탁(2011)에 따르면, 한국에서 (영어) 힙합 음악을 '듣는' 문화가 1990년대 중반 중산층 젊은이들의 하위문화로서 대두했으며, 경제적·담론적 차원의 글로벌화, 예술검열의 부분적 해제 등의 맥락 속에서 이루어졌다. 그렇다면 '쓰는' 문화는 언제부터 대두되었는가? 미국 출신의 이른바 '교포' 래퍼들, 더하여 AFKN과 같은 미국발 매체 및 미군기지 주변의 클럽들을 통해 혹은 그로부터 커나간 한반도의 몇몇 선구자의 노력이 있었지만, 가시적인 래퍼들의 커뮤니티, 다시 말해 집단적으로 랩이라는 음악적·언어적 행위를 생산하고 그것에 대해 논쟁하는 '집단'들은 1990년대 후반에 이르러 비로소 시작되었다고 할 수 있다(박애경 2003; 김영대 외 2008 참조).

초기 한국 랩/힙합 (창작)문화의 주요 장 중 하나는 PC통신 서비스였다. 김영대 외(2008: 67-68)의 한국 힙합사에 대한 작업은 이 "블랙뮤직" 커뮤니티들 안에서 멤버들이 미국 힙합의 '클래식'들 및 트렌드를 공유하면서 랩 가사의 창작과 그에 대한 논의의 '단계'로 이행했음을 다음과 같이 밝히고 있다.

> 특히 PC통신이라는 웹 환경을 토대로 하면서도 활발히 커뮤니티 문화가 탄생하고, 음악에 관한 깊이 있는 정보가 공유되어 결국 창작이라는 단계까지 넘어가는 과정은 한국 대중음악의 전체 역사를 돌아보더라도 매우 특징적인 현상으로 평가받을 수 있다.

한국 랩 역사의 여러 주역은 특정 커뮤니티의 내부자로서, 이러한 그룹들이나 PC통신 서비스들이 주최한 연행 이벤트 혹은 음반 프로젝트의 참여자로서, 또는 이 그룹들로부터 기원한 '크루'들 혹은 '회사'들의 일원으로서 이 커뮤니티 문화와 긴밀히 연결되어 있다.

이러한 사실이 주는 함의 중 하나는, "한국(어) 랩 창작자의 커뮤니티"란 것이 (미국과 달리) 특정한 사회(학)적 아이덴티티와 연결되어 혹은 그에 '기반하여' 형성되지는 않았다는 것이다. (물론 이러한 분석이 곧, 힙합 창작인들의 사회학적 정체성에 어떤 경향성을 가지지 않았다는 것을 의미하는 건 아니다.) 그보다는 담론적 사회, 혹은 문학/비평 커뮤니티의 형태와 유사한 형태를 띠었으며, 다양한 나이, 직업, 사회적 배경을 가진 사람들이 모여 있었다. (대학의 시인 클럽에 비유할 수 있을 것이다.) 사이버스페이스 및 연행의 물리적 현장들, 혹은 CD 속에 존재하면서, 이러한 장르 커뮤니티는 랩이 무엇이며 무엇이어야 하는지에 대한 토론의 장이 되었다. 특기할 만한 점은, 래퍼를 꿈꾸는 많은 도시 중산층 대학생들이 이 담론 공동체의 핵을 이루었다는 것이다. 이러한 맥락들 속에서, 새로운 말하기 방식에 대해 논의하는 기획으로서 랩이 탄생하게 되었다. 이는 어떤 말하기 스타일이 '자연스럽게' 혹은 '무의식적으로' 위치지어지는 과정과는 거리가 있다.

이렇게 형성된/형성되고 있는 레지스터는 여러 대중매체 속 연행들을 통해 순환하면서, '힙합 문화'로 알려진 문화 형식의 일부로서 점진적으로 가시화되었다. 그 결과 이제는 열성 팬들뿐 아니라 일반인도 노래와는 구별되는 하나의 음악-언어 장르로서 자명하게 인식하게 되었다. 물론, 음악 구조 속 비非노래 형태의 말하기non-singing type of utterance가 모두 랩으로 여겨지는 것은 아니다. 랩이 랩이 되기 위해서는, 그것이 변별될 수 있도록 하는 언어학적 자질을 가져야 한다. 그중 하나로 인식되는 것이 영어 랩 및 여타 시적 장르에서 주로 쓰이는 시적 테크닉인 라임rhyme이다(Edwards 2009; Pence 2012 참조). 라임은 한국어 랩의 지표index가 되었으며, 이는 후술하겠지만 래퍼들 및 팬들 사이의 지속적인 토론이 만든 결과다. 그렇지만 이러한 라임의 지표적 가치indexical value는 단순히 라임의 중요성을 인정한 데 의한 것이 아니라, 역설적으로, 그 가치에 대한 논쟁에 의해 확립되었다.

3. 라임 논쟁: 장르 위상 정의하기

라임과 랩의 관계에 대한 래퍼들 사이의 논쟁은 래퍼들 및 팬들 사이에서 '라임 논쟁'으로 지칭한다. 아래 제시한 인터뷰 사례에서 볼 수 있듯, 인터뷰어들은 래퍼들의 라임(및 그 가치)에 대한 생각을 자주 물어보았다. 웹 기반 커뮤니티/매체 "힙합플라야"의 인터뷰 시리즈에서, 특히 2000년대 중반까지의 인터뷰에는 라임에 대한 질문이 대부분 포함되어 있음을 알 수 있는데, 이 질문들이 당시 라임의 정의 및 의미가 얼마나 중요한 이슈였는지를 보여준다. 예컨대 "라임에 대해선 어떻게 정의하고 계신지?" "그렇다면 좋은 라임이란?"[2]과 같은 것들이 그 예다.

이에 대한 래퍼들의 대답은 라임과 랩다움rap-hood을 이데올로기적으로 연결하는 다양한 방식을 보여준다. 아래의 언설들은 "찬성자들"이 라임과 랩을 직접적으로 연관짓는다.

1) 라임에 관한 논쟁은 불필요한 논쟁이에요. 라임이 없는 랩은 랩이 아니에요. (에픽하이 2004)[3]
2) 제 기준으로는 Rhyme이 없는 랩은 랩이 될 수가 없습니다. (팔로알토 2005)[4]
3) 라임을 힙합음악이라는 집으로 들어가는 현관문이라고 표현해보는 건

2 https://hiphopplaya.com/g2/bbs/board.php?bo_table=magazine&wr_id=51
3 https://hiphopplaya.com/g2/bbs/board.php?bo_table=magazine&wr_id=176
4 https://hiphopplaya.com/g2/bbs/board.php?bo_table=magazine&wr_id=577

어떨까요. … 다시 말해 라임이 빠진 힙합음악은 그 정당성을 잃어버린 거죠. (키비 2004)[5]

4) 최초의 랩들도 다 라임이 있죠. 일어 랩도 있고, 중국어 랩도 있고, 독일 랩도, 프랑스어 랩도, 심지어는 아프리카 랩도 다 라임이 있어요. … 힙합의 사회에서는 다 라임을 쓰기로 했잖아요, 왜 우리나라는 아직도 그것 가지고 싸우는지 절대 이해할 수가 없어요. (스윙스 2010)[6]

이 사례들에서, 래퍼들은 라임과 랩 혹은 힙합과의 뗄 수 없는 연관성을 선언하고 있다. 3)은 라임을 (은유적으로) 장르 형식에 들어가는 입구로 표현함으로써, 라임이라는 형태가 어떤 힙합으로서의 '자격'에 다름 아니라고 주장한다. 다시 말해, 라임하기가 없이는 랩이라는 기호학적 공간에 '들어갈 수' 없으며 따라서 그는 랩을 하는 사람으로 여길 수 없는 것이다. 한편 4)에서는 "힙합의 사회"라는 개념화가 명시적으로 이루어진다. 라임은 '힙합어' 사용자들 사이 일종의 '사회적 계약'으로 규정되며, 따라서 그것의 부분인 한국(어) 래퍼들 역시 예외가 될 수 없다.

하지만 다른 래퍼들은 라임에 대한 다른 시각을 다음과 같이 펼친다.

5) 힙합이라는 범주 안에서 라임은 매우 중요한 부분을 차지하지만 또 다른 중요한 부분을 차지하고 있는 가사의 메시지에 우선을 두고 적합한 라임이 없다면 과감히 라임이라는 부분을 접고 생각하고 싶습니다. (갱톨릭 2002)[7]

---

5 https://hiphopplaya.com/g2/bbs/board.php?bo_table=magazine&wr_id=400

6 https://hiphopplaya.com/g2/bbs/board.php?bo_table=magazine&wr_id=10137

7 https://hiphopplaya.com/g2/bbs/board.php?bo_table=magazine&wr_id=131

6) 라임이 있네, 없네는 중요한 사실은 아닙니다. 얼마나 잘 사용하느냐가 문제입니다. 사실 라임을 사용하지 않고도 그렇게 규칙적이고 다양한 리듬감을 살려줄 수 있다면 라임을 쓰지 않는 것도 찬성하는 입장입니다. (대팔 2005)[8]

7) 알파벳 언어권의 MC들은 천년 전부터 쓰여오던 시의 방식을 아직까지도 그대로 지켜 쓰고 있는 것이겠죠. 그런데 우리나라의 RAP은 우리나라말로 이제껏 써진 시어들이 가진 가사로서의 매력을 모두 거세한 채 언더 hip hop의 역사와 함께 "각운제일주의"로 새로 시작되어버렸습니다. (UMC 2001)[9]

이들은 앞선 래퍼들과는 다른 논리를 펼친다. 5)의 화자인 갱톨릭의 한 멤버는 랩을 할 때 언어의 지시적referential 기능(메시지 내용을 전달하는 기능)과 시적poetic 기능(메시지를 강조하는 기능; 이상 Jakobson 1987[1933-1934]: 378) 사이의 긴장을 논한 뒤, 이 중 전자에 우선권을 준다. 6)에 따르면, 라임은 랩의 언어-음악적 측면을 실현하기 위한 부수적인 도구다. 이러한 시각 속에서, 라임은 리듬에 종속된다(되어야 한다). 7)은 좀 더 복잡한 주장을 펼친다. 4)에서 제시된 (보편적인) "힙합의 사회"라는 시각과는 정반대로, UMC는 서구의 랩을 서구 시(와 라임)의 전통을 지닌 "알파벳 언어권"에 기반한 '특수한' 장르로 규정한다. 그러면서 그는, 한국어로 하는 랩이 한국어의 시적 특수성을 사용하지 않고 있음을 비판한다. 이러한 시각 속에서 라임은, 한국어 힙합어의 구성적 특질이라기보다는 부자연스러운 외부의 수입물로 읽힌다.

8 https://hiphopplaya.com/g2/bbs/board.php?bo_table=magazine&wr_id=716

9 https://hiphopplaya.com/g2/bbs/board.php?bo_table=magazine&wr_id=38

이러한 의견들은 독립적으로만 발화되는 것이 아니라 어떤 "발화 체인speech chain", 즉 "서로 연결되어 있는 발화 사건speech event들의 역사적 시리즈"(Agha 2003: 247)를 통해 드러나기도 하고, 이를 통해 라임의 지시적 가치에 대한 다른 의견이 직접적으로 상호 교환된다. 다음의 예가 그러하다. 8)은 초기 "한국어 라임"의 개발자 중 한 명으로 인식되는 P-Type의 인터뷰에서 가져온 것이며, 9)는 UMC/UW(앞선 7)의 래퍼가 이름을 바꾸었다)가 인터뷰에서 8)에 반박한 것이다.

8) P-Type: 라임은 미국의 것이 아니라 '힙합의 것'이다. 힙합이기 때문에 라임이고, 힙합이려면 라임이 있어야 한다. (P-Type 2004)[10]

7년 후, 같은 인터뷰어가 UMC/UW에게 8)의 언설을 언급하며 질문을 하면서 7)과 같은 방식의 대답을 유도하였다.

9) Interviewer: … 그러면 "라임은 미국의 것이 아니라 힙합의 것이다"라는 발언에 대해서는 어떻게 생각하나?
UMC/UW: 라임은 힙합의 것이다? 난 반대다. 라임은 영미 시문학에서 나온 것이다. 모두가 알고 있다. 힙합 이전에도 미국에서는 있던 것이다. 그런데 우리나라에 그런 게 있었나? 없었다. 그 차이이다.[11]

이 공적 발화 체인 속에서, 두 가지 상반된 입장이 미디어 속에서 발화, 재발화, 반응, 순환, 재순환된다.

10 http://kbhman.com/interview/1102

11 http://music.daum.net/musicbar/musicbar/detail?menu_id=5&board_id=1615

이러한 토론 속에서, 라임과 랩다움 사이의 이데올로기적 관계란 것이, 동의된 몇 가지 법칙이라기보다는 토론의 형태로서 존재하는 것을 볼 수 있다. 이 글의 주장은 이러한 논쟁이 '라임하는 이'들의 랩과 '라임하지 않는 이'들의 랩으로 분열 및 이행했다거나 하는 것이 아니다. 실제 사용의 층위에서 보면, 모든 래퍼는 라임을 사용한다. 라임에 가장 비판적인 UMC/UW조차 9)의 인터뷰가 진행되는 중 "나는 라임 없이 랩을 하는 양심 없는 짓을 하지 않는다"고 말한다. 여기서 '양심'이라는 메타포는 장르 연행자로서의 '도덕'적 함의까지 지닐 수 있다. 다른 사례를 보면, 이삭 스쿼브Issac Squab는 한 인터뷰에서 라임은 내용의 전시를 위해서라면 최소화될 수 있다고 주장하면서도 동시에 라임이 "스킨스쿠버의 안전장비 같은 존재"[12]라고 말한다. 뒤에서 논의하겠지만, 표면적인 사용의 결과를 놓고 보면 한국어 랩은 '라임 레지스터'와 다름 없다. 기실 이 10여 년 이상 지속된 라임 논쟁은 라임 찬성자 대 반대자 간의 일차원적인 것이 아니다. 만일 그렇다면 이 논쟁은 두 개 이상의 랩, 두 개 이상의 레지스터로 각기 진화했을 것이다. 이 논쟁은 근원적으로, 이미 존재하는 (그리고 상상된) 지시적 질서 안에 장르를 위치시키려는 메타화용적인 것과 다름 없다. 다시 말해, 이 라임 논쟁의 장은 이미 존재하는 여러 장르—한국 시, 서양 시, 영어 랩, 비영어 랩, 형용사 없는 랩 등등—와의 관계 사이에서 이 새로운 장르를 협상을 통해 규정, 정리하는 장이었다는 것이다. 그뿐만 아니라 전술하였듯 라임의 여부는 한국어 랩의 '기능'(언어적 대 음악적 기능, 지시적 대 시적 기능)들이라는 측면과 관련지어서 논쟁되었으며 이 역시 이 장르의 정의(뭘 하는 장르인가)에 대한 이념 논쟁의 일부라 할 수 있다.

12 https://hiphopplaya.com/g2/bbs/board.php?bo_table=magazine&wr_id=279

장르 위상에 대한 이러한 이데올로기적 논의는, 지시적 질서 속에서 랩과 래퍼들이 가지는 공간semiotic space에 대한 통일이 완벽하게 이루어지지 않았음을 보여준다. 여기서 주의할 것은, 어떤 원심적인 장르 논의를 통해 통일된 장르 비전이 반드시 도출될 필요는 없다는 것이다. 래퍼들이라는 담론 커뮤니티 안에서 보이는 이질성heterogeneity은, 언어공동체 혹은 담론 공동체가 "다른 능력들differential competence[s]"의 공존으로 존재하며 그 안에서 멤버들이 다양한 정도의 지역-언어적 이데올로기local language ideologies를 전시하는(Hymes 1972: 275), 지극히 자연스러운 상태로서 읽힐 수 있다. 이질성과 논쟁이라는 '사실'은 그 자체로 장르에 대한 메타화용적 지식의 한 부분이 된다.

이 글에서 또 하나의 주장은, 이렇게 계속되는 논쟁이 리터러시와 관련된 측면들, 그리고 라임 자체의 예술적 가치를 랩 장르 능력에 대한 토론의 장 그 중심으로 끊임없이 위치시켰다는 것이다. 다시 말해, 지속적 과정으로서의 논쟁은 '랩-쓰기' 능력과 라임 테크닉 자체의 중요성을 계속 발화하게끔 했고, 이를 통해 모든 래퍼 사이에서—그 찬반 여부에 관계없이—지속적으로 살아남는 테마로 만들었다. 시적 장치인 라임에 지속적으로 초점을 맞춤으로써, 랩의 다른 정의 혹은 기능들, 예컨대 가사의 주제나 에토스, 영어-관련 요소들, 리듬의 창조적 사용 등의 요소보다는, 라임을 '가지고' 어떻게 예술적 창작물을 '쓸' 수 있는가가 논의되는 이야기의 중심에 자리하게 되었다. 이를 통해 라임이라는 언어형태는 새로운 레지스터로서의 한국어 랩을 규정하는 아이콘(iconization)(Irvine and Gal 2000 참조)이 되었고, 다른 언어적·비언어적 특질이나 영어 랩의 사적 맥락 등은 상대적으로 논의에서 지워지게 되었다.

4. 한국어 랩 레지스터: 라임이라는 투쟁

라임의 이데올로기적 탈착가능성detachability에 대한 다양한 시각에도 불구하고 (혹은 그러한 다양한 시각의 결과로), 한국어 래퍼들은 라임을 사용한다. 그러나 '라임을 사용한다'는 말은 한국어가 실제 어떻게 라임을 사용하는지를 알려주지는 못한다. 무엇보다도 라임이라는 개념은 낯선 것일 뿐더러 추상적이다. 특정한 문법 형태나 단어들과는 달리, 라임은 형식을 실현하기 위한 형식이기 때문이다. 게다가 이러한 논쟁의 시점에, 대부분의 래퍼들에게 라임은 한국어의 일부로서 충분히 개념화되지 않았다. 설사 래퍼가 라임을 개념적으로 잘 이해한다고 해도, 그것이 곧 화용적 층위에서 라임을 어떻게 할 것인지에 대한 이해로 이어지는 것이 아니다. 고립어인 영어와 교착어인 한국어는 유형도 다르며, 음운음성적 구조도 다르고, 무엇보다 언어적 병렬과 그에 관한 시학적 기술에 대한 규칙도 다르다. 결국 한국어 랩 속에서 라임을 실현시키기 위해서, 래퍼들은 '라임'과 'rhyme'의 개념을 고민하고 탐구해, 한국어의 구조에서 이 개념을 어떻게 실현시킬지에 대한 전략을 들고나와야만 한다. 바꿔 말하면, 새로운 컨셉트로서의 라임의 실현은, 낯선 지시적 질서 속에서 온 'rhyme'의 이곳으로의 번역가능성translatability에 대한 또 다른 차원의 메타화용적 논의가 필요하다. 이 장은 이러한 과정들에 초점을 맞추면서, 어떻게 예술가들이 라임이라는 전술을 만들어내기 위해 투쟁하는지를 살피고자 한다.

1) 통사적·형태적 층위에서의 재구reworking

10) 정말 한글이 라임이나 랩하기 어려운 단어인 것 같아요. … 왜냐면 항상 '뭐 뭐 했습니다.' '할 거야.' '했지.' 이런 게 있으니까요. 솔직히 미

국은 그런 게 아니잖아요. 주어 동사 목적어 아니면 주어 동사 이렇게 맞출 수가 있는데… (베이식 2008)[13]

11) 사실, 어법상 한국말은 펀치라인 하기 힘들어요. 영어 같은 경우는 명사가 뒤로 가니까 라임했을 때 명사를 때려주니까 맞는데, 한국말은 동사가 마지막에 오니까 어법을 바꾸면 말이 안 되는 경우가 많아요. (미쓰라진 2008)[14]

한국어와 영어, 두 언어 간의 통사적 차이라는 차원에 있어, 적어도 두 가지 측면의 이야기가 위에서 논의되고 있다. 첫째, 한국어에서는 대체로 동사가 문장의 마지막에 위치한다. 이러한 구조는 다양한 품사가 문장 끝에 위치할 수 있는 영어와는 대비되며, 라임하기(특히 '각운'을 맞추는 류의 라임)의 가능성을 제한할 수 있다. 둘째, 교착어인 한국어의 경우, 명사구, 동사구 혹은 문장의 마지막에 제한된 수의 문법 요소들이 규범적으로 선택되며, 이 역시 새롭고 창조적인 라임하기라는 관점에서 볼 때 '좋은 환경'이 아니다. 그렇다면 이를 인지하고 있는 랩-예술가들은 두 언어 사이의 이러한 구조적 간극을 어떤 방식으로 다루고 있을까? 다음의 두 예는 이 '문제'를 극복하려는 전형적인 전략을 보여준다.

12)	A	손에서 안 떨어져,	불붙은 Cigar[siga]
	B	어떤 짓을 해 봐도	생각나, 니가[niga][15]
13)	A	좆나 rap-star가 되기 위해 상경- [saŋgjəŋ]	
	B	-한 MC들의 인생을 전부 다 망쳐- [maŋʧjə]	

13 https://hiphopplaya.com/g2/bbs/board.php?bo_table=magazine&wr_id=5599

14 https://hiphopplaya.com/g2/bbs/board.php?bo_table=magazine&wr_id=9177

15 김정훈(진돗개)와 주석, 〈Show me the Money I〉 연행(2012. 7. 13)

C -놀 준비가 됐어, yeah, that's me [jæðætsmi]

D 허클베리피가 rap하는 순간, 나머지 [naməʤi]

E MC들은 새 됐으니 [sædwɛsni][16]

12)는 각운 계열의 라임을 만들기 위한 통사적 재구조화 그리고 문법 요소들의 선택적 제거를 보여준다. A와 B행 모두 주어구가 뒤로 도치되고, 그 과정에서 A 문장의 주격조사가 생략된다. 이 두 가지 조작을 통해 래퍼는 [-iga]를 각 행의 끝에 둘 수 있게 된다. 프리스타일 랩 비디오 클립에서 뽑은 사례인 13)의 경우, 단어를 '찢어' 음악구조 안에서 사용하는 다른 방식의 전략을 보인다. A와 B행의 라임 관계를 만들어내기 위해 그 뒤 음절들이 단어로부터 찢어지고, 그 라임의 전시가 완료된 뒤에 발화되는 것이다.

이 두 사례는 어떻게 래퍼들이 인지한 '문제들'을 랩 창작 과정에서 다루고 있는지를 잘 보여준다. 라임하기의 가능성을 제한하는 조사 등 문법 요소들을 '무력화disempower'시키기 위해, 이들을 선택적으로 제거하거나 원래 붙어 있던 단어에서 떼어내기도 하고, 문장의 통사 구조를 아예 바꾸기도 한다. 다음의 언설은 라임을 만들기 위한 통사적 재구 및 형태적 층위에서의 변형이 예술적 가치value를 만들어낸다는 믿음을 보여준다.

14) 두운, 요운, 각운 등 작품성을 위해 단어를 코이닝(조어)한다든가, 일부러 앞뒤로 어순을 바꾼 것을 알아차리지 못하고, 여전히 문법에 늘어

16 허클베리피(Huckleberry P), 프리스타일 랩 라이브 클립 〈Mic Swagger(시즌 I)〉 연행, http://blog.naver.com/micswaggertv/100117278474

지는 비평에는 솔직히 실망스러울 때도 많습니다. (Tiger JK 2006)[17]

더하여, 문법적 요소를 가지고 라임을 만드는 것에 낮은 가치를 부여하는 라임들 사이의 이데올로기적 위계가 발견된다. 래퍼들에게 혹은 청자들에게 공유되는 '지-라임'이라는 단어가 발견되는데, 이는 쉽게 말하면 '~했지"의 반복 등으로 이루어지는 라임하기, 다시 말해 규범적인 통사구조의 반복 속에서 그 끝에 특정 문법 자질들이 위치지어지는 운율 만들기를 뜻한다. 물론 이러한 이데올로기적 가치 폄하devaluation에도 불구하고, 이러한 타입의 라임하기는 다른 방식의 라임들과 어우러져 사용된다.

15) A 나에겐[naegen] 수월해[hæ], 이렇게[ge] 프리스타일 랩[ræp]

B 하는[haniŋge] 게[ge], 박자를 내[næ] 맘대로 가지고

C 가는 게[ganiŋge] 그 모든 게[mədiŋge] 내게[nege]는

D 가능해[ganiŋhæ], 이건 장난일 뿐이지, okay[okei][18]

[e], [æ], 그리고 [ei]를 가지고 노는 라임 구조 속에서, B, C행에서 세 번 반복해 등장하는 '게[ge]는 같은 문법 요소의 반복과 다름 없다. 이 중 두 번의 경우는 통사구조 '-는 게'를 공유한다. 마찬가지로 A행과 D행의 '해[hæ]' 역시 이른바 '지-라임'스러운 관계다. 하지만 이 모든 것이 소위 '다음절 라임' 관계로 이루어진 더 큰 라임 연속체의 일부로 존재한다. 만일 위에서 언급된 라임 관계들이 이러한 라임-게임 안에

17 https://hiphopplaya.com/g2/bbs/board.php?bo_table=magazine&wr_id=738

18 라임어택(Rhyme Attack), 프리스타일 랩 라이브 클립 〈Mic Swagger(시즌 I)〉 연행, http://blog.naver.com/micswaggertv/100117278540

서 위치하지 않았다면, 이는 지-라임, 저차원적 혹은 "일차원적"(김영대 외 2008: 158-159) 라임으로 절하되었을 것이다. 이에서 보듯, '지-라임"이라는 개념과 이에 관한 부정적 평가는 곧 문법 요소의 반복이 라임에서 쓰이지 않음을 의미하지 않는다. 그보다는 탈규범적이고 창조적인 언어 사용을 상대적으로 높이 평가하고 그에 대한 지향을 보이는 래퍼들의 이데올로기적 '프레이밍' 과정으로 해석 가능하다.

2) 음성음운적 층위

음성음운적 층위에서, 모음들을 가지고 실행하는 최소한 두 개의 전략을 이야기할 수 있다. 먼저, 특정 모음들은 선택적으로 다른 '이웃한' 모음들에 연결된다. 이러한 과정을 통해서, 예를 들면 [ə](schwa)는 임시로 [a], [o], [ou], [ʌu] 등과 (라임 관계로) 연결될 수 있고, [a]는 [au], [wa], [aj], [eə] 내지는 [ə]와 연결될 수 있다. 이는 사례 16)에서 잘 드러난다.

16) A 한국의 심장[SimʤaN]
B 이 땅[it'aŋ]의 모든[-imodɨn] 젊은이들의 roman[ɹoumaŋ]
C 천만 명[ʧənman]이 넘는[-inəmnɨn] 자들의 hometown [houmtaun]
D 눈 깜짝[k'amʤ'ak]할 사이 코도[-ikodo] 베어갈[beəgal][19]

이 사례는 다양한 형태의 라임들이 엮인 구조를 보여준다. 1) 각

19 테이크원(Take One)과 더블케이(Double K), 〈Show me the Money I〉 연행(2012. 7. 6)

음악-시학적musico-poetic 행의 마지막에 [a] 혹은 [au]가 위치되는 음성자질이 위치된다. 2) 2음절 라임 짝들이 존재한다. '심장[Simʒaŋ]'과 '이 땅[it'aŋ]', '로망[ɹoumaŋ]'과 'hometown[houmtaun]', '깜짝[k'amʤ'ak]'과 '베어갈[beəgal]'. 3) '이 땅[it'aŋ]', '천만[ʧənman]' 그리고 '깜짝[k'amʤ'ak]'은 음악적 시간 관계 안에서 같은 위치에 라임 관계가 불려지는 경우다. '이 모든[-imodɨn]', '이 넘는[-inəmnɨn]'과 '-이 코도[-ikodo]' 역시 각 행의 유사한 시간적 지점에서 나타나는 라임으로 [o], [ə]에 강세가 얹어짐으로써 각 행 마지막의 [ou]와 [ə]와도 라임 관계를 맺는다.

사례 17)은 프리스타일 랩의 결과물로, 역시 라임이 [a(j)]-[a]-[wa] 그리고 [ə]-[ʌu] 등 복수의 음성음운적 자질들끼리 이루어지는 경우다.

17) A 나 열네살 때부터 길거리 freestyler[stajlə]
B 형들이 말했지 너는 남달러[dalə]
C 그리고 열다섯[dasət]
D UMF 나왔고[wak'ʌu]
E 삼백명 중에 일등을 땄고[d'ak'ʌu][20]

레지스터화의 관점에서 볼 때, 이러한 현상은 장르-특화라는 이데올로기적 과정으로 해석될 수 있다. 이러한 과정은 (규범적 음성 변별구조 속에서) 존재하는 음성음운 자질들을 변화시킴으로써 더 많은 라임의 '기회'를 창출하는 현상을 낳는다.

20 앤덥(Andup), 프리스타일 랩 라이브 클립 〈Mic Swagger(시즌 I)〉 연행, http://blog.naver.com/micswaggertv/100117280172

라임을 실현시키기 위한 또 다른 전략으로는 한 모음의 음성적 '공간'을 확장시키는 것이다. 예를 들면 'ㅗ[o]'는 [ʌu]로 발음되고, 이를 통해 [ə]와도 라임 관계를 이룰 수 있게 된다. 사례 18)에서는 한 래퍼가 'ㅗ-[o]' 사이의 관계를 운용manipulate하는 모습을 볼 수 있다.

18) A flow[ou], 월미도[o → ou] 바이킹 flow[ou]

B 니 귀를 오르내리고[o] 이 드럼과 내 호흡[oɨ → o:][21]

A행의 '월미도'에서는 기호 'ㅗ'가 [ou]로 변하고, 그리하여 뒤의 [flou]와 짝을 이룰 수 있게 된다. 그러나 B행의 '오르내리고'의 경우 이러한 변화가 없다. B행의 마지막 '호흡'의 경우, 두 번째 음절의 'ㅎ'과 더불어 'ㅡ' 역시 삭제됨으로써 결과적으로 [ho:p]과 같은 발음이 되고, 이는 A행 같은 위치의 [flou]와 라임 관계를 이루는 기반이 된다.

이 사례는 래퍼들과 청자들 사이에서 기호 'ㅗ'의 음성적 자질phonetic value이 확장되었다는 것을 보여준다. 이를 통해 'ㅗ'는 이러한 확장된 가능성 속을 '떠돌' 수 있고, 청자들은 이러한 떠도는 것들을 다른 음운으로가 아니라 'ㅗ'의 변이형들로서 인식할 수 있다. 또 랩 창작자들은 제한된 언어 재료들을 가지고 자유로이 라임을 만들어낼 수 있는 환경을 가지게 된다.

두 번째 유형의 전략은 영어 랩에서 사용하는 '벤딩bending'의 유입으로 설명할 수도 있다. 벤딩이란 '두 다른 모음-소리들을 같은 방식으로 발음'(Edwards 2009: 119-120)하는 것을 의미한다. 그러나 한국어 랩에서

21 행주, 프리스타일 랩 라이브 클립 〈Mic Swagger(시즌 I)〉 연행, http://blog.naver.com/micswaggertv/100117279974

'벤딩하기'는 단순한 행위가 아니다. 먼저 벤딩이라는 컨셉트 자체만으로는 어떤 것이 어떻게 벤딩될 수 있고 어떤 것은 아닌지에 대한 래퍼들의 공유된 지식을 설명할 수 없다. 게다가 한국의 음성음운적 '재료들'은 영어(들)의 재료들과는 다르다. 따라서 '라임'의 경우와 마찬가지로, 벤딩이라는 현상 역시 낯선 개념을 둘러싸고 새로운 문화적 동의가 만들어지는 어떤 과정으로 해석될 수 있다.

이렇게 '벤딩'된 결과물들은 '미국' 영어와 연관되는 음성 자질들을 포함하는 경우가 종종 있다. 앞서 언급된 'ㅗ'의 [ʌu]로의 변화가 그 하나다. 다른 사례로는 영어식의 [l]로 교체된 'ㄹ[ɾ]'가 있다(사례 17) 속 B행의 "남달러" 참조). 물론 이러한 사례를, 모든 벤딩된 자질이 영어의 한 변이어로부터 수입된 것이라는 근거로 삼기에는 적절치 못하다. 다음 절에서 볼 수 있듯이, (규범적) 영어에서 한국어 음성 자질로 변화하는 경우도 있기 때문이다.

이렇게 볼 때, 이러한 래퍼들의 '영어스러운' 음성자질 사용을 단순하게 그들의 영어 내지는 영어 기반 랩에 대한 모방욕을 반영한다고 해석한다고 할 수 없다. 레지스터화된 것은 영어화된 음성학적 자질들을 향한 경향성 따위가 아니라, 라임과 벤딩 등의 컨셉트에 기반하여 더 많은 영어 및 한국어 음성자질을 선택할 수 있는 가능성이다.

영어스러운 발음의 사용이 랩의 핵심 부분으로 레지스터화되지 않았다는 증거는, 래퍼들이 그러한 발음을 하느냐 마느냐를 랩 텍스트의 랩스러움을 규정하는 기준으로 사용하지 않는다는 데 있다. 라임의 경우와는 다르게, 라임하기의 기술subskill로서 벤딩은 한국 래퍼들에게 반드시 필요한 능력으로 여겨지지 않는다. 이는 (규범적인 의미에서) 비-한국어적인 음성자질의 활용을 랩의 핵심 능력으로 생각하지 않는다는 것을 의미한다. 사실 몇몇 래퍼는 명시적으로 이러한 영어화된anglicized 발음의 사용을 거부하기도 한다. 〈쇼미더머니〉 초기 시리즈의 한 에피소드에서,

한 프로페셔널 래퍼가 무대에 같이 오를 후배가 'ㅗ'를 [ou]로 발음하는 것을 비판하며 '꼬인' 발음을 하지 말라고 지적하는 장면[22]이 있다. 사례 7과 9의 발화자인 UMC/UW는 이러한 벤딩의 경향성을 '포스트콜로니얼'한 태도와 연결지으며 강하게 비판하기도 한다.

> 19) 분위기가 이렇게 되면 한국말은 좀 씹혀도 신경 쓰지 않게 된다. ㅅ 발음을 프랑스어의 ca로 하나 영어의 sh로 하나 신경 쓸 바 아니라는 것이다. 왜냐하면 우리를 지배하고 있는 것들과 비슷하게 하는 게 더 그럴 듯해 보이니까. (UMC/UW 2011)

이 언급에서, 한국어 음성자질을 '씹어' 말함은 특정한 인간형 personhood, 즉 '우리를 지배하고 있는 것들'과 '비슷하게' 하고자 하는 이와 연결된다. 이러한 시각에 따르면, 한국어 래퍼들이 AAVE든 다른 영어(들)든 단순하게 '수입'한다면 비판의 대상이 된다.

3) 언어 간(trans-lingual) 라임하기

사례 12), 13), 15), 16), 17), 18)은 영어 기원의 단어들이 라임에 사용되는 예를 다음과 같이 포함하고 있다.

> 12) cigar[siga] - 니가[niga]
>
> 13) yeah, that's me[jæ ðæts mi] - 새 됐으니[sæ dwɛsni]
>
> 15) 모든 게[mədiŋge] - okay[okei]

---

22 45rpm 〈Show me the Money I〉 연행(2012. 7. 6)

16) roman[ɹoumaŋ] - 천만[ʧənman]

17) freestyler[fɹistajlə] - 남달러[namdalə]

18) flow[flou] - 월미도[wəlmidou]

이러한 활용들은 여러 가지 의미에서 선택적이고 성찰적이다. 모든 사례 속에서, 라임은 영어 단어/구들과 한국어 단어/구들 사이의 교차로 만들어진다. 이 유형의 라임하기는 그 자체로 복잡한 기술로, 래퍼들의 한국어, 영어, 혹은 영어 기반의 외래어, 한국어 라임, 영어 라임들 사이의 만남 혹은 충돌 속에서 이루어진다. 다음의 사례들에서 볼 수 있듯, 래퍼들은 이 유형의 라임을 실현하기 위해 여러 가지 방식의 하위 전략을 가진다.

20) keyboard[kibɔɾd] - 시도해[Sidohæ → Sidoj]
cookies[kukiz] - 느끼해[nɨkihæ → nɨk'je][23]

21) keyboard[kibɔɾd → kibodɨ] - 눈치 보듯[nunʧibodɨt][24]

22) curve[kʌɾv → kʌbɨ] - double[dʌbl → dʌbɨl][25]

사례 20)에서는 한국어 단어들이 벤딩의 대상이 되어, [h]가 사라지고 [æ]가 다른 모음들로 변화한다. 이를 통해 3음절의 한국어 단어는 [i-o:]의 형태를 가지는 2음절 단어로 변화, 'keyboard[kibɔɾd]'와 라임 관계를 이룬다. 사례 21)은 반대 방향의 벤딩을 보여준다. 영어 기원의 외래어가 '한국화'된 스타일로 선택됨으로써 2음절 단어가 [i-o-ɨ] 구조의

---

23 스윙스(Swings), 〈Show me the Money I〉 연행(2012. 7. 12)

24 타래, 〈Show me the Money I〉 연행(2012. 6. 14)

25 지조, 〈Show me the Money I〉 연행(2012. 7. 26)

3음절 단어로 변화하고, 이를 통해 한국어 '눈치 보듯'과 다음절 라임 관계를 이룬다. 사례 22)는 두 영어 기원 단어들 간의 라임 관계를 맞추기 위해 둘을 모두 벤딩하는 경우다. 이러한 유형의 라임 기술은, 래퍼들이 이웃한 장르 및 언어들과의 관계 속에서 한국어 래핑의 특성을 찾고 구축하는 한국어 랩의 민족역사적ethnohistorical 여정 속 한 페이스를 보여준다. 이는 반드시 한국어 단어의 영어스러운 발음을 수반하지 않으며, 차라리 한국어, 영어와 관계된 기호학적 자질을 갖고 놀기를 통해 이루어진다.

5. '실험들'로 규정되는 장르 레지스터

지금껏, 한국(어) 래퍼들이 랩이라는 장르를 규정하고 그것의 형식적 특질을 하나의 레지스터라는 기획 안에서 구축해내려는 투쟁을 살펴보았다. 래퍼들은 통일된 장르 비전, 이상 등을 갖고 있지도 않으며, 무엇이 랩을 실현하기 위한 '좋은' 기술과 전략인지에 대한 단일화된 의견을 갖고 있지도 않다. 다른 의견 간의 충돌이야말로 공유·순환되면서, 그 자체로 한국어 랩이라는 장르 규정의 일부가 되어왔다. 다시 말하면, 래퍼들은 단순히 이러한 랩과 라임 패턴에 대한 의견 충돌을 인식하고 그 안에서 선택하는 존재일 뿐 아니라, 그러한 충돌을 '다루는' 존재였다.

23) 한글 가사를 쓰는 건 일종의 '사명감'이라고 할 수 있죠. 한국에 힙합이 뿌리내리기 위해서는 반드시 이런 사명감이 필요하다고 봅니다. … 기본적인 우리의 표현수단으로 가사를 제대로 써낼 수 있어야 그 이상의 심미적 가치를 가질 수 있다고 보는 거지요. (Jerry K 2004)[26]

24) 한국어 라임에 대한 정의를 내리기엔 아직 갈 길이 멀다고 생각합니

다. 영어와 완전히 다른 언어체계이고 그 안에 숨겨진 다양한 가능성들을 우리가 다 발견하지는 못했기 때문에 … 개인적으로는 많은 뮤지션들이 음악적으로 수용 가능한 선에서 과감한 실험을 했으면 합니다. (MC 메타 2004)[27]

25) 한국말 라임이 가진 가능성이 상당히 무한한데 … 한국말이 가진 언어적 가능성을 찾아 개척하는 게 모든 한국 MC들의 책임이라고 생각합니다. (화나 2004)[28]

이와 같은 래퍼들의 언사는 이상적인 한국(어) 래퍼의 상을 라임의 연행자라기보다는 그것의 개발자로 묘사하고 있다. 위와 같은 인식 속에서 래퍼들은 라임을 통하여 '발견하고' '실험하고' '언어적 가능성을 찾아 개척하는' 존재이며 그러한 존재여야만 한다. 그러기 위해서는 언어학자와 마찬가지로, 영어와의 구조적 차이에 대한 메타언어적 인식 속에서 한국어 자체를 탐구해야 한다. 이러한 '개발자'로서의 래퍼라는 관점에 동의한다면, 한국어 랩이라는 장르 레지스터를 불완료된 지역화 혹은 외래 장르의 수입에 의한 '임시로 불안정한' 형태로 묘사하기보다는, 집합적인 실험들이 늘 이질적 화자들 사이에서 이루어지는 '끊임없이 불안정한' 형태로 인식하는 것이 옳다. 이와 같이 미래지향적인 정의는, 탐구자들로 하여금 레지스터로서의 랩을 한국어 라임을 실현시키기 위한 새로운 전략·전술들에 열려 있는 동적 과정으로 보아야 함을 의미한다.

26 https://hiphopplaya.com/g2/bbs/board.php?bo_table=magazine&wr_id=371
27 https://hiphopplaya.com/g2/bbs/board.php?bo_table=magazine&wr_id=207
28 https://hiphopplaya.com/g2/bbs/board.php?bo_table=magazine&wr_id=371

참고문헌

김영대 외, 2008, 『한국 힙합: 열정의 발자취』, 서울: 한울.

박애경, 2003, "랩의 수용 과정을 통해 본 대중문화의 이식성과 자생성," 『구비문학 연구』 16: 89-116.

이규탁, 2011, "한국 힙합 장르의 형성을 통해 본 대중문화의 세계화와 토착화," 『한국학연구』 36: 39-84.

Agha, Asif, 2003, "The Social Life of Cultural Value," *Language and Communication* 23(3/4): 231-273.

Agha, Asif, 2005, "Voice, Footing, Enregisterment," *Journal of Linguistic Anthropology* 15(1): 38-59.

Bucholtz, Mary, 2004, "Theorizing Identity in Language and Sexuality Research," *Language in Society* 33: 469-515.

Edwards, Paul, 2009, *How to Rap: The Art and Science of the Hip-Hop MC*, Chicago: Chicago Review Press.

Hymes, Dell, 1972, "On Communicative Competence," in John B. Pride and Janet Holmes (eds.), *Sociolinguistics: Selected Readings*, Harmondsworth: Penguin, pp. 269-293.

Irvine, Judith and Susan Gal, 2000, "Language Ideology and Linguistic Differentiation," in Paul V. Kroskrity (ed.), *Regimes of Language: Ideologies, Polities, and Identities*, Santa Fe: School of American Research Press, pp. 35-83.

Jakobson, Roman, 1987[1933-34], *Language in Literature*, Krystina Pomorska and Stephen Rudy (eds.), Cambridge: Belknap.

Kroskrity, Paul V., 2010, "Language Ideology: Evolving Perspectives," in Jurgen Jaspers, Jan-Ola Ostman, and Jef Verscheren (eds.), *Society and Language Use*, Amsterdam: John Benjamins, pp. 192-211.

Lee, Jamie Shinhee, 1997, "I'm the Illest Fucka: An Analysis of African American English in South Korean Hip Hop," *English Today* 23(2): 54-60.

Lee, Jamie Shinhee, 2010, "Glocalizing Keepin' It Real: South Korean Hip-Hop Playas," in Marina Terkourafi (ed.), *Language of Global HipHop*, New York:

Continuum, pp. 139-161.

Moon, Kyuwon, Rebecca Starr, and Jinsook Lee, 2012, "I Roll My Tongue When I Rap: Anglicized Korean and the Construction of Authenticity in Korean Popular Hip Hop," Paper Presented at the New Ways of Analyzing Variation Conference, Bloomington, October 26.

Pennycook, Alastair, 2007, *Global Englishes and Transcultural Flows*, London: Routledge.

Pence, Charlotte, 2012, "Rap Poetry 101," in Charlotte Pence (ed.), *The Poetics of American Song Lyrics*, Jackson: University Press of Mississippi: 35-42.

Silverstein, Michael, 2003, "Indexical Order and the Dialectics of Sociolinguistic Life," *Language and Communication* 23(3): 193-229.

Weidman, Amanda, 2006, *Singing the Classical, Voicing the Modern: The Postcolonial Politics of Music in South India*, Durham: Duke University Press.

| 제3부 |

전 지구화와 한국 언어 지형의 변화

제8장

언어의 지도학: 싱가포르 한인 이주민들의 이동성에 대한 이해*

박성열

1. 언어, 이주, 이동성

전 지구화되는 세계에서 이주의 중요성이 증대함에 따라, 언어 연구자들이 언어와 이주가 교차하는 지점에 쏟는 관심은 더욱 커졌다. 점점 더 다양해지고 복잡해지는 이주의 패턴에 대한 주목은 대개 초다양성superdiversity(Vertovec 2007)이라는 표제하에서 논의되었는데, 이는 [연구자들이] 새로운 유형의 의사소통 실천과 다중언어 사용multilingualism에 대해 좀 더 진지하게 관여하도록 이끌었을 뿐만 아니라 언어를 내적으로 균일하고, 경계가 분명하며, 수량화할 수 있는 실체로 여기는 관념을 깊이 재고하도록 하였다(Otsuji and Pennycook 2010; Blommaert and Rampton 2011; Canagarajah 2013). 이러한 연구들은 또한 다중언어 행위multilingual practices의

* 이 글은 *Language & Communication*(2014)에 실린 필자의 논문 "Cartographies of Language: Making Sense of Mobility among Korean Transmigrants in Singapore"를 번역·수정한 것이다. 번역: 장예진, 김우진

가치가 평가되는 방식을 제약하는 언어 정책과 언어이데올로기들에 대한 비판을 통해, 이주와 관련된 다중언어 사용이 불평등과 차별의 대상이 되도록 하는 물질적·이데올로기적 조건들을 밝힌다(Blommaert, Collins and Slembrouck 2005a). 이러한 작업들을 통해 사회언어학과 언어인류학 연구는 전 지구화 속에서 민족경관ethnoscape의 변화에 대한 언어의 연관성 및 영향을 민족지적 관점에서 관찰함으로써, 그 변화에 개입할 지점을 모색하고 있다(Appadurai 1996).

그러나 이 글이 이동성이 언어에 더 중심적인 위치를 부여한다는 관점을 발전시키기 위해 이러한 작업들이 가진 통찰들에서 더 나아가고자 한다. 새로운 유형의 다중언어 사용과 그 사회정치적 결과들에 초점을 맞춘 연구들은 종종 그 언어 사용 방식을 이동성의 부수적 산물로 치부한다. 다시 말해 그러한 연구들은 사람들이 기존의 경계를 넘나듦에 따라 일어나는 새로운 언어적 행위들과 언어 사용의 새로운 복잡성을 강조하고 이러한 행위들의 초언어적translingual 성격을 비판적으로 검토하지만, 어떻게 언어가 애초에 사람들의 이동성을 촉진하거나 제약하는지에 대한 탐구로는 나아가지 않는다. 언어는 우리가 공간을 상상하고 구성하는 데에 핵심적인 기호 자원으로서 이해되어야만 한다는 점에서, 이 간극은 언어와 이동성 간의 매우 중요한 연결고리를 놓치고 있는 것이다(Johnstone 2004). 종종 언어는 우리가 서로 다른 공간 및 그 공간을 점유한 사람들을 구별하는 기반이 되며(Niedzielski and Preston 1999), 사람들이 지리적으로 멀리 떨어져 있는 여러 장소를 가로질러 서로 연결되는 근본적인 방법이기도 하다(Eisenlohr 2006; Koven 2013).

이런 점에서, 공간적·사회적 경관을 전제로 하여 발생하는 이동성은 근본적으로 언어를 통해 형성되고 매개되는 것으로 이해되어야 한다. 더 중요한 것은, 언어가 점점 더 획득 가능한 기술이자 경제적 자원으로 여겨지는 언어의 상품화가 심화되는 상황에서(Cameron 2005; Urciuoli 2008;

Duchêne and Heller 2012), 국내 및 국경 너머로의 이동성의 전체 기획은 종종 언어와 지리적 공간 사이의 이데올로기적 연관의 복잡한 네트워크를 중심으로 구조화된다는 점이다(Waters 2006; Park and Bae 2009; Gao 2012). 어떤 사람들은 언어 습득을 목적으로 국경을 넘는다. 언어적 차이는 종종 그것이 구성하는 경계를 통해 이동성(또는 비이동성)을 합리화한다. 그리고 이동 중인 사람들이 그들 자신을 이주민으로 상상하고 구성하는 것은 바로 언어를 통해서다.

이러한 양상들은 단지 어떻게 언어가 이동성의 결과로서 재형성되고 다른 목적을 갖게 되는지를 고찰하는 것만으로는 충분하지 않음을 깨닫게 해준다. 우리는 어떻게 언어가 이동성을 조직하고 촉진하는가도 고찰해야 한다. 이 글은 이동성에 있어 언어의 구성적 역할에 강조점을 둔 언어와 이주에 대한 연구를, 싱가포르 한인 이주민들의 사례를 통하여 시도한다. 한인 이주민들이 그들의 국제적 이동 경험에 대해 설명하는 방식에 언어와 언어적 차이가 어떻게 연관되어 있는가를 분석하고, 공간에 대한 그들의 상상이 어떻게 언어의 지도학으로서, 즉 언어와 의사소통에 대한 메타언어적 개념을 매개로 하여 공간을 이해하는 행위로서, 얼마나 유의미하게 이해될 수 있는지 논의한다. 나아가 언어를 통한 지도 만들기라는 이 은유가 서로 다른 형태의 초국적 상상을 가지는 이주민들(또는 비이주민들)에 대한 우리의 연구에 얼마나 유용할지를 고찰한다.

2. 언어의 지도학

1990년대 말부터 한국의 중산층에서는 상징자본과 문화자본을 축적하는 수단으로 중·단기적으로 해외로 이주하여 일을 하거나 공부를 하기 위한 기회를 모색하는 것이 유행하였다(Park and Lo 2012). 1990년대까지 한국인의 이주는 장기 이민이 지배적이었던 반면, 한국 경제가 성장하고 여행이 점점 더 용이해진 것과 중산층의 세계시민적 지향(Park and Abelmann 2004)은 초국적 공간에서 더 유리한 위치에서 계층적 이해를 재생산하기 위해 전략적으로 국경을 넘나드는, 좀 더 유연한 이주 유형의 증가를 가져왔다. 국가가 급격히 신자유주의화되는 상황에서, 국제적 이동성은 단지 경쟁이 심화되는 국내 고용 시장에서 앞서 나가기 위한 수단일 뿐만 아니라 국제무대에서 자신의 진정한 잠재력을 실현하는 이상적인 신자유주의적 주체로 거듭나기 위한 수단이기도 하였다(Park 2010a).

이러한 [중·단기적인] 이주 유형에서 언어는 중요한 요인이 되는데, 언어의 가치와 그 언어 사용자들의 이미지를 매개하는 언어이데올로기들이 이주민들이 이동하는 경로의 특정한 형태, 나아가 그들의 이주 동기를 형성하는 데에 주요한 역할을 하기 때문이다(Park and Bae 2009). 일례로 이러한 이주 유형 중 하나인 조기유학은 대학 진학 전의 학생들이 가치 있는 문화자본과 언어자본을 획득하려는 목적으로 가족과 떨어져 외국 학교에서 공부를 하기 위해 해외로 향하는 경우인데, 이들이 획득하려는 가장 중요한 자본은 영어 실력이다(Song 2011; Kang 2012; Shin 2012; Bae 2013, 2014). 여기에서 지리적 장소에 따라 적절한 영어proper English를 습득하는 데에 도움이 되는 정도가 다른 것으로 여겨진다. 예를 들어 미국은 세계경제의 중심이자 한국에 미치는 영향력이 크다는 점에서만이 아니라 한국인이 일반적으로 가장 바람직한 것으로 여기는 종류의 영어가 미국식 영어인 점 때문에 이상적인 장소가 된다.

이러한 언어이데올로기적인 공간 해석은 학생과 그 가족이 해외로 나가기로 결정할 때 그들의 선택을 좌우하며, 또한 초국적 공간에서 개인의 궤적이 어떻게 이해될 것인지를 제약한다. 따라서 미국식 영어 억양 습득이 그 표지가 되는 미국 유학은 직업의 기회를 보다 국제적인 규모에서 갖게 될 가능성을 열어주는 것으로 인식되는 반면, 지역 영어 억양local forms of English accent이 지표가 되는 싱가포르와 같은 나라에서의 유학은 미래의 가능성이라는 측면에서 보다 제한적인 것으로 이해된다(Kang 2012; Bae 2013).

우리는 이러한 초국적 이동의 언어이데올로기적 매개가 언어의 지도학에 상당한다고 주장할 수 있다. 이동성에 대한 언어이데올로기적 해석을 지도 제작 기술과 실천에 비유함으로써, 이 글은 이동 중인 사람들이 어떻게 언어이데올로기적 매개를 통해 초국적 공간을 적극적으로 구성하는지 부각시키고자 한다. 사회언어학적·언어인류학적 연구는 오래전부터 언어가 어떻게 공간을 상상하고 구성하는 데 중요한 자원으로 작용하는지를 인식하고 있었다. 언어적 차이는 종종 서로 다른 언어의 사용자들과 관련된 영토 공간의 차이를 만들고 재생산하는 강력한 기호적 자원이기 때문이다(Anderson 1991; Irvine and Gal 2000). 그러나 언어가 어떻게 지리적 공간에 경계를 부여하는가에 대해서뿐만 아니라 그렇게 사회적으로 구성된 공간에서의 이동성을 이해하는 데에 언어가 어떻게 이용될 수 있는가에 대해서도 사고함으로써 우리는 사람들의 초국적 이동에서 언어의 역할에 대해 깊이 이해할 수 있는 것이다.

지도는 단지 세계에서 자신의 위치를 식별하기 위한 것일 뿐만 아니라 길을 찾기 위한 것이기도 하다. 지도는 공간의 추상적인 재현물이 결코 아니며, 사용자가 다른 장소들과의 관계 속에서 그들의 위치를 이해하고 그들의 움직임의 가능성(또는 불가능성)을 이해할 수 있도록 특정 상황에서 사용되는 것이다. 예를 들어 지도 사용자는 그들의 길을 가로막고 있는 봉우리나 협곡을 나타내는, 지도에서 조밀하게 표시된 등고선들에 주의를 기울이거나, 교통 시설을 이용하는 효율적인 방법을 알아내기 위해 버스와 철도 노선의 환승 구간을 살피고, 가볼 만한 재미있는 장소와 피해야 할 따분한 장소를 구별하기 위해 지도에 표시된 주요 장소들의 분포를 고려한다. 이런 점에서, 지도학의 은유는 어떻게 사람들이 스스로 공간을 관통하는, 또 거주하는 공간(그들이 헤쳐나가야 하는 장으로서의 공간)을 구성하는 행위자agent로서 자리매김하는지를 강조한다. 달리 말하자면, 이 은유는 사람들이 서로 다른 지리적 구성물에 부여하는 의미들뿐만 아니라, 어떻게 공간이 벡터화된(즉 크기와 방향을 모두 가지고 있는) 항목들—움직임의 행로paths, 경로itineraries, 투사projections, 잠재성 및 그와 같은 방향성을 가진 움직임을 가로막는 제약들과 그 제약들에 대처하는 방식—로서 이해될 수 있는지에 초점을 맞춤으로써 사람들의 공간에 대한 능동적 해석agentive interpretation of space을 강조하는 것이다.

언어의 측면에서 이해한다면, 이러한 지도학은 한인 초국주의Korean transnationalism의 새로운 유형에서 행위성의 긴장tensions of agency을 부각시키는 유용한 방식이 될 수 있다. 초국적 위치 짓기를 이해하는 것에 있어서 이동하는 한국인은 단지 언어와 화자의 범주를 구별 짓는 데 그치지 않고 언어 구사능력, 언어의 적법성legitimacy 및 언어의 경제적 가치와 같은 개념들까지 동원하는데, 이것들은 모두 위계적인 측면에서 이해된다. 그러한 개념들은 공간에 위계에 따른 경사gradient를 투사함으로써 초국적 공간 위에 높낮이가 있는 지형을 만들어낸다. 즉, 가치 있는 종류의 언어를 습득하기에 용이한 장소는 도달 목표로 삼아야 할 정상頂上이 되고, 가치가 없는 것으로 여겨지는 종류의 언어가 사용되는 장소는 피해야 할 매력 없는 지역이 되며, 그리고 원하는 곳에서 일하거나 공부할 기회를 제한하는 언어 요건들은 이동에 장애물이 되고, 나중에 더 좋은 곳으로 이동하기에 유리한 언어를 배울 수 있는 장소는 전략적 베이스 캠프가 되는 식이다.

따라서 언어이데올로기들을 통해 그려진 초국적 이주의 지도는 이주민들의 합리적 선택이 아무런 마찰 없는 자유로운 공간상의 이동으로 귀결되는 매끈한 공간을 표상하는 것이 아니다. 오히려 그것은 이주민들이 돌아다니기 위해 학습하고 연구해야 하는 복잡한 지형, 즉 고르지 않게 분배된 자원들, 다양한 장애물과 있을 법한 지름길들, 위험하지만 보람 있는 행로들과 안정적이지만 장래성 없는 정착지들로 뒤덮인 경관이다. 이런 점에서, 이러한 시각은 전 지구화 연구에서 '흐름'이라는 개념을 행위자가 없고 의도성intentionality으로부터 독립된 것으로 여기는 경향에서 탈피할 수 있게 해준다(Rockefeller 2011). 즉, 이동 잠재력에 대한 이주민들의 적극적인 상상력을 강조함으로써, 또한 그 상상력을 공간의 구조적·이데올로기적 제약 속에서 고려함으로써, 언어의 지도학은 물질적·사회적 공간에서 이동성의 형성에 있어 언어의 중요성을 적절히 포착할 수 있게 한다.

이주민의 행위성과 그들이 대처해야 하는 제약들 양자를 모두 설명하는 언어의 지도학은 스케일scale이라는 개념을 공간과 이동성의 관점에서 더 구체적으로 설명하기에 유용하다. 전 지구화의 사회언어학에서, 스케일은 언어 사용자들이 익혀야 하는 다양한 지표적 질서indexical orders를 밝혀내고 그리하여 전 지구화의 맥락 속에서 개인이 대처해야 하는 구조적·이데올로기적 제약을 설명하는 핵심적인 용어가 되었다(Blommaert, Collins and Slembrouck 2005a; Collins, Slembrouck and Bsynhan 2009; Blommaert 2010; Park and Lo 2012; Wortham 2012; Lo 2014). 이러한 스케일은 단지 추상적인 위계가 아니라, 언어를 통해 특정한 공간들에서 느껴지고 드러나는 것으로, 서로 다른 유형의 공간들과 그 공간들에서 어떻게 서로 다른 상호작용의 체계들이 규범적인 것이 되는지를 결정하는 힘을 가진다(Blommaert, Collins and Slembrouck 2005b). 스케일이라는 개념은 분명 "흐름은 텅 빈 공간에서 전개되지 않는다"는 것과 "그것[흐름]은 온갖 물질적·상징적인 속성과 특징으로 가득 찬 공간을 가로지르는 이동"이라는 것을 강조하기 위하여 도입된 것이다(Blommaert, Collins and Slembrouck 2005a: 202).

그러므로 스케일이라는 개념과 언어의 지도학이라는 개념은 둘 다 사람들이 공간을 다루는 데 있어 익혀야 하는 구조적 조건들을 강조한다는 공통점이 있다. 그러나 언어의 지도학의 관점에서 생각해보면, 스케일의 구조적 차원은 이주민들의 공간적 상상 작업과 독립하여 존재하지 않음을 깨닫게 된다. 스케일의 힘은 바로 언어적 차이에 의해 발생하는 이동의 잠재성이나 제한을 가져오는 경관으로서의 공간에 대한 이주민들의 적극적인 개념화와 해석으로부터 비롯된다. 우리의 관심을 스케일 사이의 차이와 그로부터 발생하는 방향성에 집중시킴으로써, 언어의 지도학은 어떻게 이주민들이 공간에 대한 그들의 생각에 스케일을 적극적으로 포함시키는지, 또 그들이 특정한 지리적 장소와 궤적이라는 측면에서 스케일들의 관계를 어떻게 이해하는지, 스케일이 어떻게 그들의 이동성의 기획에 유의미한 참조점이 되는지를 이해하는 데 도움을 준다.

이동에 대한 상상에서 드러나는 바와 같이 이동성에 초점을 맞춘다는 것은 우리가 상대적으로 이동이 적은 삶을 사는 사람들보다 이동을 많이 하는 사람들을 우선시함을 의미하는 것이 아니다. 경로와 궤적이 오직 국경을 넘는 사람들에게만 중요한 것은 아니다. 전 지구화와 초국주의의 결과 중 하나는 우리가 지역적 수준에서 사회조직을 이해하는 방식에 이동에 대한 상상이 깊이 배어들게 되었다는 점이다. 예를 들어 힐러리 딕(Dick 2010; 2013)이 멕시코 우리안가토Uriangato 지역의 비이주민을 대상으로 수행한 현지조사를 기반으로 주장한 것처럼, 초국주의와 디아스포라를 특징 짓는 "대위법적 인식contrapuntal awareness"[다른 곳에 동시적으로 존재하는 삶들에 대한 감수성(Said 2000)]은 실제로 이주를 한 사람들에게만 가능한 것이 아니다. "전 지구화의 과정에 대한 사람들의 관여를 구별 짓는 것은 … 어떤 사람들은 대위적으로 살고, 다른 사람들은 그렇지 않다는 것이 아니다. 오히려, 그것은 사람들이 형성하는 대위적인 삶과의 관계다. 그러한 삶에 대해 그들이 무엇을 주장하는가? 그들은 그러한 삶을 접근 가능한 것으로 보는가, 아니면 그것을 그들이 넘을 수 없는 국경 저 너머에 펼쳐져 있는 것으로 보는가?"(Dick 2013: 413) 친구와 친척들이 미국으로 떠나고 "뒤에 남겨진" 멕시코인들에게 "여기"와 "그곳"의 구별은, 자신들이 어떤 이동가능성을 가지고 있는지, 무엇이 자신들이 국경을 넘는 것을 방해하는지, "그곳"에 있지 않다는 사실을 정당화하는지, 만일 그렇다면 어떤 식으로 정당화하는지 등의 질문을 끊임없이 하게 한다는 점에서 여전히 세상에 대한 그들의 담론적 구성과 연관이 있다. 이러한 질문들은 실제로 이동성이 그들의 삶의 특성인지 여부와 상관없이, 주어진 시점에서 개인의 소속을 정의하는 데에 핵심 요소로서 이동성을 중시한다.

따라서 이 글에서 다루는 초국적 이주민들의 경험이 한국에 남아 상대적으로 이동이 적은 삶을 사는 다른 한국인의 경우와는 매우 다를지라도, 이 글의 목적은 과잉이동성hyper-mobility이라는 현상을 새로운 전형the new normal으로 다루려는 것이 아니라, 전 지구화와 신자유주의의 영향으로 두드러진 다른 장소와 가능성에 대한 높아진 감수성으로 인해 이동에 대한 상상력이 우리가 세계를 이해하는 데 필수불가결한 것이 되었음을 고찰하고, 언어가 사회적 차이와 가치의 관계를 가리키는 매우 강력한 자원으로서 이 과정에 깊이 연관되어 있음을 보이는 것이다. 다음에서는 싱가포르 한인 이주민들에 대한 논의로 옮겨가서, 어떻게 언어의 지도학이 많이 이동하는 사람들의 삶과 적게 이동하는 사람들의 삶을 정의하는 공간적 상상의 작용을 이론화하는 데 유용한지를 살펴볼 것이다.

3. 싱가포르의 한인 이주민

싱가포르는 최근 한인 초국주의의 새로운 양태들이 두드러지는 장소가 되었다. 다양한 디아스포라들의 집합점으로서 건설된 도시국가인 싱가포르는 세계 경제에서 경제적 경쟁력을 확보하기 위한 전략으로서 초국적 연계를 지속적으로 발전시키고 있다(Yeoh 2006). 이민 정책은 싱가포르의 경제 발전에 매우 중요한 역할을 한다. 싱가포르는 현지 노동력을 보완 및 활성화하고, 지식 기반 경제에서 가치를 창출하는 데 뛰어난 창의성과 효율성을 보여줄 것으로 기대되는 유능한 해외 이주민들의 유입을 촉진하기 위해 많은 노력을 한다.

예를 들어 싱가포르 정부는 국가 경제에 활력을 불어넣고 미래에 국민이 될 가능성이 있는 "외국 인재"로서 고숙련 전문가들을 전략적으로 끌어들이고자 한다. 건설이나 가사노동의 영역에서 일하는 비숙련 또는 반숙련 노동자를 유입하는 고용주에게는 세금을 추가 부과하고, 영구정착을 엄격히 규제하는 데 비하여, 고숙련 노동자들의 이동은 훨씬 더 자유롭고 유동적이다. 예를 들어 고숙련 노동자를 고용하는 행정적 절차는 매우 간소하며, 영주권을 취득해 궁극적으로 싱가포르 국민이 되도록 적극 장려한다(Pang 2006; Rahman 2012).

싱가포르 이민 정책의 또 다른 측면은 싱가포르를 "국제적 학원가 global schoolhouse", 즉 아시아 및 전 세계의 국제적인 교육의 중심지로 홍보하는 것이다(Huang and Yeoh 2005). 싱가포르 정부는 싱가포르의 교육체계를 광범위하고 경쟁력 있는 것으로 전 세계에 홍보하고 브랜드화하는 데에 적극적으로 투자하고 있으며, 그 결과 전 세계 다양한 지역으로부터 모든 교육과정의 많은 학생이 싱가포르로 향하고 있다. 외국 학생들을 유치하는 것은 국제 교육시장에서 막대한 이윤을 얻기 위한 것일 뿐 아니라 싱가포르의 '인적 자본'을 강조하는 것이기도 하다. 따라서 싱가포르는 성취도가 높은 유학생들이 학업을 마치고 싱가포르에 일자리를 얻음으로써 고급 기술에 대한 증가하는 수요를 충족시켜주기를 기대한다.

새로운 한인 초국주의는 이 정책이 제공하는 기회를 적극적으로 활용한다. 고숙련 개인들에게 열려 있는 문은 한국 중산층이 계급을 유지하고 이동을 얻기 위한 전략의 일환으로서 해외 이주를 더 쉽게 할 수 있는 기회를 제공한다. 동시에, 싱가포르에서 축적한 자격과 경험은 그들이 서구의 영어권 지역과 같은 더 매력 있는 장소로 진출할 수 있게 하는 유용한 자원이 된다. 따라서 한인 이주민들은 다양한 유형의 중·단기 이주를 통하여 싱가포르의 정책을 적극 활용해왔다.

이 글은 이러한 이주 유형을 대표하는 두 집단에 초점을 맞춘다. 첫 번째는 싱가포르에 있는 비한국계 다국적 기업non-Korean multinational corporations(MNCs)에서 일하는 한국인 화이트칼라 노동자들이다. 싱가포르가 비즈니스 친화적인 환경으로 외국 기업을 끌어들이면서 아시아-태평양 지역에서 국제적 기업 활동의 중심지로 자리매김함에 따라, 많은 글로벌 다국적 기업이 싱가포르에 지역 본부를 두고 있다. 이러한 지역 본부들은 해당 지역 내에서 노동력을 충원하며, 이는 한국인에게 해외취업의 기회를 열어주는데, 다국적 기업의 회사 간 이직 네트워크intercompany transfer(ICT) network를 통해 중간관리자로서 싱가포르에 자리잡는 경우가 전형적이다. 두 번째는 조기유학 현상의 일부로서 싱가포르 학교에서 공부하기 위해 싱가포르로 향하는 한국 학생들과 그 가족들이다. 전통적으로 조기유학으로 가장 인기 있는 곳은 서구 영어권 국가들, 특히 미국이다. 그러나 최근에는 높은 지리적·재정적 접근성을 갖춘 동남아시아가 부상하였다(Park and Bae 2009). 싱가포르가 교육의 장으로 유명해진 것과 더불어 이러한 추세 속에서 조기유학생들과 그 동반 부모들(보통 어머니들)이 급속하게 증가했으며 그들은 싱가포르 한인 커뮤니티의 주요 구성원이 되었다.

다음에서 살펴볼 바와 같이, 이러한 유형의 이주와 초국주의는 언어 이데올로기들을 통해 매개된다는 점이 중요하다. 이 글의 나머지 부분에서는, 한인 이주민들의 경험을 이해하는 데에 언어의 지도학이 적절하다는 것을 증명하기 위한 한 방법으로서, 위의 두 집단에 속한 한인 이주민들이 각종 언어 및 그 사용자들에게 부여하는 차등적인 가치와 의미를 살핌으로써 공간에서 자신들의 궤적을 어떻게 이해하는지를 설명하고자 한다. 이 글의 자료들은 (1) 2010년에서 2011년 사이에 싱가포르의 다국적 기업에서 근무하는 한국인 중간관리자 열두 명을 대상으로 저자가 진행한 인터뷰와 (2) 배소희의 싱가포르 조기유학 가족에 대한 연구(2008년 수행된 열두 조기유학 가족과의 인터뷰, 그리고 2010년에서 2012년 사이에 추가로 수행된 세 조기유학 가족에 대한 민족지적 현지조사)를 출처로 한다. 필자는 이 자료들을 사용하여, 연구 참여자들이 어떻게 자신들이 횡단하는 역동적인 지리적 공간을 투사하여 싱가포르로의 이동과 자신들의 미래의 궤적의 의미를 표현했는지를 논의할 것이다. 그럼으로써 어떻게 언어가(더 정확히 말하자면, 언어를 사용하는 다양한 방식의 의미와 가치에 대한 언어 사용자들의 해석이) 그들이 그러한 지형을 구성하는 데에 핵심 요소로 작용하는지를 밝히고자 한다.

4. 비한국계 다국적 기업의 중간관리자들: 기업 내 서열의 공간 탐색하기

싱가포르에 있는 비한국계 다국적 기업의 한국인 중간관리자들에게 싱가포르로의 이동은 서로 다른 두 지역을 가로지르는 지리적 이동으로서뿐만 아니라 그 자체로 공간적인 측면에서 이해되는 그들의 경력 궤도상 중요한 단계로서도 의의가 있다. 싱가포르에는 흔히 주재원이라고 불리는, 한국계 다국적 기업(삼성, SK, 한화 등)에서 근무하는 한국인도 많다. 주재원과 비한국계 다국적 기업의 직원들은 싱가포르에서 근무하는 것에 다른 의미를 부여했다. 주재원의 경우, 싱가포르는 그 자체로 경력에 특별한 함의를 지닌 것이 아닌 한시적인 해외 파견지일 뿐이었다. 싱가포르 근무는 그들의 전문성과 경험을 기반으로 하여 부여된 과제였고, 그들은 파견기간이 끝나면 한국으로 복귀해야 했다. 이런 점에서 싱가포르 근무는 그 기업에서 일하는 것의 연장선에 있는 것과 다름없었다. 이와 대조적으로, 비한국계 다국적 기업의 직원들에게 싱가포르에서 근무하는 것은 한 단계 위로 올라서는 것을 의미했는데, 한국에 있는 국가급 지사country-level office에서 근무하는 것보다 해당 지역의 국가 지사들 country offices을 총괄하는 지역 본부regional office로 옮겨가는 것이 더 높은 관리자 직급을 가진다는 것을 의미하기 때문이다. 그렇기 때문에, 그들에게 싱가포르로의 이동은 임금 상승과 같은 경제적 측면에서뿐만 아니라 경력 발전의 측면에서도 상승 이동이었다. 또 싱가포르로 간다는 것은 대체로 유럽이나 북미에 위치한 기업 본사에 한걸음 더 다가간다는 것을 의미했다. 원칙적으로 지역 본부에서 업무 성과가 좋은 직원들은 승진해 기업 본사로 갈 수 있기 때문이다. 다시 말해 비한국계 다국적 기업의 직원들에게 그들이 횡단하는 초국적 공간은 기업 권력의 공간, 즉 지리적 공간 위에 겹쳐진 경력 발전의 궤도로 인식되었다.

이 궤도가 언어에 의해 열리거나 닫히는 것으로 여겨진다는 점을 고려하면, 언어의 지도학 개념이 이들 한국인에게 잘 적용된다고 할 수 있다. 인터뷰 대상이었던 다국적 기업 직원들은 예외 없이 그들이 싱가포르로 이동할 수 있게 된 중요한 요소로 영어 실력을 꼽았다. 한국 지사에서 근무하는 것은 일상적인 영어 사용을 요구하지 않는 반면, 싱가포르에 있는 지역 본부에서의 근무는 (한국에 있는 지사와 의사소통해야 하는 경우를 제외하고) 대부분 영어로 이루어지기 때문에, 유창한 영어 실력은 싱가포르에서 근무하는 데 중요한 전제조건이었다. 한국인 관리자들은 자신들이 일상적인 업무를 영어로 수행하는 데 아무런 문제가 없다고 자신감 있게 말하는데, 이는 그들이 싱가포르에서 일자리를 잡은 것을 용이하게 해준 것이 바로 이 언어자본임을 암시하는 것이다. 예를 들어, 한 제조회사에서 영업을 맡고 있는 중간관리자 성씨는 다음과 같이 말한다.

> 외국 사람들하고 이야기하고 그리고 제가 싱가폴까지 와서 별로 뭐 적응하는 것도 크게 랭귀지 측면에서 크게, 물론 힘들 때도 많지만 그래도 스트레스 받을 만큼 힘들다고 느낀 적 없거든요.

국제물류회사에서 일하는 또 다른 관리자인 장씨는 꽤 직설적이고 정확하게 다음과 같이 말한다.

> 커뮤니케이션에 문제가 좀 있다고 느꼈으면 저를 뽑지를 않았겠죠.

인터뷰 대상이었던 관리자들에게 영어가 업무수행의 일차적 언어라는 것을 감안한다면 이러한 진술들은 평범하게 들릴 수 있다. 그러나 초국적 비즈니스 공용어로서의 영어라는 관념은 이데올로기적 구성물이며(Kubota 2013), 위의 진술들은 단순히 영어가 그 사용자들의 업무 현장에서 폭넓게 사용되는 현실을 반영한 것으로 받아들여서는 안 된다. 이것은 한국사회의 영어에 대한 지배적인 담론 안에서 한국인이 자신을 드러내는 방식을 고려하면 특히 그러하다. 이러한 영어에 대한 담론에서, 일반적으로 한국인은 영어 실력이 부족한 단일어 사용자로 그려진다(Park 2009). 심지어 영어 실력이 뛰어난 사람들조차 종종 그들의 [언어] 구사능력을 부인하고 과소평가한다. 이런 이유로 위의 예시들에서처럼 그들 자신의 영어 실력을 관리자들이 인정하고 있다는 것은 매우 중요하다. 이것은 그들의 초국적 이동을 이해하기 위해 어떻게 그들이 영어 구사능력을 중요한 표지로 다루는지를 보여준다. 즉, 한국 지사에서 지역 본부로, 그리고 다시 최고 경영진으로의 궤도를 따른 움직임을 나타내는 한국에서 싱가포르로, 그리고 다시 서구 국가로의 이동은 언어를 통해 촉발된 것이다. 이는 또한 그들이 어떻게 영어 구사능력을 내세움으로써 자신이 스스로 구축한 궤도상에서 더 특권적인 지점인 싱가포르에 있다는 사실을 정당화하는지를 보여준다.

이 점은 관리자들이 그들의 이동성의 한계를 설명하는 데에도 영어 구사능력을 언급한다는 것을 볼 때 더욱 분명해진다. 관리자들이 빈번히 언급한 공간화된 경력 궤도에도 불구하고, 현실에서 지역 본부를 넘어선 곳으로의 경력 이동은 극히 드물며 저자가 연구한 다국적 기업들에서 최고위 관리자 지위에 오른 한국인은 거의 없었다(Park 2013). 다시 말하지만, 이러한 문제는 흔히 언어의 측면에서 설명되었다. 인터뷰했던 대부분의 관리자가 영어로 그들의 업무를 수행하는 데 문제가 없다고 말했지만, 한편으로 그들은 기업의 장단기 전략과 전망을 논의하는 고위 관리자들과의 회의에 참석하는 것에 어려움을 표했다. 그들에 의하면, 이러한 상황에서는 더 빠른 속도의 토론을 요할 뿐만 아니라 구체적인 것들보다 추상적인 착상들에 대해 더 많이 말해야 하고 따라서 더 높은 수준의 영어 실력이 필요하다. 주된 의사소통 스타일의 차이도 한몫 한다. 한국인에게 친숙한 위계적인 조직 질서에 대한 집단적 순종(예컨대, 상사의 의견을 따르는 것)보다는 개인주의적이고 긍정적인 자기표현을 훨씬 더 기대한다. 이것은 한국인 관리자들이 회의에 적극적으로 참여하는 데 방해가 되었고, 이러한 회의에서 보여준 모습들이 그들에 대한 상사들의 평가에 직접적인 영향이 있었을 것이므로 기업 내에서 자리를 잡는 데 부정적인 영향을 끼쳤다.

한국인 관리자들은 이것 때문에 한국인들은 기업에서 더 높은 서열로 올라가는 것이 거의 불가능하다고 말한다. 예를 들어 한 관리자 신씨는 이렇게 말한다.

한국사람들은 토론할 때 말을 잘 안 한다. … 그러나 우리 회사는 영국식 토론문화가 있어서 자기 의견을 내놓지 않으면 생각이 없는 것으로 본다. … 한국사람들이 딸리는 것은 생각을 재빠르게 명료히 정리해서 내놓는 것이다. 싱가폴 사람들이 옆에 있다가 한국사람이 말한 내용을 채가서 자기 실적이 되는 경우가 많다. … 프레젠테이션 등을 못하면 높은 자리에 올라갈 수 없다.

이 예시는 다양한 유형의 사람들이 기업에서 차지하는 위치를 합리화하는 데 있어, 어떤 것이 업무 현장에서 가치 있는 의사소통 능력이라 여기는가와 누가 이러한 능력을 태생적으로 소유하고 있다고 여기는가에 대한 이데올로기가 얼마나 중요한지를 다시 한번 보여준다. 여기서 신씨는 특정 국가 정체성으로 정형화되는 서로 다른 [언어] 구사능력이 기업에서 차지하는 위치에 따라 서로 다른 가치를 가지는 것으로 상정한다. 먼저 지배적인 "영국식 토론문화"에 의해 지표되는 서양인이 있다(비록 신씨의 회사는 스위스에 본사를 두고 있지만). 그들의 의사소통 능력은 업무 현장에서 의사소통의 규범으로 작용하고, 그들은 자신의 기준으로 다른 직원들을 평가하는 최고관리자의 전형으로 제시된다. 그리고 서구 기업 문화의 의사소통 규범을 성공적으로 내면화하고 유창한 영어 실력을 갖춘 서구화된 싱가포르인들이 있다. 그들은 기업의 서열에서 그다음으로 높은 자리를 차지한 성공한 2인자 아시아인으로 제시된다. 마지막으로, 그러한 의사소통 기술이 부족한 것으로 그려지는 한국인은 업무 현장에서의 의사소통의 규범을 익히는 것에 실패하여 자신의 가치를 증명할 수 없기에 그들의 현재 위치에 머물러 있는 것으로 여겨진다. 공간이 중요한 방식으로 이러한 구별과 교차한다는 것은 주목할 만하다. 서로 다른 언어의 사용자들은 서로 다른 지리적 공간에서 온 것으로 (서로 구별되는 언어의 사용자의 정체성들이 서로 다른 나라들과 연결되면서) 제시될 뿐만 아니라, 기업 내 서열의 공간에서 승진을 위한 가능성의 차이를 대표하는 것으로 여겨진다. 즉 이들은 유럽에 있는 본사와 연관되는 서양인, 지역 본부에 기반을 두고 있지만 본사를 목표로 하는 싱가포르인, 한국 지사와 지역 본부 사이의 공간에 갇혀 있는 한국인으로 구분된다.

이것은 서구에 있는 본사로 이동하는 데 있어 한국인이 겪는 어려움을 언어와 공간(또는 이러한 공간들을 차지하고 있는 언어 사용자들)을 연결하는 언어이데올로기들이 어떻게 합리화하는지 보여준다. 즉 다국적 기업의 직원들은 기업 네트워크와 지리적 네트워크를 통한 그들의 경로에서 나타나는 바와 같은 초국적 공간에서의 흐름과 마찰을 설명하기 위해 구사능력과 적법성에 대한 언어이데올로기들을 사용하면서, 언어를 매개로 자신들의 초국적 이동에 대한 해석에 적극 관여한다.

5. 조기유학 가정: 미래 행로에 대한 불안감

다국적 기업 직원들의 경력 궤도와 마찬가지로, 조기유학의 기획 역시 궤도의 관점에서 이해할 수 있다. 이것은 싱가포르를 인기 있는 조기유학 장소로 떠오르게 한, 유학 장소의 다양화로 인해 특히 중요해졌다. 과거에 전형적인 조기유학의 궤도는 훨씬 단순했는데, 한국과 서구 영어권 국가를 직접 잇는 것이었다. 그러나 오늘날에는 조기유학 가정이 선택할 수 있는 다양한 행로와 교점이 있다. 조기유학이 가능한 장소들이 다변화함에 따라, 조기유학 가정이 따를 수 있는 경로도 다양해졌다. 싱가포르에 온 가족의 경우, 거기에서 획득한 영어 실력을 한국에 돌아가 일류 중등교육기관에 입학하는 데 사용할 수 있는데, 이는 종종 한국에서 일류 대학에 진학할 수 있는 출세 가도로 여긴다. 또 다른 방법으로, 학생들은 싱가포르에 있는 중등교육기관에서 공부하면서 그 학교의 SAT나

국제 학력 평가 시험International Baccalaureate 준비 프로그램을 적극 활용하여, 싱가포르를 미국에 있는 대학에 들어가기 위한 발판으로 삼을 수도 있다(Park and Bae 2015). 어느 경우든 미래에 학생들에게 더 좋은 선택지들을 가져다줄 것으로 기대된다. 그 바탕에는 조기유학을 통해 획득한 언어 구사능력과 자질을 통해 학생이 한국사회의 제약들에서 벗어나 세계 시민적 삶을 살고, 원하는 장소 어디서든 일할 수 있게 될 것이라는 생각이 놓여 있다. 이러한 점에서, 행로와 궤도, 경로는 조기유학의 공간에 대한 근본적인 논리로 깔려 있다.

가치 있는 언어자본의 습득이 조기유학의 핵심 목적 중 하나이므로, 이러한 궤도는 조기유학 가정이 서로 다른 장소들과 연관시키는 언어들의 상대적인 가치를 통해 중요한 방식으로 매개된다. 싱가포르가 인기있는 조기유학 장소로 떠오른 이유 중 하나는 싱가포르의 다중언어 사용이다. 싱가포르의 이중언어 교육정책하에서는 영어와 중국어가 공식언어로 인정되어 교과과정의 일부로서 배우게 된다. 따라서 한국 가정은 싱가포르를 학생들이 영어뿐만 아니라 세계 시장에서 점점 더 가치 있는 언어로 여겨지는 중국어까지 습득할 수 있는 이상적인 장소로 생각한다(Park and Bae 2009). 이런 점에서, 언어의 상대적인 가치에 대한 믿음, 그리고 그러한 믿음과 장소의 이데올로기적 결합이 경로를 형성한다.

이 과정에서는 서로 다른 언어들뿐 아니라 언어의 서로 다른 하위-변이어subvarieties 역시 중요해진다. 싱가포르는 말레이어와 그 지역의 다양한 중국어 방언의 영향으로 형성된 싱글리쉬Singlish라는 그 지역만의 변이어로 잘 알려져 있다(Lim 2004). 이것은 싱가포르인에게 국민적·지역적 정체성의 중요한 표현이기 때문에 이를 없애려는 정부의 노력에도 불구하고 사회 전반에서 사용된다(Chng 2003; Wee 2014). 싱가포르 조기유학 가정은 자연스럽게 싱글리쉬에도 노출되는데, 한국인은 이를 가치 없는 비표준어로 보는 경향이 있어서 싱가포르를 아주 이상적이지만은 않은not-so-ideal 공간으로 여긴다. 이것은 싱가포르에서 1년간 공부한 13세 소년 준현이 어머니의 다음 진술에서 드러난다.

> 미국 간다고 영어를 다 잘하는 건 아닌데 여기는 나가면 인터내셔널 다니는 애들도 약간 싱글리쉬 영향을 받아서 농담할 때는 싱글리쉬를 쓰더라고요. 그래서 그게 어딘가에는 남아있지 않을까 그런 생각이 들고 다른 SAS(싱가포르 미국학교 Singapore American School)나 영어를 잘하는 학교에 가면 그런 생각이 덜 들 수도 있지만 우리 아들 다니는 학교는 영어가 유창한 애들은 그렇게 많지는 않거든요. 다른 데 가는 것보다는 싱가폴이 가격이 좀 싸기도 했지만 그 돈 대비 하면 그렇게 불만 가질 것도 아니지만 조금 미흡한 거 같아요. …
>
> 저도 들은 얘기지만 한국에서 싱가폴에서 유학했다고 하면 전혀 알아주지 않는다고 하더라고요. 어디 싱가폴 갔다 왔다는 얘기도 하지 말라고 이렇게 얘기를 해요. 그래서 걱정이지 싱글리쉬를 배울까봐도 걱정이고 지가 싱글리쉬를 안 쓸려고 한다면 모를까 그리고 싱글리쉬도 문법책으로는 모르겠지만 문법도 조금 틀린 것 같더라구요.

이 예시에서 준현이 어머니는 싱글리쉬가 '틀린 것'이라는 인식 때문에 이를 부정적인 '영향'으로 여긴다. 준현이 어머니에 따르면, 미국이라는 공간이나 미국과 연계된 국제학교인 싱가포르 미국인 학교 같은 학교들로 대표되는 미국식 영어는 더 우월한 가치를 지닌 것이다. 이러한 구별을 통해 그는 어떤 공간이 가치 있는 언어자본의 습득을 용이하게 할 수 있는지를 평가할 수 있다. 실로 그는 자기 아들이 획득할 것이라고 여기는 낮은 언어자본의 가치를 감안했을 때 싱가포르의 (미국에 비해) 상대적으로 낮은 생활비가 정말로 이익이 되는지 생각하는 경제적인 계산을 분명히 한다. 그러나 더 중요한 것은, 싱글리쉬는 초국적 맥락에서 그것이 가지는 가치 때문에 문제가 있다고 여겨진다는 점이다. 한국으로 돌아왔을 때, 싱가포르에서 유학했던 것은 인정받을 만한 것이 못 될 정도로, 싱글리쉬의 가치는 대단하지 않다고 여긴다.

이것은 어떻게 가치의 측면에서 언어 변이형들의 구별이 공간 위에 겹쳐질 수 있는지를 보여준다. 서로 다른 변이어들이 언어 시장linguistic markets에 걸쳐 서로 다른 변환 가능성을 가진 것으로 여겨짐에 따라 그것들은 서로 다른 정도로 초국적 이동을 촉진한다. 그러나 언어 변이형의 가치에 대한 이러한 구별은 복수의 방식으로 투사될 수 있기에, 가능한 궤도는 여럿이 된다. 이런 이유로 조기유학 가정들은 그들의 현재 행로의 각 단계에서 그들이 경험하는 조건들을 고려할 때 어떤 미래 행로가 가장 이상적일지 끊임없이 비교하고 평가한다.

배소희가 연구한 가족들 중 재민이 가족은 이것의 좋은 예다(Bae 2014). 재민이 가족은 서로 다른 유형의 조기유학과 서로 다른 유형의 학교들을 여러 차례 옮겨 다닌 경우다. 재민이와 그의 가족은 2007년, 재민이가 초등학교 5학년이었을 때, 초국적 교육의 장으로 뛰어들었다. 처음에는 아버지의 직장과 관련하여 이동한 것이었다. 한국의 한 은행에서 일하던 재민의 아버지는 홍콩으로, 그리고 나서는 2008년 싱가포르로 파견되었다. 싱가포르에 온 후, 재민이는 1년 반 동안 국제학교에 다니다가 수학과 과학에 특화된 일류 공립고등학교로 옮겼다. 2009년 아버지가 한국으로 복귀하게 되었을 때, 재민이와 어머니는 재민이가 일류 학교에서 공부를 계속할 수 있도록 싱가포르에 남음으로써, 가족이 떨어져서 사는 좀 더 전형적인 조기유학 가정이 되었다. 2011년 7월 재민이는 영어 전용 수업과 미국 아이비리그 학교에 많은 학생을 보낸 것으로 유명한 한국의 명문고등학교에 합격하여 한국으로 돌아왔다.

이와 같이 교육 방식을 여러 차례 전환한 것은 재민이의 언어적·학문적 성취에 대해 가족들이 끊임없이 재평가했기 때문이었다. 예를 들어 국제학교에서 공립학교로 바꾼 것은 공립학교의 경쟁적이고 엄격한 교육과정이 재민이가 미국에 있는 일류 대학에 입학할 수 있는 가능성을 높일 것이라는 믿음 때문이었다(Park and Bae 2015). 그러나 싱가포르 학생들과 비교해, 재민이의 영어실력 성과는 우려스러웠다. 2011년 5월경 재민이의 어머니는 배소희에게 다음과 같이 말한다.

> 재민이가 5학년 때부터 시작해서 거의 5년이나 해외에 살면서 영어를 배우고 있지. … 정말 영어에 돈도 시간도 많이 투자했지. 하지만 영어를 제일 어려워해. 영어 성적도 그다지 좋지도 않고. 진짜 영어에 투자한 시간과 돈을 생각하면 실망스러운거지. 재민이가 정말 미국인처럼 영어를 하는 게 가능할까?

다시 말해, 매우 정교한 어휘와 문법을 구사하는 성취도 높은 싱가포르 학생들과 비교했을 때, 재민이는 영어를 그렇게 잘하는 것처럼 보이지 않는다—특히 재민이가 대학을 갈 것으로 계획한 미국에서 '미국인들'과 경쟁할 수 있을지를 고려한다면 더 그렇다. 이러한 이유로 이 인터뷰를 한 지 두 달 뒤에 재민이와 재민이 어머니는 한국으로 돌아왔는데, 한국 학교에서 제공하는 전략적인 관리가 미국 아이비리그 학교에 입학할 확률이 더 높다고 생각했기 때문이다.

이러한 예시들을 통해 해당 가정들이 상상하는 조기유학의 공간은 변화하는 가치와 변화하는 계획의 공간임을 알 수 있다. 언어 자원의 가치는 항상 상대적으로 이해되기 때문에, 다른 장소로의 이동이나 다른 환경으로의 변화는 그러한 자원의 가치를 새롭게 평가하게 만든다. 지형의 새로운 요소가 발견됨에 따라 해당 가정들은 언어 시장에서 언어자본의 변환 가능성에 대한 자신들의 투사에 기초하여 현재의 계획과 성공의 가능성을 끊임없이 재평가하면서, 즉 어떠한 언어 구사능력이 다양한 미래의 공간에서 적법하고legitimate 가치 있는 것인가를 따지면서, 그들의 행로와 궤도를 적극적으로 수정한다. 이것은 어떻게 조기유학 가정에게 언어의 구별(이 경우에는, 조기유학이라는 긴 궤도를 통해 습득한 재민이의 영어, 지역의 엘리트 싱가포르 학생들의 정교한 영어, 그리고 미국 영어 원어민의 정통authentic 영어라는 구별)이 정체성에 대한 함의를 가질 뿐만 아니라 이동성을 이해하는 근본적인 기반으로 작용하는지를 보여준다.

6. 결론

위의 논의는 싱가포르의 한인 이주민들의 해석적 실천이 어떻게 능동적 이동과 타협된 궤도의 측면에서 상상된 사회적·지리적 공간의 적극적 구성으로 이해될 수 있는지를 보여준다. 이주민들이 이해하는 세계는 추상적인 공간이 아니라 행로, 목적지, 장애물, 우회로의 공간, 즉 그들이 다양한 성공률을 가지고 적극적으로 탐색해나가야 할 공간이다. 이 과정에서 언어는 중요한 자원으로 작용한다. 구사능력, 적법성, 그리고 경제적 가치와 같은 이데올로기적으로 구성된 언어들 간의 위계적 관계는 경사gradient를 만들고, 이주민들은 이 경사에 따라 그들의 잠재적 이동 궤도를 이해한다. 언어를 통해 공간을 이해하는 이러한 작업은 다시, 이주민들이 자신들이 살아가는 세계에서 차지하고 있는 특정한 공간을 합리화, 정당화하고, 그들이 구성한 벡터화된vectored 공간의 틀frame을 통해 자신들이 누구이고 어디에 있는지 이해할 수 있게 함으로써, 이주민들이 자신들을 초국적 공간에 위치시킬 수 있도록 한다.

비록 이 글에서 다루고 있는 한인 이주민들이 상대적으로 이동이 자유로운 특권층이지만, 그들이 이러한 상상을 할 수 있게 하는 것은 그들의 높은 이동성 그 자체가 아니다. 이는 그들의 투사된 궤도가 흔히 하나의 투사로 남을 뿐이라는 사실(서구에 있는 기업 본사로 가기를 고대하는 다국적 기업의 직원들의 경우 또는 미국으로 아직 이동하지 않은 조기유학 학생의 경우)에서 확인할 수 있다. 심지어 그러한 투사가 여전히 이주민들이 지리적·사회적 공간에서 자신을 자리매김하는 데 기여하더라도 말이다. 실로, 공간을 상상하는 것은 이러한 실현되지 않은 길—그 유명한, 가지 않은 길Road Not Taken—을 포함하는데, 이것이 어쩌면 바로 상상의 핵심이라고 말할 수 있을 것이다. 대안적 세계와 미답의 가능성을 대조해 개인의 현재 상태를 이해하는 것이다. 이는 언어의 지도학이 이주민 및 비이주민 모두가 그들의 (비)이동성을 이해하는 데 있어 언어가 중심적 위치를 점한다는 것을 파악하기 위한 유용한 은유가 될 수 있음을 시사한다.

이 관계성relationality의 차원은 실제로 어떻게 언어의 지도학이 위에 논의된 한인 이주민들의 이동성에 영향을 미치는 계급 불평등의 합리화에 기여하는지 보여준다. 위에서 논의한 바와 같이, 언어를 매개로 하여 공간을 상상하는 것은 이동성이 높은 사람들만의 전유물이 아니다. 예를 들어 한국 어머니 세 명의 자녀 교육 방침을 대조한 박소진과 에이블만의 연구(Park and Abelmann 2004)는, 다양한 물질적 제약에 의해 가능해지는 실제 초국적 이동성에서의 커다란 차이에도 불구하고, 그들의 자녀들이 더 넓은 세상에서 경험하고 자라기를 바라는 욕망("세계시민적 추구"라고 명명된)이 어머니들로 하여금 영어 교육에 돈을 투자하도록 만드는 데에 얼마나 중요한 요소인지를 보여준다. 그러나 이 사례에서 세 어머니들의 상상의 공통점은 영어와 전 지구적 세계 간의 이데올로기적 연계, 특히 외국에 나가서 습득된 영어가 한국이라는 경계 안에서 습득된 영어보다 더 가치 있다고 여기는 방식이다.

애초에 이동성의 불평등한 분배를 가져온 물질적 불평등을 보이지 않게 하면서 더 많은 부와 이동성이 있는 한국인들이 가진 특권을 합리화하는 것이 바로 이러한 지도학이다. 예를 들어 적법한 형식의 영어와 연관된 공간에서 공부를 하거나 일을 했던 상류층 언어 사용자들은 적법한 언어 구사능력을 '타고난' 것처럼 보여지고, 그리하여 교육과 직업에서 더 좋은 기회를 가질 수 있는 자격이 있다고 여기게 된다. 대조적으로, 해외로 나갈 형편이 되지 않는 노동계급 언어 사용자들은 자신이 특권적인 기회를 가질 수 없는 것을 해외에서의 경험이 부족한 결과라고 합리화할 수 있다(Park 2010a). 동시에 이 지도학은 전 지구적 수준에서의 불평등의 재생산에도 기여하는데, 국제 언어 시장의 중심인 영어권의 '원어민들'의 적법성과 권위가 이동성과 관계없이 모든 한국인이 그들 자신의 언어 구사능력을 끊임없이 측정하고 평가해야만 하도록 하는 불변의 비교대상으로 제시되기 때문이다(Park 2010b).

불평등의 체제를 비판하고 문제시하고자 하는 전 지구화의 사회언어학자들에게, 이것은 적극적인 탐구의 영역이 되어야 한다. 위에서 논의한 것들은 이 글에서 탐구한 언어의 지도학이 중립적인 상상의 산물이 아니라 지리적 공간에 확고하게 기반을 두고 계급 불평등을 재생산하는 데 기여하는 이데올로기적 구성물임을 보여준다. 이러한 상상 작업들은 의심의 여지없이 특정한 유형의 초국적 이동과 그것에 수반되는 제약을 가져오는 전 지구적인 정치경제의 조건들과 같은 물질적 기반을 가지고 있지만, 이러한 물질적 조건들이 초국적 이동성의 의미를 형성하는 이데올로기들의 매개 없이는 결코 사람들의 삶에 실제적 효과를 가질 수 없음을 알아야 한다(Woolard 1998). 실상 언어는 바로 그 물질적 조건들의 일부로 이해되어야만 한다. 이 글의 예시들은 이주민들에게 언어가 실체를 결여한 추상적 가치의 문제가 아니라 공간을 구조화하고 이동성을 매개하는 핵심적인 자원임을 보여준다. 초국적 한인들이 언어 사용을 통해 세계의 지도를 만들어가는 방식은 우리로 하여금 언어가 단순히 전 지구화 속에서 변화하는 복잡한 이주 패턴의 반영이 아니라 이동성의 실재와 경험을 구성하는 강력한 물질적 힘이라는 생각에 직면하게 한다.

참고문헌

Anderson, Benedict, 1991, *Imagined Communities: Reflections on the Origin and Spread of Nationalism,* London: Verso.

Appadurai, Arjun, 1996, *Modernity at Large: Cultural Dimensions of Globalization,* Minneapolis: University of Minnesota Press.

Bae, So Hee, 2013, "The Pursuit of Multilingualism in Transnational Educational Migration: Strategies of Linguistic Investment among Korean Jogi Yuhak Families in Singapore," *Language and Education* 27(5): 415-431.

______, 2014, "Language Ideology and Linguistic Investment among Korean educational Migrant Families in Singapore"(Ph.D. Dissertation), National University of Singapore.

Blommaert, Jan, 2010, *The Sociolinguistics of Globalization,* Cambridge: Cambridge University Press.

Blommaert, Jan, James Collins, and Stef Slembrouck, 2005a, "Spaces of Multilingualism," *Language & Communication* 25: 197-216.

______, 2005b, "Polycentricity and Interactional Regimes in 'Global Neighborhoods'," *Ethnography* 6(2): 205-235.

Blommaert, Jan and Ben Rampton, 2011, "Language and Superdiversity," *Diversities* 13(2): 1-21.

Cameron, Deborah, 2005, "Communication and Commodification: Global Economic Change in Sociolinguistic Perspective," in Guido Erreygers (ed.), *Language, Communication, and the Economy,* Amsterdam: John Benjamins, pp. 9-23.

Canagarajah, A. Suresh, 2013, *Translingual Practice: Global Englishes and Cosmopolitan Relations,* New York: Routledge.

Chng, Huang Hoon, 2003, "'You See Me No Up': Is Singlish a Problem?" *Language Problems & Language Planning* 27: 45-62.

Collins, James, Stef Slembrouck and Mike Baynham, 2009, "Introduction: Scale, Migration and Communicative Practice," in James Collins, Stef Slembrouck and Mike Baynham (eds.), *Globalization and Language in Contact: Scale, Migration and*

Communicative Practice, London: Continuum, pp. 1-16.
Dick, Hilary Parsons, 2010, "Imagined Lives and Modernist Chronotopes in Mexican Nonmigrant Discourse," *American Ethnologist* 37(2): 275-290.
______, 2013, "Diaspora and Discourse: The Contrapuntal Lives of Mexican Non-migrants," in Ato Quayson and Girish Daswani (eds.), *A Companion to Diaspora and Transnationalism*, Malden: Blackwell, pp. 412-427.
Duchêne, Alexandre and Monica Heller(eds.), 2012, *Language in Late Capitalism: Pride and Profit*, London: Routledge.
Eisenlohr, Patrick, 2006, *Little India: Diaspora, Time, and Ethnolinguistic Belonging in Hindu Mauritius*, Berkeley: University of California Press.
Gao, Shuang, 2012, "Commodification of Place, Consumption of Identity: The Sociolinguistic Construction of a 'Global Village' in Rural China," *Journal of Sociolinguistics* 16(3): 336-357.
Huang, Shirlena and Brenda S.A. Yeoh, 2005, "Transnational Families and Their Children's Education: China's 'Study Mothers' in Singapore," *Global Networks* 5(4): 379-400.
Irvine, Judith and Susan Gal, 2000, "Language Ideology and Linguistic Differentiation," in Paul V. Kroskrity (ed.), *Regimes of Language: Ideologies, Polities, and Identities*, Santa Fe: School of American Research Press, pp. 35-84.
Johnstone, Barbara, 2004, "Place, Globalization, and Linguistic Variation," in Carmen Fought (ed.), *Sociolinguistic Variation: Critical Reflections*, Oxford: Oxford University Press, pp. 65-83.
Kang, Yoonhee, 2012, "Singlish or Globish: Multiple Language Ideologies and Global Identities among Korean Educational Migrants in Singapore," *Journal of Sociolinguistics* 16(2): 165-183.
Koven, Michele, 2013, "Speaking French in Portugal: An Analysis of Contested Models of Emigrant Personhood in Narratives about Return Migration and Language Use," *Journal of Sociolinguistics* 17(3): 324-354.
Kubota, Ryuko, 2013, ""Language is Only a Tool": Japanese Expatriates Working in China and Implications for Language Teaching," *Multilingual Education* 3(4): 1-20.
Lim, Lisa, 2004, *Singapore English: A Grammatical Description*, Amsterdam: John Benjamins.

Lo, Adrienne, 2014, "Scale," Paper Pesented at the American Association for Applied Linguistics Meeting, Portland.

Niedzielski, Nancy and Dennis Preston, 1999, *Folk Linguistics,* Berlin: Mouton de Gruyter.

Otsuji, Emi and Alastair Pennycook, 2010, "Metrolingualism: Fixity, Fluidity and Language in Flux," *International Journal of Multilingualism* 7(3): 240-254.

Pang, Eng Fong, 2006, "Foreign Talent and Development in Singapore," in Christiane Kuptsch, Eng Fong Pang (eds.), *Competing for Global Talent,* Geneva: International Institute for Labour Studies, pp. 155-170.

Park, Joseph Sung-Yul, 2009, *The Local Construction of a Global Language: Ideologies of English in South Korea,* Berlin: Mouton de Gruyter.

______, 2010a, "Naturalization of Competence and the Neoliberal Subject: Success Stories of English Language Learning in the Korean Conservative Press," *Journal of Linguistic Anthropology* 20: 22-38.

______, 2010b, "Images of 'Good English' in the Korean Conservative Press: Three Processes of Interdiscursivity," *Pragmatics and Society* 1: 189-208.

______, 2013, "Metadiscursive Regimes of Diversity in a Multinational Corporation," *Languagein Society* 42(5): 557-577.

Park, Joseph Sung-Yul and Sohee Bae, 2009, "Language Ideologies in Educational Migration: Korean Jogi Yuhak Families in Singapore," *Linguistics and Education* 20: 366-377.

______, 2015, "School choice and the Meaning of "Success" among Jogi Yuhak Families in Singapore," in Adrienne Lo, Nancy Abelmann, Soo Ah Kwon, Sumie Okazaki and Sumie Okazaki (eds.), *South Korea's Education Exodus: The Life and Times of Early Study Abroad,* Seattle: University of Washington Press, pp. 85-102.

Park, Joseph Sung-Yul and Adrienne Lo, 2012, "Transnational South Korea as a Site for a Sociolinguistics of Globalization: Markets, Timescales, Neoliberalism," *Journal of Sociolinguistics* 16(2): 147-164.

Park, So Jin and Nancy Abelmann, 2004, "Class and Cosmopolitan Striving: Mothers' Management of English Education in South Korea," *Anthropological Quarterly,* 77(4): 645-672.

Rahman, Md Mizanur, 2012, "Migration Policy in Singapore," in Md Mizanur Rahman and AKM Ahsan Ullah (eds.), *Asian Migration Policy: South, Southeast and East Asia,*

New York: Nova Science Publishers, pp. 99-118.

Rockefeller, Stuart A., 2011, "Flow," *Current Anthropology* 52(4): 557-578.

Said, Edward W., 2000, "Reflections on Exile," in Edward W. Said (ed.), *Reflections on Exile and Other Essays,* Cambridge: Harvard University Press, pp. 173-186.

Shin, Hyunjung, 2012, "From FOB to Cool: Transnational Migrant Students in Toronto and the Styling of Global Linguistic Capital," *Journal of Sociolinguistics* 16(2): 184-200.

Song, Juyoung, 2011, "Globalization, Children's Study Abroad, and Transnationalism as an Emerging Context for Language Learning: A New Task for Language Teacher Education," *TESOL Quarterly* 45(4): 749-758.

Urciuoli, Bonnie, 2008, "Skills and Selves in Thenew Workplace," *American Ethnologist* 35(2): 211-228.

Vertovec, Steven, 2007, "Super-diversity and Its Implications," *Ethnic and Racial Studies* 30(6): 1024-1054.

Waters, Johanna L., 2006, "Geographies of Cultural Capital: Education, International Migration and Family Strategies between Hong Kong and Canada," *Transactions of the Institute of British Geographers* 31: 179-192.

Wee, Lionel, 2014, "Linguistic Chutzpah and the Speak Good Singlish Movement," *World Englishes* 33: 85-99.

Woolard, Kathryn A., 1998, "Introduction: Language Ideology as A Field of Inquiry," in Bambi B. Schieffelin, Kathryn A. Woolard, and Paul V. Kroskrity (eds.), *Language Ideologies: Practice and Theory,* Oxford: Oxford University Press, pp. 3-47.

Wortham, Stanton, 2012, "Beyond Macro and Micro in the Linguistic Anthropology of Education: Beyond Macro and Micro," *Anthropology and Education Quarterly* 43(2): 128-137.

Yeoh, Brenda S.A., 2006, "Bifurcated Labour: The Unequal Incorporation of Transmigrants in Singapore," *Tijdschrift voor Economischen en Sociale Geografie* 97: 26-37.

제9장

자본의 형성: 한국에서의 이동성에 대한 표식화 담론*

애드리엔 로 · 최이진

1. 서론

2000년대 중반 한국에서는 유학을 가는 것이 국내에선 손에 넣을 수 없는 귀중한 자본 획득의 핵심 수단으로 여겼다. 그러나 근 몇 년간 초등교육과 고등교육 분야에서 학생 수가 급격히 감소하는 등 유학에 대한 열의는 시들해졌다.[1] 이러한 변화의 이유는 무엇일까? 고등학교 졸업생 수가 감소하고 국내 교육의 선택지가 늘어난 요인도 있겠지만, 귀국한 유학생에 대한 미디어화된 묘사—의사소통 과정과 상품화 과정을 성찰적으로reflexively 연결시키는 제도적 실천(Agha 2011: 163)—역시 이러한 시장

* 이 글은 필자가 2017년 *Language in Society*에 발표했던 “Forming Capital: Emblematizing Discourses of Mobility in South Korea”를 번역 · 수정한 것이다. 번역: 이주은, 김우진

1 유학을 떠나는 한국인 초·중등교육 학생 수는 2006년 기록한 최고치에서 50% 이상 감소했다. 한편 해외 고등교육기관에 등록된 한국인 학생 수는 2011년에서 2014년 사이 18% 하락했다(Kahng 2015).

형성 및 변화에 기여한 것으로 보인다.

체험수기나 신문기사 속 '질 나쁜' 해외귀환자—도덕적으로 방종하고 학업은 내팽개친 버릇없는 부잣집 아이들—의 사례는 엇나가버린 유학 투자에 대한 경고로 작용한다(Kang and Abelmann 2011). 그럼에도 유학을 가는 사람들은 여전히 많은데, 이들은 자신들만큼은 한국으로 돌아올 때, 유학생들에 대한 또 다른 이미지인 엘리트 세계인elite cosmopolitan으로 보일 것이라는 희망을 가지고 떠난다(홍성욱 1993; 금나나 2004; 조건희 2012). 민족 배반이나, 민족 발전으로 연결되는 이러한 이동성의 이분화된 인물 유형들dichotomizing figures of mobility은 이주자들에 대한 양가적 묘사의 가장 최신 형태가 되었으며, 이것은 한국과 중국·일본·미국의 관계에 대한 모더니즘 및 식민주의 담론이 개인의 도덕적 특성으로 투사된 것이다(Abelmann and Lie 1995; Schmid 2002; Robinson 2007).

하지만 특정 귀환생을 성공 사례로 봐야 할지 실패 사례로 봐야 할지는 어떻게 구분하는가? 유학을 떠났던 한국인들은 귀국과 동시에 '듣는 주체listening subjects'(Inoue 2006)의 감별적 시선하에 놓이게 되는데, 이들의 성공 여부는 그들의 자본을 승인하고, 정당화할 타인의 의지에 달려 있기 때문이다(Bourdieu 1986). '듣는 주체'(Inoue 2006)에 대한 연구에 따르면 특정 발화는 독자적인 몸들로부터 나오는 것이 아니라, 듣는 타자listening others에 의해 종종 그 존재가 비가시화되는 특정 화자에게 속한 것으로 만들어진다. 듣는 주체들이 특정 기호들을 규격화하여 타인에게 투사하는 방식에 주목하는 것은, 말하는 주체의 행위자성agentive speaking subject에 특히 주목했던 기존의 연구를 탈중심화하는 기호과정에 대한 이론에 기여할 수 있다(Blommaert, Collins, and Slembrouck 2005; Bucholtz 2011; Flores and Rosa 2015).

이러한 과정은 시공간을 뛰어넘은 기호 공동체가 구성되는 것이 가능해진 디지털 시대에 가속화되었다. 그러한 시공간에서 한국인은 이동성의 가치를 놓고 씨름하게 되는데, 이들은 대체로 이동성을 가지지 못한 듣는 주체로서, 이동을 위한 자원을 가진 자들에게 힘을 행사한다. 한국에서 이동성에 대한 현재의 담론은 상호 연관된 두 측면을 중심으로 한다. 첫째, 지리적 이동geographic mobility, 즉 수도권이나 외국으로의 이동이 언어자본과 문화자본 획득을 위해 필수적이라 생각하는 움직임이며, 둘째, 계급 이동class mobility이다(Gao and Park 2015). 계급 이동의 희망이 사라져가고 유학이 사회적 재생산의 또 다른 수단에 불과해 보이는 분위기에서, 부정직한 해외귀환자에 대한 폭로는 비엘리트층이 계급 특권과 경합하는 분출구의 기능을 하게 된다. 우리는 이러한 경합이 메타기호적 규격화metasemiotic regimentation를 중심으로 이루어진다고 주장한다.

이 글에서는 구체적 사례로서, 힙합 스타 타블로와 그의 스탠포드 대학교 학사 및 석사학위 취득에 의혹을 제기하며 시작한 한국인들의 인터넷 캠페인을 살펴볼 것이다. 타블로를 의심하는 사람들은 타블로를 모른다는 성명에 서명하는 스탠포드 졸업생들에게 10,000달러의 사례금을 제안했고, 그를 규탄하는 현수막을 들고 거리로 나왔으며, 그가 'Dan Lee'라는 이름을 가진 다른 사람의 명의를 사칭했다고 단언하였다(Davis 2012). 이 사안은 한국에서 톱뉴스가 되었고, '타진요(타블로에게 진실을 요구한다)'라는 반反-타블로 인터넷 단체는 그 전성기에 180,000명 이상의 회원 수를 기록했다. 논란을 주제로 방영된 공중파 텔레비전 다큐멘터리에서 타블로는 "이건 못 믿어서 그러는 게 아니고 저를 안 믿는 것"이라며 절망적 심경을 토로하기도 했다(성기연 2010a).

과연 이 사이버폭력 사례는 어떻게 흡입력을 갖게 된 것이며, 듣는 주체가 이동성에 대한 이해를 매개하는 방식에 대해 무엇을 알려주는가? 이 글에서는 타블로를 의심한 사람들이 그의 재학在學 사실을 증명할 수 있는 갖가지 기호들—성적증명서, 학적계의 편지, 교수, 친구 및 행정직원들과의 사진·영상·인터뷰 등—을 '가짜'로 조작해낸 경로

pathways(Wortham and Reyes 2015)를 추적한다. 동시에, 어떻게 다른 여러 가지 기호—타블로의 허풍 가득한 스타일, 유행을 따라 헝클어트린 머리, 힙합 패션, '건방진 얼간이'처럼 보인다는 사실, 추정상 '서툰 영어'—가 비방자들에게 '진짜'로 이해되었는지를 살펴볼 것이다. 그리고 서로 각종 기호들의 유동적인 개조, 즉 표식emblems—사회적 페르소나가 부착되어 있는 사물(Agha 2007: 235)—및 그와 관련된 인물유형figure으로의 개조가 이 과정에 어떻게 관여하고 있는지를 분석할 것이다.

타블로를 의심하는 이들은 텍스트화entextualize 과정(Briggs and Bauman 1992)에서 특정 기호들을 선택적으로 처리(Irvine and Gal 2000)하여 몇몇 기호는 지표적 도상이자 타블로의 인생 궤적에 대한 자연화된 지표로서 위치시키고, 몇몇 기호는 위조 가능한 '외양'으로 구성하였다(Goffman 1959). 이는 학력, 시민권, 행실, 언어와 관련된 기호들을 서로 다른 형태의 자본(Bourdieu 1986)으로서 위치 짓는 과정을 수반하였다. 이 글에서는 진짜 스탠포드 학위마저 가짜로 해석될 수 있게 하는 방법들을 자세히 들여다봄으로써, 이동성에 대한 분석은 듣는 주체들이 기호 해석의 규격화에 끼치는 힘에 더 주목해야 함을 주장할 것이다.

2. 타블로와 그 비방자들

타블로(1980년생)는 힙합 트리오 에픽하이의 프런트맨 이선웅의 예명이다. 지난 10년간 한국에서 총 네 장의 앨범이 음반 1위를 기록한 에픽하이는 대형 연예기획사들이 배출한 그룹들과는 다르게 사회비판적 의식을 가진 날카로운 밴드의 이미지를 일궈왔다. 한국의 여느 유명인들과 마찬가지로 타블로는 텔레비전—광고(투자중개회사, 파워에이드, 썬칩), 예능, 토크쇼, 리얼리티쇼, 저예산 시트콤(어수룩한 대학생 '타블로' 역)—에 자주 출연하였다(전진수 2004).

타블로는 인기 있는 게스트로서 황금 시간대 예능에 출연하며, 연예인으로서 재미있고 편안하며 정제되지 않은 익살꾼의 역할을 자주 맡는다. 예를 들어 풍선 터뜨리기 게임에서는 초록색 벌레 분장을 하는가 하면(이승은 2005), 광선검 싸움을 위해 다스베이더 복장을 하기도 했다(장혁재 2007). 배우 이병헌이나 김태희, 다니엘 헤니 등 엘리트 세계시민의 이미지로 돈을 버는 다른 '진지한' 연예인들과 달리, 타블로는 이례적으로 과장된 몸 개그를 꺼리지 않는다. 데뷔 초 촬영한 리얼리티쇼에서는 사각팬티와 핑크색 티셔츠를 입은 채 부스스 잠에서 깨는 모습도 볼 수 있다(이승은 2005; 정창영 2007). 이러한 프로그램에 비치는 타블로는 공공 지식인이나 생각이 깊은 아티스트, 화려한 팝스타가 아니라 어리고 바보스럽지만 귀여운 평범한 남자다.

타블로가 한국에서 받은 정규교육은 초등학교 2학년까지인 것으로 보인다. 그는 만 6세 이전까지 인도네시아, 홍콩, 스위스 등지에서 성장하였고, 만 8세에는 서울을 떠나 캐나다로 향했다. 고교 시절엔 서울에서 영어로 수업하는 학교를 다니다가 미국 대학에 진학하였다. 그럼에도 다양한 상황에서 영어와 한국어 사용에 매우 능통한 타블로는 자신을 토박이 한국어 사용자로 규정하고, 대부분의 한국인들도 그렇게 받아들인다. 타블로는 유창한 한국어로 격식 있는 인터뷰뿐 아니라 언어유희, 농담, 랩 배틀 등을 무리 없이 소화한다. 직접 번역했다고 전해지는 한국어 번역본(타블로 2008)과 함께 출간된 영문 단편 소설집(Tablo 2009)은 베스트셀러에 오르기도 했다.

여러 인터넷 사이트에서 타블로 비방자들은 정부와 기업, 외세에 책임을 묻는 시민 시위의 전통 속에서 자신들의 캠페인을 맥락화하였다. 그들은 자신들을 삼십대부터 오십대의 '일반인'이라 명명하며 타블로에 대한 장광설에 덧붙여, 자신들의 일자리를 뺏은 외국인 노동자, 한국에서 호사만 누리는 한국계 미국인 남성 유명인사, 미국 시민권을 취득하여 병역을 기피한 한국인 엘리트 남성 등 이주자들에 대한 규탄을 포함했다. 타블로 지지자들이 본인들의 이주 경험과 외국 명문기관에 대한 직접지식을 주장에 활용한 반면, 회의론자들은 그렇게 하지 않았다. 이들 타블로 비방자들과 지지자들은 상호작용의 차원에서 실패한 해외귀환자와 성공한 해외귀환자를 구분 지을 권한을 서로에게 승인하며, 이들 '듣는 주체들'은 공유된 기호학적 틀을 통해 자신들을 대중으로 구성하였다.

3. 기호, 표식, 시간성

부르디외(Bourdieu 1986: 47)의 문화자본 이론은 몸과 마음의 오랜 기질과 관련된 '체화된 자본'과 책·그림 등 문화상품으로 '물상화된 자본', 학력과 같이 '제도화된 자본'을 구분한다. 몇몇 형태의 자본은 "의식의 영역 너머에 자리잡아 자발적·의식적 변형으론 건드릴 수 없다"는 점이 유형을 구별 짓는 핵심이다(Bourdieu 1977(1972): 94). 가족을 통해 물려받는 바로 그러한 자본들이 "형평성과 능력주의의 흠잡을 데 없는 외양 뒤에 숨어" 명문대 학위와 같은 제도화된 자본을 뒷받침하기 때문이다(Bourdieu and Passeron 1990: xi). 부르디외의 사회적 재생산 이론은 대부분의 사람들이 한 종류의 자본과 다른 종류의 자본 간 연관성을 눈치채지 못한 채 각각을 독립적인 것으로 해석한다는 점에 중점을 둔다.

어떤 종류의 기호들이 단순한 지표가 아닌 도상이 될 수 있는지를 논의한다는 점에서 부르디외의 이론들은 메타기호적 이론이라고 할 수 있다. 즉, 몇몇 기호는 "마치 (성격과 같이) 이미 존재하는 무언가를 단순히 표현하는 것처럼"(Keane 2003: 417) 자연화된다는 것이다. 부르디외에 따르면 "예술가의 작품이나 전기의 내용처럼, 일생의 모든 족적이 선재先在하는 어떤 본질의 실현으로 보이는 사후 확신으로 생성된 환영보다 사람들을 오도하는 것은 없다."(Bourdieu 1990: 55) 자세나 태도와 같은 특정 기호들은 평생에 걸친 터득을 지표하는 것으로 이해되는 반면, 다른 기호들은 지속적인 습득 기간 없이 쉽게 취득된 것으로 이해된다. 부르디외의 이론은 자본의 사례들을 특정 유형으로 고정시키는 경향이 있는 반면, 이 글은 타블로 의심자들이 "기호학에 함축된 역사성"(Keane 2003: 420)과 씨름하며 표식들을 여러 다른 방식으로 짜맞추었음을 논의한다. 이어질 내용에서는 타블로 의심자들이 논란의 전 과정에 걸쳐서 학력, 시민권, 행실, 언어적 전시의 네 가지 표식을 다룬 방식을 살펴볼 것이다.

1) 학력 자격

부르디외(Bourdieu 1986)에게 교육은 "보유자에게 권력에 대한 관습적이고 꾸준하며 법적으로 보장된 가치를 수여하는 문화역량의 자격증"(248)이자 엘리트계층이 집에서 획득하는 문화자본을 다른 형태로 바꾸는 핵심 수단이다. 이 '사회적 연금술'을 통해 교육 자본은 "소유자 및 다른 형태의 자본에 대해 상대적 자율성"(248)을 가진 것으로 이해되었다. 통상적인 다른 문화 자본과 달리 교육 자본은 "인정을 강요할" 제도화된 능력을 가졌기에 "계속해서 스스로를 증명해야" 할 필요가 없었던 것이다(248). 다시 말해 자본은 다른 이들에게 승인되고 인증되어야만 가치를 가지므로 다른 문화자본들의 경우 그 소유자가 꾸준히 타인으로부터 인정을 이끌어내려는 시도를 해야 했다면, 교육 자본은 그와 달랐다.

그러나 타블로 의심자들은 교육 자본에 그러한 특질을 부여하지 않았다. 이들은 토론 게시판과 영상, 블로그를 통해 성적증명서, 학적계의 편지, 교수들과의 인터뷰, 학창시절 영상, 친구들의 증언 등 타블로의 스탠포드 시절을 증명하는 모든 증거에 굳세게 의혹을 제기하였다. 예를 들어 타블로의 성적증명서는 직인 위치가 다르고, 대학 로고가 이상하며, 인쇄상태가 수상하다는 이유로 논쟁의 여지가 많은 표식으로 맥락화되었다.[2] 해당 증명서는 명문대의 정상적 교과과정을 보여주지 않으며, 타블로가 학사와 석사를 3년 반 만에 마칠 수 있었을 리가 없다는 것이다. 이들은 성적증명서가 본디 어떻게 생겨야 하는지를 진술하면서, 스스로를 지각 있는 전문가의 권위를 가진 것으로 확립했다: "[스탠포드] 가이드라인에 나와 있듯이 직인의 색깔을 바꾸는 것은 규정 위반이다; 그러니까 1학년 때, 공대 4학년 전공수업을 들었다고? 그것도 영문학과생이. 그냥 전혀 말이 안되잖아."[3] 타블로 의심자들은 성적증명서를 전문성이 있어야 읽어낼 수 있는 기호로 제시하며, 자신들을 진짜와 가짜를 구분할 줄 아는 안목을 지닌 이들로 위치시켰다. 마치 와인이나 미술 감식가처럼(Bourdieu 1984; Silverstein 2003), 미국 명문기관에 대한 지식을 서로 인증해줌으로써 자신들을 세계적 감각을 갖춘 대중으로 구성한 것이다.

타블로 비방자들은 그의 해외 학위를 위조 가능한 형태의 자본으로 묘사함으로써 그를 실패한 해외귀환자의 인물유형에 부합시키려 했다. 성공한 해외귀환자들에게 해외 명문대 학위는 가족에 의해 생산되었지만, 학생에 내재하게 되는 성실성과 노력, 지성 등의 자질을 가리키는 지표적 도상indexical icon이다(Kang and Abelmann 2014). 학문적 성공은 평생에

2 세상이야기, 2010, "타블로씨 학력위조 의혹에 관한 정리," http://ballnews.tistory.com/3(2015. 11. 15. 최초 접속, 2019. 9. 3. 재접속).

3 karlsteiner01(eodlqtnsmd****), 2010, "타블로의 성적표는 다시 한번 핫 이슈가 되었다~! 이것 먼저 보라~ @@," http://bbs1.agora.media.daum.net/gaia/do/debate/read?bbsId= D109&articleId=296895(2015. 11. 15. 접속). 2020년 현재 다음 아고라 사이트는 폐쇄된 상태다.

걸친 좋은 양육을 통해 키워진 자기규율의 산물로 여겨지기 때문에(Seth 2002), 해외 명문대 학위는 성공한 해외 유학 귀환자의 인물유형과 연관될 경우 시간적으로 장기간 지속되는 기질을 가리키게 된다.

그러나 실패한 '도피' 유학 귀환자의 인물유형과 엮일 경우, 해외에서 취득한 학위는 부르디외의 물상화된 문화자본에 더 가까워진다. 이 구도 속에서 해외 학위는 책이나 그림과 같이 형편이 되는 사람들이 돈 주고 살 수 있는 상품이 된다. 이것 역시 도상적인 것으로 이해될 수 있지만, 성공한 해외귀환자의 경우와는 정반대의 특성을 가진 것으로 파악된다. 도피유학생들은 한국의 엄격한 교육시스템에서 성공할 만한 자기규율을 갖추지 못해 한국을 떠나는 이들로 그려진다. 그 대신, 성공한 해외귀환자인 양 행세하기 위해 자신의 부를 이용한다. 타블로 의심자들은 타블로의 타락한 도덕적 본성을 보여주는 도상으로서 그가 사용했던 여러 이름을 제시하면서 이 같은 해석을 생산하였다.[4] 또한 캔자스대학교와 예일대학교 학위를 위조한 혐의로 2007년 기소되어 부패한 학계, 정계, 재계 엘리트의 대표적 사례가 된 미술사 교수 신정아와 타블로를 같은 수준에 놓기도 하였다.[5]

주요 언론에서 타블로 사건은 스탠포드 학위라는 하나의 기호를 중심으로 하는 것처럼 그려졌지만, 타블로 의심자들은 사실 그가 성공한 귀환자일 리 없음을 보여주기 위해 다양한 기호를 열거했다. 이처럼 타

4 세상이야기, 2010, "타블로씨의 학력위조 의혹에 대한 정리," http://ballnews.tistory.com/3(2015. 11. 15. 접속)
진모(wls****), 2011, "(타블로) 스탠포드 구라의 진실을 밝힌다[명의사칭]," http://bbs1.agora.media.daum.net/gaia/do/debate/read?bbsId=D115&articleId=1679814(2015. 11. 15. 접속)

5 Leelandingdr, 2012, "왓비컴즈 탄생. Recaptured from Tajinyo," http://blog.naver.com/leelandingdr/148267560(2015. 11. 15. 접속)

블로를 몇몇 인물유형과 동일시하거나 구분 짓는 과정(Bucholtz and Hall 2004)은 기호를 표식emblem으로 만들고, 각 인물 유형을 기술하여 규정지으며, 기호의 총체를 서로와의 관계 속에서 고려하는 작업 등을 포함한다. 이 과정에서 타블로 의심자들은 제도화된 자본을 독자적인 기호가 아니라 시민권, 행실, 언어에 대한 기호와 연관되어 있는 것으로 다루었다.

2) 시민권

안티-타블로 포럼 '타진요'의 우두머리 '왓비컴즈'가 쓴 첫 의혹제기 글은 2009년 8월 3일, 포털 사이트 '네이버'의 뉴스 댓글창에 등장하였다.[6]

(1) 학교도 안 다니구 군대도 안 가구 표절이나 하구 돈 벌면 외국에 뿌리구..
타블로인가 하는 카나다 애가 미국대학에서 석사 받았다고 사기치고 다니더니
둘이 똑같네.. ㅉㅉ.. 황우석이나 신정아나.. 이런넘들이나.. 한심하다.[7]

이 글에서 타블로는 학문적 윤리를 어긴 것으로 한국에서 악명 높은 인물들에 상응하는 것으로 취급된다. 이러한 상응을 매개하는 것은 그를 이동성을 지닌 인물들 중 특히 평판이 나쁜 유형들과 연결시키는

6 타블로 안티 게시글들은 타블로가 명예훼손으로 '타진요'를 고소하면서 삭제되었다. 따라서 이 글에서는 해당 글들을 캡처해놓은 2차 웹사이트를 참조하였다.

7 Leelandingdr, 2012, "왓비컴즈 탄생. Recaptured from Tajinyo," http://blog.naver.com/leelandingdr/148267560(2015. 11. 15. 접속)

널리 통용되는 표식들이다. 예를 들어 표절, 과소비, 유학은 흔히 질 나쁜 도피유학생과 연관되고, 병역 기피는 다른 나라 시민권을 획득할 수단을 보유한 자들이 누리는 특권으로 이해된다. 그 밖에도 같은 해 여름과 가을, 왓비컴즈는 캐나다 고등학교에서의 퇴학, 파란만장한 과거 성적표, 서울의 고등학교에서 일으킨 문제 등 타블로와 연관된 다른 기호들을 거론했다. 이때 타블로로부터 선별적으로 만들어져 나온 지표적 도상들은 그의 전 생애에 걸친 오랜 기질에 대한 축적된 증거가 된다. 성공한 엘리트 학생과 관련된 관습화된 기호들과는 완전히 상충되는 묘사가 탄생하는 것이다. 이러한 비난 속에서 교육 자본은 부르디외의 주장과는 달리, 그 소유자나 다른 자본으로부터 독립적이지 않다.

타블로의 캐나다 시민권은 논란 초기에 중요한 표식으로 선택되는데, 이것은 왓비컴즈의 "캐나다로 이민간 놈"이라는 언급에서뿐만 아니라, 그를 유승준(한국과 캘리포니아에서 자라 1990년대 한국에서 대스타에 등극한 래퍼)과 연결 지은 다른 댓글들에서 잘 나타난다. 이들은 타블로가 8살 때 가족과 함께 캐나다로 이주해 캐나다 시민이 된 사실을 2002년 유승준이 입대를 앞두고 미국 시민권을 취득해 추방당한 것(김수진 2010; Shim 2014)에 빗대며 타블로와 유승준을 동류로 취급하였다. 이 같은 분석에서 특정 이주민의 이동은 그들의 한민족에 대한 태도로 도상적으로 투영되면서, 외국 시민권이라는 표식은 비도덕적 목적으로 취득되는 자본의 형태로 그려진다. 즉 이동성은 한 축에선 민족 배반의 도상으로, 다른 축에선 평생에 걸친 도덕적 결함의 도상으로 만들어지는 것이다.

3) 행실

부르디외의 분석에서 자세와 태도, 몸가짐은 자연화된 기호naturalized signs로서, 그것들이 어릴 적부터 자연스레 심어진 것인지, 아니면 의식적으로 획득된, 그리하여 어색함과 오만함의 중의적 표현이 된 것인지를 명백하게 보여준다(Bourdieu 1984: 252). 이 이론에 따르면 행실은 획득 방식을 반영적으로 가리키기 때문에, 체화된 자본과 물상화된 자본을 구분하는 데 있어 신빙성이 높은 시간적 표지가 된다.

행실에 대한 기호(Goffman 1956)는 타블로가 학업에서 성공한 해외귀환자의 페르소나에 부합하지 않음을 나타내는 핵심적인 표식으로서 동원되었다. 안티-타블로 포럼에서는 타블로의 '허풍'과 신체적 습성bodily hexis의 두 가지 실천을 부각시켰다. 안티-타블로 웹사이트에서 타블로는 반복적으로 '건방진 얼간이'나 '허풍쟁이'로 간주되었다. 타블로가 한 토크쇼에 출연해 대학 입학에 대해 이야기하는 인터뷰 영상(최혁재 2007)은 꼴사나운 자랑질의 예시로서 다수의 사이트에서 텍스트화되었다. 모든 걸 너무 쉽게 이뤄낸 것처럼 이야기했다는 것이다.

> (2) 스탠포드란 데는 제가 잘 몰라도 유명한 데고, 그런 데를 3년 반 만에 나왔다는데, 뭐, 믿음은 잘 안 가죠. "하버드를 3년 반 만에 나왔어요" 라고 이야기하는 거랑 똑같은 느낌? 그건 아닐지도 모르겠지만. "서울대를 1년 만에 졸업했어요", 이런 느낌? (성기연 2010b)

위의 논평은 스탠포드 졸업에 대한 타블로의 발언을 단계적으로 확대되는 일련의 언명들 속으로 텍스트화하면서("하버드를 3년 반 만에 나왔어요", "서울대를 1년 만에 졸업했어요") 타블로의 실제를 기반으로 한 언명을 자신이 남들보다 한 수 위라고 떠들어대는 허풍쟁이의 시적 구조로 끌어들였다. 이 같은 메타언어적 비판은 자기 자신에 대해 노골적으로 긍정적 평가를 하는 것이 심한 반감을 일으키며 엘리트들에겐 자신을 낮추고 칭찬을 회피하고 다른 이들에게 공을 돌림으로써 적극적으로 겸손한 태도를 보여줄 것을 기대한다는 것을 암시한다. 신자유주의적 근면성 담론을 통해 특권을 대단찮게 만드는 것은 엘리트 계층의 흔한 실천이며(Park 2010), 배우 김태희와 같은 명문대 출신 유명인들은 공식석상에서 일상적으로 그런 식의 항변을 생산한다.

타블로 역시 관습화된 겸손과 노력의 서사를 생산하긴 했지만, 그러한 사례들은 그의 의심자들에 의해 지워졌다. 이렇듯 인터뷰의 단편들을 천재성과 계급 지위에 대한 건방진 자기 인정의 사례로 텍스트화하는 것은 규모 확대 수단upscaling moves(Blommaert 2007)으로 작용하여 타블로를 전형화하고 그를 비방하는 캠페인을 일종의 사회 저항으로 위치시킨다. 왓비컴즈에 따르면, "타블로의 사기 행각을 밝힘으로써 [미디어와 부자들 사이의] 뿌리깊은 공생관계를 끊어낼 수 있는"(Davis 2012) 것이다.

타블로의 '허풍'에 더하여 지적을 받은 지점은 엘리트에게 일반적으로 기대되는 것과 상반되는 행실이었다. 예를 들어 양분된 텔레비전 다큐멘터리의 한 정지 화면 중 한쪽에는 타블로가 과장된 동작으로 춤을 추며 무대를 누비거나 입을 크게 벌린 채 소리를 지르고 팔을 흔드는 모습이 담겨 있다. 다른 한쪽 화면에는 한 비평가가 "그러니까 사진도 없을거고…방문은 했겠죠…누구는 열심히 비싼 돈 써가면서 해외에서 공부하고 유학하고 잠 못 자가면서 코피 터지면서 공부하고 있는데 그런데 만약 그것이 거짓으로 밝혀진다면 너무 의혹이 짙기 때문에 정말 허탈해질 것 같습니다"(성기연 2010b)라고 말하는 모습이 병치된다. 이러한 논평은 타블로의 몸을 성공한 해외귀환자의 인물유형과 관련된 표식들에 부합하지 않는 본질적 품성을 나타내는 표식들의 집합, 즉 "편입된 역사의 장the site of incorporated history"(Thompson 1991)으로 맥락화한다. 타블로 의심자들에게 있어 타블로의 '실체'를 가리키는 자연화된 지표는 힙합 무대나 예능에서의 모습이었다. 즉, 거친 모습, 허세, 나서기, 폄하하기, 남들과 타협하지 않는 태도 등은 힙합 가수들이 공적인 면모로 흔히 취하는 모습이지만, 타블로 의심자들은 이를 페르소나의 투사projections

로 이해하지 않은 것이다(cf. Wirtz 2014).

이러한 메타기호적 판단은 자아에 대한 한국의 민속이론에 의지하고 있다. 예를 들어 분노 표현, 감정표출, 자기자랑은 하층계급과 아이들에게서 많이 발견된다는 점이 보여주듯 길들여져야 할 자연화된 특성으로 여겨진다. 반면 공손함, 세련됨, 감정 절제, 동요 없는 침착한 모습, 겸손함은 열심히 함양해야 할 특성으로 여겨진다. 따라서 타인에 대한 공손한 행동은 속마음과 꼭 같지는 않은 "외양front"(Goffman 1959)으로 여겨지곤 하는 반면, 무례한 행동은 그렇지 않다. 이러한 기호의 문화적 존재론을 적용하여, 타블로 의심자들은 타블로가 자신을 지속적으로 엘리트로 가장할 수 있었더라면 그리했을 거라 추정했다. 왜냐하면 빈틈 없는 외양을 유지할 수 있는 것 자체가 엘리트 지위의 표식으로 여겨지기 때문이다.

행실 지표로 받아들여진 기호들은 여타 표식들과는 다른 방식으로 인식되었다. 해당 기호들을 다룰 때는 그들이 타블로의 학력이나 언어사용에 대해 비판했을 때와는 달리, 타블로 비방자들 본인만이 가진 전문성을 끌어오지 않은 것이다. 그 대신 몸의 기호는 타블로의 '실체'를 지탱하는 표식으로서 읽기 쉽게 배치되었고, 이를 통해 '좋은' 이주자의 형상에 부합하는 다른 기호들마저 이중적이고 기만적으로 해석되었다.

4) 다국어 사용의 표현 양상

타블로의 언어능력에 대한 논의가 등장하기 시작한 것은 타블로가 다수의 텔레비전 프로그램에 출연하며 많은 이들의 동정을 얻었던 2010년 여름 이후다. 당시 여론은 타블로가 스탠포드 졸업생임을 받아들이자는 쪽으로 기울어 있었지만, 타블로 회의론자들은 여전히 비난을 고수하였다. 이들은 영어의 실연實演이 "사회적 세계와 역사의 측면들을 나타내거나 설명하기까지 하는"(Harkness 2015: 493) 표식의 역할을 한다는 이데올로기를 바탕으로, 타블로의 실제 영어 사용은 그가 진정한 세계시민인지, 아니면 단지 그런 척할 뿐인지를 구별해줄 신빙성 있고 확정적인 표식이 된다고 파악했다(Reyes 2017).

부르디외에 따르면 언어 자본은 행실과 마찬가지로 그 자체의 시간성 및 획득 방식을 반영적으로 가리킨다. 표준어를 구사할 때 엘리트 화자가 체화하고 있는 "자신감 있는 여유"와 "편안함"(Bourdieu 1991: 63) 대對 비-엘리트 화자의 "어색하고 서툰" 수행(Bourdieu 1991: 83)의 대비는 획득 기간의 길고 짧음의 대비 위에 포개진다. 한국의 언어이데올로기들은 바로 이 도상화 논리를 따른다. 외국인과의 상호작용 상황에서 영어와 한국어의 고급 어휘를 오가는 코드 전환을 매끄럽게 하는 성공한 해외귀환자의 모습은 그들의 세계시민적 국경 횡단과 도상적으로 연결된다. 반면 실패한 해외귀환자의 언어 사용은 때때로 이중적으로 들리는데double voiced, 예를 들어 의도치 않게 사투리 영어로 샌다거나, 허세 부리듯 한국어에 미국 음운구조를 끼워넣는 등이 그것이다. 이처럼 도피유학생들의 인식된 이중적 목소리dobule voicing는 그들에게서 추정되는 기만적인 본성과 도상적으로 연결되면서, 이러한 의도성이나 목소리voicing의 속성들은 표준 언어이데올로기의 근대적인 담론을 개인의 속성인 것으로 자연화하게 된다.

타블로를 의심하는 이들은 언어 기호를 규정하는 과정에서 TOEIC이나 SAT 점수, 대학 성적 등 그의 다국어 구사능력을 증명하는 제도화된 자본은 강조하지 않았다. 외신 기자와의 인터뷰와 같이, 한국 사람들에게 높은 언어 능력이 요구되는 활동을 타블로가 해냈다는 사실 역시 무시되었다. 그 대신 그를 제도화된 언어자본에 대한 친숙한 식별징표들과 결부시킴으로써 해박한 영어 지식을 갖고 있지 않은 한국인들에게도 잘 읽히도록 만들었다. 이와 같은 표식들은 평판이 나쁜 지역 방언(예컨대

‘이태원 영어’), 미디어화된 친숙한 인물유형(예컨대 외국인들과 대화할 때 더듬거리는 주눅든 한국인), 즉석에서 생산된 인물유형(예컨대 ‘중딩’ 혹은 ‘주니어 에르난데스’) 등과 연관되었다. 이러한 유형들의 중식을 통해, 타블로 의심자들은 그 논란을 여러 경쟁하는 표식들에 다시 연결시키면서, 그 의심에 대한 인식을 강화했다.

(1) 외국인과의 대화: 무월관

일례로 2010년 가을, 타블로가 예능 〈황금어장〉(최희진 2007)의 콩트 코너 ‘무월관’에 출연한 장면들을 제시하는 과정에서 타블로 비방자들은 그를 친숙한 비유에 포섭하였다.[8] 해당 방송에서 타블로는 호주 출신의 백인 샘 해밍턴과 일련의 언어 게임에 참여하는데, 이때 두 사람은 백인 영어 전문가와 웃긴 한국인 영어 무능력자라는 친숙한 구도에 깃들게 된다(Park 2009). 타블로는 이 역할을 순순히 소화하며 자신이 영어로 설명하는 단어를 샘이 맞추지 못할 때 기꺼이 폭소의 대상이 된다. 이윽고 타블로의 영어 실력을 평가해달라는 말에 샘은 “(이 정도는) 이태원 출신 정도면 다 한다”고 공표한다. 이때 암시되는 것은 타블로의 영어 수준이 미국 명문대 졸업생의 수준이 아니라, 미디어에서 실패한 이동성과 관련된 지역으로 묘사되는 서울 이태원동 출신의 가난한 고졸 한국인의 수준이라는 것이다(Choi and Lo nd). 그의 언어 능력에 대한 이 같은 평가는 “자

8 bluesky(choice-****), 2010, “타블로 논쟁을 보면서,” http://bbs1.agora.media.daum.net/gaia/do/agora/participant/read?articleId=32533&bbsId=C001&issueArticleId=73&issueBbsId=I001(2015. 11. 15. 접속).
joanfarc(wkrlti***), 2010, “People who are ignorant of the world should carefully verify the facts before criticizing,” http://bbs1.agora.media.daum.net/gaia/do/agora/participant/read?articleId=32533&bbsId=C001&issueArticleIe=73&issueBbsId=I001(2015. 11. 15. 접속).

멸-유학 생활마저 회의를 느끼며…"라는 자막을 통해 그의 교육 자본에 대한 의혹을 불러일으키는 기호로 제시된다.

타블로 의심자들은 이 장면을 텍스트화하면서 연행의 틀은 벗겨낸 채, 이를 타블로의 실제 영어 실력에 대한 평가이자 스탠포드에서 수학했다는 주장을 약화시키는 기호로 제시하였다. 해당 상호작용을 역할 연기가 아닌 '진짜'로 짜맞추는 것은 부르디외가 예측했듯이 언어 자본을 식별 가능한 생애사를 가리키는 사람됨의 지표적 도상으로 규격화하는 것을 수반한다. 미디어를 통해 이태원은 유학을 가기엔 가난한 한국인들이 유학과 유사한 경험을 하기 위해 찾아가지만 국제적 규범어가 아닌 영어 방언의 한 형태만 제한적으로 획득하게 되는 지역으로 묘사되며 (Choi and Lo nd), 이태원과의 연관성을 통해 타블로는 (재외교포가 아닌) 현지인으로 자국화되었다. 이러한 자본의 규격화는 그를 콩트에서 맡은 역할을 잘 수행해준 괜찮은 친구라기보다는 오히려 의도적 사기꾼으로 그려내기도 했다. 이렇듯, 메타언어적 평가는 타블로의 언어 자본을 이태원 출신이라는 불명예스러운 표식으로 격하함으로써, 영어를 잘 모르는 미디어 소비자들이 타블로의 언어 자본을 이해할 수 있도록 만들었다.

(2) 맞춤법과 문법: 타블로의 영어에 대한 '타진요'의 비난

또 다른 사례들에서, 타블로 비방자들은 타블로의 것이라고 여겨지는 텍스트들을 '영어를 잘 못하는 사람', '정규교육을 못 받은 사람', '외국에 짧게 머문 사기꾼 귀환자', '주니어 에르난데스' 등 평가절하된 이동성의 인물유형들과 연결시켰다. 이러한 유형들은 특정 언어적 식별징표와 긴밀히 연관되어 있지 않으므로, 이들 페르소나들과 관련된 것으로 추정되는 표식들이 사칭 언어 전문가들에 의해 국지적으로 생산되는 것을 용인한다.

예를 들어 왓비컴즈는 2010년 10월 '타진요'에 올린 게시글에서 타블로의 영어를 "외국에 조금 살았으면서 사기치는 애들"이 쓰는 "개판", "길거리 싸구려 영어"의 전형이라고 평한다.[9] "길거리 싸구려 영어"라는 메타언어적 평가는 타블로가 쓰는 영어의 어떤 부분이 비표준적인지를 구체적으로 명시하지 않으면서 규범적 이데올로기의 익숙한 표현을 복제한다. 왓비컴즈는 해당 글 뒷부분에서 타블로의 그룹명 '에픽하이Epik High'를 "EPIK을 꼭 K로 쓰는", "정규교육을 잘 못 받은 애들"의 표식으로서 제시한다. 그는 미국 출신의 '주니어 에르난데스'라는 사람이 'c'가 들어갈 자리에 'k'를 썼다는 일화를 회상하며 이 표식을 인종화한다. 라틴계 사람들의 영어와 관련된 언어적 식별징표로 꼽을 수 있는 것이 거의 없음에도 불구하고, 백인이 아닌 사람은 표준이 아닌 영어를 쓴다는 추정은 한국에서 꽤 널리 퍼져 있다. 이 사례에서 왓비컴즈는 단일 표준에 의한 맞춤법을 배우는 것이 초등 영어교육의 공통된 과업이라는 점에 기대어, 제도화된 언어자본의 익숙한 형태를 가리키는 식별징표를 창조함으로써 타블로와 주니어 에르난데스를 연결시킬 수 있는 것이다.

같은 글에서 왓비컴즈는 타블로에게 제도화된 언어 자본에 있어서의 또 다른 결함으로 영어 전치사 사용에 애를 먹는다는 점을 든다. 그는 많은 영어 학습서에 한국인들이 자주 범하는 실수로 언급되는 식별징표를 이용하여, 타블로가 설립한 레코드 레이블 이름인 'Map the soul'은 전치사 'of'가 빠져 있으므로 문법적으로 틀렸다고 주장한다.

(3) 영어를 잘 모르는 무식한 아이들이 아무거나 줄이고 빼고 하면서 영어 가지고 장난하다가 걸리면 단어를 일부러 뺀 거라고 주접들을 떠는데,

---

9 박수영, 2011, "타진요가 다시 나타났다// 많은 이야기, 4줄 요약," http://www.ilbe.com/18127603(2015. 11. 15. 접속).

세상에는 뺄 게 있고 안 뺄 게 있는 법입니다.[10]

위의 발췌내용에서 시적 허용이나 의도적인 언어유희에 대한 주장은 "영어를 잘 모르는 이들"의 전형적인 특징으로 상징화되고, 왓비컴즈의 자의적인 영문법 해석은 보편적인 '규칙'의 지위를 갖게 된다. 의도성과 목소리voicing의 부여가 인식을 구조화하는 것이다. 이를 통해 시적 허용과 상황어 변이는 무심코 범한 실수로 재구성되며, 문법적으로 옳은 타블로의 'map the soul'은 표준 영어로 추정되는 'map of the soul'을 시도하다가 실패한 것으로 그려진다. 왓비컴즈가 사용한 문법가로서의 목소리와 미국 원어민과의 일화 서술을 타당하다 느낀 사람들은 왓컴비즈의 언어적 선언을 승인하였다. 왓비컴즈는 맞춤법·전치사와 같이 한국인들에게 익숙한 제도화된 언어 자본의 식별징표를 거론하여 특정 유형들의 집합에 연결함으로써, 타블로를 망신스러운 방언 사용자들과 담론적으로 관련시킬 수 있었던 것이다.

(3) 번역 능력: 『당신의 조각들』

마지막으로, 타블로가 스탠포드에서 쓴 베스트셀러 단편소설집에 대한 논의가 어떻게 그의 영작문 실력에 의혹제기를 가능케 했는지를 살펴볼 것이다. 해당 소설집은 타블로가 번역한 것으로 알려진 한글 번역본(2008)으로 먼저 출판되었고, 이후 원본 영문판(2009)이 출판되었다. 책은 문학적인 말투로 쓰여 있으며 한국 블로거들에 의해 '심오하다', '우울하다', '위로를 건넨다', '시적이다' 등의 평을 받았다. 2010년 10월, 반反-

10 박수영, 2011, "타진요가 다시 나타났다//많은 이야기, 4줄 요약," http://www.ilbe.com/18127603(2015. 11. 15. 접속).

타블로 웹사이트 몇 군데에는 2007년 방영된 예능에서 MC진이 타블로에게 한국어로 미리 적혀 있던 일부 문장들을 읽어달라고 요청하는 장면이 올라왔다(서창만 2007). 해당 문장들은 『당신의 조각들』의 영문 내용 밑에 번역되어 적혀 있었다. 그 한국어 문장을 쓴 사람이 누구인지는 명확히 알 수 없으나, 타블로 의심자들은 이를 타블로의 즉석 번역인 것으로 텍스트화하였다.

논의의 중심이 된 것은 "My memories were canned goods; their only refuge a small grocery. Bach was playing as we picked out toilet paper"라는 두 문장이었다. 마지막 문장은 한국어 번역본에 (4)의 형태로 등장한다.

(4) 어머니가 두루마리 휴지를 집어 카트에 담았을 때, 마트에는 바흐의 음악이 흐르고 있었다.

그러나 타블로는 예능에서 해당 문장을 다음과 같이 번역했다.

(5) 바흐는 우리가 화장실용 화장지를 뽑아낼 때 연주하고 있었다.

한국어판에 적힌 것은 잘 다듬어진 번역인 반면, 타블로가 방송에서 읽은 버전은 서툴다. 이 번역 문장은 원래의 영어 문장보다는 "Bach was performing while we were pulling out toilet paper (from the roll)"에 더 유사한 것이다. 구체적으로 이 문장에서 주제어는 '바흐'가 되고, 상태동사 대신 행위동사 '연주하다'가 등장하며, '화장실용 화장지'라는 어색한 변이형이 쓰인다.

타블로 의심자들에 의해 이 장면은 타블로의 즉석 영한 번역 상황으로 꾸며졌고, 예능에서의 번역과 한국어판에 인쇄된 번역을 나란히 놓아 대조하는 영상이 제작되었다.[11] 이들이 생산한 메타 해설은 두 번역 간 괴리를 학력 의혹이 제기되는 지점으로 지목하였다.

(6) 11: 자기가 쓴 책을 해석도 못한당게 ㅋㅋㅋㅋㅋㅋㅋㅋㅋㅋㅋ

M: 흐미ㅋㅋㅋㅋㅋㅋㅋㅋㅋㅋㅋㅋㅋㅋㅋㅋㅋㅋㅋㅋㅋㅋㅋ영문학 수석 졸업이랑께

…

What: 졸업한건 믿었는데 갑자기 진짜 영문학 석사 졸업한게 맞나하는 혼란이 온다…[12]

여기서 아무도 영어 원문인 'Bach was playing as we picked out toilet paper'를 언급하지 않는다는 점을 주목하자. 영어 원문은 그냥 그대로 받아들여졌다. 그 대신 타블로의 어색한 한글 번역은 그의 영어실력을 보여주는 것이라고 읽혀졌다. 번역이 이렇게 서툴다면 분명 영어 이해도가 형편없으리라는 것이다. 그리고 타블로의 영어가 형편없다면 필시 다른 누군가가 영문판 소설을 쓰고 한글 번역을 했을 것이고, 타블로는 스탠포드 영문과를 졸업했을 리가 없다는 것이다. 흥미로운 점은 타블로의 영어실력이 (학과 수상까지 한) 실제 영문학 작품을 통해 평가받는 대신, 텔레비전 프로그램과 영어 수업시간 중 번역이라는 두 가지 장면의 상호담론적 연결을 통해 해석된다는 것이다.

특히 타블로 비방자들은 바흐를 행위자로 표현한 것을 걸고넘어지

11 teastory, 2010, "222," http://tvpot.daum.net/mypot/View.do?clipid=27621897&srcid=418648(2015. 11. 15. 접속).

12 11, 2010, "타블로 영어 실력 증거의 동영상," http://gall.dcinside.com/board/view/?id=epikhigh&no=357425(2015. 11. 15. 접속).

며 두 번째 번역을 어색한 것으로 구성했다. "바흐가 예수처럼 부활한 거냐?"고 한 사람도 있고, "번역만 보면 바흐가 전국라이브투어라도 하고 있는 듯하다"고 한 사람도 있었다.[13] 비방자들은 타블로를 옹호하려 한 댓글 작성자를 비난하면서, 위의 번역문과 같은 식별징표를 영어를 배우는 중학생의 인물유형과 연관시켰다.

(7) -O- ..야..바보야.. 중학생도 저 정도는 무리없이 해석한다. 저게 논리적인 증거가 아니라는 것이 니가 무뇌라는 것밖에 더 되나
hmm: 그거 말고 CNN 인터뷰 보면 그게 스탱 천재 영문학도의 인터뷰임? 토익 400만 넘으면 알겠다[14]

이때 타블로가 텔레비전 방송에서 대본을 읽는 상황은, 호명되어 까다로운 문장을 즉석에서 번역해야 하는 한국에서 흔히 볼 수 있는 중학교 영어시간 중의 활동과 상호담론적인 관계에 놓인다. 이 교차시공간적 구성cross-choronotopic framing을 통해 어색하게 작문된 한국어 대본에 대한 발화대행자animator를 넘어 저자author가 된 타블로는 불안한 학생이라는 인물유형과 연결된다. 이러한 구성에서 상태동사 play와 행위동사 play를 구분하지 못하는 것은 영어를 잘하는 학생과 못하는 학생을 나누는 교실 표식이 된다. 스탠포드 영문학 석사학위가 있는 타블로를 난관에 처한 중학생의 틀로 집어넣음으로써 그의 영작문 자체에 대해서는 아무런 결함을 지적하지 않고서도 그의 신용을 떨어뜨릴 수 있게 되는 것이

13 11, 2010, "타블로 영어 실력 증거의 동영상," http://gall.dcinside.com/board/view/?id=epikhigh&no=357425(2015. 11. 15. 접속).

14 11, 2010, "타블로 영어 실력 증거의 동영상," http://gall.dcinside.com/board/view/?id=epikhigh&no=357425(2015. 11. 15. 접속).

다. 타블로와 '-O-'를 '중딩'보다 못하다거나 '토익 400점'을 넘지 못하는 사람에 비유함으로써 타블로 의심자들은 정규 영어교육을 어느 정도 받아본 성인이라면 누구나 비웃을 만한 인물유형을 만들어냈다. 그러한 인물유형은 상호작용 및 담론의 수준에서 타블로와 지지자들을 손쉽게 폄하와 경멸의 대상으로 둔갑시키는 매개체가 되었다.

4. 결론

이 글은 이동성에 대한 해석을 빚어내는 데 있어 듣는 주체가 차지하는 중요성을 보여주고자 하였다. 의심을 품은 한국인들은 지리적 이동성이 부자들이 특권을 강화하는 데 쓰이는 방식에 항의의 목소리를 내왔다. 대체로 해외로 나갈 자본이 결여된 탓에 이동성이 없는 듣는 주체들은 인정 여부를 결정할 능력을 통해 이동성을 지닌 사람들에게 힘을 행사할 수 있다. 이 글의 사례에서 듣는 주체들은 서로의 기호 해석에 대한 승인을 통해 사이버공간 속의 자신들을 회의적인 대중으로 구성하였다. 타블로 의심자들은 학력, 언어, 시민권, 행실과 관련된 기호들을 제도화, 체화, 물상화된 자본으로 규격화하면서, 타블로를 여러 가지 실패한 이동성의 인물유형들—표준 영어를 접하지 못하는 가난한 한국인, 영어 번역에 서툰 불안한 중학생, 허풍쟁이 도피유학생—과 연관시키는 표식을 만들어냈다. 어떤 기호들은 타블로의 '실체'를 가리키는 도상으로, 어떤 기호들은 '외양'으로 위치시킴으로써, 이들은 타블로의 영어 문법·철자법·소통능력뿐 아니라 그의 인성과 학력에 대해서도 비난할 수 있었다. 이들은 비록 한국에서 정계나 재계의 엘리트 계층 출신은 아니었지만, 국내 미디어에서 최고의 보증수표처럼 그려지는 제도적 자본인 미국 명문대 학위에 대해 성공적으로 이의를 제기할 수 있었다. 어린 시절부터 인도네시아, 홍콩, 스위스, 한국, 캐나다, 미국을 옮겨 다니며 명문 사립학교를 다닌 돈 많은 초국적인transnational 타블로에 대항한 이들의 사이버 캠페인은 가장 난공불락으로 보이는 자본의 기호조차 메타기호적 담론을 통한 재기호화resignification에 취약하다는 것을 보여준다.

참고문헌

금나나, 2004, 『나나 너나 할 수 있다』, 서울: 김영사.

타블로, 2008, 『당신의 조각들』, 서울: 달.

홍정욱, 1993, 『칠막칠장』, 서울: 삼성출판사.

Abelmann, Nancy and John Lie, 1995, *Blue Dreams: Korean Americans and the Los Angeles Riots*, Cambridge: Harvard University Press.

Agha, Asif, 2007, *Language and Social Relations*, Cambridge: Cambridge University Press.

______, 2011, "Meet Mediatization," *Language and Communication* 31(3): 163-170.

Blommaert, Jan, 2007, "Sociolinguistic Scales," *Intercultural Pragmatics* 4(1): 1-19.

Blommaert, Jan, James Collins and Stef Slembrouck, 2005, "Spaces of Multilingualism," *Language & Communication* 25(3): 197-216.

Bourdieu, Pierre, 1977(1972), *Outline of a Theory of Practice*, Cambridge: Cambridge University Press.

______, 1984, *Distinction: A Social Critique of the Judgment of Taste*, Cambridge: Harvard University Press.

______, 1986, "The Forms of Capital," in John G. Richardson (ed.), *Handbook of Theory and Research for the Sociology of Education*, New York: Greenwood, pp. 241-258.

______, 1990, *The Logic of Practice*, Stanford: Stanford University Press.

______, 1991, *Language and Symbolic Power*, Cambridge: Harvard University Press.

Bourdieu, Pierre and Jean Claude Passeron, 1990, *Reproduction in Education, Society, and Culture,* Newbury Park: SAGE.

Briggs, Charles L. and Richard Bauman, 1992, "Genre, Intertextuality, and Social Power," *Journal of Linguistic Anthropology* 2(2): 131-172.

Bucholtz, Mary, 2011, "Race and the Re-Embodied Voice in Hollywood Film," *Language and Communication* 31(3): 255-265.

Bucholtz, Mary and Kira Hall, 2004, "Language and Identity," in Alessandro Duranti (ed.), *A Companion to Linguistic Anthropology*, Oxford: Basil Blackwell, pp. 369-394.

Choi, Lee Jin and Adrienne Lo, nd, *The Materiality of the Linguistic Sign: Enregistering*

Vernacular Varieties of English in the South Korean Media, Seoul: Hongik University, and Waterloo: University of Waterloo, MS.

Flores, Nelson and Jonathan Rosa, 2015, "Undoing Appropriateness: Raciolinguistic Ideologies and Language Diversity in Education," *Harvard Educational Review* 85(2): 149-171.

Gao, Shuang and Joseph Sung-Yul Park, 2015, "Space and Language Learning under the Neoliberal Economy," *L2 Journal* 7(3): 78-96.

Goffman, Erving, 1956, "The Nature of Deference and Demeanor," *American Anthropologist* 58(3): 473-499.

______, 1959, *The Presentation of Self in Everyday Life*, New York: Doubleday.

Harkness, Nicholas, 2015, "Linguistic Emblems of South Korean Society," in Lucien Brown and Jaehoon Yeon (eds.), *Handbook of Korean Linguistics*, Malden: Wiley-Blackwell, pp. 492-508.

Inoue, Miyako, 2006, *Vicarious Language: Gender and Linguistic Modernity in Japan*. Berkeley: University of California Press.

Irvine, Judith T. and Susan Gal, 2000, "Language Ideology and Linguistic Differentiation," in Paul V. Kroskrity (ed.), *Regimes of Language: Ideologies, Polities, and Identities*, Santa Fe: School of American Research Press, pp. 35-84.

Kang, Jiyeon and Nancy Abelmann, 2011, "The Domestication of South Korean Early Study Abroad (ESA) in the First Decade of the Millennium," *Journal of Korean Studies* 16(1): 89-118.

______, 2014, "Memoir/manuals of South Korean Pre-College Study Abroad: Defending Mothers and Humanizing Children," *Global Networks* 14(1): 1-22.

Keane, Webb, 2003, "Semiotics and the Social Analysis of Material Things," *Language and Communication* 23(3-4): 409-425.

Park, Joseph Sung-Yul, 2009, *The Local Construction of a Global Language: Ideologies of English in South Korea*, Amsterdam: Mouton de Gruyter.

______, 2010, "Naturalization of Competence and the Neoliberal Subject: Success Stories of English Language Learning in the Korean Conservative Press," *Journal of Linguistic Anthropology* 20(1): 22-38.

Reyes, Angela, 2017, "Ontology of Fake: Discerning the Philippine Elite," *Signs and Society* 5(S1): S100-S127.

Robinson, Michael, 2007, *Korea's Twentieth-Century Odyssey,* Honolulu: University of

Hawai'i Press.
Schmid, Andre, 2002, *Korea between Empires, 1895-1919*, New York: Columbia University Press.
Seth, Michael J., 2002, *Education Fever: Society, Politics, and the Pursuit of Schooling in South Korea*, Honolulu: University of Hawai'i Press.
Shim, Doobo, 2014, "The Cyber Bullying of Pop Star Tablo and South Korean Society: Hegemonic Discourses on Educational Background and Military Service," *Acta Koreana* 17(1): 479-504.
Silverstein, Michael, 2003, "Indexical Order and the Dialectics of Sociolinguistic Life," *Language and Communication* 23: 193-229.
Tablo, 2009, *Pieces of You*, Seoul: Dal.
Thompson, John B., 1991, "Introduction," in Pierre Bourdieu, *Language and Symbolic Power*, Cambridge: Harvard University Press, pp. 1-31.
Wirtz, Kristina, 2014, *Performing Afro-Cuba: Image, Voice, Spectacle in the Making of Race and History*, Chicago: University of Chicago Press.
Wortham, Stanton and Angela Reyes, 2015, *Discourse Analysis beyond the Speech Event*, New York: Routledge.

자료

『동아일보』, 2012, "하버드대 수석 졸업 진관용 씨 귀국, 그가 말하는 공부 비법"(조건희), 2012년 5월 29일, http://news.donga.com/3/all/20120529/46580088/1.
2011, "타진요가 다시 나타났다//많은 이야기, 4줄 요약"(박수영), http://www.ilbe.com/18127603;(2015. 11. 15. 접속).
서창만(감독), 2007, '경제야 놀자,' 〈일요일 일요일밤에〉[TV 시리즈], 2007년 10월 7일, 서울: MBC.
성기연(감독), 2010a, '타블로 스탠퍼드를 가다,' 〈MBC 스페셜〉, 2010년 10월 1일, https://www.youtube.com/watch?v=lzR-qnYOc7M.
______, 2010b, '타블로 그리고 대한민국 온라인,' 〈MBC 스페셜〉, 2010년 10월 8일, https://www.youtube.com/watch?v=JVxhovKcsjQ.
세상이야기, 2010, "타블로씨 학력위조 의혹에 관한 정리," http://ballnews.tistory.com/3 (2015. 11. 15 최초 접속; 2019. 9. 3. 재접속).
『아시아투데이』, 2010, "타블로, 이번엔 병역 문제… 유승준과 비교 네티즌 설전"(김수진), 2010년 7월 13일, http://www.asiatoday.co.kr/view.php?key=378035.

이승은(감독), 2005, 〈행복주식회사〉[TV 시리즈], 2005년 11월 19일, 서울: MBC.
장혁재(감독), 2007, 〈엑스맨〉[TV 시리즈], 2007년 4월 1일, SBS.
전진수(감독), 2004, 〈논스톱 5〉[TV 시리즈], 서울: MBC.
정창영(감독), 2007, 〈쇼! 음악 중심〉[TV 시리즈], 2007년 6월 6일, 서울: MBC.
최희진(감독), 2007, '무월관' 〈황금어장〉[TV 시리즈], 2007년 5월 2일, MBC.

2010, "타블로 논쟁을 보면서"(bluesky(choice-****)), http://bbs1.agora.media.daum.net/gaia/do/agora/participant/read?articleId=32533&bbsId=C001&issueArticleId=73&issueBbsId=I001(2015. 11. 15. 접속).
2010, "타블로의 성적표는 다시 한번 핫 이슈가 되었다~! 이것 먼저 보라~ @@"(karl steiner01(eodlqtnsmd****)), http://bbs1.agora.media.daum.net/gaia/do/debate/read?bbsId= D109&articleId=296895(2015. 11. 15. 접속).
2010, "People who are ignorant of the world should carefully verify the facts before cr iticizing"(joanfarc(wkrlti***)), http://bbs1.agora.media.daum.net/gaia/do/agora/participant/read?articleId=32533&bbsId=C001&issueArticleIe=73&issueBbsId=I001(2015. 11. 15. 접속).
2011, "(타블로) 스탠포드 구라의 진실을 밝힌다[명의사칭]"(진모(wls****)), http://bbs1.agora.media.daum.net/gaia/do/debate/read?bbsId=D115&articleId=1679814(2015. 11. 15. 접속)
Davis, Joshua, 2012, "The Stalking of Korean Hip Hop Superstar Daniel Lee," 2012년 4월 24일, https://www.wired.com/2012/04/ff_koreanrapper/.
Reuter, 2015, "Overseas study loses allure for South Koreans"(Kahng, Jee Heun) December 8, 2015. https://www.reuters.com/article/us-southkorea-education/overseas-study-loses-allure-for-south-koreans-idUSKBN0TR0GY20151208
Leelandingdr, 2012, "왓비컴즈 탄생, Recaptured from Tajinyo," http://blog.naver.com/leelandingdr/148267560(2015. 11. 15. 접속).
teastory, 2010, "222," http://tvpot.daum.net/mypot/View.do?clipid=27621897&srcid=418648(2015. 11. 15. 접속).
2010, "타블로 영어 실력 증거의 동영상"(11), http://gall.dcinside.com/ board/view/?id=epikhigh&no=357425(2015. 11. 15. 접속).

제10장

'공장말': 인도네시아 한국 기업의 언어 사용과 권력*

강윤희

1. 서론: 다국적 기업과 언어 사용

다국적 기업에서 사용되는 언어의 문제는 그 실용적 중요성에도 불구하고, 다국적 기업의 경영을 이해하는 데 있어 오랫동안 "잊혀진 요소 forgotten factor"가 되어왔다(Marschan, Welch and Welch 1997; Marschan-Piekkari, Welch and Welch 1999). 이것은 기존의 다국적 기업 연구가 대부분 영어를 공용어로 사용하는 기업이나 영어가 유창한 고위 경영진을 대상으로 하였고, 이에 따라 기업에서의 언어 사용 문제가 당연시되거나 이미 '주어진 것'으로 여겨왔기 때문이다(Marschan-Piekkari, Welch and Welch 1999: 422). 한편 2000년대 이후 전 지구화에 따른 경제적·사회적 변화가 더욱 가속화되면서, 다국적 기업에서의 언어 사용 연구는 언어, 특히 영어의 자원

* 이 글은 2017년 『한국문화인류학』 제50집 2호에 실린 필자의 동일 제목의 논문을 편집 · 수정한 것이다.

화와 상품화에 주목하는 경향을 보인다. 헬러(Heller 2010)가 지적했듯이 세계화에 따른 신경제에서 "노동력workforce은 언어력wordforce으로 전환되었고"(Heller 2010: 353), 이에 따라 언어는 더는 국가/민족 정체성의 상징이 아니라, 하나의 자원으로 여기게 되었기 때문이다. 따라서 영어 등 국제어가 하나의 중요한 경제적 수단과 자원으로 기능하는 콜 센터call center에서의 언어 사용이라든지(Cameron 2000), 초국가적인 업무 공간에서 영어를 모국어로 하지 않는 노동자들이 업무상의 공용어로서 영어를 배우는 직장에서의 언어 학습의 문제(Roberts 2010) 등이 중요한 연구 주제로 다루어져왔다(강윤희 2014 참조).

하지만 최근 유럽이나 북미 지역뿐만 아니라 비영어권 국가들에서 운영되는 초국가적 생산현장이 증가하면서 언어의 문제는 더욱 복잡해졌다. 예를 들어 초국가적 생산현장에서 비영어권 직원들이 서로 의사소통해야 하는 상황이 빈번해지면서, "표준 영어standard English와는 다른 통용어로서의 비즈니스 영어Business English as Lingua Franca"의 문제에 주목하게 되었고(Louhiala-Salminen and Kankaanranta 2012), 전 세계적으로 증가하는 해외 직접 투자는 영어 이외의 언어, 특히 중국어가 또 다른 비즈니스 통용어로 사용될 가능성을 부각시키기도 했다(Selmier and Oh 2012). 이처럼 다국적 기업의 언어 사용과 의사소통의 문제를 다루는 경영학적 연구들은 대부분 직원들의 다중언어 사용과 언어 능력의 문제를 탐구하는 방향으로 진행되었으며(Andersen and Rasmussen 2004; Bjorkman and Piekkari 2009), 기업 내 통용어lingua franca의 문제, 언어 장벽이나 의사소통의 어려움에 따른 기업 내 지식과 정보의 이동이나 공유의 문제, 또는 신뢰 구축의 문제 등을 논의하는 데 집중하는 경향이 있다(Luo and Shenkar 2006; Brannen, Piekkari and Tietze 2014 참조).

한편 국내의 경우 다국적 기업에서의 언어 사용 문제를 중점적으로 논의하는 경우는 아직 찾아보기 힘들다. 한국 기업의 해외 진출을 다룬 선행 연구에서 초국가적 생산현장에서 사용되는 언어와 그에 따른 의사소통의 문제점은 탐구의 대상이라기보다는 특정 기업의 사회적·문화적 배경의 하나로 다루어왔을 뿐이다. 예를 들어 중국 내 한국 공장에서 조선족 관리인이 담당하는 통역의 문제라든지(장수현 2003; 김재석 2012), 베트남 공장의 통역관이 수행하는 '중재자middlemen'로서의 역할(채수홍 2003, 2009), 인도네시아 내 한국 기업에서 나타나는 한국인 관리자들의 인도네시아어 사용(강윤희 2014; 전제성 2014) 등이 지적되기도 했지만, 이들 연구는 대부분 언어를 문화의 한 부분으로 다루어 연구의 배경으로만 제시하였다.[1] 그 밖에 다국적 기업의 언어 장벽과 지식 전달의 문제(김경 2010), 현지 직원들을 위한 한국어 교육의 문제(이정택 2012) 등을 지적한 논문들이 있으나, 앞서 살핀 해외의 경영학적 연구들과 유사하게, 대부분 국제 경영을 원활하게 하기 위한 기업의 전략이나, 기술적 측면에 집중하는 경향이 있다.

이와 달리 본 연구는 다국적 기업의 초국가적 생산현장을 상이한 언어와 문화적 배경을 지닌 행위자들이 조우하는, 여러 가지 언어와 의미체계의 접촉 지점으로 상정한다. 블로머트(Blommaert 2010)에 따르면, 초국가적인 상황에서 접촉하게 되는 다양한 언어와 의미체계들은 수평적인 공간에서 나타나는 언어 접촉이나 언어 분포로 설명될 수 없으며, 그 대신 불평등한 권력구조와 위계질서에 따른 수직적 공간 개념, 즉 스케일scale의 차이로 설명되어야 한다(Blommaert 2010: 5). 여기서 상이한 스케일을 차지하는 수직적 공간에 놓인 사람들과 그들의 언어적 특징은 특정 사회, 문화, 정치적인 속성에 연결되는 지표적 차이indexical distinctions로 작용하게 된다. 즉 언어는 정보를 전달하는 지시적referential 기능

1 예외적인 사례로 강윤희(2014) 참조.

을 할뿐만 아니라, 언어 사용자들의 권력, 계층, 직업 등의 경계를 만들고 표시하는 지표적indexical 기능을 하기도 하는 것이다. 나아가 각 언어의 지표적 차이는 종종 언어 사용의 규범적 측면과 연결되기도 하는데, 예를 들어 어떤 언어 사용은 "좋고, 규범적이고, 적합하고, 허용 가능"한 반면, 어떤 언어 사용은 "일탈적, 비규범적, 비정상적"인 것으로 여겨진다(Blommaert 2010: 6). 블로머트는 이것을 "지표성의 질서orders of indexicality"(Blommaert 2010)라고 부르며, 이러한 질서를 유지하고 매개하는 언어이데올로기의 작용을 강조한다. 마찬가지로 이 글은 한국 기업에서 해외로 파견된 한국 관리자와 현지 노동자들 사이의 언어적 상호작용을 살펴보고, 한국인의 언어 사용이 어떠한 지표적 차이와 규범으로 연결되는지 그것을 매개하는 언어이데올로기를 중심으로 분석한다. 나아가 이들의 상호작용에서 나타나는 언어적 규범과 이데올로기가 어떻게 다국적 기업의 생산 과정 통제와 권력관계의 재생산에 기여하게 되는지 논의하려고 한다.

이를 위해 이 글은 인도네시아에 있는 한국 제조업체 중 하나인 A 공장[2]을 사례로 분석한다. 여기서 인도네시아로 진출한 한국 기업을 연구대상으로 정한 이유는, 첫째 인도네시아의 한국 기업이라는 초국가적 생산현장은 그 동안 다국적 기업의 언어 사용 연구에서 그 필요성이 지적되었던 비영어권 다국적 기업의 사례에 해당하며(Louhiala-Salminen and Kankaanranta 2012; Selmier and Oh 2012), 이를 통해 영어를 기반으로 하지 않는 아시아 내의 초국가적 생산현장에서 나타나는 언어 사용 문제를 다룰 수 있기 때문이다. 둘째, 인도네시아는 한국 역사상 최초의 해외 투

2 연구대상자의 익명성을 보장하기 위해서, 기업명, 인명 등은 모두 가명으로 처리한다.

자 대상 국가로서 현지 진출의 역사가 오래되었으며,[3] 인도네시아의 한국 기업은 권위적이고 강압적인 방식으로 생산 과정을 통제하는 이른바 군대식 경영 방식을 가진 것으로 지적되곤 하였다(신윤환 1995; 전제성 2005). 따라서 인도네시아 내 한국 기업에서 독특하게 나타나는 기업 내부의 생산 통제 과정을 구체적으로 살펴보기 위해서는 한국인들과 인도네시아 노동자들 간의 일상적 의사소통 과정을 분석하여 좀 더 미시적인 상호 작용을 탐구해볼 필요가 있다. 사례 연구의 대상이 되는 A공장의 경우, 풍부하고 값싼 노동력과 자원을 확보하기 위해 인도네시아에 공장을 설립한 한국의 노동집약적 제조업체로서, 인도네시아로 진출한 한국 기업들의 전형적인 생산현장을 보여줄 수 있다.

이 글에서 다룰 연구 질문들은 다음과 같다. 첫째, 인도네시아 생산 현장에서 한국인 직원들은 어떤 언어를 사용하는가? 이 질문에 대해서는 한국인이 '공장말'이라고 부르는 독특한 말하기 유형에 주목하고, 그 언어적 형식과 특성을 분석한다. 둘째, 공장말을 통한 공장 내 의사소통은 어떤 구조로 조직되는가? 여기서는 한국인과 현지인 간의 특징적인 의사소통 구조를 분석하고, 특히 한국 직원들과 현지 직원들 사이의 의사소통을 돕고 있는 현지 매니저들의 역할을 살펴본다. 셋째, 이러한 A공장에서 사용되는 독특한 말하기 방식에 대하여 한국인 관리자들과 현지인들은 어떤 식으로 평가하는가? 여기서는 한국인과 현지인 사이에 나타나는 공장말에 대한 경합하는 가치와 공장말 사용을 정당화하는 문

3 1968년 남방개발이라는 한국 기업이 한국 역사상 최초로 인도네시아로 진출하였고, 1973년 대상그룹의 미원 인도네시아 공장이 최초로 인도네시아에 설립되었다(전제성 2013: 44-45). 이후 인도네시아에 진출한 한국 기업은 그 숫자가 꾸준히 증가해 2013년 당시 인도네시아로 진출한 한국 기업은 약 2,200개이며, 인도네시아에 파견된 한국인 직원은 5만 명, 한국 기업에서 근무하는 인도네시아인은 백만 명에 달한다(Jeon 2015: 536).

화적 논리와 언어이데올로기를 분석하고, 이러한 언어 사용을 통해 재생산되는 한국인과 인도네시아인들 사이의 권력관계와 위계질서를 논의한다.

위의 세 가지 연구 질문을 통해서 이 글은 초국가적 생산현장의 보다 일상적이고 미시적인 영역에서 형성되는 상호작용적 체제interactional regime를 밝힐 것이다. 여기서 상호작용적 체제란 특정 의사소통 상황에서 특징적인 의사소통 유형이나 가치가 하나의 규범적 사용으로 강제되거나 당연하게 여겨지는 것을 말하는 것으로써(Blommaert, Collins and Slembrouck 2005a), 일상적 상호작용적 체제는 특정 생산현장의 권력관계가 구체적으로 작동하는 일상적이고 미시적인 차원의 정치 과정을 세세하게 보여줄 수 있다. 이 글은 A공장에서 사용되는 공장말이라는 독특한 언어 사용이 어떻게 상호작용체제로 작동하는지 살펴보고, 공장말이 지표하는 한국인 관리자들과 인도네시아 직원들의 특성, 위계구조와 권력관계를 밝힐 것이다. 이를 통해 한국인들의 극히 제한된 인도네시아어 언어 능력에도 불구하고, 이들의 공장말은 공장 내 상황에서는 '기능적이고, 적합한' 것이라는 평가를 받고 있음을 보이고, 나아가 이를 매개하고 정당화하는 언어이데올로기와 정체성의 정치를 분석하려 한다.

2. 연구 대상과 연구 방법

이 글은 인도네시아의 한국 기업 중 비교적 진출의 역사가 오래된 A공장을 대상으로 한 사례 연구다. A공장은 인도네시아의 수도인 자카르타에서 약 1시간 30분 정도 떨어진 작은 지방 도시에 있으며, 1992년 설립되어 주로 목재 가공과 악기를 생산하고 있다. A공장이 인도네시아로 진출한 주된 이유는 목재 등 원료와 저임금 노동력이 풍부하기 때문이었다. 2013년 조사 당시 A공장에는 총 2,800여 명의 직원이 근무하고 있었으며, 이 중 한국인 직원은 17명에 불과했다. 여기서 한국인들은 한 명의 사원을 제외하고, 모두 이사, 전무, 상무 등의 임원직과 차장, 과장, 부장 등의 관리자 역할을 하고 있었다. 또한 공장에서의 각 생산 공정은 과장, 부장 급의 한국인 관리자와 현지인 관리자(매니저)[4]가 관리하고 있었다. 그 외의 노동력은 모두 인도네시아 현지인으로 구성되는데, 이 중 140명 정도가 관리직이며, 나머지는 기능직이었다. 또한 현지인 기능직 노동자 중 3분의 2 정도가 비정규직이었다.

A공장의 현지 노동자들은 대부분 공장이 위치한 서부 자바의 순다Sunda 사람들이다. 순다 사람들은 인도네시아에서 두 번째로 큰 종족 집단을 이루며, 순다어Sundanese를 사용한다. 따라서 A공장의 현지 노동자들은 대부분 순다어를 사용할 수 있었지만, 업무 공간에서는 인도네시아 표준어인 바하사 인도네시아Bahasa Indonesia를 사용하고 있었다. 특히 인도네시아가 300여 종족과 700여 개의 언어로 이루어진 다종족 다언어국가라는 점을 고려하면, 표준 인도네시아어는 종족 간 의사소통의 중요한 도구가 되어왔음을 이해할 수 있다.[5] A공장의 현지인 직원들 중 한국어를 사용할 수 있었던 직원은 한국에서 유학을 하고 돌아온 현지인 통역관 한 명뿐이었다.

4 한국인 관리자는 한국인들 사이에서 주로 부장, 차장 등의 세분화된 직급으로 불리는 반면, 현지인 관리자들은 세분화된 직급 대신 주로 이름으로 불리거나 매니저(manager)라고 지칭된다. 이에 따라 이 글에서는 한국인 관리자의 경우 성+직급으로, 현지인 관리자는 매니저로 표기할 것이다.

5 표준 인도네시아어는 수세기 동안 인도네시아 지역에서 통용어로 사용되었던 말레이어(Bahasa Melayu)에 기반하여 발전한 것이다. 말레이어는 시제, 성, 수, 격에 따른 굴절, 즉 단어의 형태상 변화가 없고, 발음이나 기타 문법적인 구조가 비교적 단순하다는 특성이 있다(Koh 2014 참조).

한편 A공장의 약 43만 헥타르에 이르는 부지에는 공장건물들뿐만 아니라, 한국인 직원들과 가족들을 위한 사택과 식당[6]이 마련되어 있었다. 조사 당시 사택에 거주하던 한국인 직원들은 모두 30대에서 50대 사이의 남성이었으며, 이들 중 한 명을 제외한 나머지 직원들은 모두 가족과 떨어져서 단독 이주하였다.[7] 이에 회사 측에서는 따로 현지인 가정부를 고용하여 사택에 거주하는 한국인 직원들의 식사와 청소, 빨래 등을 전담하게 했다. 공장 단지 내의 사택에서 거주하는 한국인 직원들의 경우, 주말에는 종교 생활, 친교 등을 위해 공장의 외부로 나가기도 했지만, 주중에는 사택과 식당, 공장과 사무실을 오가며 생활하였다. 한국인 직원들의 업무 공간을 포함하는 일상 생활 영역에서는 주로 한국어와 인도네시아어가 사용되었는데, 한국어는 한국인 직원들끼리, 인도네시아어는 인도네시아 직원들이나 가정부들과의 의사소통에서 사용되었다.[8]

2013년 조사 당시 공장 내 사무실은 상무, 전무 등 이사급 임원들이 다른 직원들의 뒤편에 앉아서 감시가 가능한 구조로 배치되어 있었다. 또한 한국인 관리자들(부장, 차장급 직원)은 각 담당 부서의 임원과 현지 직원들 사이의 경계에 배치되었고, 한국인 관리자들 옆자리는 항상 현지인 매니저들이 배치되었다. 이러한 사무실의 구조는 의사소통의 구조도 반영하는데, 예를 들어 한국인 임원이 자신의 앞자리에 있는 한국인 관리자들을 불러 지시를 하면, 한국인 관리자들은 다시 옆자리에 있는 현지

6 인도네시아 현지 직원들을 위한 식당은 한국인 직원들의 식당과는 분리되어 다른 곳에 있었다.

7 이 중 한 사원은 어머니와 함께 인도네시아로 이민을 왔다가 입사를 한 사례다.

8 단 해외영업부의 경우 한국인들과 인도네시아 직원들 간에 영어를 사용하기도 하였다.

인 매니저들에게 전달하고, 현지인 매니저들은 전달 사항을 앞쪽의 현지인 직원들에게 전달하는 방식이다.

회사 내 노사분쟁이나 갈등이 발생하는 경우 노사관계의 조정은 한국인들이 직접 나서지 않고, 현지인 매니저들이 전담하였다. 실제로 2013년 조사 바로 직전에 A공장의 노조가 데모를 하며 임금 인상을 요구하였고, 이때 한국인 경영진은 자카르타의 노동부에서 오랫동안 근무하다 퇴직한 60대 전직 공무원을 노무차장으로 임명하여 노조와 협상하게끔 했다. 또한 근무 연한이 오래된 현지인 매니저들이 노조와 회사 사이의 중개인 역할을 하였다. A공장의 한국인 직원들에 따르면 노사 분쟁이 있을 때 현지인들과 직접 협상하지 않으며, 그 대신 현지인 매니저들이 협상을 전담하고, 분쟁과 관련된 법률적인 부분은 인도네시아에 주재하는 한국인 변호사를 통해서 해결한다고 했다.[9]

이 글에서 분석하고 있는 주된 경험적 자료는 연구자가 2013년 1월과 7월에 인도네시아의 A공장을 두 차례 방문하여 수행한 민족지적 현장 연구에 기반한다. 주된 연구 방법으로는 A공장의 작업 현장에서 나타나는 한국인과 현지인 직원들 사이의 일상적 상호작용을 참여 관찰했으며, 특히 이들의 발화 자료는 한국인 직원들과 현지인 직원들 사이에 진행되었던 다섯 차례의 회의에 대한 관찰과 녹음으로 수집하였다. 또한 한국인 직원들과 현지인 직원들의 언어태도와 이데올로기, 한국인 또는 인도네시아인들에 대한 평가와 스테레오타입을 알아보기 위해서 A공장

9 A공장의 의사소통양식을 좀 더 입체적으로 분석하기 위해서는 노사 간의 갈등 상황에 대한 언어 자료도 포함시켜야 했으나, 본 연구의 제한된 조사 기간 동안에는 갈등 상황에 대한 자료까지 수집할 기회는 없었다. 따라서 본 연구는 노사 간 갈등 상황이 아닌 일상적인 업무 상황에 초점을 맞추고 있음을 밝힌다.

의 한국인 직원 11명, 현지인 매니저 11명을 심층 면접하였다. 이 중 본문에서 분석하는 언어자료는 한국인과 현지인들 사이의 회의나 대화 등을 녹음한 약 9.1시간의 음성자료와 함께, 사무실과 공장 생산 라인에서 수집된 문서와 텍스트, 그리고 그림 등의 시각 자료를 포함한다.

3. '공장말'의 언어적 특징

1) '공장말'의 비공식적 습득 과정과 '생략된' 언어 능력

A공장 한국인 직원들이 사용할 수 있는 언어목록linguistic repertoire은 이들의 초국적 이동 경로와 궤적을 반영한다. 조사 당시 한국인 직원 대부분은 2년 이상 인도네시아에서 주재원으로 지내고 있었으며, 정도의 차이는 있지만 모두 인도네시아어를 구사할 수 있었다. 한국인 직원 대부분은 영어를 어느 정도 구사할 수 있었지만, 영어보다는 인도네시아어 사용이 훨씬 수월하다고 했다.[10] 영어나 한국어와 비교했을 때 인도네시아어는 비교적 단순한 음운과 문법 체계를 지니고 있다고 평가되기 때문에(Koh 2014), 한국인 직원들의 인도네시아어 습득이 상대적으로 용이했다고 볼 수 있다.

또한 한국인들의 인도네시아어 습득과 사용은 A공장의 조직상의 특징에도 기인한다. A공장의 경우 법인장을 제외하고 다른 직원들은 교대 발령되지 않으며,[11] 나아가 인도네시아 내의 다른 한국 기업에서 근

10 미국 지사에서 5년간 근무하다 인도네시아로 옮겨온 해외영업부 남 상무의 경우 인도네시아어보다 영어가 더 수월했으므로, 주로 영어를 사용했다.

11 법인장의 경우 4~5년간 주재하고 돌아가는 경우가 많았다. 실제로 2013년 현

무하다가 이직해 오는 경우도 증가했다.[12] 이처럼 한국인 직원들의 인도네시아 주재 기간이 장기화됨에 따라, 이들이 현지 언어를 습득할 가능성은 더욱 높아지게 된다. 따라서 한국인 직원들의 인도네시아어 능력은 이들의 인도네시아 근무 연한과 비례하는 경향이 있다. 예를 들어 1994년에 인도네시아로 옮겨와 A공장에서 19년 이상 근무한 마 상무는, 대학에서 인도네시아어를 전공하고 23년 이상 인도네시아에서 근무 중인 서 부장과 함께 A공장에서 인도네시아어가 가장 유창한 사람으로 평가된다.

하지만 한국인 직원들 중 인도네시아어를 전공한 서 부장을 제외하고, 한국에서 '미리' 인도네시아어를 배우고 온 사람들은 거의 없었다. 한국인 직원 대부분은 인도네시아 발령 후 아무런 준비 기간 없이 바로 현지로 떠나오게 되었다. 1992년 A공장이 인도네시아로 옮겨온 초기에는 회사에서 한국인 직원을 위해 인도네시아어를 가르쳐주는 어학 프로그램이 있었다고 하지만, 바쁜 업무로 인한 시간적 제약 때문에 직원들의 참여가 저조해서 곧 그만두게 되었다고 한다. 당시 현지인 관리자들을 위한 한국어와 영어 강좌도 개설되었으나, 마찬가지로 참여율이 저조했고, 이에 따라 회사에서 운영하던 언어 프로그램은 모두 사라지게 되었다.

이처럼 한국인 직원 대다수는 공식 교육을 통해 인도네시아어를 습득하지 않았고, 대부분 '현장'에서 일과 일상을 통해 인도네시아어를 배운 경우이므로, 이것은 일종의 "풀뿌리 다중언어 사용grassrooots

---

지조사 당시도 바로 새로운 법인장이 부임한 시점이었다.

12 예를 들어 2013년 조사 당시 23년 이상 인도네시아에서 주재하고 있는 서 부장의 경우 대학에서 인도네시아어를 전공하고 졸업 후 바로 인도네시아의 한국 봉제업체에 취업하여 일하다가 최근에 A공장으로 이직하였다. 마찬가지로 오 차장의 경우도 7년 동안 인도네시아의 한국 전자업체에서 근무하다 3년 전에 A공장으로 옮겨왔다.

multilingualism"(Han 2013)에 해당한다.[13] 이 경우 언어 습득의 비공식적인 성격으로 인하여 단순화된 문법구조와 어휘, 코드 혼용code-mixing 등이 특징적으로 나타나는데, A공장의 한국인들도 마찬가지였다. 이들의 인도네시아어 사용은 대부분 한정된 어휘와 문장 구조를 지니고 있었으며, 한국어와 인도네시아어 간의 혼용도 빈번하게 나타났다.

나아가 이러한 비공식적인 학습을 통한 다중언어 능력과 사용은 언어 학습자들의 "생략된 언어능력truncated competence"으로 이어지게 된다(Blommaert, Piekkai and Tietze 2005b). 여기서 '생략된' 언어능력이란 "특정 영역이나 활동에 기초하여, 주로 주제topic별로 조직되는 언어능력"(Blommaert, Piekkai and Tietze 2005b: 199)을 말하며, 특정 공간과 활동에 따라 상대적인 가치를 지니는 언어능력을 일컫는다. 이러한 개념은 기존의 다중언어 사용자에 대한 가정—다중언어 사용자는 각각의 언어에 대해 완벽한 능력을 가지고 있을 것이라고 전제하는 것—을 비판하고, 모든 언어 사용과 언어 능력은 실제의 언어 사용 상황과 맥락에 따라 달라지는 것임을 강조한다(Blommaert, Piekkai and Tietze 2005b). 마찬가지로 A공장 한국인들의 인도네시아어 사용 능력은 특정 상황과 주제에 따라서 상이한 정도로 나타나고, 이에 따라 특정 분야에 대해서는 '생략된,' 따라서 제한적인 언어 능력을 가졌다고 할 수 있다. 실제로 A공장의 한국인 직원들은 자신들의 인도네시아어를 가리켜 공장말이라고 부르며, 철

13 풀뿌리 다중언어 사용은 서로 다른 언어 사용자가 접촉하는 상황에서 공식 교육이 아닌 비공식적이고 일상적인 접촉을 통해서 다른 민족과의 의사소통에서 사용하는 통용어를 습득하게 되는 상황을 일컫는다. 기존의 다중언어 사용이 코스모폴리탄적인 특성을 지닌 초국가적 엘리트들이 공식적인 교육을 통해서 얻는 자질로 다루어졌다면, 풀뿌리 다중언어 사용은 전 지구화가 복잡해지고 다양해진 상황에서 나타나는, "아래로부터의 지구화"를 보여준다고 할 수 있다(Han 2013).

저하게 업무를 위한 말로 한정한다. 이들에게 공장말은 "업무를 위한 언어"이기 때문에, "밖의 말," 즉 생산현장 이외의 공간에서 인도네시아 현지인들과 사용하는 말과 다르다고 구분한다. 예를 들어 인도네시아 주재 6년차인 유부장은 "밖에 나가서 하는 말은 공장 내에서 쓰는 말과 많이 다르다"고 지적하며, 이러한 "밖의 말"에 대해서는 공장말과 대비되는 "문화의 말," "관계의 말," 또는 "마음의 말"이라고 이야기하기도 한다(강윤희 2014 참조). 따라서 공장말은 주로 A공장의 생산 공정에서만 사용되는 일종의 기능적 언어functional language라고 할 수 있다(Luo and Shanker 2006).

2) '공장말'의 문법적 특징

A공장 한국인 직원들의 공장말은 한국인들과 인도네시아인들의 접촉 상황에서 의사소통을 용이하게 하기 위해 사용되는 언어이므로, 피진어pidgin[14]와 유사하다. 특히 피진어의 공통적인 속성으로 지적된 간소화simplification의 측면에서 살펴보면(조주연 1994, 1996; 박용한 2012 참조), 한국인들의 공장말은 상대적으로 단순한 어휘와 문법 구조를 지닌다는 점에서 피진어의 특성을 지닌다고 할 수 있다. 또한 피진어를 어휘를 제공하

14 피진어(pidgin)란 "하나의 공통된 언어가 사용되지 않고 있는 다중언어 사용 상황에서 둘 또는 그 이상의 집단 구성원들에 의해 통용어(lingua franca)로 사용되는 언어"(박용한 2012: 231)로써, "대개 식민지 지역 또는 무역이나 노동이 관련된 상황에서 외부인들과 현지인들 사이의 의사소통 문제를 해결하기 위해 생성된다."(박용한 2012) 이러한 피진어가 생성되는 과정을 피진어화(pidginization)라고 하며, 이것은 "언어 사용이 제한되는 상황에서 어휘나 문법 규칙 등의 언어체계가 간소화되는 사회언어학적 변화 과정"(Hymes 1971; 박용한 2012: 232에서 재인용)이다.

는 상층언어superstrate 또는 어휘제공어lexifier와 기층언어substrate의 문법을 가지는 혼합어mixed language라고 정의 내린다면(로메인 2009: 252), 공장말은 인도네시아어의 어휘와 한국어의 문법이 혼합된 일종의 피진어라고 할 수 있다.[15] 하지만 인도네시아어가 수세기 동안 말라카해협과 인도네시아 군도에서 통용어로 쓰이던 말레이어Bahasa Melayu에 기반하여 발전된 것임을 고려한다면,[16] 한국인들이 사용하는 공장말을 단순히 피진어화pidginization의 결과라고 보기는 힘들다. 공장말의 특징으로 지적할 수 있는 간소화 경향, 예를 들어 시제나 성수 일치의 생략, 격조사의 간소화 등은 인도네시아어 본래의 문법적 특징이므로, 인도네시아어와 한국어 사이의 접촉에서 생기는 피진어화의 결과라기보다는 성인들의 외국어 습득 초기에 공통적으로 나타나는 언어의 단순화 경향이라고 할 수 있을 것이다.[17]

이러한 공장말의 문법적 특징을 살펴보기 위해서 우선 어휘와 음

15 대부분 피진어의 기층언어는 제3세계 원주민들의 언어로 이루어지고, 어휘제공어 또는 상층언어는 유럽 언어, 그중에서도 영어, 또는 프랑스어로 이루어진다. 예를 들어 톡 피신(Tok Pisin)은 파푸아뉴기니의 토착언어가 기층언어가 되며, 영어가 어휘제공어가 된다(로메인 2009: 252). 이러한 측면에서 보면, 토착어가 아닌 한국어가 기층언어가 되고, 인도네시아어가 상층언어(어휘제공어)가 되는 공장말은 피진어와는 다소 다른 특성을 보이고 있음을 알 수 있다.

16 말레이어는 7세기 이전부터 무역활동의 중심이 되었던 말라카해협에서 넓은 지역에서 사용되었으며, 많은 외국어와 접촉하는 과정에서 단순화되어 배우기 쉬운 장점이 있다. 따라서 16세기 포르투갈이 인도네시아에 처음 상륙했을 때 말레이어는 이미 인도네시아 군도에서 가장 많이 사용되던 통용어로 기능했으며, 이후 네덜란드 통치 시대에도 식민 정부는 자국의 언어 대신 말레이어를 통치 언어로 채택하여 말레이어가 더욱 발전하는 계기가 되었다(김긍섭 2001).

17 몇몇 학자는 성인의 외국어 습득과정에서 나타나는 문법적 오류나 단순화 경향을 넓은 의미의 피진어화라고 설명하기도 한다(Schumann 1974; Al-Jasser 2012 참조).

운론, 통사 구조적인 측면에서 분석해보도록 하겠다. 첫째, 어휘적 측면을 살펴보면, 공장말은 상대적으로 제한된 어휘들로 이루어져 있다. 특히 공장말은 공장 내의 작업 과정과 연결된 어휘에 한정되어 있는 경향이 있으며, 여러 가지 기술적인 언어jargon를 사용하는 경우가 많다. 예를 들어 WKwoodworking(목재 가공), BOMBill of Materials(자제명세서), PO Purchase Order(매입서) 등의 영어 약자가 빈번하게 쓰인다. 또한 한국인들은 '이것ini', '그것itu' 등의 지시대명사를 빈번하게 사용하며, 그림이나 문서, 또는 물건(예를 들어 이야기의 대상이 되는 악기의 부품), 손짓 등의 비언어적 의사소통 수단을 적극적으로 이용하여 부족한 어휘를 보완하려는 경향이 있다. 따라서 공장말은 생산 과정과 현장에 익숙하며, 동시에 의사소통 상황에 함께 참여하고 있는 사람들만이 제대로 이해할 수 있는, 다시 말해 맥락 의존성이 비교적 높은 말하기 유형이라고 할 수 있다(강윤희 2014 참조).

한편 공장말에 쓰이는 어휘는 하나의 단어로 여러 가지 의미를 전달하는 다의성polysemy과 여러 가지 문법적 기능을 하는 다기능성 multifunctionality의 특징을 지니기도 한다. 〈사례 1〉은 수출할 물품을 빨리 보내야 함을 말하는 문장이다.

〈사례 1〉 어휘의 다의성과 다기능성

Ini harus pergi

이것은 가야만 한다.

〈사례 1〉은 한국인들이 인도네시아어 동사 pergi를 다른 의미와 다른 문법적 기능을 하는 것으로 사용하고 있는 사례를 보여준다. 인도네시아어 pergi는 '가다'라는 뜻의 자동사이나, 위의 문장에서는 '보내진다 dikirim'라는 다른 의미로(다의성), '보내다kirim'의 수동태형 동사 대신(다기능성) 쓰이고 있다. 이러한 어휘의 다의성과 다기능성은 하나의 기본 어휘로 다양한 의미를 전달하거나 여러 가지 문법적 기능을 수행하는 경향을 말하는 것으로써, 어린이의 모국어 습득 과정이나, 성인들의 외국어 습득 과정, 또는 피진어에서 나타나는 특징이기도 하다(Schumann 1974; Mesthrie, Swann, Deumert, and Leap 2000; Al-Jasser 2012).

두 번째로 살펴볼 것은 공장말의 음운론적 특징이다. 여기서 두드러지는 것은 개략발음approximate pronunciation과 모어 간섭에 의한 발음의 변화가 나타난다는 점인데, 이러한 음운론적 특징은 언어의 접촉 상황이나 외국인 말씨foreign talk에서 빈번하게 발생하는 현상이기도 하다(조주연 1996). 〈사례 2〉는 공장말에서 나타나는 음운론적 변형의 예를 보여준다. 여기서 개략 발음은 공장말의 간소화 경향에 따른 것이며, 어말음 첨가는 모어 간섭에 의한 것이다. 특히 어말음에 '으'/-ə/가 첨가되는 현상은 특히 한국어 발음에는 존재하지 않는 /r/로 끝나는 어휘의 경우 두드러지게 나타난다.

〈사례 2〉 음운론적 변형 사례

유형	인도네시아어	공장말
개략 발음	sedikit /스디낏/ (조금)	/sikit/ 시낏
어말음 첨가	benar /bənar/ (진짜)	/bənarə/ 브나르

셋째, 공장말의 통사론적 특징으로 가장 빈번하게 관찰되는 것은 한국어의 문장구조에 인도네시아어 어휘를 그대로 대치해 쓰는 경향이다. 이것은 문법을 제공하는 기층언어로는 한국어가, 어휘 제공어로는 인도네시아어가 쓰이는 것으로서, 다른 피진어의 통사론적 구조와 유사하다(로메인 2009). 다음의 사례는 한국인 관리자가 공장의 사무실에서 현지인 관리자 8명을 불러 물품의 생산량이 목표에 미치지 못하여 공정을 서두를 것을 당부하는 회의에서 발췌한 것이다. 〈사례 3〉은 한국

인 직원의 인도네시아어 문장이 한국어의 어순으로 되어 있음을 알 수 있다.

〈사례 3〉 한국어 어순의 문장

Kita sudah semuanya ini apa apa tahu, kan?

우리는 이미 모든 것 이것 무엇 무엇 안다, 그렇지?

평서문의 경우 인도네시아어의 어순은 주어+서술어+목적어SVO의 순서인 데 반해, 〈사례 3〉의 어순은 한국어의 어순인 주어+목적어+서술어SOV의 순으로 되어 있다. 사실상 문법적으로 옳은 인도네시아어 문장은 "Kita sudah tahu, apa ini semua, kan?"이 되어야 하지만, 〈사례 3〉의 경우에는 tahu(알다)라는 동사가 문장의 마지막에 오고 있다. 한국인들의 공장말에서는 이처럼 한국어의 어순으로 문장이 구성되는 경우가 빈번하다.

또 다른 문장구조의 특징으로는 의미를 이루는 가장 중요한 핵심 단어만으로 이루어지는 중추단어 의사소통pivot-word communication의 형식을 들 수 있다. 여기서 중추단어 의사소통은 어린이의 언어 습득이나, 피진어의 경우에 공통적으로 나타나는 특징으로, 화자의 불완전한 언어능력 때문이라고 할 수 있다(조주연 1996). 하지만 이때 중추단어 의사소통은 주로 연계사copula의 생략을 통해서 이루어지는데, 인도네시아어에서 연계사의 생략은 통상적으로 나타나는 것이기에 공장말만의 특징이라고 하기는 어렵다.[18]

---

18 연계사(copula)란 주어와 보어를 연결하는 동사로서, 대표적으로 be 동사, seem, look, sound와 같은 연계사적 동사(copulative verb)가 있다. 이정민과 배영남은 인도네시아어의 기반이 되는 말레이어에는 영어의 "be"에 해당하는

하지만 공장말에서 나타나는 중추단어 의사소통의 특징은 그것이 주로 한국어와의 코드 혼용으로 나타난다는 점에 있다. 이와 덧붙여 또 한 가지 주목해야 할 것은 공장말의 코드 혼용은 한국인 직원들의 제한된 인도네시아어 어휘를 보충하기 위한 것이기도 하지만, 동시에 인도네시아어에는 결여되어 있지만 한국어에서는 중요하게 사용되는 문법적 요소를 추가하기 위한 것으로 나타나는 경우가 많다는 점이다. 예를 들어 공장말의 한국어 혼용은 대부분 인도네시아어에서는 사용되지 않는 격 표시case-marking, 조사나 어미의 변화 등을 표시하기 위해 사용된다. 다시 말해 공장말에서 사용되는 핵심어는 인도네시아어로, 그 외 인도네시아어에 결여되어 있는 격조사나 접속조사 또는 어미 변화를 표시하는 보조어는 한국어로 나타나는 것이다. 이와 함께 한국어와의 코드 혼용 문장에서 핵심 내용을 강조하기 위해 인도네시아어로 이루어진 핵심어를 여러 번 반복하는 경향을 보이기도 한다. 다음은 한국인 관리자가 생산 공정 중 불량품을 체크하는 경우에 '한 사람이면 충분하다'라는 말을 전달하는 장면이다.

〈사례 4〉 코드 혼용을 통해 나타나는 중추단어 의사소통과 핵심어 반복

아, satu 이게 satu는 cukup이지, satu는.

아, 하나(한 사람) 이게 하나면 충분하지, 한 사람이면.

〈사례 4〉의 문장을 살펴보면, 한국어의 문장구조("이게 하나면 충분하지")에 핵심어만을 인도네시아어로 바꾸고satu, cukup, 나머지 격조사(-는),

단어가 존재하지 않는다고 했지만(이정민·배영남 1987: 232), 인도네시아어의 adalah(이다/있다)가 영어의 "be"와 유사하다. 하지만 인도네시아어 문장에서 대부분 생략되는 경우가 많다.

어말 어미(-이지) 등의 보조어는 한국어를 그대로 사용하고 있다. 또한 '하나' 또는 '한 사람'이라는 것을 강조하기 위해 'satu'라는 단어를 세 번이나 반복하고 있다. 즉 공장말은 인도네시아어에서는 결여되어 있으나 한국어 표현에는 존재하는 문법적인 특징을 보충하기 위하여 한국어의 격조사나 어미를 그대로 혼용하고 있으며, 말의 내용을 정확하게 전달하기 위해 인도네시아어로 표현된 핵심어를 반복하고 있는 것이다.

〈사례 5〉도 한국어와의 코드 혼용을 보여주고 있는데, 특히 평서문의 문장구조를 그대로 사용하면서 한국어의 접미사를 통해 의문문의 의미를 전달하고 있음을 알 수 있다. "셋팅(은) 같다"라는 인도네시아어 문장에 '-지'라는 한국어 접미사를 붙여서 질문을 하고 있다.

〈사례 5〉 한국어의 접미사 혼용을 통한 의문문 만들기

그 XXX setting-nya sama지?

그 XXX(모델 이름) 셋팅(은) 같다—지?

(그 XXX 셋팅은 같지?)

한편 공장말에 반영되는 한국어의 문법적 특징은 한국인들의 공장말에서 빈번하게 관찰되는 인도네시아어 -nya의 사용에서도 찾을 수 있다. 인도네시아어의 -nya는 접미사의 형태로 3인칭 단수 대명사나 소유대명사의 기능을 하거나, 영어의 정관사 the와 같이 화자와 청자가 인지하는 명사를 지시 혹은 한정하는 기능을 한다(임영호 2012). 하지만 공장말의 사례들을 살펴보면 많은 한국인 직원들이 문장에서 주격조사를 대신하는 기능으로 -nya를 남용하고 있음을 발견할 수 있다. 이런 측면에서 보면 〈사례 5〉에서 -nya는 앞의 모델명을 소유격으로 한정하고 있다고 이해할 수 있지만, 주격조사 대신 사용되었다고 볼 수도 있다. 다음 〈사례 6〉은 사람의 이름 뒤에 -nya를 넣은 사례들로 회의 중 빈번하게 관찰

되었지만, 인도네시아어에서는 사용되지 않는 표현들이다.

〈사례 6〉 -nya의 남용과 주격 조사의 기능

Mr. Lee-nya mau semua checking dulu.

미스터 리(가) 원한다 모두 확인하다 먼저

(미스터 리가 모두 먼저 확인하길 원한다)

Sekarang, QC(quality check), Hendry-nya checking dulu.

지금, QC(품질 관리), 헨드리(는) 확인하다 먼저

(지금 품질관리에서 헨드리는 먼저 확인해라)

이상에서 살펴보았듯이 한국인과 인도네시아인의 접촉 상황에서 사용되는 공장말은 인도네시아어의 어휘와 한국어의 문법을 사용하는 피진어의 특징을 가지고 있으나, 동시에 성인들의 외국어 습득과정에서 나타나는 언어의 간소화와 문법적 오류의 경향을 보이기도 한다. 또한 모어 간섭을 통한 한국어의 영향을 많이 받고 있음을 알 수 있다. 특히 인도네시아어에는 결여되어 있는 한국어의 문법적인 특징을 한국어의 혼용이나, 인도네시아어의 어휘를 사용하여 보완하려고 하는 점이 공장말의 두드러진 문법적 특징이라고 할 수 있다.

4. '공장말'과 의사소통의 구조

1) 구획화된 의사소통과 중개인으로서의 현지 매니저

이 절에서는 공장말의 구체적인 대화 사례들을 살펴보면서, 담화상의 의사소통 구조의 특징을 살펴보도록 하겠다. 우선 가장 두드러지는 A공장 의사소통 구조의 특징은 구획화다. 여기서 구획화란 서로 다른 언어 또는 변이형들이 각각 다른 영역과 상황에 사용되는 것을 가리키는 양층언어diglossia(Fergusson 1959) 상황과 유사하지만, 이 글에서는 공식 또는 비공식, 상층 또는 하층 언어 사이의 구분이라기보다는 한국인 화자들과 인도네시아인 화자들 사이의 의사소통 유형이 구분되는 것을 지칭하는 것으로 사용한다. 공장말의 구획화는 첫째, 인도네시아어와 한국어의 코드 전환code-switching을 통해서, 둘째, 현지인 매니저의 역할을 통해서 더욱 명확해진다.

첫째, 코드 전환을 통한 구획화를 살펴보자. 우선 A공장 한국인 직원들은 인도네시아인들에게는 인도네시아어를 사용하지만, 한국인 직원들에게는 어떤 상황이라도 한국말을 사용한다. 인도네시아 직원들이 함께 참여하는 회의라고 해도, 한국인들에게는 한국어를 사용한다는 규칙은 한결같이 적용된다. 이런 경우 인도네시아인들은 한국어 대화 내용을 전혀 이해할 수 없으며, 따라서 회의 내용에서 배제되는 결과를 초래한다. 다음은 한국인 직원들이 현지 직원들에게 업무를 지시하다, 다른 한국인 관리자에게 한국어로 이야기하는 장면이다.

〈사례 7〉

한국인 관리인 2명(조 부장과 오 차장)이 현지 직원 4명에게 작업 지시를 내리고 있다.

1. 조부장: 그 besoknya rencana, gedung C, body guitar, 그다음에 WK.
그 내일 계획은, C동, 기타 몸체, 그다음에 WK(목재가공).
2. Pasti checking lagi. Checking dulu.
반드시 다시 확인해. 확인 먼저 해
3. [오차장을 향해] 그동안 C동에 생산이 안 나왔잖아. 이쪽 공장

[B동]은 꽉 찼어.

4. 오차장: [조부장에게] 예, 알겠습니다.

5. 조부장: [다시 현지 직원들을 향해서]

Terus, 그 gedung C, gedung C,

계속해서, 그 C동, C동

6. sehari produksinya lima puluh..

하루 생산량(은) 50대..

〈사례 7〉에서 한국인 조부장은 현지인들에게 공장 C동에 대한 작업 지시를 내리던 중이다. 이때 현지인 직원들에게 어떤 작업을 해야 하는지를 인도네시아어로 말하고 있다(1~2행). 문장의 형식적인 측면을 보면 앞서 살펴보았듯이, 한국어와 인도네시아어의 혼용과 핵심어의 반복, 주격조사의 기능을 하는 -nya의 사용 등이 유사하게 나타난다. 한편 내용 측면에서는 작업의 지시(1행), 작업의 확인에 대한 지시(2행)만이 나타난다. 하지만 인도네시아어로 지시 사항을 전달하는 중간에 같이 회의를 진행 중이던 오 차장에게 C동에서만 작업을 지시하는 이유를 설명하면서, 한국어로 전환하고 있다(3~4행). 연구자가 참관했던 다섯 번의 회의 대부분에서 한국인 관리자들은 서로 한국어로 이야기할 뿐만 아니라, 인도네시아어로 전달한 내용에 대한 보충 설명이나 이유를 설명하며, 좀 더 심화된 내용을 전달하고 논의하는 경향이 있었다. 하지만 현지인들은 한국어를 이해하지 못하므로, 회의 중 한국인들이 논의하는 구체적인 내용과 설명에서 배제되기 마련이다.

한국어로의 전환을 통해서 현지인들과의 의사소통이 구획화되며, 동시에 현지인들이 한국어로 전달된 정보에서 배제되는 양상은 문서에서도 잘 나타난다. 예를 들어 마 상무는 A공장의 현지화 사례로 'TDR' Tear Down and Redesign 프로그램을 언급했다. 마 상무에 따르면 TDR은 "생산 기술을 개선하고, 시행했을 때 문제가 발생하면, TDR 미팅을 통해 문제 해결 방안을 마련"하는 과정으로써, A공장 생산품들 중 문제점이 나타나면, TDR 프로그램을 통해서 현지 직원들로 하여금 적극적으로 문제점을 토론하고, 그 해결방안을 문서로 정리하게 하는 것이다. 하지만 인도네시아 직원들이 특정 문제점에 대한 문서를 작성하면, 한국인 관리자들이 확인하고 승인하며, 심지어 한국어로 추가 메모를 남기기도 하였다. 이처럼 문서의 확인과 승인 과정을 통해 추가된 한국어로 된 정보는 인도네시아인들에게는 접근 불가능한 것이 된다. 즉 인도네시아 직원들은 인도네시아어로 작성된 정보에만 접근 가능하고, 한국어로 작성된 정보에는 배제당한다. 이는 문서에서 나타나는 의사소통의 구획화라고 할 수 있다.

둘째, 한국인들과 인도네시아인들 사이 의사소통의 구획화는 현지인 매니저들이 의사소통 과정에서 수행하는 역할을 통해 재강화된다. 〈사례 7〉에서와 같이 비교적 간단한 작업의 지시는 한국인 관리자들이 직접 현지인 직원들에게 이야기할 수 있지만, 좀 더 심화되고 복잡한 업무 내용을 전달해야 할 경우에는 현지인 매니저들의 도움을 받는 경우가 많다. 특히 근무 연수가 오래된 현지인 매니저들[19]은 한국인 관리자들이 주재하는 회의에서 한국인들의 제한된 인도네시아어 사용을 보완하여, 회의 내용을 메꾸고 심화하는 역할을 한다. 업무 경험이 많은 관리자급의 현지인들은 한국인들의 공장말에 "이미 익숙해져서," 어떤 말을 하는지 충분히 이해 가능할 뿐만 아니라, 다른 현지인들의 이해를 돕기도 하며, 또한 그러한 협동적인 개입이 기대되기도 한다. 이제 "[한국인들이] 한 마

19 현지인 직원과 한국인 관리자들 사이의 의사소통을 매개하는 중개자 역할을 하는 현지인 관리자들은 A회사에서 10년 이상 근무한 경우가 대부분이며, 일부 현지인 관리자는 다른 한국인 직원들보다 더 오랜 기간 근무한 직원들이다.

디를 던지면, 현지인들은 거꾸로 문장을 구성해서 얘기"해주는 역할을 하는 것이다.

〈사례 8〉은 자재부의 서 부장이 현지 직원들에게 새로운 전산 시스템을 설명하는 회의에서 발췌한 부분이다. 이때 회의를 도와주는 현지인 매니저 B는 A회사에 20년 이상 근무하였다.

〈사례 8〉

새로 도입된 전산시스템에 대하여 자재부 직원들에게 설명하는 장면; 서 부장과 현지인 관리자 B 외에 현지 직원 8명(남 4명, 여 4명)이 참석했다.

1. 서 부장: yang paling penting sekarang perbaikan dan sesuaikan stok
지금 가장 중요한 건, 바꾸고, 스톡을 맞추는데

2. sama dengan, sama dengan…
그거하고, 그거하고…

3. B: aktualnya?
실제?

4. 서 부장: Dengan aktual, ya, aktual ya. Itu paling penting.
실제랑, 그래, 실제랑 [맞춰]. 이게 가장 중요해.

5. Kedua kalian pada saat minta otomatis lihat stok dan specifikasi,
두 번째 [중요한 것은] 요청이 들어오면 자동적으로 스톡하고 스펙을 봐서,

6. kalau kurang jelas konfirmasi..
만약 명확하지 않으면 확인하는데..

7. B: konformasi ke logistik.
로지스틱하고 확인해라.

8. 서 부장: 그래. Sambil belajar. Arif dan Agus, coba diskusi sama

berempat,

그래 [새 시스템] 배우면서. 아리프와 아구스 나머지 네 명은 함께 논의해서,

9. planning untuk 아.. apa, 어.. perbaikan…

계획, 아, 뭐, 어, 바꾸는..

10. B: Perbaikan BOM

BOM (자재명세서) 바꾸는 것.

11. 서 부장: .. perbakian BOM, perbaikan BOM.

.. BOM 바꾸는 것, BOM 바꾸는 것.

〈사례 8〉의 경우, 서 부장이 적당한 인도네시아 어휘를 찾으려고 머뭇거리는 순간마다(2행, 6행, 9행), 현지인 매니저 B가 적당한 단어를 찾아주거나, 빈칸을 채워주며(aktual, konformasi ke logistik, BOM) 협조적인 말하기를 하고 있음을 알 수 있다. 이 사례에서 서 부장은 A회사에서 유일하게 인도네시아어를 전공한 직원이며, 20년 이상 인도네시아에서 근무했으므로, 한국인 직원들 중 문법적으로 가장 정확한 인도네시아어를 사용하고 있다. 그럼에도 순발력이 부족하거나 적당한 어휘를 찾지 못해 머뭇거리는 경우, 현지인 매니저 B는 거의 자동적으로 서 부장 대신 어휘를 찾아주거나, 빠진 내용을 보충해준다.

한편 회의 중에 현지 직원들이 질문하는 경우에도 마찬가지로 현지인 매니저가 대신 대답하는 경우가 많다. 〈사례 9〉도 〈사례 8〉과 동일한 회의 중 발췌한 것으로 한국인 부장이 업무 지시를 내린 후, 현지인 관리자가 그 내용을 요약 정리하거나, 부연 설명할 뿐만 아니라, 현지 직원의 질문을 대신 대답하는 장면을 보여준다.

〈사례 9〉 앞의 〈사례 8〉과 동일한 상황

1. 서 부장: Kalau belum yakin, ya, kurang jelas, tanya dulu, konformasi dulu, okay?

만약에 확신이 안 서고, 명확하지 않으면, 질문 먼저 해라. 확인부터 해, 오케이?

2. Supaya di sini nanti, karena ini sistem, ya? Kalau satu salah nanti mencari itu sulit.

왜냐하면, 여기 나중에, 이게 시스템이잖아? 만약 하나가 잘못되면 그거 찾기가 힘들어.

3. B: [다른 현지 직원들에게]

Jadi kalau sudah dari dasarnya salah itu yang bermasalah.

그러니까 만약 처음부터 잘못되면, 그게 문제가 된다.

4. Jadi dengan sistem begini jangan cepat-cepat lah.

그러니까 이런 시스템에서는 서두르지 말라는 거야.

[중략]

5. 현지 직원 1: Jadi intinya Mr. Suh bilang, saya enggak boleh diapprove dulu?

그러니까 핵심은, 서 부장님 말씀은 제가 미리 승인을 할 수 없다는 것이죠?

6. 서 부장: Iya

그래

7. 현지 직원 1: Jangan dulu diapprove kalau ngak sesuai spek?

그러니까 스펙이 맞지 않으면 미리 승인을 하지 말라는 거죠?

8. B: [직원 1에게] Maksudnya kalau masih ragu-ragu. Inikan Pak masih ragu-ragu ni.

부장님 말은, 만약에 여전히 의심이 되면. 이게 Pak[20](직원 1)이 여전히 의심되면.

9. Screw tipping tiga kali lima belas tapi sample kurang berartikan ragu.

   만약 나사가 3배해서 15인데, 그런데 샘플이 모자라면, 그러면 의심이 되는 거죠.

10. Nah ini seperti ini jangan diapprove.

    Mendingan tanya lagi.

    자, 이건, 이런 거는 승인하지 마세요.

    더 좋은 것은 다시 물어보는 거예요.

11. Setelah jelas baru diapprove. Gitu.

    확실하게 되면 그다음에 승인해라, 이 말이죠.

연구자가 참관했던 거의 모든 회의에서 한국인 직원이 먼저 전달사항이나 의견을 제시하면, 관리자급의 현지 직원들이 그 내용을 요약정리하거나 부연 설명하는 역할을 하고 있음을 관찰할 수 있었다. 여기서 회의 참가자들의 역할과 참여구조participation framework를 보면, 한국인들은 주로 책임 화자principal, 또는 저자author이면서 실제 발화자animator의 역할로 참여하고 있으나, 현지인 매니저는 한국인 관리자들의 말을 대신해주는 발화자animator로서 중개인의 역할만을 하고 있다(Goffman 1981). 위의 사례를 분석해보면, 우선 서 부장은 업무 지시(1~2행)를, 현지인 매니저 B는 서 부장의 말에 부연 설명(3~4행)을 하면서 실제 발화자로 참여한다. 이후 현지 직원 1이 질문하자(5행, 7행), 서 부장의 간단한 대답(6행)과

20 여기서 Pak은 남성에게 사용하는 호칭어로 '씨' 또는 'Mr.' 등의 호칭과 유사하다.

는 대조적으로 현지인 매니저 B는 마치 선생님이 학생들을 가르치듯 예시를 들어가며 자세히 설명해준다(8~11행). 여기서 현지 직원의 질문(5행) 이후의 참여구조를 살펴보면 사실상 현지인 매니저와 현지 직원들 사이의 상호작용이 되며, 한국인 관리자는 전면적인 의사소통에서 사라지게 된다. 따라서 서 부장은 현지 직원들과 직접적인 상호작용을 하지 않고, 현지인 매니저 B가 중개인으로서 현지인들과의 의사소통을 담당하게 되며, 이것은 한국인들과 현지인들 사이의 의사소통을 구획화하는 결과를 가져온다.

2) 의사소통의 계층화와 수직적 의사소통 구조의 구축

앞서 살펴보았던 공장말에서 나타나는 한국인과 인도네시아인 사이의 구획화는 다시 상위-하위의 수직적인 의사소통 구조로 연결된다. 〈사례 10〉은 자재부의 또 다른 회의에서 발췌한 부분으로, 서 부장은 현지 직원들에게 상품 생산 계획을 세워볼 것을 지시한다. 여기서 서 부장은 '논의diskusi'와 '보고lapor'라는 두 가지 말하기 양식을 구분하고, 한국인과 현지인 사이의 수직적 의사소통 구조를 구축한다.

〈사례 10〉 자재부의 서 부장과 현지인 매니저 B 이외에 현지 남자 직원 2명(밤방, 바구스)이 참석한 회의 중 발췌

1. 서 부장: Nah begini. Kita mesti bikin schedule.
자, 이거야. 우리는 반드시 스케쥴을 만들어야해.

2. Karena kalau tidak bikin rencana, blank, yaa schedule gak bakal selesai [중략]
왜냐면 계획을 세우지 않으면, 스케줄이 블랭크면(비어 있으면), 끝낼 수가 없는거야.

3. Nah yang bagusnya. per model ya, per hari, per model satu hari.

자, 좋은 건, 모델별로 할까, 날짜별로, 아니면 하루에 한 모델

4. Umpamanya ya, atau satu hari item aja.

예를 들면, 아니면 하루에 한 아이템.

5. Bambang coba bikin, atau Bagus, atau bertiga coba diskusi ya. Coba bikin rencana.

밤방, 만들어 봐. 아니면 바구스, 아니면 세 명(B와 밤방, 바구스), 서로 논의해봐, 계획 세워봐.

6. Mesti diskusi sama sama. Apakah per hari per item atau per hari per model?

반드시 서로서로 논의해야 하는 거야. 하루에 한 아이템? 아니면 하루에 한 모델?

7. Silahkan terserah. Terserah, oke?

마음대로 해봐, 마음대로. 오케이?

8. B(현지인 매니저): Maunya apa Pak Bagus?

바구스 씨, 뭐가 좋겠어요?

9. Bagus(현지인 직원): Kalau saya sih maunya per model, kalau enak sih per model.

만약 저라면, 모델별이요.

좋은 건 모델별로 하는 거지요.

10. 서 부장: [Bagus의 말을 끊으며] Ya, itu nanti diskusi sama bertiga.

그래, 그건 세 명이 나중에 논의해 봐.

11. Bagus: Kalau per item, sudah.

아이템별로 하는 건, 지금 하고 있는 거잖아요.

12. 서 부장: Dan lapor sama saya rencana, planningnya ya.

그리고 나한테, 계획, 그 플래닝 보고해.

13. Planning ini mau selesai sampai kapan.

플래닝은 언제까지 마칠까 하는거야.

14. Ini hanya rencana, ya. Aktualnya bisa lebih cepat bisa mundur.

이건 단지 계획이야. 실제는 더 빨라질 수도, 미뤄질 수도 있지.

15. Tapi yang penting kita bikin rencana planningnya,

하지만 중요한 건 우리가 계획, 그 플래닝을 만들어야,

16. baru kita lakukan lihat hasilnya, okay?

바로 우리가 그 결과를 볼 수 있다는 거야, 오케이?

위의 사례에서 서 부장은 현지 직원들에게 작업 계획을 세울 것을 지시하고 있다. 서 부장은 5행에서 현지 직원들인 밤방과 바구스, 그리고 현지인 매니저 B에게 "계획을 만들어 보라"고 하며, 동시에 "함께 논의하라"고 지시한다(5~6행). 하지만 여기서 '논의diskusi'는 현지인들 사이에 진행되는 것이며, 한국인들은 논의의 결과에 대한 '보고'만이 기대된다. 예를 들어 현지인 매니저 B가 "어떤 것이 좋겠느냐?"(8행)고 질문하자, 현지 직원 바구스는 자신이 선호하는 계획(9행)과 그 이유(11행)에 대하여 대답하려고 한다. 하지만 서 부장은 오히려 이러한 대화의 흐름을 끊고 "나중에 세 명(현지 직원)이 논의"(10행)한 후, "보고하라"(12행)고 지시할 뿐이다. 여기서 서 부장은 "모두 함께 논의하라"는 메시지를 전달하고 있지만, 여기서 '논의'는 현지 직원들 사이에서만 가능하며, 한국인 관리자는 현지 직원들과 '보고'라는 수직적인 구조로 의사소통에 참여하게 됨을 다시 한번 확인시킨다. 특히 서 부장은 다른 때와는 달리 'blank'(2행), 'planning'(12, 13, 15행)이라는 영어 어휘를 반복해서 사용하는데, 이것은 인도네시아에 거주하는 한인들이 사용한다는 '포인트 영어'와 유사하다. 이러한 '포인트 영어'는 영어라는 상위 스케일의 언어를 통해 자신의 말

을 강조하고 권위를 내세우기 위한 한국인들의 언어사용 전략이다.[21]

물론 이러한 '논의'와 '지시-보고'라는 의사소통 유형의 구획화는 대체로 한국인 직원들의 제한적인 언어능력 때문이기도 하다. 왜냐하면 한국인들의 인도네시아어로는 현지인들과의 심도 깊은 논의가 사실상 불가능하기 때문이다. 하지만 위의 사례에서 서 부장은 대학에서 인도네시아어를 전공했을 뿐만 아니라, 인도네시아에서 20년 넘게 근무한 경험이 있다. 따라서 위의 사례에서 현지인 직원들과의 대화 또는 '논의'를 거부했던 이유는 제한적인 언어능력 때문만은 아닌 것으로 짐작해볼 수 있다. 그보다는 현지 직원들과 한국인들 사이의 의사소통 채널을 '중개자'인 현지인 매니저로 제한하여, '논의'와 '보고'라는 의사소통상의 단계를 구획화하고 계층화하며, 수직적인 의사소통 구조를 구축하기 위한 것으로 보인다.

현지인에서 한국인으로 나아가는 '보고'를 통한 수직적인 의사소통 단계는 부서 간 의사소통에서도 나타난다. 예를 들어 현지인 매니저 I는 연구자와의 면담 중 부서 간 나타나는 '보고'의 단계를 다음과 같이 말한다. "만약 자재가 부족해서 생산이 늦어지는 경우, 우선 PPICProduction Planning Inventory Control(생산제조관리부)에서 마케팅으로 보고를 하고, 마케팅에서 한국 사람들orang Koreanya, 그리고 한국 사람들은 다시 한국 본사Korea pusat로 보고를 한다." 여기서 I가 부서의 상급자를 지칭하기 위해

21 포인트 영어란 인도네시아에 거주하는 한국인들이 현지인들과 대화할 때 주된 대화는 인도네시아어로 진행하면서, 핵심 단어나 핵심 문장은 영어로 구사하는 언어 사용 양식을 일컫는다. 이러한 영어의 사용은 특히 인도네시아 사람들과의 분쟁이나 갈등 시 자신의 말에 권위를 주기 위해 사용하는 언어 선택으로 언급되곤 하는데, 이는 "영어를 써야 더 대접받는다"는 인식을 바탕으로 한다. http://www.indoweb.org/love/bbs/board.php?bo_table=indo_story&wr_id=9768(2017. 5. 25. 접속).

사용한 "한국 사람들"이라는 범주는 인도네시아 직원들에게 수직적 의사소통의 단계가 현지인들과 한국인들 사이의 구분으로 인지됨을 보여준다. 다시 말해 '보고'의 단계로 경험되는 수직적 의사소통 구조를 통해 현지인 직원들과 한국인 직원들 간의 위계구조는 재확인되고, 재강화된다.

요컨대 한국인 직원들과 현지인들 간의 의사소통은 상위와 하위 스케일의 의사소통으로 계층화되고 구획화된다. 이들 사이에 '논의'와 같은 수평적인 의사소통은 일어나지 않으며, 한국인 관리자들은 현지인들에게 '지시'를 내리고, 현지 직원들은 한국인 관리자들에게 '보고'를 해야 하는 수직적인 의사소통 구조가 형성된다. 또한 현지 직원들의 상향 의사소통은 현지인 매니저의 중개와 한국인 관리자들의 승인을 통해서만 가능해진다. 이러한 과정을 통해 A공장에서는 한국인들과 현지인들 사이의 수직적인 의사소통 구조가 규범화되고 당연시되면서, 의사소통의 구획화와 계층화가 상호작용적 체제로 작동하게 된다. 이는 자발적 상향 의사소통이 제한되어 있는 한국 기업의 전형적인 의사소통 구조와 유사하며, 경영층이 노동자들을 대화의 상대가 아닌, 상층의 지시를 수행해야 하는 존재로 여기는 한국의 권위주의적인 기업 문화를 그대로 반영한 것이라고 할 수 있다(신호철·윤선현 2008; 김재범·조용현 2010 참조).

5. '공장말'에 대한 경합하는 가치와 스테레오타입의 재생산

앞서 살펴본 바와 같이 한국인 직원들의 공장말 사용은 독특한 언어적 특징과 함께 A공장의 의사소통 구조를 구축하여 상호작용체제로 작동한다. 그렇다면 공장말에 대한 한국인들과 현지인들의 평가는 어떠한가? 특히 이 절에서는 공장말 사용과 연결되는 특정 형태의 '사람' 또는

‘역할’에 대한 지표성indexicality(Silverstein 2003; Agha 2007)에 주목하고, 공장말의 경합하는 가치와 그 사용을 매개하고 정당화하는 이데올로기가 무엇인지 논의한다.

우선 인도네시아 직원들은 한국인들의 공장말을 “잘린 말bahasa potong”, “순서가 바뀐 말bahasa terbalik”이라고 평가한다. A공장에서 22년을 근무한 현지인 매니저 B는 한국인들의 공장말은 “순서가 뒤죽박죽이 된”, “문법을 쓰지 않는 말”이라고 지적한다. 또한 한국인들이 중추단어들을 사용하여 핵심적인 내용을 반복하는 언어 사용을 가리켜, “[끊어진] 말을 이어가는 것menyambung omongan”이라고 말하기도 한다. 당시 10년을 근무한 여직원 D도 마찬가지로 한국인들의 공장말은 문법적으로 틀린 표현을 쓰고, 그 내용이 주로 공장 내의 작업 공정에 관한 것에 해당하는 “기술 언어bahasa teknik”라고 표현한다. 이것은 몇 가지 한정된 작업 공정과 기술에 대한 것이기 때문에, 공장 내에서 사용되는 기술적인 용어와 표현에 익숙해지면 이해할 수 있는 단순한 말이다. 즉 공장말은 생산현장에서 작업 지시를 내리는 말이며, 심지어 한국인들이 인도네시아어를 잘하지 못했던 인도네시아 진출 초기에도 손짓과 몸짓으로 가능했던 단순한 수준의 의사소통이다.

하지만 인도네시아 직원들에게 한국인들의 공장말은 언어의 비문법적이고 부정확한 표현보다는, 말을 하는 방식이나 태도가 더욱 문제시된다. 20년 이상 근무했던 현지인 매니저 A는 20년 전 한국 사람들의 태도가 현재와 어떻게 다른지를 비교하면서 다음과 같이 말한다.

> 내가 여기서 처음 일했을 때는 한국 사람들이 심지어 [현지인들을] 때리기까지 했다. 그리고 발로 일을 시키는 일도nyuruh pakai kaki 있었다. 아마도 한국에서 관리자는 노동자를 늘 그렇게 대했던 것 같다. 그렇게 무례kasar했다. [발로 가리키는 동작을 하며] ‘이거 가져와, 저거 가져와.’ 지

금은 물론 아니다. 지금은 그렇게 하는 게 금지되었다. 하지만 말은 여전히 거칠게 나오는 사람도 있고, 부드러운 사람도 있다. 거칠게 나오는 사람은 소리를 지르기까지도 한다sampai berteriak-teriak. 여기서 오래 일한 현지인들은 이제 익숙해졌지만, 때때로 '내가 왜 이렇게 호통을 들어야 하지dibentak-bentak?' 하고 이해를 못하는 직원들도 있다.

현지인 매니저 A에 따르면 현재 한국인 직원들은 예전처럼 현지인들에게 물리적 폭력을 쓰거나, 무시하는 행동을 하지는 않지만, 언어 사용에 있어서는 "말이 거칠게 나오는 사람"과 심지어 "소리를 지르는" 사람들이 여전히 존재한다. 이러한 말하기의 태도는 한국인의 거칠고 강한 성격을 지표하는 것으로 여겨지며, 인도네시아인들이 가지고 있는 한국인들의 스테레오타입과도 연결된다. 즉 공장말은 강하고, 거칠고, 직설적인 한국인의 특성을 반영하는 것으로써, 현지인 통역관 K는 한국 사람들의 전형적인 특징을 다음과 같이 말한다.

한국 사람들은 이야기를 잘 못하고, 지시만을 내릴 뿐이다. 현지 직원들은 아이디어가 있어도, 한국인들이 들으려고 하지 않기 때문에, 말을 안 하는 경우가 많다. 또 아이디어를 내도, 한국 사람들은 직접적으로 '하지 말라'고 이야기한다. 한국인들은 우리가 이해가 안 되면 그냥 무시하고, '이거 하면 안 돼'라고 큰 소리로 이야기한다. 우리 자바인들은 앞에서는 조화와 평화를 위하여 좋은 말만 하지만, 속으로는 다른 생각을 하고, 또 불평을 한다. 그러니까 보이는 것으로는 사이가 좋다dilihatnya sudah akrap. 하지만 한국 사람들은 우리를 차별하는 점이 좀 있다. 자바 사람들이니까 이렇게 견뎠지, 만약 빠당Padang 사람들[22]이라면 그렇지 못할 것이다. 왜냐하면 빠당 사람들이나 한국 사람들이나 마음 속에 있는 것을 그대로 보여주니까. 한국 사람들도 생각을 먼저 하고, 말을 하는 것이 아니라, 마음 속에 있는 것을 그대로 직접적으로 말한다. 따라서 그렇게 직접적으로 말하는 빠당 사람과 한국 사람이 같이 만나게 되면 아마도 서로 충돌하지 않았을까?

위의 발췌에서 K는 한국인 직원들의 공장말 사용이 양방향적인 상호작용이 아니라, 극히 일방적인 '지시'와 '명령'이라고 지적한다. 이것은 수평적인 사회관계를 강조하고 상호부조 또는 협동gotong royong을 추구하며 협의와 토론을 중시하는 자바인들의 전형적인 특성과는 대치를 이룬다(김형준 2008, 2014). 이와 덧붙여 또 한 가지의 대조 차원으로 언급된 것은 한국인들이 "마음 속에 있는 것을 그대로 보여"주며, 동시에 "직접적"으로 말하는, 직설적인 성격을 가졌다는 점이다. 특히 자바어의 변이어들 사이에는 '솔직함'이나 '직접성의 정도'가 각 언어의 상대적인 속도나 크기와 연결된다는 인식이 있는데, 예를 들어 자바의 중심에서 동쪽으로 갈수록 솔직하고 거리낌이 없으며, 말소리가 크고 빠르다는 스테레오타입(사빌-트로이케 2009: 296-297)이 그것이다. 이것은 또한 '점잖다 halus'(정제되고 세련됨) 또는 '점잖지 않다kasar'(거칠고 무례함)라는 자바의 중요한 문화적 가치와 연결되기도 하는데(사빌-트로이케 2009), 이러한 기준에서 보면, 한국인들이 현지 직원들에게 큰 소리로 지시하거나, 직설적으로 이야기하는 언어 행위는 자바인들에게 '점잖지 않은' 무례한 행위가 되며, 따라서 부정적인 가치와 연결된다.

하지만 공장말에 대한 인도네시아 사람들의 부정적인 평가에도 불구하고, 한국인 직원들은 자신의 공장말에 대한 언어적 불안정linguistic

---

22 빠당은 인도네시아 수마트라 서부에 위치한 지명이다. 빠당 또는 수마트라 사람들은 자바 사람들에 비해 성격이 거칠고 직설적이라는 정형화된 이미지가 있다. 반면 자바 사람들은 격식을 중시하고, 세련되고, 정제된 사람들이라는 이미지가 있다.

insecurity은 느끼지 않는다. 이때 언어적 불안정이란 "화자가 언어를 사용하면서 갖는 불안감, 자의식, 자신감의 결여 등을 가리키는 말"(강희숙 2012: 156)로서, 주로 원어민이 아닌 화자가 외국어를 사용할 때라든지, 사회적으로 또는 상황적으로 적합하지 않은 말을 사용하고 있다고 자각할 때 느끼는 것이다(예를 들어 Labov 1972). 하지만 A공장의 한국인들은 자신들이 어휘적으로 또는 문법적으로 불완전하고 제한된 인도네시아어를 쓴다고 해서, 인도네시아 원어민들에게 언어적 불안정을 느끼지 않으며, 오히려 자신들의 인도네시아어 사용은 "아무 문제없다"고 자신하기도 한다.

이처럼 한국인들의 공장말이 제한적 인도네시아어로서의 언어적 불안정을 가져오지 않는 이유는 한국인들이 생각하는 공장말의 긍정적인 가치에서 찾을 수 있다. 우선 한국인 직원들에게 공장말은 자신의 치열한 삶과 정체성을 반영하는 지표성을 지닌다. 8년째 인도네시아에서 근무 중인 박 전무는 "우리는 더운 열대에서 어떻게든 살아남으려고 기를 쓰고 전투를 벌이는 외화벌이꾼"이라고 이야기하면서, "어떻게든 빨리 생산을 해야 하는데, 통역을 통하면 액션이 늦어지니까, 생산현장에 직접, 빨리 들어가기 위해서" 현지어를 사용하게 되었다고 설명한다. 한국인 직원들은 언제나 "뜨거운 열대"라든지, "24시간도 마다않고 공장에서 일하는 현실" 등을 강조하며, 자신들이 사용하는 공장말은 이러한 치열한 삶을 보여주는 것이라고 생각한다. 공장말은 열악한 환경에서 "어떻게든 빨리 생산하고, 살아남기 위해" 사용하는 "전투형" 또는 "생계형 언어"(강윤희 2014 참소)이며, 따라서 문법에 맞는 표현이라든지, 완벽한 문장, 수려한 문구는 오히려 사치로 느낀다. 어떻게든 "뜻만 통하게" 하고, 작업이 제대로 이루어진다면, 그것으로써 제 기능을 다한 것이다.

이처럼 '생계형 언어'로서의 공장말에 대한 긍정적인 가치는 언어를 생산을 위한 도구로 파악하는 한국인들의 인도네시아어에 대한 평가와 태도를 반영한다. 이때 언어 또는 변이형에 대한 평가와 태도를 언어이데올로기language ideology라고 한다면(Schieffelin, Woolard and Kroskrity 1998), 한국인들의 공장말 사용은 언어를 생산을 위한 도구로 파악하는 도구주의적인 언어이데올로기에 의해 매개된 것이라고 할 수 있다(강윤희 2014 참조). 한국인들에게 공장말은 생산을 관리하기 위한 중요한 자원이자 도구가 되며, 인도네시아어의 구사를 통한 직접적인 생산현장의 관리는 이들에게 가장 중요한 목표, 즉 생산성을 높이는 데 가장 효율적인 수단이라고 여긴다. 이때 인도네시아어는 한국인 관리자들에게 단지 "생존을 위해" 필요한 것일 뿐, 그 자체로 상징 자본이 되지 못하며, 보수나 승진에도 영향을 끼치지 못한다. 즉 '공장'이라는 작업 공간을 벗어나면 가치가 없어지는 극히 제한적인 언어 자원일 뿐이다(Blommaert et al. 2005a).

나아가 한국인의 공장말 사용은 언제나 한국인들과 인도네시아인들의 스테레오타입에 대한 평가와 태도로 매개되고 정당화된다. 앞서 언급했듯이 "직접, 빨리" 생산현장에서 생산을 이끌어낼 수 있는 "전투적"인 한국인들과는 대조적으로, 인도네시아인들은 직접적이거나 솔직하게 말하는 것에 대하여 부정적으로 생각하며, 무례하고 점잖지 못하다고 본다. 하지만 한국인 관리자들은 인도네시아의 문화적 가치에서 긍정적으로 평가되던 자질들이 오히려 생산 효율성을 떨어뜨린다고 생각한다. 예를 들어 인도네시아에서 20년 넘게 근무해온 서 부장은 현지 직원들에 대하여 다음과 같이 말한다.

> 인도네시아 사람들과 이야기할 때는 문화적인 차이 때문에 의사소통이 잘 안 되기도 해요. 예를 들어 어떤 일을 지시할 때 인도네시아 사람들은 상당히 낙천적이고 긍정적이기 때문에, 항상 '문제 없다,' '괜찮다' 이야기하는데, 이게 잘못된 정보일 수 있어요. 솔직하게 말하지 않고, 99% 알아듣는 사람, 50% 알아듣는 사람 있는데, 뭐든지 '다 알겠다', '이해했다'고

일단 얘기해요. 그런데 사실은 나쁜 것까지 생각하고 대비해야 해요. 아마 이곳 날씨 때문일까요? 변화가 없으니까 자극도 없고. '양파론'이라고 들어봤어요? 까도 까도 같은 것처럼 인도네시아 사람들은 변화가 없어요. 너무 느긋해요.

서 부장은 인도네시아 사람들의 전형적인 이미지, 즉 "낙천적이고 긍정적"인 성격과 "솔직하게 말하지 않는" 태도를 의사소통의 부정확성과 연결시키며, 이 때문에 한국인 관리자들은 "나쁜 것까지 생각하고 대비해야" 한다고 말한다. 마찬가지로 한국인 관리자들이 갖는 인도네시아인들에 대한 정형화된 이미지, 즉 낙천적이며, 느긋하고, 솔직하지 못하다는 평가는 "인도네시아 사람들에게 일을 100% 맡길 수 없다"는 인식을 가져오며, 따라서 언제나 한국인 관리자가 철저하게 작업을 지시하고, 또 그것이 잘 수행되었는지 확인을 해야 한다고 생각하게 된다. 예를 들어 "쪼개서 하나씩" 작업 지시를 하고, 작업이 잘 수행되었는지 확인하는 절차는 인도네시아인들의 작업 능력이 완벽하지 못하다는 인식 때문이다(구체적인 사례로 강윤희 2014 참조). 그러므로 한국인 관리자들의 상명하달식 '지시'와 인도네시아 사람들의 '보고'를 통한 '확인' 절차가 불가피하다고 정당화하는 것이다.

이처럼 공장말은 서로 경합하는 가치를 가지고 있다. 현지 직원들에게 한국인들의 공장말은 문법적으로 틀린, 부정확한 말일뿐만 아니라, 인도네시아의 문화적 가치에서는 부정적인 가치인 '무례함kasar'을 지표하게 되며, 이것은 다시 한국인들의 스테레오타입 - 직설적이고, 거칠고, 강한 성격으로 연결된다. 반면 한국인들에게 공장말은 비록 문법적으로는 정확하지 않지만, '공장'이라는 생산현장에서 생산을 효율적으로 이끌어낼 수 있는 도구로써 충분히 기능하며, 동시에 인도네시아에 파견된 한국인 관리자들의 치열한 노력과 정체성을 지표하는 것으로 여겨진다.

또한 공장말을 통해서 나타나는, '지시'와 '보고-확인'이라는 수직적인 의사소통 구조는 인도네시아인들의 부정적인 스테레오타입에 의해 매개되고 정당화된다.

한편 현지인 매니저들은 앞서 살폈듯이 공장말이 문법적으로 부정확할 뿐만 아니라 한국인들의 무례한 태도를 반영한다고 비판하지만, 또 다른 한편으로는 생산성을 극대화하고 효율성이 요구되는 생산현장에서는 공장말이 가지는 도구주의적 가치와 그러한 언어 사용이 지표하는 한국인들의 '부지런함'과 '치열함'이라는 자질이 우위에 있음을 인정하기도 한다. 예를 들어 현지인 통역관 K는 한국인들의 공장말이 한국인들이 가지고 있는 생산성에 대한 강조와 그들의 '치열함'을 반영하는 것이라고 인정하면서, 동시에 인도네시아인들에게는 이러한 근무 태도와 자질이 아직 결여되어 있다고 말한다. K는 인도네시아어로 번역하기 어려운 한국어 단어로 '위기감'을 언급하면서, 인도네시아 사람들은 "위기감이나 시간 개념이 없다"고 이야기한다. 앞서 말했듯이 "나쁜 것까지 생각하고 대비하는" 한국인들의 '위기감'과 대비되는 '느긋함'으로 정형화되는 인도네시아 직원들의 근무태도는 '부지런하고', '치열한' 한국인들의 스테레오타입과 대조적일 뿐만 아니라, 더 많은 수익의 창출이라는 기업의 목표에 위배되는 부정적인 평가를 받을 수 있는 것이다.

이와 같이 한국인과 인도네시아인에 대한 스테레오타입은 생산현장 내의 공장말 사용과 의사소통 양식을 매개하며, 동시에 이러한 언어 사용 양식은 한국인과 인도네시아인 사이의 위계질서를 재생산하고 재강화하기도 한다. 헬러(Heller 2010)에 따르면 언어를 하나의 자원으로 파악하는 실용주의적·도구주의적 언어이데올로기는 전 지구화에 따라 언어가 더는 국가와 민족의 경계에 묶여 있지 않음을 반영하는 것이라고 주장하지만, 한국인의 공장말 사용은 여전히 한국인과 인도네시아인에 대한 경계와 구분이 중요하게 작용함을 보여준다. 즉 민족 정체성과 스테레오타입에 대한 평가는 초국가적 생산현장에서 의사소통의 양식을 매개하고 정당화하는 중요한 이데올로기로 작동하고 있는 것이다.

6. 결론: 인도네시아의 언어, 한국적 의사소통

이 글에서 분석하는 공장말은 인도네시아의 초국가적 생산현장에서 일하는 한국인 직원들의 제한적이고 '생략된' 언어 능력을 보여주지만, 동시에 공장이라는 업무 환경에서는 유용하고 적합한 하나의 도구로 사용되고 있음을 보여준다. 여기서 공장말이 인도네시아 생산현장에서 '적합한 말'로 평가되는 것은 한국인들의 공장말 사용과 의사소통 양식이 특정한 맥락과 상황에서 하나의 규범적 사용으로 강제되거나 당연하게 여겨지는 상호작용적 체제(Blommaert, Collins and Slembrouck 2005a)로 작동하고 있기 때문이다. 한국인들이 사용하는 공장말은 문법적으로 부정확할 뿐만 아니라, 현지인 직원들과의 우호적 관계 형성이나 감정적인 표현과 같은 기능은 하지 못하지만, 공장이라는 업무 환경에서는 작업을 지시하고 생산을 가능하게 하는 기능적인 언어로 받아들여지고 있는 것이다.

하지만 생산현장에서 공장말이 성공적인 상호작용적 체제로 작동하기 위해서는 현지인 매니저들의 역할이 결정적이다. 앞서 살폈듯이 현지인 매니저들은 한국인 관리자들의 말을 대신 전달해주는 '중개자'로서, 한국인들과 현지인들 사이의 의사소통을 구획화하고, 수직적으로 계층화하는 데 중요한 역할을 한다. 이때 공장말의 이해 가능성은 단지 문법적인 옳고 그름이나 표현의 적합성의 문제가 아니라 현지인들이 한국인들의 말하는 방법에 얼마나 "익숙해졌는가"에 달려 있다. 예를 들어 현지인 매니저 B는 공장말에서 빈번하게 관찰되는 문법적·표현적 오류를 지적한 후 다음과 같이 덧붙였다. "그런데 나 같은 직원은 다 알아 듣는다. 보스 말은 다 알아듣고. 우린 벌써 오래됐으니까. [한국인들의] 말하는 법에 이미 익숙해졌다." 따라서 "한국인들의 말하는 방식에 이미 익숙해진" 현지인 매니저들의 경우 아직 익숙하지 않은 현지인들에게 한국인들의 말을 설명해주는 등, 업무 지시 내용을 현지인들에게 자세히 전달해주거나, 한국인들의 직설적인 표현에 대한 오해를 피하도록 한다. 마찬가지로 여성 직원인 F는 공장말에 익숙하지 않은 현지인 직원들에게 한국인들의 말을 설명해주고, 만약 거칠고 무례한 말을 했다고 하더라도 속상해 하지 말 것을 부탁하면서, "[한국사람은] 그 말이 좋다고 생각할 것이다. 우리에게는 물론 나쁜 말이지만, 이해해야 한다"고 당부하는 역할을 하고 있다고 말한다.

따라서 A공장의 공장말은 인도네시아어를 사용하고 있지만, '한국식' 의사소통의 방식으로 인식되며, 생산현장에서의 성공적인 의사소통을 위해서는 한국인들의 공장말과 한국식 의사소통 방식에 "이미 익숙해진," 소위 '한국화'된 현지인 매니저의 역할이 필수적이다. 따라서 한국인들의 공장말을 이해하고 따라야 할 책임은 현지인들에게로 전가된다. 반면 한국인 직원은 문법적으로 불완전한 인도네시아어를 사용한다고 하더라도 자신의 공장말에 대한 언어적 불안정은 느끼지 못한다. 오히려 현지 직원들이 '한국식'이라고 규정된 공장말의 사용과 의사소통 방식에 익숙해질 것을 기대하는 것이다.

한편 한국인 직원과 현지인 직원들 사이의 권력관계는 다시 이들의 언어 사용과 의사소통을 통하여 재생산되고 재강화된다. 예를 들어 '지시'와 '확인', '보고'가 의사소통의 구조를 이루는 공장말의 경우에는 한국인 직원과 현지 직원 간의 대화는 거의 불가능하다. 한국인 관리자들에서 현지인 직원들로 전달되는 일방적인 지시, 확인뿐만 아니라, 현지인들에게 요구되는 보고는 수직적 의사소통 구조를 구성하며, 한국인과 현지인의 의사소통을 구획화하고 계층화한다. 또한 한국인과 현지인 간의 의사소통 채널을 현지인 매니저로 한정하게 됨에 따라, 한국인 직원들과 현지인 직원들 사이의 수평적 상호작용은 좀처럼 이루어지지 않는다.

이러한 공장말의 사용과 의사소통의 수직적 구조는 공장말에 대한 실용성과 효율성을 강조하는 도구주의적 언어이데올로기와 한국인과 인도네시아인에 대한 스테레오타입에 의해 매개되고 정당화된다. 특히 한국인들의 공장말은 "열악한 환경에서 치열하게 외화벌이"하는, 한국의 개발주의 담론에서 널리 순환되는 전형적인 한국 근로자의 이미지와 연결되며, 이것은 동시에 "부정확하고 느긋한" 인도네시아인들의 스테레오타입과 대조되기도 한다. 반면 인도네시아인은 한국인의 공장말을 "비문법적"이고, "잘린" 말이라고 평가하면서, 동시에 "지시"와 "강제"만으로 구성되는 강압적인 의사소통 양식이라고 비판하기도 한다. 하지만 생산성을 극대화하고, 효율성을 추구할 것이 요구되는 생산현장에서 공장말의 도구적 가치는 우위를 차지하며, 이에 따라 한국인들의 공장말 사용은 정당화되고, 초국가적 생산현장에서 적법한 것으로 인정받게 된다.

이와 같이 한국인 다국적 기업에서 나타나는 언어 사용 양상은 다국적 기업의 공장체제가 일상적이고 미시적인 상호작용을 통해서 어떻게 구체적으로 작동하고 있는지를 보여주는 중요한 연결지점을 제공한다. A공장의 경우, 한국인 직원 전원이 인도네시아어를 사용할 수 있다는 것은 일견 '현지화'의 중요한 지표인 것처럼 보이지만, 이들의 의사소통 과정은 사실상 현지 직원의 한국화를 통해서, 그리고 '공장말'이라는 생산현장에서의 기능적 언어가 더 효율적이라는 도구주의적 언어이데올로기와 지표성의 질서에 의해서 정당화되고 합리화된다. 이와 동시에 공장말의 독특한 의사소통 유형과 구조는 한국인과 인도네시아인에 대한 스테레오타입을 반영하고 재생산할 뿐만 아니라, 이들 간의 차이를 더욱 강화한다. 나아가 이러한 차이는 수평적 차이가 아니라 수직적인 평가 기반에서 서로 다른 위계의 질서에 놓이게 되며, 이에 따라 한국인 관리자와 현지 직원 간의 권력관계가 재생산되고 재강화되는 효과를 가져오게 되는 것이다.

참고문헌

강윤희, 2014, “인도네시아 한인 기업의 언어 사용과 의사소통,” 『동남아시아연구』 24(3): 173-210.

강희숙, 2012, “언어적 불안정,” 한국사회언어학회 편, 『사회언어학사전』, pp. 156-157.

김경, 2010, “언어 장벽과 사회적 지식이 해외자회사에 대한 지식 이전에 미치는 영향에 관한 실증연구: 한국기업의 베트남 자회사를 중심으로,” 『국제경영리뷰』 14(2): 51-77.

김긍섭, 2001, “인도네시아어의 위상과 사용 현황에 대한 소고,” 『한국국제지역학회보』 1: 185-207.

김재범·조용현, 2010, “노사커뮤니케이션 개념의 탐색적 고찰: 상호지향성 모델의 적용 가능성,” 『홍보학연구』 14(3): 44-68.

김재석, 2012, “중국 내 다국적 기업에서의 ‘문화’와 민족성의 정치학: 칭다오 지역 한국 다국적 기업을 중심으로,” 『중국학연구』 59: 161-186.

김형준, 2008, “인도네시아 자바인의 수평적 사회관계: 루꾼 개념을 중심으로,” 『동남아시아 연구』 18(2): 1-32.

______, 2014, “무샤와라: 인도네시아 자바의 분쟁해결방식,” 『한국문화인류학』 47(2): 3-44.

로메인, 수잔, 2009, 『언어와 사회: 사회언어학으로의 초대』, 박용한·김동환 옮김, 서울: 소통.

박용한, 2012, “피진어,” 『사회언어학사전』 한국사회언어학회 엮음, 서울: 소통, pp. 231-232.

사빌-트로이케, 뮤리엘, 2009, 『언어와 사회: 의사소통의 민족지학 입문』, 왕한석 외 옮김, 서울: 한국문화사.

신윤환, 1995, “인도네시아 진출 한국기업의 노사관계: 1990년대 조반 신출 소창기를 중심으로,” 『사회과학연구』 4: 293-335.

신호철·윤선현, 2008, “바람직한 조직문화 형성을 위한 사내 커뮤니케이션 진단,” 『홍보학연구』 12(2): 44-81.

이정민·배영남, 1987, 『언어학 사전』, 서울: 박영사.

이정택, 2012, “베트남 진출 한인 기업의 한국어 및 한국어교육에 대한 인식 조사: 기업

주도 한국어 교육의 진흥을 위해," 『외국어로서의 한국어 교육』 37: 303-324.
임영호, 2012, "불변화사 -nya의 기능과 역할: 형태론적 및 통사론적 고찰," 『동남아연구』 22(2): 141-172.
장수현, 2003, "중국 내 한국 기업의 현지적응 과정과 문화적 갈등: 칭다오 소재 한 신발공장에 대한 인류학적 연구," 『한국문화인류학』 36(1): 80-95.
전제성, 2005, "인도네시아 한인기업 노사분규와 현지 지식의 빈곤," 『국제이해교육연구』 1(1): 80-95.
______, 2013, 『인도네시아 속의 한국, 한국 속의 인도네시아』, 서울: 이매진.
______, 2014, "해외투자 한인기업 노사관계의 현지화: 미원인도네시아 사례연구," 『동남아시아연구』 24(2): 81-126.
조주연, 1994, "피진어와 크리올어의 기원설," 『사회언어학』 2(1): 129-151.
______, 1996, "한국피진영어의 기원과 현실," 『사회언어학』 4(1): 99-121.
채수홍, 2003, "호치민시 다국적 공장의 정치과정에 관한 연구," 『한국문화인류학』 36(2): 143-182.
______, 2009, "The Political Economy of Multinational Factory Regimes and Recent Strikes in Vietnam," 『동남아연구』 19(1): 67-111.
Agha, Asif, 2007, *Language and Social Relations*, Cambridge: Cambridge University Press.
Al-Jasser, Jasser A., 2012, "Pidginization Theory and Second Language Learning/Acquisition," *Journal of Languages and Translation* 24: 71-74.
Andersen, Helle and Erik S. Rasmussen, 2004, "The Role of Language Skills in Corporate Communication," *Corporate Communications: An International Journal* 9(3): 231-242.
Bjorkman, Anette and Rebecca Piekkari, 2009, "Language and Foreign Subsidiary Control: An Empirical Test," *Journal of International Management* 15: 105-117.
Blommaert, Jan, 2010, *The Sociolinguistics of Globalization*, Cambridge: Cambridge University Press.
Blommaert, Jan, James Collins and Stef Slembrouck, 2005a, "Polycentricity and Interactional Regimes in 'Global Neighborhoods,'" *Ethnography* 6(2): 205-235.
______, 2005b, "Spaces of Multilingualism," *Language and Communication* 25: 197-216.
Brannen, Mary Y., Rebecca Piekkari, and Susanne Tietze, 2014, "The Multifaceted Role of Language in International Business: Unpacking the Forms, Functions and Features of a Critical Challenge to MNC Theory and Performance," *Journal of*

International Business Studies 45(3): 495-507.

Cameron, Deborah, 2000, *Good to Talk? Living and Working in a Communication Culture*, London: SAGE

Fergusson, Charles, 1959, "Diglossia," *Word* 15: 325-340.

Goffman, Irving, 1981, *Forms of Talk*, Philadelphia: University of Pennsylvania Press.

Han, Huamei, 2013, "Individual Grassroots Multilingualism in Africa Town in Guangzhou: The Role of States in Globalization," *International Multilingual Research Journal* 7(1): 83-97.

Heller, Monica, 2010, "Language as Resource in the Globalized New Economy," in Couplan, Nicholas (eds.), *The Handbook of Language and Globalization*, Malden: Blackwell, pp. 349-365.

Hymes, Dell, 1971, *Pidginization and Creolization of Languages,* London: Cambridge University Press.

Jeon, Je Sung, 2015, "Korea-Indonesia Relations: A Golden Period and the Human Dimension," in Choong Lyol Lee, Seok-Joon Hong, Dae-young Youn (eds.), *ASEAN-Korean Relations: Twenty-five Years of Partnership and Friendship*, Seoul: Nul Min, pp. 526-570.

Koh, Young Hun, 2014, "Peranan Bahasa Melayu-Indonesia dan Kebangkitan Nasional," 『동남아연구』 23(3): 3-29.

Labov, William, 1972, *Sociolinguistic Patterns,* Philadelphia: University of Pennsylvania Press.

Louhiala-Salminen, Leena and Anne Kankaanranta, 2012, "Language as an Issue in International Internal Communication: English or Local Language? If English, What English?" *Public Relations Review* 38: 262-269.

Luo, Yadong and Oded Shenkar, 2006, "The Multinational Corporation as a Multilingual Community: Language and Organization in a Global Context," *Journal of International Business Studies* 37(3): 321-339.

Marschan-Piekkari, Rebecca, Denice Welch and Lawrence Welch, 1997, "Language: the Forgotten Factor in Multinational Management," *European Management Journal* 15(5): 591-598.

Marschan-Piekkari, Rebecca, Denice Welch and Lawrence Welch, 1999, "In the Shadow: The Impact of Language on Structure, Power and Communication in the Multinational," *International Business Review* 4: 421-440.

Mesthrie, Rajend, Joan Swann, Ana Deumert and William L. Leap, 2000, *Introducing Sociolinguistics*, Edinburgh: Edinburgh University Press.

Roberts, Celia, 2010, "Language Socialization in the Workplace," *Annual Review of Applied Linguistics* 30: 211-227.

Schieffelin, Bambi, Kathy Woolard and Paul Kroskrity (eds.), 1998, *Language Ideologies: Practice and Theory*, New York: Oxford University Press.

Schumann, John H., 1974, "The Implications of Interlanguage, Pidginization and Creolization for the Study of Adult Second Language Acquisition," *TESOL Quarterly* 8(2): 142-152.

Selmier, W. Tavier and Chang Hoon Oh, 2012, "International Business Complexity and the Internationalization of Languages," *Business Horizons* 55: 189-200.

Silverstein, Michael, 2003, "Indexical Order and the Dialectics of Sociolinguistic Life," *Language and Communication* 23: 193-229.

자료

2013, "신용카드 복제"(작성자: 따시기 듀공), 인도웹(Indoweb) 게시물, http://www.indoweb.org/love/bbs/board.php?bo_table=indo_story&wr_id=9768(2017. 5. 25. 접속).

| 제4부 |

한국사회의 구별 짓기와 기호인류학

제11장

한국어 마찰음 목소리 제스처의 문화와 상호담론성*

니콜라스 하크니스

> 목소리는 '제스처'처럼 항상 그것이 속한 사회적 배경과 연관되어 있다. 제스처는 걸보기처럼 단순하고 개인적인 행위가 아니다. 대체로 제스처는 특정 사회에 특유하다. 목소리는 개인적이면서 상대적으로 고정된 특성을 갖지만, 같은 맥락에서 우리는 목소리에도 중요한 변화를 일으키는 '비자발적인' 조절을 후두에 가하고 있다.
>
> (Edward Sapir, 1927: 895)

이 글은 한국어 발화에서 '들을 수 있는 제스처'의 한 종류에 관한 것이다. 필자는 이를 '마찰음 목소리 제스처Fricative Voice Gesture, 이하 FVG'라 부르는데, 이 음성이 어떤 식으로 작동할 수 있는지를 두 사례를 통해 논의하고자 한다. 첫째 사례에서 FVG는 독자적인 발화로서 기능하고, 둘째

* 이 글은 저자의 논문 "Culture and Interdiscursivity in Korean Fricative Voice Gestures"(*Journal of Linguistic Anthropology* 21(1): 99-123)를 번역 · 수정한 것이다. 번역: 이준현, 김우진

사례에서 FVG는 특정 사례에 덧입혀지는 운율적인 요소로서 기능한다. 필자는 논문의 나머지 부분에서, 이 두 가지 FVG들이 어떻게 연결되어 한국어 의사소통에서 문화적으로 중요한 측면을 구성하는지에 대해 논하고자 한다.

필자는 2008년에서 2009년까지 서울에서 현지조사를 수행하면서, 장로교회 성가대에 참여하여 노래를 불렀다. 리허설이나 예배가 끝나면 성가대 단원들은 교회의 집사나 선배 단원이 사는 식사 자리에 모이곤 했다. 8월 말경, 필자는 교회 근처에서 된장찌개를 먹고, 다른 남성 단원들과 함께 식당 밖의 작은 거리로 나와 잇새에 낀 밥을 처리하고 있었다. 한국인이라면, 식사를 만족스럽게 마친 성인 남성들이 거리 한복판에서, 때론 이쑤시개로 이런 행동을 하는 장면이 익숙할 것이다. 30대 중반의 동료 테너인 용찬이 필자의 모습을 보고, 팔을 잡더니 "미국으로 돌아가면, 당신의 아내가 당신을 싫어할 겁니다"라고 말했다. "왜요?"라고 나는 물었다. 용찬은 "당신이 한국 아저씨가 되어가고 있기 때문이죠!"라고 말했다. 아저씨는 통상 결혼 적령기의 남성—'장성한 어른'—을 이르는 말이지만, 동시에 시끄럽고, 거칠고, 교양 없고, 근대적이지 못한 한국 남성을 일컫는 비하 표현이기도 하다. 그래서 필자는 "그럼 제가 이런 소리를 내면 어떻게 되나요?"라고 하면서, 많은 한국 남성들이 소주 한 잔을 마시면서 내는, 마치 자음처럼 들리는 거친 치찰음: "크~~[kʰɨˣ:::ʰ:::]"[1]를 구사하였다. 용찬은 웃으며, "당신의 아내가 아마 당신을 한국으로 돌려보낼 겁니다!"라고 말했다. 그는 손사래를 치면서 그녀(필자의 아내)가 했을 법한 반응을 표현하였다. "너무 시끄러워!" 필자가 '반응적 FVG'라고 부르는 이 거친 음성이 미국 여성에게는 무척 거북하

1 전사에 대한 설명은 각주 6을 참고하라.

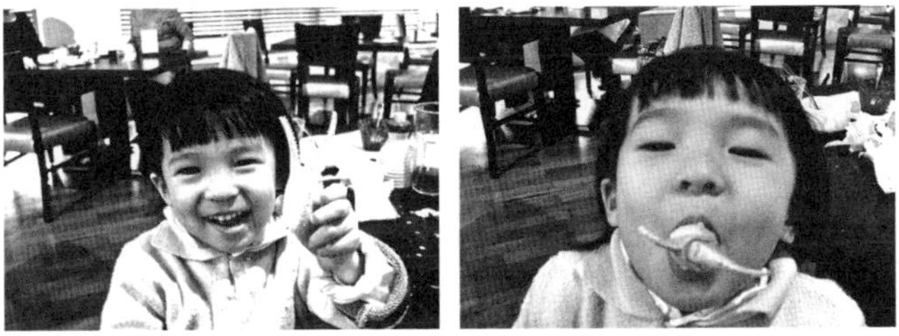

그림 1.
세현의 모습
(촬영: 필자)

게 들릴 것이라고 용찬은 확신하고 있었다. 용찬은 이어서 "그나저나, 요즘은 캬~~[$k^{h}ja^{h}$:::]라고 하죠"라며, 필자가 앞서 냈던 소리보다 부드럽고, 밝은 소리를 냈다.

같은 해 10월 어느 토요일 오후에, 필자는 성가대의 지휘자와 다른 두 명의 단원들과 함께 해물 뷔페에서 식사를 했다. 사나흘 전에 있었던 성가대 가을 공연의 성공을 기념하여 지휘자가 초대한 점심 식사였다. 지휘자는 그녀의 막내 아들 세현을 식사자리에 데려왔다. 세현은 재롱둥이다. 처음 보는 사람들과 친하게 지내면서 수다 떨기를 좋아하고, 모르는 사람들 앞에서 노래하고 연행하기를 즐기며, 특히 다른 사람의 목소리를 잘 흉내내는 아이였다. 세현이는 미국식 영어의 억양으로 한국어를 하는 아저씨를 기막히게 표현해냈다. (물론 필자는 기분 나쁘게 받아들이지 않았다). 말할 필요도 없이, 세현이는 자신에게 이목이 집중되는 상황을 좋아했고, 네 살 나이에 관중들의 관심을 끄는 데에 제법 뛰어난 소질을 보였다. 점심을 먹는 동안 세현이는 필자의 녹음 장비와 카메라에 매료되었다. 세현이는 자신의 다양한 연행(이야기하기, 흉내내기, 노래하기)을 녹음하라고 필자에게 끊임없이 요구했다.

세현이가 했던 이야기 중 하나(그림 2)는, 왕개미에게 잡아먹힐 위기에 처한 병정개미들을 구해주는 천사에 관한 것이었다 세현이의 이야기를 옮긴 전사 자료transcript 옆에 제시된 정지화면에서 볼 수 있듯이, 세현이는 자기 이야기의 텍스트적 시학textual poetics을 시각적 제스처를 통해 강조하면서 연행의 기교를 뽐냈다. 세현이의 환한 미소(1, 8)는 이야기의 시작과 끝을 나타내는 서사 괄호narrative bracket의 역할을 했다. 세현이는 이어질 연행에 대한 세팅을 제시하면서, 필자의 카메라에 근접함으로써 필자의 시선을 사로잡고자 하였다. 세현이는 "아주 큰" 왕개미를 소개하면서 놀라움과 두려움을 얼굴로 표현하고 손을 부들거렸다(3). 왕개미들에게 잡아먹히는 개미들을 묘사할 때는 자신의 입으로 작은 개미들을 떠넣는 시늉을 했고(4), 다시 새로운 미소로 천사의 등장을 소개하면서(5), 카메라로부터 시선을 떼어 마치 자기가 괴물을 쫓아내는 듯이 손가락을 흔들었다(6). 마지막으로 세현이는 의자 등받이에 볼을 대고 그것을 어루만지면서, 천사가 병정개미들을 돌보아주는 모습을 묘사하였다(7).

이런 다양한 제스처 및 운율적 조작과 더불어, 세현이는 필자가 용찬과 이야기하면서 냈던 FVG와 유사한 빠르고 거친 소리를 냈다. 하지만 FVG를 독자적으로 발성하지는 않았고, '갑자기'라는 단어의 첫 번째 모음((3)의 [aˣ]로 표시되었음)을 발음하는 과정에서 발성하였다. 필자가 독립된 반응적 발화self-standing reactive utterance로서 FVG를 냈던 것과 달리, 세현이는 운율적 요소이자, 일종의 "수사를 위한 악센트"(Newman 1946 qtd. In Bolinger 1961)로서 FVG를 발화에 덧입혀 왕개미의 강렬한 동작을 표현한 것이다. 세현이는 왕개미의 등장에서는 이 소리를 냈지만 천사의 등장에서는 같은 부사인 '갑자기'를 쓰면서도 내지 않았다. 이는 이 소리가 이야기에서 중요한 시적 대조를 표시하는 역할을 하고 있음을 시사한다. 이 대조가 갖는 중요성은 필자가 이 글에서 분석을 전개할수록 점차 더욱 명료하게 드러날 것이다.

이 글에서 필자는 이러한 두 가지 FVG 용법에 있어서 "음성형形"(Jakobson and Waugh 1987[1979])에 주목한다. 필자의 주장은 발화를 강화하는 운율적 FVG의 기능이 남성 중심적인 술자리 상황에서 전형적으로 찾아볼 수 있는 적절한 표현인 반응적 FVG와 연결되어 있다는 것이

1. 어느 날, 응, 어, 병정들이 가고 있는데,

2. 개미들이 땅속을 가고 있는데,

3. 갑자기(K[a^x]pchagi) 엄청 큰 왕—왕개미가

4. 조그만 개미[를] 다 잡아먹은 거예요.

5. 갑자기(K[a]pchagi) 천사가 나타나가지고,

6. 괴물을 물리쳐가지고,

7. 어, 천사가, 어, 개미들을 착하게 키워줬어요.

8. 이게 끝이에요.

그림 2. 개미와 천사 이야기(촬영: 필자)

다. 한국인은 소주를 한 모금 마시고 나서 알코올 섭취에 대한 표현적 반응의 한 양식으로서 독립적이고 비운율적인 FVG를 발성한다(역자 추가: 크~~, 캬~~).[2] 한국에서 술자리는 오랫동안 한국사회의 연령과 성별에 따른 분화가 이루어지는 의례 현장으로 기능해왔다. 반응적 FVG는 이러한 술자리의 중심으로서 남성들, 특히 '아저씨'에게 특권적 지위가 부여됨을 가리키는 지표index다. 다른 한편, FVG가 운율적 강화의 양식으로 발화의 음운론적 요소 위에 덧입혀지는 경우에도, FVC는 화자가 개인적으로 경험한 강렬함intensity을 표현하는 데 있어, 화자를 중심에 위치시키는 권위의 지표로서 기능하게 된다.[3] 즉, 그것은 메타-의미론적으로 화자에게 지시적denotational 내용의 특정 부분에 대한 강화를 표시하고, 무엇보다 메타화용론적으로(Silverstein 1976, 1993) 이런 강렬함의 표현이 갖는 맥락적 적법성contextual legitimacy을 표시한다. 필자의 기본 논점은 운율적 FVG를 반응적 FVG를 통해서 이해할 수 있고, 그 역으로도 이해가 가능하다는 것이다.

필자는 이를 우선 제보자들이 운율적 FVG의 사용을 계급 및 연령의 범주와 연결하는 방식을 설명하면서 제시하고자 한다. 그다음으로 필자는 발화 내에서 FVG 사용의 적절성이 어떻게 화자가 다른 화자들에 비교하여 누리는 상대적 권력과 함수관계에 있는 것으로 규정되는지를 살펴본다. 필자는 목사 두 명(한 명은 오순절교회, 다른 한 명은 장로교회 소속)의 설교 양식을 비교함으로써 운율적 FVG의 사용에 대한 이데올로기적 구도를 살펴보고, 이를 통해 어떻게 FVG의 사용이나 억제, 그리고 더 일반

2 미국, 유럽, 일본, 중국 등지의 상업광고에서도 맥주 첫 잔을 마신 후에 소비자들이 과장되게 숨을 내쉬는 유사한 장면이 관찰된다.

3 Goffman(1979)의 "Principal"의 역할 개념을 참조하라. 가령, 지시적 내용에 관여하는 것.

화하면 개인적으로 경험된 강렬함에 대한 의사소통이 더 광범위한 의사소통의 제도적 상황어registers로 포함될 수 있는지 보이고자 한다.

마지막으로, 필자는 소주 음용 과정의 반응적 FVG로 돌아가서, 운율적 FVG 사용의 층위 분화 및 이에 대한 이데올로기적 구도가 반응적 FVG의 문화적 재평가와 어떻게 유사한지를 보이고자 한다. 여성 소비자들을 대상으로 한 소주 마케팅이 늘어나면서, 거친, "남성의" 반응적 FVG는 더 부드럽고, 중성적인 형태의 FVG로 대체되기 시작하였다. (앞서 필자가 구사한 FVG에 대한 용찬의 수정과 같이) 이런 변화가 일어나면서, 비록 모든 화자가 맥락에 따라서 운율적 FVG를 사용할 수 있지만, 비교적 젊고 부유한 세대들은 갈수록 그것의 광범한 사용이 나이가 많거나 하층 계급에 속한 사람들의 행동이라고 여기게 되었다. 즉 다르지만 서로 연관된 구분의 패러다임들paradigms of differentiation에 따라 두 유형의 FVG들이 모두 부드러워졌다.

필자는 운율적 형식을 보다 넓은 의사소통과 문화의 기호학의 측면에서 다루고 있으며, 겉보기에 이질적인 유형의 기호학적 상황들에 걸쳐 나타나는 음성적 도상성과 그 의사소통적 기능에 초점을 맞추고 있다. 이런 방법으로 필자는 반응적 FVG와 운율적 FVG 사이에 상호담론적 관계가 있으며, 이 관계는 발화 유형의 차원과 운율 유형의 차원 사이에서 기능적 위상 변경rank-shifting을 수반한다는 것을 주장하는데, 예를 들어 동일한 유형의 음성형이 인용 가능한 발화reportable utterance로 기능할 수도 있고, 발화의 준언어적인 틀로 기능할 수도 있다는 것이다. 결론에서는 세현이의 개미와 천사 이야기로 돌아가서 어떻게 세현이의 운율적 FVG의 시적 사용과 생략이 한국사회 전반에서 변화하는 FVG의 위상을 도식화(다이어그램화)하는지를 보여준다.

1. 마찰음 목소리 제스처

마찰음 목소리 제스처FVG는 공기가 후두 상위 마디의 성도聲道를 통과하며 마찰을 일으키면서 만들어진 소리가 방출된 것이다. 필자의 관찰에 따르면, FVG 소리는 숨 가쁜 소리 또는 강한 속삭임에서부터 헛기침과 유사한 거친 무성음의 범주까지 포함한다.[4] FVG의 운율적 사용의 경우, FVG는 부사, 혹은 그보다 조금 낮은 빈도로 형용사의 첫 번째 모음에서 발생하며, 이와 더불어 장음화되는 경우가 많다. 운율적 FVG가 방출될 때, 해당 모음은 성대에서 발성되지 않는다. 도리어, 공기가 성도를 통과하면서 마찰이 일어나는 바로 그곳이 일차적으로 음성이 만들어지는 지점이 되고, 반면 성도 위쪽에 위치한 조음기관은 그대로 유지되어, 모음이 설사 장음화되더라도 모음으로 인식될 수 있는 것이다.[5] 따라서 마찰성 모음의 경우와 같이, 운율적 FVG의 발성에서는 자음과 유사한 음성 자질들이 음소적으로 모음의 역할을 한다(Ladefoged and Maddieson 1996 참

---

4 FVG는 무언가를 뱉는 소리가 아니다. 한 제보자는 필자에게 '침 소리'를 너무 많이 내면 안 된다고 조언하면서 필자의 FVG 발음을 고쳐주었다.

5 독자는 이 소리가 어떻게 작동하는지 알기 위해 간단한 연습을 해볼 수 있다. 'Bach'와 같은 무성의 연구개 마찰음을 발음할 때처럼 조음기관을 움직여보자. 이 무성 연구개 마찰음을 지속되는 소리처럼 내면서 그 상태에서 성도(vocal cord)를 쓰지 않고 어떤 구절을 발음해보라. 이는 마치 잡음처럼 들릴 테지만, 자신이 이야기한 구절을 알아들을 수 있을 것이다. 이것은 속삭임과 같은 원리인데, 단지 성도가 훨씬 더 차단되었다는 점이 다르다. 이는 본질적으로 훨씬 더 복잡한 형태의 FVG인데, 어떤 구절 안의 모음(혹은 이중모음) 하나에 가하는 제스처로서, 성도에서 발성하는 대신 후두 상위 마디에서 마찰을 일으키는 것이다. 비록 전통적으로 발성은 후두에서 일어나는 것으로 묘사되어왔지만(Ladefoged 1975; Laver 2009[1980]), 운율적 FVG에 있어서는 모음이 발성되는 지점이 성도로부터 마찰이 일어나는 후두 상위 마디로 옮겨가는 것이라고 볼 수 있다.

조).[6]

한국어의 부사 '정말'을 예로 들어보자. 〈자료 1〉에서 필자는 "평이한neutral" 억양으로 발화된 구절을 전사하였다. 그 밑에는 같은 단어지만, 늘어지면서 고조되는 억양으로 된, 흔히 강화intensification 형태라고

---

6 '마찰 모음'이라는 용어는, 자음과의 동시조음을 통해 발성된 모음에 마찰음의 조음 특성이 부여된 것을 이르는 용어다(Ladefoged and Maddieson 1996). 마찰 모음의 표기는 목소리 성질(voice quality)을 나타내는 발음 구별 부호와 모음에 수반되는 마찰음 조음 현상을 표시하기 위한 아래 첨자를 통해 나타낼 수 있다. 이를테면, $[\text{a̰}_{x}]$는 중앙 하단의 고리 모양 발음 구별 부호와 아래 첨자 [x]로써 무성의 연구개음 FVG를 마찰 모음 [a]로 나타낼 수 있다.
하지만 필자의 관찰에 의하면, FVG가 반드시 동시조음을 통한 이음 추가(allophonic addition)로서 산출되는 것은 아니다(cf. 표준 중국어와 체코어 사례 참조(Ladefoged and Maddieson 1996)). 비록 연구개 FVG가 연구개 자음으로 시작될 수 있고, 어느 정도 연구개 자음과의 동시조음이 일어나는 것으로 보이기는 하지만(예컨대 자료 2), 연구개 자음과의 동시조음은 연구개 FVG를 생성하는 필수적인 조건은 아니다(예컨대 자료 1). 좀 더 일반적인 범주로서의 마찰 모음과 FVG의 음성적 관계가 더욱 분명하게 밝혀지기 전까지 FVG 표기에 대한 필자의 접근은 간단하게 모음 부호에 위첨자 [x]를 붙임으로써 성대의 발성 없이 일어나는 자음 같은 마찰음과 모음의 조음을 표시하는 방식을 취한다. 이 글에서 제시된 모든 FVG들은 연구개 마찰과 함께 만들어진 것이나(필자가 [x]로 정한 이유), 필자의 관찰에 의하면, FVG는 다른 지점에서 일어나는 마찰과 함께 생산될 수도 있고, 그에 따라 다르게 표기될 수 있다. 가령, 피열후두개 FVG와 함께 생산된 모음 [a]는 $[a^{H}]$, 인두 FVG의 경우는 $[a^{h}]$, 구개수 FVG의 경우 $[a^{X}]$, 연구개 FVG의 경우 $[a^{x}]$로 표기될 것이다.
나아가, FVG는 아랍어의 이른바 "강세 자음(emphatic consonants)"(Watson 2007 참조)과 구별될 필요가 있다. FVG가 한국어 모음의 변별자질들 위에 덧입혀지는 운율 자질인 반면, 아랍어의 강세 자음은 변별자질들에 의해 정의되는 그 자체로 독자적인 음운 부류(phonological class)를 구성한다. FVG는 발화의 특정한 부분을 강조한다는 점에서, 즉 지시(reference) 및 서술(predication)과 관계된다는 점에서, '강세'가 있지만, 아랍어의 음운론적 '강조(emphasis)'란 '강세 자음'으로부터 인접 모음으로 퍼져나가는 조음적 상관요인들(예컨대 인두음화)이 퍼져나가는 것을 뜻한다.

자료 1. 마찰음 목소리 제스처와 강화

	영화가 정말 좋아
평이한 억양:	jʌŋhwaga tɕʌŋmal tɕʌoa
늘어지면서 고조되는 억양(강화):	jʌŋhwaga tɕʌŋ↗ :mal tɕʌoa
강화의 장음화와 FVG:	jʌŋhwaga tɕʌ^{x}:ŋmal tɕʌoa

들리는 예를 제시하였다.[7] 마지막으로는 늘어지면서 고조되는 억양보다 더 강렬하다고 제보자들이 묘사한, 강화의 장음화와 FVG를 포함하는 예를 제시하였다.

〈자료 1〉의 FVG([ʌ^{x}])는 발화된 단어로부터 분리해 그 자질을 음성적으로 따져보면 아마도 자음 [x]로 나타날 것이다. (혹은 같은 한국어 모음의 원순화 형태인 [ɔ^{x}]에서처럼 순음화될 경우 [x^{w}]로 나타날 것이다) 하지만 이 소리는 운율적으로 사용될 때 한국어의 변별자질에 부합하는 하나의 분리 가능한 모음으로 발음되고 해석된다. 필자의 데이터에서, 성도의 부분적인 폐쇄로 인해 발생하는 자음 소리는 특정 음소의 내재적인 자질인 성대 발성을 대체하고, 그 위에 덧입혀진다(Jakobson, Fant, and Halle 1969: 13; Fónagy 1976 참조 바람).[8] 따라서 만약 "운율 자질들이 … 오직 시간적 순서와 연관되어 정의될 수 있다면"(Jakobson, Fant, and Halle 1969: 13), FVG는 그에 즉시 선행하거나 뒤따라오는 음운적 요소들과 대조를 이룬다기보다는, 오히려

7 고은석(Ko 2002)은 한국어의 척도 부사(scalar adverbs)에서 강조를 위한 장음화가 일어나는 지점이 첫 번째 음설의 바지믹 부분이리고 관찰하였다. 개음절일 경우 모음에서, 폐음절에선 종결부의 아무 자음에서나 일어날 수 있다. 첫 번째 음절 '정'의 경우는 폐음절이므로 연구개 비음 [ŋ]이 장음화의 음운적 재료가 된다.

8 이반 포나기는 "구두 모방(La Mimique Buccale)"에 관한 논문에서 헝가리어에서 감정적인 태도들이 중립적인 조음 위에 "차등적인 제스처"들을 덧입힘으로써 표현될 수 있음을 제시한다(Fónagy 1976: 42-43).

음운적 순서가 아닌 시적인 순서로 배치된 모음들, 즉 앞서 세현의 대비되는 '갑자기' 발화 토큰들의 예에서처럼 다른 부사들의 첫 번째 음절에 위치한 모음들(Jakobson 1960 참조)과 대조를 이룬다.

사피어를 따라, 필자는 이런 운율적 형식을 제스처의 한 종류로 본다. 사피어는 1927년 논문 "성격적 특징으로서 발화"Speech as Personality Trait에서 "일반적인 관점에서 목소리는 제스처의 한 형태로 고려될 수 있다. 만약 우리가 특정한 생각 혹은 감정에 휩싸인다면, 우리는 그것을 손짓이나 여타 제스처를 통해 표현하고자 할 수 있는데, 목소리는 제스처의 연극이라는 전체의 한 부분을 차지한다"고 주장했다(Sapir 1927: 895). 이후 사피어는 1931년, 『사회과학 백과사전』의 "의사소통Communication" 항목에서 논의를 확장하였다. "제스처는 손을 비롯하여 볼 수 있고 움직일 수 있는 신체 부위들을 조작하는 행위 이상의 많은 것을 포함한다. 목소리의 억양은 주먹을 꽉 쥐는 동작이나 손을 흔드는 동작, 어깨를 으쓱하는 동작, 눈썹을 치켜뜨는 동작 등과 마찬가지로 느낌과 태도를 상당한 정도로 표명할 수 있다."(Sapir 1931: 78)[9] 이런 의미에서 제스처는 담론

9 제스처 연구는 주로 발화와 연결되는 가시적인 제스처의 역할에 초점을 맞추고 있다(Kita 2001, Braddick 2009 참조). 조지 트레이거(Trager 1958, 1961)에 의해 소개된 "준언어" 개념에서 이를 논한다면, 제스처는 1950년대, 60년대 레이 버드위스텔(Ray Birdwhistell)의 주요 관심사였으며, 70년대 그가 펴낸 에세이 모음집 『동작학과 맥락: 신체 움직임과 의사소통(*Kinesics and Contexts: Essays on Body Motion Communication*)』으로 집대성되었다. 이 책은 언어-동작 간의 조율과 "키네그래프"(일종의 동작에 관한 IPA)의 발달에 대한 세밀한 분석을 풍부하게 담고 있다. 소위 "비언어적 의사소통"에 대한 연구는 스타키 던컨과 아담 켄든 등 상호작용을 연구하는 심리학자들의 주요 관심사였다. 켄든은 가시적인 제스처가 발화와 함께 조율되고, 발화에 의해 운율화된다는 사실에 착안하여, 제스처 역시 발화 자체로 사용될 수 있다고 주장하였다(Kendon 2004). 가시적인 제스처는 전체성을 몸짓으로 표현한 것이며, 따라서 전체를 대표하는 일부로서 지표의 역할을 한다. 유사하게, 데이비드 맥

적 상호작용 내의 발화된 지시적 텍스트와 지표적으로 연결되고, 그와 동시에 일어나며(Bolinger 1986: 198) 그에 덧입혀지는 다중양식의 준언어 기호multimodal paralinguistic signs라고 볼 수 있다. 제스처와 발화의 동시성은 지표적으로 조절되는 메타-의사소통 기능을 제스처에 부여한다.

제스처의 한 방식으로서 목소리 개념은 다양한 목적으로 활용되었다.[10] 조지 허버트 미드(Mead 1934: 46)의 "음성 제스처Vocal Gesture" 개념은 목소리가 "중요한 상징들," 즉, 타인에게 자극으로 쓰이기도 하고, 모방되고 응답될 수 있고, 그것의 수신자와 발신자에게 모두 의미를 갖는 사회적 행위들로서 송출될 수 있는 잠재력을 다루었다. 노먼 맥쿼운(McQuown 1954: 56)은 "발성 기관에서 생성되었지만 정립된 음운적phonemic 구조에 정확하게 들어맞지 않는 음성적phonetic 요소"를 일컫는 표현으로 "음성 제스처"를 사용하였다. 음성학자 모리스 그라몽(Grammont (1946[1933]: 413-414)은 "조음 제스처articulatory gestures; gestes articulatoire"라

닐의 용어인 "담김(catchment)"은 담화에서 가시적인 제스처들이 시적으로 묶이는 것(poetic chunking)을 묘사한다(Kataoka 2009 참조). 아울러 가시적인 제스처의 "자연스러움"에 관한 통념들에 대해서는 Handler(2009: 283-284)를 참조하라.

10 음운론에서 '제스처'라는 용어는 대체로 세 가지 하위-제스처들을 포괄한다. 범주의 제스처(상대적으로 모음 혹은 자음에 가까운), 조음의 제스처(위치적 특성에 따른), 발단의 제스처(공기 흐름과 聲門의 상태에 따른)가 있다(Lass 1984: 282). 제스처에 대한 이러한 이해방식은 소위 "말하기 인식의 운동 이론"의 지지자들에 의해 수용되고 정교화되었는데, 이 이론은 "음성 정보가…화자의 의도된 제스처로 인식되며, 이는 음성 범주의 기초를 이룬다"(Liberman and Mattingly 1985: 1)고 주장한다. 발음의 근육 "제스처"가 인지적으로 수신자들의 제스처 해독에 "투영된다"는 것인데, 이 관점은 의사소통적 상호작용이란 곧 화자들이 서로 "비슷한 제스처들"로 대응하면서 사회성과 상호 합의된 의미를 만들어가는 과정이라고 간주한다는 점에서 Mead(1933: 46)의 관점과 놀랍도록 유사하다.

는 용어를 통해 입의 모양이 그것이 드러내려는 것들을 닮는, 조음-의미론적articulo-semantic 도상성을 개념화하고자 하였다. 로만 야콥슨은 "음성 제스처vocal gestures; gestes vocaux"(Jakobson 1990[1939]: 308)와 "소리 제스처sound gestures"(Jakobson 1990[1960]: 541) 개념들을 통해 음운이 체계화되기 이전 단계pre-phonological or pre-phonologized의 유아들의 옹알이를 구성하는 "자연적인" 의성어들을 묘사하였다. 야콥슨은 이런 "음성 제스처"가 사회-언어적으로 "길들여지기" 이전에, 즉 "옹알이를 하는 시기의 음성적 풍부함이 음운론적인 제한을 받기" 이전에도 존재한다고 보았다.[11] 드와이트 볼린저(Bolinger 1986: 198) 역시 음성적이고vocalic(들을 수 있는) 운동적인kinesic(볼 수 있는) 종류의 준언어적 제스처들이 통시적으로 절대적 동기absolute motivation의 상태(가령, 공격을 받으면 과장된 비명을 지르거나 방어적 자세를 취하는 것)로부터 기원하여, 종내 "억양이 일부를 차지하는, 제스처적 집합"[12]으로 관습화되었을 것이라고 믿었다.

---

11 "La richesse phonétique du gazouillis cède la place à une restriction phonologique." 짐작건대, 야콥슨의 용어인 "소리 제스처"는 Jesperson(1918; Jakobson and Waugh 1987[1979]: 186에 인용됨)의 "어휘 안에 자리 잡고 있는" 음성 제스처의 개념을 계승한 것으로 보이는데, 이것의 예를 Jesperson(1922: 136)에서 볼 수 있다: "대부분의 아이들은 'yes'를 얘기하기 전에 'no'를 얘기하는 것을 먼저 배운다. … 때때로 모음 없이 n만 들리기도 한다: 이는 코를 치켜드는 제스처가 들을 수 있는 형태로 제시된 것일 뿐이다."

12 Bolinger(1946)에 의하면, 들을 수 있는 제스처는 음소나 억양의 형태, 혹은 통사론적인 형태를 취할 수 있다. 볼린저는 제스처가 담화의 상호작용 안에서 관습적으로 사용되는 것(이를테면 "나는 몰라" 행위, Bolinger 1986: 198-199, 211)에 앞서, 어떤 유의미한 제스처가 어떻게 만들어지는가를 추측했는데, 그의 기본 가정은 "제스처와 억양은 마치 그리스 신화의 안타이오스가 지구 없이 생존할 수 없는 것처럼, 서로 밀접하게 연결되어 있다. 다시 말해 이 둘은 혼합된 체계이며, 그것의 근본은 표현적인(expressive) 것이되, 문화에 따라 다르게 조정되는 측면이 있다는 것이다."(Bolinger 1986: 198) 볼린저는 "표현적"이라는 용어가 소쉬르식의 비자의성(non-arbitrariness)을 의미한다

이 글은 음성 제스처가 절대적 동기(즉, 본능적·비자발적 요인)에서 비롯된 것에서부터 관습적이고 자의적인 운율형conventional, arbitrary prosodic form의 상태로 통시적인 진화를 거쳤다고 전제하기보다는, FVG를 한국어 발화의 특정한 운율 자질로서 파악하고, 그것의 상대적 동기(즉 절대적인 동기와 대조되는 차원에서)보다 광범위한 동시대의 들을 수 있는 표현 형태의 기호학과의 관계에서 살펴보고자 한다. 필자가 말하는 "제스처"란, 텍스트의 지시적 의미denotation와 적절성 및 해석 가능성의 틀framework 양자에 "해설을 부가"함으로써 발화된 텍스트를 그것의 맥락에 연관시키는 준언어적 신호들의 기호적 기능을 가리키는 용어다(Gumperz 1982의 "맥락화 단서" 개념을 참조할 것).

한국에서 마찰음 목소리 제스처가 갖는 지표적 효과는 그것이 문화적으로 그것의 목표물을 도상화(즉, '강렬함'을 재현)한다고 이해되는 범위 내에 국한된다. 하지만 FVG는 한국어 교재에도 설명되어 있지 않고, 한글 표기(한국의 형태-음운론적 문자체계)로 나타나 있지도 않다. 따라서 한국어를 공부하는 사람들이 때로 FVG를 한국어 발화의 가장 특징적인 측면으로 인식하는 것과 달리, 한국인들은 해당 제스처가 어떤 의미인지 잘 모

고 설명한다. 따라서 우리는 말하기의 준언어학 측면에 대한 볼린저의 경험적이고, 엄정하고, 세밀하고, 설득력 있는 기술 뒤에는 자연적이고 매개되지 않은 표현으로부터 사회화되고 관습적인 말하기로 나아가는 사회적 과정을 논하고 있는 언어 진화의 이론이 숨어 있다는 것을 볼 수 있다. 볼린저의 이러한 시각은 억양을 두고 "반만 길들여진 야만인"(Bolinger 1978: 475)과 같은 것으로 칭했다는 점에서 명백하게 드러난다. 볼린저는 "길들여지고 언어를 장착한 그의 절반을 이해하려면 그의 야생적인 절반과 친구가 되어야 한다(Bonlinger 1978, Queen 2001에 인용)라고 썼다. 이런 추측들이 극단적으로 다다를 경우, "그 옛날 언어의 기원에 대한 '딩동설', '푸푸설', '멍멍설' 등의 이론들"(Silverstein 1994: 40) 내지는 "요-히-호(Yo-He-Ho)" 이론과 비슷하게 되기 쉽다.

르는 경우가 많고, 발화 내에서 마찰이 일종의 제스처로서 작동하고 있음을 감지하지 못하는 경우가 많다. 서울에서 필자가 알고 있는 일본인 한 명은, 필자에게 "나이 든" 한국어 화자들이 내는 "거칠고", "거센" 소리에 대한 설명을 요구한 적이 있었다. 그녀는 그 음성이 단지 특정 의사소통의 기능은 없는, 세대 특수적인 방언의 일종이라고 가정하였다. 필자가 서울에서 한국어를 배우고 있었던 2006년 여름, 필자 자신도 같은 반의 워싱턴 DC 출신 2세대 한국계 미국인에게 FVG에 대해 질문했었다. 이 급우 역시 즉각적으로 필자가 의미하는 것을 알아채지 못했기에 필자는 그 음성을 내려고 시도했다. 그녀는 "조심해! 그 소리는 우리 엄마가 내는 것 같잖아!"—마치 필자가 그 소리를 조롱하려 한 것처럼—라고 반응했다. 필자가 그 소리가 무엇인지를 묻자, 그녀는 "난 잘 모른다. 엄마와 엄마 친구들이 같이 있을 때 내는 소리다. 너무 창피하다"고 답변하였다.

토박이 화자가 아니거나 교포로서 한국어를 배우는 사람들은 종종 이 소리에 대해 논평하기도 하지만, 토박이 한국어 화자들은 대부분 이 소리가 외부인에게는 독특한 소리라는 점을 바로 알아차리지 못한다. 필자가 한국의 제보자들과 가진 인터뷰 결과에 따르면, 이 소리를 운율적 발화의 한 구간(혹은 차원)으로 인식하는 정도가 집단별로 꽤 명확히 구분되고 있었다. 그 제스처 기능이 숙고할 만한 가치가 없다고 여기는 경우도 자주 있었다. 나이가 많은 화자들(가령 노령의 교인들), 그리고 상대적으로 낮은 사회경제적 배경의 화자들(가령 택시기사와 미용사)은 필자가 〈자료 1〉에서와 같이 세 가지 다른 버전으로 FVG를 연행했음에도 불구하고, 이 소리를 운율적 발화의 한 차원으로 "듣는 데에" 어려움이 있었다. 많은 사람들이 이를 고조된 열정, 흥분과 강조로만 들었다. 즉, 그들은 화자의 발화에 중요성이 부여되었음은 인식했으나, 강화intensification의 원천 그 자체를 집어내거나 재연하지 못했다.[13]

필자는 나이가 상대적으로 어린 화자들, 그리고 더 높은 사회경제적 배경의 화자들이 훨씬 빠르게 운율적 음성을 분리하여 찾아냈음을 알게 되었고, 동시에 그 소리를 사용하는 것으로부터 거리를 두려는 모습을—심지어 필자가 본인들 역시 그러한 소리를 내는 것을 들었음에도—포착하였다. 실은 이들 다수가 FVG을 사용할 법한 정형화된 인간형과 (예컨대 시장에서 일하는 사람들과 같은) 표본적 타자들(Hastings and Manning 2004), 그리고 잘 알려진 유명인들을 쉽사리 지목하였다. 일례로, 필자는 앞서 언급했던 교회 성가대 단원들과 비싼 '퓨전' 한국 요리가 나오는 저녁 식사에 참석한 적이 있었다(집사가 저녁 식사비를 냈다.) 이 교회는 대략 70,000명의 교인들이 있으며, 서울의 상류층 동네에 해당하는 압구정동에 위치해 있다. 그 당시 필자는 이들을 잘 알고 있었고, 서로의 사회경제적 지위에 대한 견해들을 어느 정도 알고 있었다. 필자가 운율적 강화의 일종으로서 FVG에 관심이 있다고 했을 때(당시 필자는 이를 'FVG'라고 부르지 않았다), 필자의 왼쪽에 있던 젊은 여성이 (그 아버지는 부유한 사업가라고 알고 있었다) 빠르게 식탁 반대쪽에 앉아 있는 다른 젊은 여성(그 어머니는 꽃가게에서 일하며 가족의 생계를 전담한다)에게 시선을 돌리며, "맞아요, 저 사람처럼 말이에요!"라고 말하였다. 이 관찰의 대상이 된 여성은(우연히도 나중에는 필자와 친구가 되었다) 자신에 관해 이야기되는 내용을 처음에는 이해하지 못하였다. 하지만 추후 필자와 대화를 나누면서 그녀는 타인의 발화에서 FVG를 차츰 들을 수 있게 되었고, 자신의 발화 속에서 FVG를 인식하기 시작하였다. 심지어 그녀는 특정 상황에서 남의 시선을 의식하면서 FVG 사용을 조절하려 노력했음을 필자에게 알려주었다. 동시에, 그녀는 필자에게 필자 본인의 발화에서 FVG을 더 잘 적용하는 방법을 알려주기도 했으며,

13 이는 사회적으로 분화된 인식의 한계를 보여주는데, 특히 가분성(segment-ability)과 메타화용론적 투명성의 영역에서 그렇다(Silverstein 1981).

FVG를 우리끼리만 아는 농담으로 사용하기 시작하였다(내 집단 혹은 "은밀한" 위세에 대해선 Labov 1966, 1972; Trudgill 1972 참조).

하지만 FVG을 분리하여 알아차릴 수 있는 능력이 없다 해도, 화자들은 FVG 사용이 어떤 상황에서 적절하고, 적절하지 않은지에 대한 감각을 지니고 있었다. 필자는 특정한 유형의 사람이 다른 유형의 사람에게 "이렇게" 이야기할 수 있는지에 대해 질의하면서 화자들의 반응을 유도하였고, FVG을 사용한 발화를 하였다. 일반적으로 한국어 화자는 상호작용 내에서 화자가 권위 있는 주목의 대상이거나 그런 지위를 차지할 만한 요건을 갖춘 경우, FVG의 사용을 적절한 것으로 인식하였다. 일반적으로 노인들, 아이에게 잠자리 이야기를 들려주는 어머니들, 친구들 사이, 그리고 성인 남성이 이 사례들에 해당했다. 자신의 직함이나 지위로 인해(가령 교수에게 말을 하는 학생, 혹은 나이가 더 많은 사람에게 길을 묻는 경우) 대화 상대자의 주의를 적극적으로 끌 수 없는 화자들의 경우, FVG는 화자들 사이에 특별한 친밀성의 관계가 없는 이상, 무례하고, 거슬리고, 실례되고, 거칠고, 대개 보기 드문 것으로 이해되었다.

어떤 사람의 발화 속에서 FVG 사용이 적절한지에 대한 판단은 그 사람의 사회적 행동의 적절성에 대한 판단이기도 하다. 따라서 FVG는 비단 공손성에 관한 일차적인 현장의 틀first-order local framework of politeness의 일부일 뿐인 것이 아니다(cf. Brown and Gilman 1960). 말단계나 존대 표현처럼, FVG는 더 고차적인 일반화가 가능한 사회적 관계와 특성의 체계에 편입된다(Silverstein 2003). 마찰음 목소리 제스처는 특히, 강하거나 감정을 가감 없이 표현하는 의사소통의 기회—바로 상황어—에 대한 접근성이 균등하지 않은 문화체계를 보여주는 한 예시다.[14] 이어지는 글에서 필자

14 우리는 FVG 사용을 월로프(Wolof) 향촌 공동체 내의 귀족 및 그리오, 즉 전

는 개인적으로 경험된 감정적 강렬함의 의사소통이 허용되는 사례를 논하고자 한다.

2. 강화와 권위

FVG를 달인達人처럼 잘 활용하는 사람의 좋은 예는 전 세계에서 가장 큰 개신교 교회의 설립자이자 전 담임 목사인 조용기David Yonggi Cho다. 서울에 본부를 두고 있는 여의도 순복음교회는 자체 보고상 830,000명의 교인들을 두고 있으며, 12,000명까지 수용할 수 있는 주主 예배당과 더불

승시인(griot)의 말하기 상황어들에 관한 Irvine(1990)의 사례와 비교할 수 있다. "하층"사회 계급에 속하는 전승시인인 그리오들의 감정 표현 조절 능력에 대한 일반화된 가정들은 월로프 공동체 성원 거의 모두에게 상황에 따라 "그리오스러움"과 때로는 감정 표현이 풍부한 말하기 상황어의 사용이 허용되는 것에 대한 지역적 사고방식과 맞물려 있는 것이다. 하지만 한국어에서는 명백하게 이름이 붙여졌거나, 문법적·어휘적으로 부호화된 말단계들(speech levels)이 직접적으로 말하기에서의 감정성(affectivity)과 연결되지 않을 뿐더러, 특정한 사회적 범주들의 특성을 공유한다고 여겨지지도 않는다(도상화[iconization]에 대해선 Gal and Irvine(1995: 974); 제술화[rhematization]에 대해선 Gal 2005: 35n5 참조). 나아가 이 글의 예시들에서 알 수 있듯이 FVG는 어떤 말단계에서도 사용할 수 있다. 마지막으로, 운율적 방식의 FVG 사용에 대한 인식된 허용가능성(perceived permissibility)은 화자가 특권적인, 그리하여 응당 상대방의 주의를 끌 수 있는 위치에 있는가에 달려 있다. FVG가 무례하다고 여겨지는 것은 화자가 자신에게 이러한 사회적 승인이 주어지지 않았다는 것을 깨닫지 못할 경우(마치 화자가 의사소통 상황에서 부적절하다고 보여지는 말단계를 사용할 때와 같은 경우)다. 하지만 흥미롭게도, 한국에서 유교적 상층계급인 양반에 대한 전통적인 이미지는 자제력이 있는 월로프 귀족에 대한 어빈의 묘사와 매우 유사하다. 감정과 강렬함을 표현하는 "전시 규칙"에 대해선 Ekman(1979: 179), 참고문헌 목록에 대해선 Caffi and Janney(1994)와 Besnier(1990), 상황어에 대해선 Agha(2005)를 볼 것.

조용기: 그러나 베드로가 나중에
담대함으로(t[a^x:::]mdaeham-ŭro)
뱃전에 잡은 손을 딱 떼어 버렸을 때
그는 물위에 서기 시작한 것입니다.
청중(신도들): 아멘!
조용기: 여러분 —

자료 2.
연설의 강화, 믿음의 담대함

어 한국과 전 세계에 펴져 있는 위성교회와 예배당을 거느리고 있다. 이 교회는 한국 내의 노동자 계급을 보살피고, 여성들에게 성직 대신 "성경공부 모임cell group"의 지도자 같은 자리들을 내주면서 성장한 것으로 알려져 있다.

〈자료 2〉에서 일부 제시된 "골리앗을 물리친 다윗의 비밀"이라는 설교(1997년 5월 25일)에서 조 목사는 예배에 참석한 교인들에게, 세상에 기적을 일으키기 위해선, 자신의 믿음을 "담대하게" 선언해야 한다고 격려한다.[15] 그는 믿음에 있어 최초로 담대함을 보여준 예로 성 베드로를 들고 있다(베드로는 결국 믿음이 흔들린다). 이 자료에서 제시된 복합 부사인 '담대함으로tamdaeham-ŭro'의 첫 모음 [a]에는 장음화된 FVG가 나타난다.

〈그림 3〉의 음향 분석도는 '담대함으로'의 모음 [a]에서 보통의 발성 대신에 지속적으로 치찰음sibilant sound이 발생함을 보여준다. 발화된 구절로부터 이 소리를 분리하여 시각적으로 재현할 경우, 음성학적으로 자음이라고 나타날 것이다.

조 목사는 베드로의 이야기를 하면서 연단 오른쪽으로 걸어 나오

15 "골리앗을 이긴 다윗의 비밀," www.fgtv.com(역자 주-현재 웹사이트에서는 이 설교 영상을 찾아볼 수 없다. 필자에 따르면, 동영상은 설교 당일인 1997년 5월 25일 또는 다음날인 26일에 업로드된 것으로 추정된다). (2009. 11. 11. 접속)

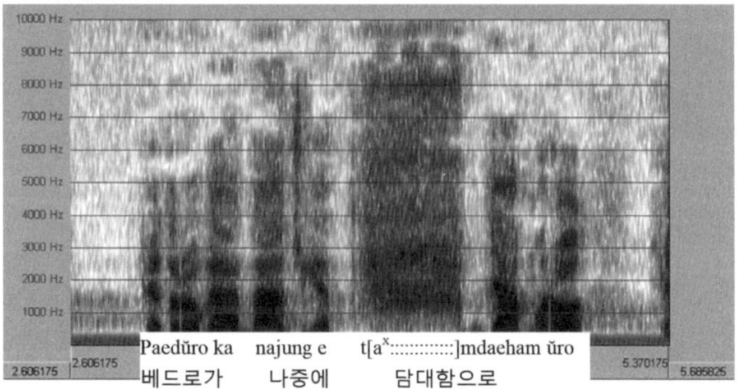

그림 3. 조용기 목사의 FVG 음향 분석도

더니, 자신이 배에 기대고 있는 베드로인 것처럼 연단을 잡았다. 그리고 ‘갑자기’라는 부사와 함께 연단을 놓으면서 공중으로 손을 들어올렸다. 그 구절을 마친 이후에, 그는 연단 뒤의 자리로 되돌아왔다. 조 목사는 자신 나름의 베드로에 대한 지시적인 3인칭 묘사를 동작으로 연행하면서, 성 베드로의 이야기 안에 본인이 실제로 있는 듯이 이야기를 들려주고 있다. 조 목사의 개인적인 ‘순복음’ 신학은, 믿음에 있어 담대함을 갖추는 것이 하나님으로부터의 은총을 불러온다고 상정하고 있는데 (Harkness 2010a), 이를테면, 조 목사 역시 성 베드로가 느꼈던 믿음의 담대함을 ‘느꼈다.’” 조 목사의 운율적 속도조절 및 강화prosodic pacing and intensification, 특히 ‘담대함으로’에 사용된 FVG와 전반적으로 거칠어진 그의 목소리를 신호로 하여, 교인들은 조 목사의 운율에 “아멘”[16]으로 응답하였다.

연단 뒤에서, 조 목사는 관중을 “여러분”이라고 직접 부름으로써 베

16 신도들의 “아멘!”은 본래 Yngve(1970)가 “청자반응(back-channelling)”이라고 부른 현상의 거대 스케일 버전의 일종으로 해석할 수 있다.

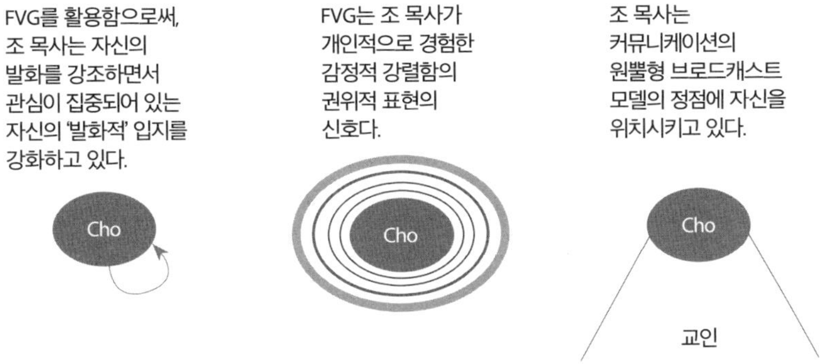

그림 4. 강화와 권위

드로에 대한 3인칭 기술에서 관중을 향한 2인칭 연설로 옮겨갔다. 조 목사의 베드로에 관한 3인칭 기술은 성서적 권위와 더불어 조 목사 개인이 신앙의 담대함을 통해 겪은 강렬한 기적의 경험에 기대고 있는데—전기적biographical 설명 위에 성서적 설명이 겹쳐짐—이는 의사소통의 원뿔형 살포 모델을 가진 설교에 권위를 부여하고 그 모델의 정점에 조 목사를 위치시켰다(그림 4).

조 목사의 FVG는 지시적 내용을 강화했을 뿐 아니라, "표현 행위와 연행자 모두에 대한 관심과 의식을 고조시킴으로써"(Bauman 1977: 11) 연행 자체를 강화하는 역할을 한다. 이처럼, 제대로 행해진 FVG는 서술된 사건(내용) 자체의 강렬함을 넘어, 이런 강렬함에 화자가 어느 정도 몰입되어 있는지, 나아가 화자의 감정이 타인의 주의를 확보할 만큼의 가치를 갖는다는 것[17]까지도 표시함으로써 청자로 하여금 발화되고 있는 지

17 몇 년 전 조 목사가 은퇴하자, 미국 LA 소재 순복음 위성교회의 담인 목사를 맡고 있던 이영훈이 담임 목사 자리를 물려받았다. 이영훈과 여의도 순복음교회의 다른 목사들은 조 목사의 설교 스타일을 따라한다. 그들의 설교는 상대적으로 조용하고 절제된 발화 구간조차도 수많은 FVG로 장식된다.

시적 텍스트에 집중하게 한다.

조 목사의 설교는 오스틴(Austin 1962)이 제시한 "발화수반력illocutionary force" 개념의 직관적인 사례다. 언어인류학자들은 맥락에 기초한 함의의 지표들contextually based entailing indexicals이 언어적 상호작용 자체를 넘어서는 사회적 효과를 야기할 수 있는 힘을 가지고 더 높은 차원의 이데올로기 체계를 작동시키는 것을 "발화수반력"의 개념으로 설명할 수 있다고 주장한다(가령, Silverstein 1979: 222ff.; 1998: 142n10). 음성적 강화는 차치하고서라도, 운율의 효과가 대부분 맥락에 기초한다는 점은 이미 정립된 논의다(Ervin-Tripp 1976; Gumperz 1982; Bolinger 1986, 1989). 하지만 기존 논의들은 운율의 이데올로기적 차원과 그와 연관된 제스처 요소들에 그다지 주목하지 않았다. 이 글의 목표 중 하나는 개인적으로 경험된 강렬함을 전달하는 화자의 "수행"에서 FVG가 갖는 발화수반력을 이해하고자 하는 것이다.[18] 이 질문은 종파에 따라 근엄함과 절제를 다르게 강조하는 말하기 상황어speech register와의 대비를 통해 더욱 분명히 드러날 것이다.

3. 강렬함에서 지시적 초점으로

오순절파 목사 조용기의 사례는 운율적 FVG와 그 표현적 강렬함expressive intensity이 카리스마적 종교 지도자가 스스로 중심인물이 되는 연행self-anchoring performance을 하는 데 어떻게 사용될 수 있는지를 보여준다. 하지

18 사석에서 김기호는 필자에게 이는 한국의 정치인들이 통상 사용하는 전략이라고 짚어주었고, 특히 넓은 공공장소에서 연설을 할 때 그렇다고 하였다.

만 모든 한국인 목사들이 동일하지는 않다. 필자가 현지조사 기간 동안 성가대 단원으로 찬송을 했던 소망 장로교회는 서울에 거주하는 중상류층 한국인들의 규범적 목소리 양식들vocal normativities이 제도화된 대표적인 곳이다(Harkness 2010b). 서울에서 "지적인 교회"로 알려져 있는 소망교회는 예배를 근엄하고 조용하게 드리며, 담임목사 김지철은 설교의 거의 전부를 조용한 목소리로 진행한다. 김지철과 그의 교회는 조 목사와 그의 "목소리가 목청껏 울려 퍼지는" 교회와는 양식적 대척점stylistic opposite에 있다. 혹여 소망교회의 목사들이 설교의 중요한 요소들을 강조하기 위해(발화 내 테크닉의 일종으로) 마찰음을 사용한다면, 필자가 앞서 논의했던 성도vocal tract에서 만들어지는 거친 음성이 아니라, 대개 강한 속삭임의 방식으로 이루어진다. 나아가 마찰음은 (간접 표현된 감격이나 강렬함이라기보다는) 일반적으로 개념적 강조나 부각conceptual emphasis or highlighting의 한 형태로 기능하며, 더욱 중요하게는, 부사와 형용사의 첫 번째 모음만이 아니라 발화의 모든 부분에 적용된다는 것이다.

〈자료 3〉은 소망교회의 부목사 노항규의 2008년 5월 18일 설교 내용 중 일부다. 설교는 "예수께서 배를 타시고 다시 맞은편으로 건너가시니 큰 무리가 그에게로 모이거늘 이에 바닷가에 계시더니"라는 마가복음 5장 21절(국제성서공회 1973)에 기초하고 있다.[19] 노 목사에 따르면, 이 절의 핵심은 예수님이 되돌아가셨다는 것, 즉 호수 맞은편으로 예수님이 '다시' 건너가셨다는 것이다. 노 목사는 이 부분에 주목하면서 강한 속삭임으로 부사 '다시'를 반복하였다.[20] 설교 후반부에 노 목사는 재차 '다

19 예수님께서 배를 타시고 다시 맞은편으로 건너가시니 큰 무리가 그에게로 모이거늘 이에 바닷가에 계시더니(한국성서공회 1998). 한국의 복음주의 장로교에서는 영어로 된 성서를 참조할 때 일반적으로 국제성서공회(New International Version 1973)를 이용한다.

1. 근데 거기에는 오라해서도 아니오.
2. 먼저 가서 기다린 것도 아니었고, 누가 다른 사람들이.
3. 예수님께서 먼저 가실 계획을 가지시고 **다시 가셨다. 다시.**
4. 어, 예수님께서 우리에게 **다시 찾아오신다.**
5. **다시 찾아오신다.**
6. 예수님께서 **다시 찾아오신다.**

자료 3. 속삭임과 지시적 의미 강조

시'라는 말로 돌아와서, 기독교인들의 영적인 삶에 있어서 이 구절에 나오는 '다시'의 중요성을 설명하였다. 예수님은 다시 오셨을 뿐 아니라, 앞으로도 오실 것이라는 것이다. 노 목사가 이를 설명하자 '다시'에 사용되었던 속삭임이('다시'가 포함된) 전체 구절로 '새어 나가면서' 발화 전체를 아우르는 목소리 성질을 구성하였다. 해당 구절은 노 목사가 성경 구절 내에서 '다시'라는 단어가 갖는 중요성을 개념화한 것이다. 이는 〈자료 3〉에 제시되어 있다(속삭임으로 표현된 부분은 밑줄과 진하게 표시되어 있다).

설교 그 어디에서도 노 목사는 조 목사 같은 운율적 FVG를 내지 않았다. 그 대신 설교 전반에 걸쳐서 속삭임을 반복했다. 속삭임이 적용되는 곳이 성경 문장의 동사구가 아니라 노 목사 본인이 성경 텍스트를 자기식으로 바꾼 부분과 그 텍스트의 중요성을 풀어 쓴 부분이라는 점에 주목하자. 부사에 가해졌던 속삭임이 전체 동사구로 전이되면서, 속삭임은 지시적 집중denotational focus에 기초한 발화 내 행위illocution의 일종으로 '새어나갔다.' 가끔 FVG가 속삭임의 형태를 취할 수 있지만, 노 목사는 음성형을 개인적으로 느끼는 강화personally felt intensification의 정도를 나타내기 위해 사용한 것이 아니라, 오히려 성경 구절 전체를 이해하는 데

20 IPA 기호는 음소적으로 유성음 분절의 아래에 점으로 표시하기도 한다.

에 있어 특정 개념이 갖는 해석학적 중요성을 부각하기 위해서 사용하였다.[21] 필자는 소망교회의 목사들이 하는 설교에서, 구체적인 설명 및 개념화의 기술이 반복적으로 나타나는 것을 관찰했는데, 그들은 종종 문학이나 철학을 바탕으로 성경 말씀을 풀이하기도 하면서 대학 강의와 근접한 설교를 하기도 하였다(김지철은 소망교회의 담임목사를 맡기 전에 대학 교수였다).

나아가 속삭임은 개념적 강조의 준언어적 표지로서 좀 더 넓은 범위의 교회 예배의 말하기 양식verbal style과도 관련되어 있다. 한국의 개신교 교회들은 통성 기도(집단 속에서 개인이 소리 내어 하는 기도)를 강조한다고 알려져 있다. 개념적으로 중요한 부분들에 덧입혀진 노 목사의 속삭임들이 소망교회의 수요일 저녁 예배 모임에서 맨정신으로 속삭이는 통성 기도와 연관되듯이, 개인적으로 경험되는 강화의 한 형태로서 부사들에 덧입혀지는 조용기의 거칠고 목구멍 소리가 나는 FVG들은 순복음교회의 수요일 아침 치유 예배에서 들을 수 있는 진폭이 크고 열광적이며 방언에 가까운 특징을 갖는 통성 기도와 연관되어 있다. 따라서 FVG의 본질과 활용은 특정 화자에 의해 사용되는 말하기 상황어의 음성 성질뿐만 아니라 교단 전체의 양식적 속성들stylistic attributes에 대한 지표적 도상indexical icon이 되는데, 이들 교단은 그 나름의 규모와 경제적·정치적·문화적 세력권을 형성하며 한국인의 일상적 말하기 행위에 영향을 미친다.

필자는 노 목사가 거친 FVG를 부사와 형용사에 사용하는 것을 가끔 듣기는 했지만, 그것은 주로 희극적인 용법으로서, 관중들로부터 웃음을 유도하거나 우화적으로 웃긴 인물을 연행할 때 사용되었다. 대체로 특정 지시적 내용에 대한 강렬함의 정도를 표시하는 것과 다른 내용과

21 실제로, 부사 '다시'는 척도 부사가 아니며, 따라서 장음화가 일어나지 않는다.

의 관계에서 특정 지시적 내용에 대한 초점을 표시하는 것은 차이가 있다. 노 목사의 속삭임은 개인적인, 즉 화자 중심의 강화를 표시하기보다는 개념적 틀 안에서의 대비를 표시하였다. 총괄해서 말하면, 서로 다르게 가치 지워진 자기표현 형태들의 문화적 틀 속에서 노 목사의 말하기 양식은 이처럼 FVG 없이 속삭임을 통한 강조를 선호하였다.[22] 두 교회의 제도적 문화와 예배 양식은 교회별로 예배 속에서 (성령에 대한 경험과 복종을 그 원형으로 하는) 경험의 강렬함과 (기독교 지성주의 및 리더십 훈련의 핵심 요소인) 개념화의 명료성에 대해 우선순위를 매기는 방식과 결부되어 있으며, 이러한 상이한 강조점들은 문화적으로 중요한 대립관계를 구성한다.

하지만 핵심은 오순절 교인들이 소리를 지르고, 장로 교인들이 속삭인다는 것이 아니다. 그것이 정확한 묘사라 하더라도 놀랍지는 않지만 말이다(Maltz 1985 참조). 분명 한국의 장로교회 안에도 거친 FVG를 구사하는 목사들이 있다. 단지 강화로부터 지시적 초점으로 통사론적 변화가 일어났다는 설명으로는 불충분하다. 핵심은 여의도 순복음교회와 소망교회가 한국 기독교 문화에서 양식적 대립항stylistic opposites을 이루며, 이는 한국 기독교인의 사람됨personhood의 상이한 모델 및 그것들을 확립하는 현장들authorizing centers에 대한 화자들의 양식적 노선 설정에 중요한 영향을 미친다는 것이다(Agha 2005; Eckert 2008 참조). 이 대비를 FVG의 사용과 이데올로기적 틀 안에서 교차하는 의사소통적·사회적 패러다임

22 예외는 존재한다. 소망교회의 담임 목사 김지철은 한 설교에서 한자어 '평생(平生)'[p'yŏngsaeng]을 발화할 때, 첫 번째 음절의 ŏ에서 거친 FVG를 냈다. 명사로 분류되는 '평생'은, 실은 형용사(平: 평범한, 평평한, 고른)와 명사(生: 삶)를 포함하고 있다. 마치 독립된 형용사를 사용하는 것처럼 김지철은 한자어 '평'에 FVG를 가하여 발음상으로는 p'y[ŏˣ]ngsaeng이 되게 하였다. 그럼으로써 그는 순수 한국어 어휘들보다 고급스럽고 정제된 말하기 상황어를 연상시키는 이 한자어 어휘를 사용할 때 강렬함을 더할 수 있었다.

들과의 관계에서 민족지적으로 보면, 음성형 사용의 적절성과 효력에 관하여 서로 경쟁하는 구도의 존재가 분명해진다. 이어지는 글에서 필자는 더욱 고차원의 틀이 교차하고 문화적 변화도 함께 겪고 있을 상호담론적으로 연결된 현장을 살펴보고자 한다.

4. 개인적으로 느끼는 강렬함을 표현하는 의례적 현장

운율적 FVG를 분간해내고 복제하는 것과 별개로(2절 참조), 대부분의 한국어 화자들은 해당 음성 자체를 술자리에서 일어날 법한 독자적인 발화로 인식하였다. 심지어 필자가 운율적 FVG에 대한 예시와 함께 질문을 해도, 필자의 제보자들은 종종 반응적 FVG를 거론하였다. 그들은 운율적 FVG를 사람들, 특히 남성들이 소주 첫잔을 기울였을 때 내뱉는 감탄사('언어적 반응')—"반사적인 비명" 같은, 그러나 특정한 감정 상태에서 나타나는 일종의 "자기 이야기self-talk"(Goffman 1978)—로 규정하였다. 한국어 화자라면 으레 한국의 '전통적인' 감각 경험들을 하면서(가령 매콤한 국물을 들이키거나 산에서 신선한 공기를 들이마시면서) 독자적인 FVG를 낼 수 있지만, 일반적으로 이런 반응적 FVG를 내는 표본적 발성자는 '아저씨'다('표본적 발성자'에 대해선 Agha 2003 참조). 우리는 시끄러운 술집에서 여성들이 따르는 소주를 마시는 시끄럽고, 술 취한 남성들의 모습을 떠올린다. 남성들은 술을 마실수록 점점 활발해지고, 감정적인 표현이 풍부해지며, 그들의 전반적인 음성 성질과 그들이 반복적으로 사용하는 반응적·운율적 FVG들이 모두 점점 더 '거칠고', '허스키해'진다. 이와 대조적으로, 미국풍의 커피숍이나 이탈리아 식당에서 FVG를 들을 것이라고 예상하지는 않는다. 만약 이 장소에서 이런 소리를 듣게 된다면, 사람들은 눈을 굴리면서 낮은 목소리로 "시끄럽다"고 중얼거릴 것이다.

소주에 대한 반응으로 나타나는 독자적인 FVG는 [kʰɨˣ:::ʰ:::]에서와 같이 주로 무성 유기음이자 연구개 파열음인 [k]를 시작으로 하여, 뒤따르는 중설 혹은 후설 평순 고모음([ɨ] 또는 [ɯ])에서 발성되는 FVG가 증폭된 속삭임을 만들어낸다. 필자의 제보자들과 한국인 동료 학자들 모두 이 소리를 술자리의 개시에 필요한 의례적 괄호ritual bracket라고 규정하였다. 그리고 술자리는 남성들이 단지 스트레스와 에너지뿐 아니라 감정까지도 "방출"할 수 있는, 그리고 그러리라고 기대되는 사회적 공간이다(Lee 2007).[23] 이런 모임들은 때론 너무나 감정적으로 격앙되기도 하여, 경험 많은 음주가들은 술자리가 끝날 때쯤이면 친구 관계의 돈독함을 확인하거나, 과격한 다툼이 오고 갈 수 있음을 잘 알고 있다. 소주 첫 모금 이후에 나오는 FVG는 이 사회적 공간으로 감정적 강렬함이 진입함을 표시하는 것이다.

한국의 소주회사인 진로는 이처럼 보편적이고 잘 알려진 소리를 이용하여 최근 변형된 FVG를 만들고, 이를 참이슬 후레쉬 제품 광고에 사용함으로써, 변형된 FVG가 진로 소주를 마시는 경험과 소주를 마신 후의 반응에 대한 음성적 재현sonic representation으로 기능하게 하였다. 이 광고는 진로의 이른바 "보이스 마케팅"에 기초한 것이다. 진로는 사람들이 낼 수 있는 소리이자, 상술한 표현형 목록에 부합하는 소리이면서, 소주를 마시는 경험뿐 아니라 그에 수반되는 전체적인 음향인식론적acoustemological(Feld 1996) 경험을 나타내기 위해 복제될 수 있는 소리를 고안해낸 것이다.[24] 이 광고들은 한국에서 소주를 마시는 상황에서 인식할

23 피지의 남성 중심적인 그로그주 소비의 "느긋하고 정감 있는 유쾌함"에 대하여 Brenneis(1984), 중국 成都의 신흥 부자들 사이의 음주와 의례적 축배 관행의 남성적·여성적 차원들에 대해선 Osburg(2008: 148), 그루지아 음주 문화 내의 젠더와 근대성에 대해선 Manning(2009)과 비교할 것.

수 있는 다양한 음성, 가령 불 위에서 구워지는 고기 소리(삼겹살인 경우가 많음), 병 뚜껑을 돌려 따면서 금속이 갈라지는 소리, 그리고 식탁에 둘러 앉은 친구들이 내는 FVG의 코러스의 도상성을 부각시키고 있다.

하지만 진로의 FVG는 정형화된 아저씨의 [k^{h}ɨ^{x}:::^{h}:::] 소리가 아니고, 좀 더 밝으면서, 부드럽게 들리는 [k^{h}ja^{h}:::]이며, 이 둘의 차이는 용찬이 거리에서 필자한테 알려준 바로 그 차이이다.[25] 심지어 진로는 이 음성에 대한 한글식 표기: 캬~도 만들었다. 〈그림 5〉는 다양한 사람들이 소주를 한 모금 마신 이후의 상태(입은 벌리고 있으면서, 혀는 위쪽으로 굽어 있음)에 대한 묘사와 함께, 소주를 마시는 경험에 대한 반응적 FVG와 연관된 문구들이 제시된 포스터다.[26]

비록 포스터에서 묘사된 술자리에는 남성 두 명과 여성 두 명이 참여하고 있지만(관련된 TV 광고에서와 같이), 광고 캠페인은 여전히 일반적인 술자리 현장처럼 남성 중심적이다. 여성들은 잠재적인 소비자를 직접 대하듯 카메라에 얼굴을 마주하고 있는 반면, 남성들은 잠재적인 소비자가

24 사석에서 박세영은 일종의 "보이스 마케팅"이 한국 국수 브랜드들의 후루룩 국수와 같은 제품 이름에 사용된다는 것을 지적했다. 외연상 '후루룩'은 도상적인 부사로서, '후루룩거리며', 혹은 '후루룩 소리를 내며'를 의미한다. 비록 모음 [a]에 수반되는 밝고 숨이 찬 FVG가 매운 한국 라면을 홀짝대며 먹은 뒤 모음 [a]에 밝고 숨이 찬 FVG가 방출되는 것은 드문 일이 아니지만, '후루룩'이라는 묘사적인 이름의 강조점은 라면을 먹는 소리이지, 그것에 반응하는 소리가 아니다.

25 모음 [ɨ]에서 [a]로의 변화는 한국어의 모음조화 체계에서 "음성"모음으로부터 "양성"모음으로의 변화를 나타내는 것이기도 하다. 이러한 모음 전환은 외연상 도상적인 어휘들이 풍부한 한국어에서 의미론적·화용론적 함의를 갖는데(Martin 1962; Kim-Renaud 1976; Sohn 1999; Lee and Ramsey 2000), 그 한 예로서 확대사-지소사 구분이 있다.

26 "감탄하라!"("반응하라" 또는 "외쳐라")는 명령에 주목할 것. 필자의 제보자들은 독자적 FVG를 표현적인 "감탄"(반응)으로 묘사하였다(감탄사, 感歎詞)

"이 소리가 있어야 소주다"

"나는 소리가 좋다"

캬~[kʰjaʰ:::]

"소주의 예술은 소리다"

"여자는 소리에 취한다"

좋은 소주에 감탄하라!

그림 5. 진로의 '보이스 마케팅'

자신들과 동일시될 수 있는 상황을 나타내는 듯이 카메라와 직접적으로 마주하고 있지 않다. 나아가 남성들이 소주를 마시면서 내는 소리 자체를 강조한다면, 여성들은 그 소리에 대한 본인들의 감정적 반응을 강조한다.

진로의 FVG에 대해 구글 검색을 해보면, 진로 소주가 등장하지 않는 소주 소비 상황을 나타내는 데에도 FVG가 광범위하게 사용된다는 것을 알 수 있다. 〈그림 6〉은 익명의 개인 블로그에서 찾은 사진인데, 꼼장어가 구워지고 있고 그 옆에 진로 소주와 경쟁관계에 있는 두산의 '처음처럼' 한 병이 놓여 있는 모습을 보여준다. 블로그 주인은 그 이미지 아래에 캡션을 이렇세 달았다: 꼼징어+소주=캬!!![27]

27 http://www.kimkichan.com/251(2009. 11. 11. 접속). 현재 사이트는 폐쇄되었고, 사진 또한 찾아볼 수 없다.

그림 6. 꼼장어, 소주, FVG
(익명의 개인 블로그)

중요한 것은 이 음식이 소주의 소비를 넘어 남성성과 연관되어 있다는 점이다. 길고, 실린더와 같은 모양새를 가진 꼼장어는 종종 "남자에게 좋은 것"(정력, 성욕, 그리고 스태미너에 좋은 것)으로 묘사된다(중국의 비슷한 사례들로는 Farquhar 1999, 2002 참조). 소주와 일종의 남성-젠더화된 "약효가 있는 식사"(Farquhar 2007)의 조합이 FVG 형태의 음성 반응을 만들어낸다고 이해되는 것이다.

이상의 사례를 통해 우리는 분리 가능한 강렬함의 표현과 이런 표현에 대한 문화적 허용이 운율적 FVG 및 적법한 말하기 강화legitimate intensification of speech에 어떻게 상호담론적으로 연결되어 있고, 어떤 의미로는 서로를 반영하고 있는지 알 수 있다. 남성 중심적 감정 표현의 공간들과 연관되는 음성형의 일종인 반응적 FVG는 특정 모음의 음운적 요소에 덧입혀져 말하기의 운율적 강화를 전달할 수 있다. 운율적 FVG는 화자가 (반드시 남성일 필요는 없음) 권위적으로 주의를 끄는 것과 연관되어 있는데, 이는 술자리 도중에 남성들이 자신들의 감정을 표출할 수 있는 권리를 주장하면서 내는 반응적 FVG를 연상시킨다(필자의 제보자들이 운율적 FVG와 반응적 FVG을 연관시키면서 드러났음). 두 사례에서 FVG는 개인적으로 경험된 강렬함을 전달할 수 있는 화자의 자유를 시사한다. FVG 음성형은 표현의 권위를 드러내고, 행사하는 의사소통의 수단을 그러한 권위의 정형화된 장소 및 인격적인 형태personification와 연결시킨다.

하지만 한국 여성들에게 상황은 변화하고 있다. 젊은 한국 남성들이 군대에 가 있는 동안 술자리 의례에 참석하는 경우를 제외하면, 한국의 공적인 술자리에서 여성들이 점점 중요한 역할을 하기 시작한 것이다(Kim and Kim 2008). 근 20년간 소주 광고들을 추적해보면, 음주가 권력 및 남성성의 속성들로 점철되었던 남성만을 위한, 남성만의 것이라고 이해되던 것에서, 여성성의 특정한 모델이 음주의 맥락에서 중요한 위치로 변화했다는 것을 알 수 있다. 후자 또한 문화적으로 용인되는 방식의 남성들의 즐거움을 위한 것이라 해도 말이다. 최근 몇 년간 소주회사들이 알코올 함량을 줄이고 여성을 상대로 "더 부드러운" 소주를 마케팅하는 전략을 추진한 것과 함께, 기존의 남성 중심의 술자리와 관련된 "거친" 남성적 음성들 또한 "부드러워지고" 있는 것으로 보인다(Bourdieu 1977, 1984[1979]: 190-191에서 la gueule과 la bouche에 대한 내용 참조).

좀 더 "부드러워진" 소주 마시기로의 변화는 반응적 FVG의 변화로 상징된다. 즉 진로의 FVG는, 알코올의 현상학적 강도가 줄어들고 (FVG 소리를 부드럽게 함) 목구멍에서의 느낌이 순해졌다는 (발성할 때의 마찰적 강도를 감소시킴) 측면에서 한국 음주 문화의 변화를 도상화한다는 것이다. 이 내용은 실은 필자가 2009년 9월에 대형 소주회사들 중 한 곳에서 연구 개발 책임자와 진행한 인터뷰에서 확인한 내용이기도 하다. 그는 필자에게 소주가 예전만큼 강하지 않고, 목구멍에서 느껴지는 "자극"이 그렇게 강렬하지 않기 때문에, 요즘 사람들이 내는 반응적 FVG는 옛날에 내던 그 소리가 아니라고 말해주었다. 그는 소주의 알코올 농도가 30%에서 25%로 낮아지고, 몇 년간 25%로 유지되다, 근 몇 년에 여성의 소주 소비가 늘어나면서 20% 미만으로 떨어지게 된 상황을 설명하였다. 또 필자에게, "여자들의 음주층이 많아지면서 독한 것보다는, 하드한 것보다는 소프트한 것…"이라고 말하기도 하였다.

한국의 술자리 상황이 여전히 근본적으로 남성 중심적이어도, 여성의 참여를 북돋는 방향으로 점진적으로 변화하고 있다. 앞선 인터뷰에 이어서, 연구 개발 책임자는 알코올 함유량의 감소가 어떻게 술뿐만 아니라 반응적 FVG까지도 순화 내지 희석시켰는지에 대해 설명하였다. 이를 설명하면서 그는 반응적 FVG를 총 4번 냈는데, 시범을 보이기도 하고, 간접화법으로 들려주기도 했다. 그리고 옛날식 독한 소주를 마시는 느낌을 나타내기 위해 영어 차용어인 "하시harsh하다"는 표현을 사용하면서, 이 형용사의 첫 음절에 위치한 모음 [a]에 운율적 FVG를 덧입혔다. 이 사례는 강렬함의 표현으로 인용될 수 있는 반응적 FVG와, 논의되는 내용 중 무언가의 강렬함에 대한 의견표시로서의 운율적 FVG 간의 관계—이 화자[연구 개발 책임자]의 설명 안에서 담론-내적인 intradiscursive 관계(Silverstein 2005)를 맺고 있는 것으로 파악됨—를 뚜렷하게 보여준다. 이 사례에서 논의되고 있는 것은 옛날식 소주를 마시는 것의 '강렬하게 하시한' 느낌과 그로 인해 마시는 사람이 내는 '강하게 하시한' 소리였다.

위에서 사용된 표준적인 남성의 반응적 FVG가 소주 한 모금을 들이켰을 때의 강렬한 감각에 대한 반응인 반면, 진로와 여타 소주회사의 광고들에서 FVG가 더 밝고 부드러워진 것은 알코올 함량의 감소, 덜 강렬한 체험, 그리고 한국의 문화적 맥락에서 전반적으로 술자리 상황이 덜 남성 중심적으로 변화하고 있는 것과 맞물려 있다. 주목할 것은, 알코올 함량의 감소는 단지 술 마시는 체험을 부드럽게 하려는 목적을 넘어, 술에 취하는 수준을 낮추려는 것에 목표를 두고 있다 (혹은, 적어도, 마케팅은 그런 방식으로 이뤄지고 있다). 즉, 더 약해진 소주와 부드러워진 FVG는 '술에 취하지 않은 맨정신의 상태'에 가치가 더더욱 부여되는 것과 연관되어 있으며, 특히 비교적 최근에 들어서야 공적인 알코올 소비에 동참하게 된 집단인 여성의 경우에 그러하다. 하드함에서 부드러움으로의 변화,

1. 자극에 대한 사실 옛날에는…
2. 지금은 크~[k^{h}ɨ^{x}:::^{h}:::] 소리가 나올 만큼 소주가 독하지 않아요.
3. 옛날에 알코올 도수가 높을 때는 마실 때는 알코올 도수가 사십 도가 되면
4. 위스키도 마시면 목구멍으로 자극은,
5. 자극하니까 하시한 느낌이 있잖아요
6. 소주도 그 하시한 느낌이 크~[k^{h}ɨ^{x}:::^{h}:::] 하고 이렇게 소리를 냈었던 건데.
7. 그거, 왜 한국 술 중에서는 소주가 가장 독한 술이었기 때문에
8. 다른 술에 비하면
9. 다른 술은 [중간의 녹음이 잘 들리지 않음] 탁주, 막걸리나 뭐, 이런 것은 그렇게 독하지 않기 때문에 소리가 안 나오는데
10. 그러다 보니까, 소주하면 크~[k^{h}ɨ^{x}:::^{h}:::] 하는 소리를 내는 그러한, 그, 습성이 몸에 배어서
11. 소주 할 때는 크~[k^{h}ɨ^{x}:::^{h}:::]를 많이 연상하는 것 같아요.
12. 그런데 앞으로는 점점 그게 희박해질 것 같아요.

자료 4. 부드러워진 소주와 소리

만취 상태에서 맨정신의 상태로의 변화, 강렬함에서 희석됨으로의 변화는 여의도 순복음교회의 도취된 강렬함과 소망교회에서 맨정신 상태의 절제됨 사이에서 나타나는 양식적 대조(설교 내에서 운율적 FVG의 사용과 억제를 통해서 분명하게 드러나는 대조)와 유사하다.

5. 결론: 마찰음 목소리 제스처와 준언어적 음성화voicings

필자는 FVG가 한국어 운율에서 갖는 '발화수반력'이 비 운율적인 용법과 연결되어 있음을 주장하였다. 필자의 접근은 특정 화자가 강조하는 발화의 지시적 내용에 덧입히는 운율적 FVG와 강렬한 감각 경험에 대한 표현 반응으로서 독자적으로 발성되는 반응적 FVG 사이의 타입-상호담론성type-sourced interdiscursivity을 민족지적 사례로 입증하고자 하였다.

반응적 FVG는 감정 표현이 허용되는, 전통적으로 자기위주의 남성적 행위를 의미하는 것으로 잘 알려진 지표다. 반응적 FVG의 화자 자신을 중심에 위치시키는 기능과 개인적인 경험의 강렬함을 나타낼 수 있는 힘은 반드시 남성성을 연상시키지 않고도 운율적 FVG에서 재연된다. 반응적 FVG에서 운율적 FVG로 시선을 옮겨가면서, 우리는 어떻게 이 특정한 목소리 제스처가 간접화법의 잠재적인 인용대상에서부터 "화자 자신의 인용 행위에 대한 일종의 해설"(Lee 1997: 278)로 작동하는 운율 형태로, 즉 볼로시노프(Voloshinov 1973[1929])가 말한 간접화법의 "선형적linear" 양식에서 "회화적pictorial" 양식으로 변화하는지 볼 수 있다. 좀 더 기호학적 추상의 수준을 높이면, 운율적 FVG는 반응적 FVG의 일반화된 자유간접화법generalized indirect free style(Silverstein 1994; Lee 1997)의 한 종류라고 볼 수 있는데, (화자가 남성인지 여부와 무관하게) 강렬함과 그것의 표현에 대한 적법성을 동시에 전달할 수 있는 운율적 FVG의 수행적 역량performative capacity은 그것을 사용한다고 정형화된 인물—술자리 상황의 중심에 위치한 나이 든 남성들—의 권위에 기반한 것이다. 이런 자유간접화법은 발화의 차원(구분 가능한 음성)과 운율의 차원(준언어적) 사이에서 음성형에 대한 일종의 위상 변경rank-shifting을 일으키며, 이를 통해 독자적인 발화로 전달될 수 있는 음성형이 실제로 발화의 틀을 짜는 하나의 준언어적 자질이 된다.

운율적 FVG와 반응적 FVG 사이의 연결은 동일한 종류의 마찰 음성으로 한층 더 높은 차원의 구분 패러다임 두 가지를 불러들이는 것이다. 하나는 계급적 차이와 가장 밀접하게 연관된 패러다임으로, 이는 두 기독교 종파의 대비(오순절파와 장로교파)에서 볼 수 있으며, 다른 하나는 공적인 술자리 상황의 정형화된 참여자들의 젠더 구분(남성과 여성)과 가장 밀접하게 연관된 패러다임이다. 야콥슨과 워(Jakobson and Waugh 1987[1979]:

79)가 지적했듯이, 화자들은 이러한 양식적 차이를 인식하게 될 수 있고, 이런 차이를 시간의 축 위에 배열할 수 있다. 그러한 경우 화자들은 상이한 말하기 양식을 현대적인, 혹은 구식인 것으로 경험하고, "시간 자체가 언어체계 안으로 들어오면서 … 기호학적 의미를 지니게 된다."(Jakobson and Waugh 1987[1979]) FVG의 경우, 한국어 화자들은 이런 변화를 감지하면서 점차 운율적 FVG와 반응적 FVG가 모두 거칠수록 "나이가 많은" 사람들이 쓸 법한 것으로 인식하고 있다. 대체로 이는 실제로 FVG와 연관된 의례적 현장들의 사회적 구성이 변화하고 있기 때문이다. 비록 여의도 순복음교회가 계속해서 성장하고 있긴 하지만, 1950년대 후반부터 시작되었던 순복음교회의 신학은, 전후 한국사회의 고통 받는 대중들의 삶과 몸 속에 성령이 개입하게 될 것이라는 생각에 기초하여 만들어진 것이다. 성령은 불의 형태로 나타날 것이며, 죄악을 태움으로써 신자들의 몸을 정화할 것이고, 이는 신자들로 하여금 무아지경의 상태로 바닥에서 온몸을 비틀고 방언을 하게 만든다는 것이다(Harkness 2010a). 소망교회는 1970년대 말에 세워졌다. 그들은 고통과 역경이 과거의 것이라는 메시지를 던진다. 소망교회의 설교 양식과 발성 표준—속삭이는 예배에서부터 유럽풍의 고전적 창법에 이르기까지—은 부유하고, 건강하고, 현대적이면서 평화로운 한국의 현재를 실체화한 것으로 보인다(Harkness 2010b). 한편으로, 비록 한국 소주가 엄청난 양으로 널리 소비되고 있다고는 해도, 갈수록 소주는 주로 일반적인 주점과 식당에서 한식과 함께 마시는 전통적인 술로 인식되고 있고, 특히 최근에 수입된 고가의 주류, 칵테일, 포도주 및 그에 어울리는 요리들—이 중 어느 것도 거친 반응적 FVG를 지속적으로 유발하지 않음—과 비교했을 때 더욱 그렇다.[28]

이를 염두에 두고, 이제 다시 세현의 이야기(자료 2)로 돌아가면, 세현이가 첫 번째 "갑자기"에서만 FVG를 낸 것이 왜 중요한지 알 수 있다. 세현은 텔레비전이나 잠잘 때 듣는 재미있는 이야기, 가족 구성원의 일상적인 말 등의 각종 자료들에서 FVG를 습득하였을 것이다. 세 명의 여성(세현의 어머니, 친할머니, 이모)이 세현을 돌보고 있는데, 필자는 성가대의 지휘자인 세현의 어머니가 종종 해학적이고 눈에 띄게 과장된 방식으로 FVG를 사용한다고 들었다. 좀 더 일반적으로 얘기하자면, 세현은 자신을 돌봐주는 중상류층의 여성들과 동행하면서 서울의 차가 막히는 거리와 시장에서 들리는 크고 불쾌한 소리들과, 남편들이 사무실에서 일을 하거나 동네 술집에서 동료들과 술을 마실 때, 부인들끼리 모이는 장소인 서울의 커피숍과 이탈리아 레스토랑에서 조용하고 부드러운 소리 경관soundscape을 경험했을 것이다. 세현은 또한 사랑하고 돌봐주는 하나님의 모습을 조용하고, 부드러운 음향 공간acoustic space에서 묘사하는 통상적인 장로교회 의례들을 경험하였을 것이다. 천사들은 왕개미들과는 다르게 부드럽고 평화롭다.

우리는 또한 인식된 시간의 축을 따라 달라지는 FVG 사용의 전체 양상이 세현의 이야기의 운율적 시학 안에 내재해 있음을 알 수 있다. 그 이야기는 두 가지 "갑작스러운" 등장으로 짜여 있는데, 하나는 악당에 관한 것이고, 다른 하나는 영웅에 관한 것이다. 악당은 개인적으로 경험된 강렬한 공포를 불러일으키며, 영웅은 마음을 진정시키는 윤리적 질서를 제시한다. FVG는 이야기 초반부의 갈등 국면을 나타내고, 후반부에서는 FVG가 사용되지 않음으로써 해결 단계에 이르렀음이 표시된다. 혼란을 거쳐 안정을 되찾는 과정에 이르는 세현의 이야기 구조는 한국 교

---

28 필자는 한국인 동료들과 저녁을 함께 보낼 기회가 있었는데, 그들은 필자로 하여금 몇 가지 다른 종류의 술(위스키에서부터 포도주까지)을 시음하도록 유도하여, 이들 중 어느 하나라도 소주를 마셨을 때와 같은 FVG가 나오게 만드는지 알아보았다. 중론은 어느 것도 그런 FVG가 나오도록 하지 못했다는 것이다.

회들에서 들려주는 이야기, 즉 세계에서 가장 가난하고, 전쟁에 의해 폐허가 되었던 한국이 50년 동안 세계에서 가장 부유하고, 선진화된 나라들 중 하나로 부상했다는 것과 유사하다. 이런 교회들은 종종 기독교가 한국을 보다 부유하고, 평화롭고, 세계시민적인cosmopolitan 국가로 이끌었다고 한다.

그리고 이처럼 비-기독교적 행위의 문제를 해결하기 위해 기독교적인 영웅을 내세우는 우화적인 공식을 따르는 세현은 이야기의 상이한 국면들에 맞추어 상이한 발성 양식들을 구사하였다. 즉, FVG의 포함이나 배제는 이와 같은 더욱 포괄적인 미적-도덕적 판단의 표식emblem으로 기능한다. 갈등 해결의 국면은 오순절파 기독교인들이나 술집에 있는 남성들의 크고 열광적인 표현들보다는—이런 표현은 갈등의 국면과 더 어울림—더욱 현대적인 소비 공간과 부유한 장로교회에서 들리는 부드러운 소리들을 통해 제시된다.

이야기 속에서 부정적이었다가 긍정적으로 변하는 감정의 흐름은 FVG를 통해 작은 개미들과 그들이 느끼는 감정으로부터 개미들의 관심사를 이야기하는 서술자의 공감하는 목소리로 옮겨지는 것으로 보인다(Bakhtin 1981: 275-336; Hill 1995; Silverstein 1993; 1994: 50-53, 59n11; 2000). 이야기에서 개미들 자신은 FVG를 내지 않았다. 사실 그들은 어떤 소리도 내지 않았다. 오히려, FVG를 사용한 것은 개미들이 처한 상황을 묘사하는 서술자였다. 세현의 이야기에서, 서술된 상황narrated event 속 말 없는 인물의 시점이 서술의 상황event of narration에서 유의미한 음운적 조정을 통해 서술자 자신의 시점으로 드러난다. 이는 서술자가 명시적으로 이야기 내의 서로 다른 인물들과 자신을 맞추는 방식에 부합한다. 이 사실은 세현의 다른 두 가지 제스처에서, 즉 왕개미의 등장을 알릴 때 내는 겁먹은 표정(작은 개미들의 관점), 그리고 왕개미를 몰아내기 위한 천사의 노력을 연기하는 몸짓(천사의 관점)에서 분명하게 알 수 있다.

그렇다면 마찰음 목소리 제스처들은 비단 특정한 정체성 혹은 사회적 범주의 식별징표로만 기능하는 것이 아니다(물론 그런 역할도 하지만). FVG가 단순히 시끄러운 술집과 소란스러운 교회의 음향적 환경만을 구성하고 있는 것도 아니다(물론 이런 환경에 기여하지만). 오히려 화자의 FVG 사용은 화자 본인이, 상이한 종류의 의사소통 상황에서 환기되는 상이한 권력과 사회적인 구분체계에 자신을 어떻게 맞추고 어떤 입장을 갖고 있는지에 대한 단서가 된다. FVG를 사용하는 것이 반드시 특정한 인물 혹은 타입type—남성 혹은 여성, 나이 든 사람 혹은 젊은 사람, 괴물 혹은 천사, 무아지경의 오순절파 교인 혹은 맨정신의 장로교인—을 연출하기 위한 것만은 아니다. 비록 그처럼 인식 가능한 사회적 배역을 차지하는 것이 FVG 사용의 궁극적인 지표 함의indexical entailment일 수는 있지만, FVG가 언제나 이런 특정 함의를 만들어내는 것은 아니다. 필자는 위의 사례들을 통해 FVG가 실은 빠르게 변화하고 있는 사회에서 교차하고, 병렬관계를 맺고 있는 구분의 패러다임들 속에 위치한 다목적적 표식임을 밝히고자 하였다. 한국에서 FVG는 허용된 강렬함의 표현적 상황어들의 한 특질로서, 갈수록 젊은 세대, 고학력의 상류 계층, 그리고 개신교의 특정 부류에 의해 과거의 것으로, 시대에 뒤떨어진 문화적인 형식의 잔존으로 규정되고 있다.

Agha, Asif, 2003, "The Social Life of Cultural Value," *Language & Communication* 23: 231-273.

______, 2005, "Voice, Footing, Enregisterment," *Journal of Linguistic Anthropology* 15(1): 38-59.

Austin, John, 1962, *How to Do Things with Words*, Cambridge: Harvard University Press.

Bakhtin, Mikhail M., 1981, "The Dialogic Imagination: Four Essays," in Michael Holquist (ed.), Caryl Emerson and Michael Holquist (trans.), Austin: University of Texas Press.

Bauman, Richard, 1977, *Verbal Art as Performance*, Illinois: Waveland Press.

Besnier, Niko, 1990, "Language and Affect," *Annual Review of Anthropology* 19: 419-451.

Birdwhistell, Ray L., 1970, *Kinesics and Context: Essays on Body Motion Communication*, Philadelphia: University of Pennsylvania Press.

Bolinger, Dwight, 1946, "Thoughts on "Yep" and "Nope"," *American Speech* 21(2): 90-95.

______, 1961, *Generality, Gradience, and the All-or-None*, The Hague: Mouton de Gruyter.

______, 1978, "Intonation Across Languages," in Joseph Greenberg (ed.), *Universals of Human Language*, Vl.2, Phonology, Stanford: Stanford University Press, pp. 471-524.

______, 1986, *Intonation and its Parts: Melody in Spoken English*, Stanford: Stanford University Press.

______, 1989, *Intonation and its Uses: Melody in Grammar and Discourse*, Stanford: Stanford University Press.

Bourdieu, Pierre(Richard Nice, trans.), 1977, "The Economics of Linguistic Exchanges," *Social Science Information* 16(6): 645-668.

______, 1984[1979], *Distinction: A Social Critique of the Judgement of Taste*, Cambridge: Harvard University Press.

Braddick, Michael (ed.), 2009, "The Politics of Gesture: Historical Perspective," *Past and Present* 203, Supplement 4: 9-35.

Brenneis, Donald, 1984, "Grog and Gossip in Bhatgaon: Style and Substance in Fiji Indian Conversation," *American Ethnologist* 11(3): 487-506.

Brown, Roger and Albert Gilman, 1960, "The Pronouns of Power and Solidarity," in Thomas A. Sebeok (ed.), *Style in Language*, Cambridge: MIT Press, pp. 253-276.

Caffi, Claudia and Richard W. Janney, 1994, "Toward a Pragmatics of Emotive Communication," *Journal of Pragmatics* 22(3/4): 325-373.

Cho, Young-Mee Yu, 2002, "Diglossia in Korean Language and Literature: A Historical Perspective," *East Asia* 20(1): 2-23.

Eckert, Penelope, 2008, "Variation and the Indexical Field," *Journal of Sociolinguistics* 12: 453-476.

Ekman, Paul, 1979, "About Brows: Emotional and Conversational Signals," in Mario von Cranach et al. (eds.), *Human Ethology: Clains and Limits of a New Discipline*, Cambridge: Cambridge University Press, pp. 169-249.

Ervin-Tripp, 1976, "Is Sybil There? The Structure of Some American English Directives," *Language in Society* 5(1): 25-66.

Farquhar, Judith, 1999, "Technologies of Everyday Life: The Economy of Impotence in Reform China," *Cultural Anthropology* 14(2): 155-179.

______, 2002, *Appetites: Food and Sex in Postsocialist China*, Durham: Duke University Press.

______, 2007, "Medicinal Meals," in Margaret Lock and Judith Farquhar (eds.), *Beyond the Body Proper: Readings in the Anthropology of Material Life*, Durham: Duke University Press, pp. 286-296.

Feld, Steven, 1996, "Waterfalls of Song: An Acoustemology of Place Resounding in Bosavi, Papua New Guinea," in Steven Feld and Keith H. Basso (eds.), *Senses of Place*, Santa Fe: School of American Research Press, pp. 91-135.

Fónagy, Ivan, 1976, "La Mimique Buccale: Aspect Radiologique de la Vive Voix," *Phonetica* 33: 31-44.

Gal, Susan, 2005, "Language Ideologies Compared: Metaphors of Public/Private," *Journal of Linguistic Anthropology* 15(1): 23-37.

Gal, Susan and Judith Irvine, 1995, "The Boundaries of Languages and Disciplines: How Ideologies Construct Difference," *Social Research* 62(4): 966-1001.

Goffman, Erving, 1978, "Response Cries," *Language* 54(4): 787-815.

______, 1979, "Footing," *Semiotica* 25(1-2): 1-29.

Grammont, Maurice, 1946[1933], *Traité de Phonétique*, Paris: Librairie Delagrave.

Gumperz, John J., 1982, *Discourse Strategies*, Cambridge: Cambridge University Press.

Handler, Richard, 2009, "Erving Goffman and the Gestural Dynamics of Modern Selfhood," *Past and Present* 203, Supplement 4: 280-300.

Harkness, Nicholas, 2010a, "Words in Motion and the Semiotics of the Unseen in Two Korean Churches," *Language & Communication* 30(2): 139-158.

______, 2010b, "The Voices of Seoul: Sound, Body, and Christianity in South Korea," Ph.D. Thesis, Department of Anthropology, The University of Chicago.

Hastings, Adi and Paul Manning, 2004, "Introduction: Acts of Alterity," *Language & Communication* 24(4): 291-311.

Hill, Jane H., 1995, "The Voices of Don Gabriel: Responsibility and Self in a Modern Mexicano Narrative," in Dennis Tedlock and Bruce Mannheim (eds.), *The Dialogic Emergence of Culture*, Urbana and Chicago: University of Illinois Press, pp. 97-147.

International Bible Society, 1973, *The Holy Bible, New International Version*, Grand Rapids: Zondervan.

Irvine, Judith T., 1990, "Registering Affect: Heteroglossia in the Linguistic Expression of Emotion," in Catherine Lutz and Lila Abu-Lughod (eds.), *Language and the Politics of Emotion*, Cambridge: Cambridge University Press.

Jakobson, Roman, 1960, "Closing Statement: Linguistics and Poetics," in Thomas Sebeok (ed.), *Style in Language*, Cambridge: MIT Press, pp. 350-377.

______, 1990[1939], "The Sound Laws of Child Language and Their Place in General Phonology [Les Lois Phoniques du Langage Enfantin et Leur Place dans la Phonologie Générale]," *On Language*, Cambridge: Harvard University Press, pp. 294-304.

______, 1990[1960], "Why "Mama" and "Papa"?" *On Language,* Cambridge: Harvard University Press, pp. 305-311.

Jakobson, Roman, C. Fant M. Gunnar, and Morris Halle, 1969, *Preliminaries to Speech Analysis: The Distinctive Features and their Correlates*, Cambridge: MIT Press.

Jakobson, Roman and Linda Waugh, 1987[1979], *The Sound Shape of Language*, Berlin: Mouton de Gruyter.

Jesperson, Otto, 1918, *Nogle Men-ord. Studier tillegnade Esaias Tegner*, Lund: Gleerup, pp. 49-55.

______, 1922, *Language: Its Nature, Development, and Origin*, London: George Allen &

Unwin.

Kataoka, Kuniyoshi, 2009, "A Multi-Modal Ethnopoetic Analysis (Part 1): Text, Gesture, and Environment in Japanese Spatial Narrative," *Language & Communication* 29(4): 297-311.

Kendon, Adam, 2004, *Gesture: Visible Action as Utterance*, Cambridge: Cambridge University Press.

Kim, Wooksoo and Sungjae Kim, 2008, "Women's Alcohol Use and Alcoholism in Korea," *Substance Use & Misuse* 43: 1078-1087.

Kim-Renaud, Young-Key, 1976, "Semantic Features in Phonology: Evidence from Vowel Harmony in Korean," *Chicago Linguistic Society* 12: 397-412.

Kita, Sotaro, 2001, "Gesture in Linguistics," in Neil Smelser and Paul Baltes (eds.), *International Encyclopedia of the Social Sciences*, New York: Elsevier Science, pp. 6215-6218.

Ko, Eon-Suk, 2002, "The Phonology and Phonetics of World Level Prosody and Its Interaction with Phrase Level Prosody: A Study of Korean in Comparison to English," Ph.D. Thesis, University of Pennsylvania.

Korean Bible Society, 1998, *Kaeyŏkkaejŏng* (New Revised Korean Version), Seoul: Korean Bible Society.

Labov, William, 1966, *The Social Stratification of English in New York City*, Washington, DC: Center for Applied Linguistics.

______, 1972, *Language in the Inner City: Studies in the Black English Vernacular*, Philadelphia: University of Pennsylvania Press.

Ladefoged, Peter, 1975, *A Course in Phonetics*, New York: Harcourt Brace Jovanovich.

Ladefoged, Peter and Ian Maddieson, 1996, *The Sounds of the World's Languages*, Malden: Wiley-Blackwell, pp. 316-320.

Lass, Roger, 1984, *Phonology*, Cambridge: Cambridge University Press.

Laver, John, 2009[1980], *The Phonetic Description of Voice Quality*, Cambridge: Cambridge University Press.

Lee, Benjamin, 1997, *Talking Heads: Language, Metalanguage, and the Semiotics of Subjectivity*, Durham: Duke University Press.

Lee, Iksop and Robert Ramsey, 2000, *The Korean Language*, Albany: State University of New York Press.

Lee, Sang-Gil, 2007, "Techniques du Corps et Communication Ritualisée. À Propos de la Culture du Boire en Corée," *Sociétés* 95(1): 129-139.

Liberman, Alvin and Ignatius Mattingly, 1985, "The Motor Theory of Speech Perception Revised," *Cognition* 21: 1-36.

Maltz, Daniel, 1985, "Joyful Noise and Reverent Silence: The significance of Noise in Pentecostal Worship," in Deborah Tannen and Muriel Saville-Troike (eds.), *Perspectives on Silence*, Norwood: Ablex.

Manning, Paul, 2012, *Fluid Modernities: Cultures of Drink and Categories of the Modern in Georgia*, unpublished Manuscript, http://www.dangerserviceagency.org/drinking.html.

Martin, Samuel, 1962, "Phonetic Symbolism in Korean," in Nicholas Poppe (ed.), *American Studies in Altaic Linguistics* 13, Bloomington: University of Indiana Press, pp. 177-189.

McNeill, David, 2005, *Gesture and Thought*, Chicago: University of Chicago Press.

McQuown, Norman, 1954, "Analysis of the Cultural Content of Language Materials," in Harry Hoijer (ed.), *Language in Culture: Conference on the Interrelations of Language and Other Aspects of Culture*, Chicago: University of Chicago Press, pp. 57-61.

Mead, George Herbert, 1934, "Mind, Self, and Society," in Charles S. Morris (ed.), *The Standpoint of a Social Behavioralist*, Chicago: University of Chicago Press.

Newman, Stanley, 1946, "On the Stress System of English," *Word* 2: 171-187.

Osburg, John, 2008, "Engendering Wealth: China's New Rich and the Rise of an Elite Masculinity," Ph.D. Thesis, Department of Anthropology, University of Chicago.

Queen, Robin, 2001, "Bilingual Intonation Patterns: Evidence of Language Change from Turkish-German Bilingual Children," *Language in Society* 30: 55-80.

Sapir, Edward, 1927, "Speech as Personality Trait," *The American Journal of Sociology* 32(6): 892-905.

______, 1931, "Communication," in *Encyclopedia of the Social Sciences* 4, New York: Macmillan, pp. 78-81.

Silverstein, Michael, 1976, "Shifters, Linguistic Categories, and Cultural Description," in Keith Basso and Henry Selby (eds.), *Meaning in Anthropology*, Albuquerque: School of American Research, University of New Mexico Press, pp. 11-56.

______, 1979, "Language Structure and Linguistic Ideology," in Paul R. Cline, William Hanks, and Carol Hofbauer (eds.), *The Elements: A Parasession on Linguistic Units and Levels*, Chicago: Chicago Linguistic Society, pp. 193-247.

______, 1981, "The Limits of Awareness," *Working Papers in Sociolinguistics* 84, Austin: Southwestern Educational Laboratory.

______, 1993, "Metapragmatic Discourse and Metapragmatic Function," in John Lucy (ed.). *Reflexive Language: Reported Speech and Metapragmatics*, Cambridge: Cambridge University Press, pp. 33-58.

______, 1994, "Relative Motivation in Denotational and Indexical Sound Symbolism of Wasco-Wishram Chinookan," in Johanna Nicholas and John Ohala (eds.), *Sound Symbolism, Leanne Hinton*, Cambridge: Cambridge University Press, pp. 40-60.

______, 1998, "The Uses and Utility of Ideology: A Commentary," in Bambi Schieffelin, Kathryn Woolard, and Paul Kroskrity (eds.), *Language Ideologies: Practice and Theory*, Oxford: Oxford University Press, pp. 123-145.

______, 2000, "Whorfianism and the Linguistic Imagination of Nationality," in Paul Kroskrity (ed.), *Regimes of Language: Ideologies, Polities, and Identities*, Santa Fe: School of American Research Press, pp. 85-138.

______, 2003, "Indexical Order and the Dialectics of Sociolinguistic Life," *Language & Communication* 23: 193-229.

______, 2005, "Axes of Evals: Token versus Type Interdiscursivity," *Journal of Linguistic Anthropology* 15(1): 6-22.

Sohn, Ho-min, 1999, *The Korean Language*, Cambridge: Cambridge University Press.

Trager, George L., 1958, "Paralanguage: A First Approximation," *Studies in Linguistics* 13: 1-12.

______, 1961, "The Typology of Paralanguage," *Anthropological Linguistics* 3(1): 17-21.

Trudgill, Peter, 1972, "Sex, Covert Prestige and Linguistic Change in the Urban British English of Norwich," *Language in Society* 1(2): 179-196.

Voloshinov, Valentin. N. (Ladislav Matějka and Irvin R. Titunik trans.), 1973[1929], *Marxism and the Philosophy of Language*, New York: Seminar Press.

Watson, Janet, 2007, *The Phonology and Morphology of Arabic*, Oxford: Oxford University Press.

Yngve, Victor, 1970, "On Getting a Word in Edgewise," in Robert I. Binnick (ed.), *Papers from the sixth regional meeting of Chicago Linguistic Society*: 567-578.

제12장

색의 성격화: 한국 화장품 기업의 "핑크" 브랜딩의 색채어 유희와 기능*

고경난

> 색은 실제로 기호학적 코드다. 방대한 사회관계의 구조, 즉 문화적 질서 내 사람과 집단 그리고 대상과 사건이 구별되고 결합하는 의미 있는 구조 그 어디에서나, 색은 용어로 또 구체적 성질로 기호로서 관여한다.
>
> Sahlins(976: 3)

1. 서론

근래 브랜드에 대한 인류학적 연구는 브랜드를 독자적인 의미를 지닌 것이 아닌 생산과 소비를 둘러싼 다양한 층위의 관념과 문화실천과 연관된 것으로 접근하고 있다. 이 시각은 현대사회의 갖가지 경제활동을

---

* 이 글은 『비교문화연구』(제22집 2호(2016) pp. 13-43)에 실린 같은 제목의 필자의 논문을 수정한 것이다.

매개하는 브랜드가 단순히 상거래 활동을 유도하기 위해 임의적인 기호로 구성된 것이 아니라, 문화적으로 유의미한 전제들로 구성되고 다양한 사회 효과를 함의할 수 있는 것에 주목한다. 브랜드는 이제 초기 상업 브랜딩에서처럼 단지 생산자를 밝혀주는 표지(예: 주인과 소유권을 밝히기 위해 소에 찍는 낙인)가 아니라, 문화적으로 유의미한 다양한 기호로 구성된 기호학적 혼합 양식semiotic composite으로서 화용론적 차원에서 기능하고 있다(Moore 2003; Manning 2010; Nakassis 2012; Koh 2015).

이 글은 국내 화장품 브랜드 "핑크캐슬(가명)"[1] 매장에서 수집된 자료를 사용하여 색色과 색명 그리고 상품과 상품명의 관계가 상품 브랜딩 차원에서 기호학적으로 설정되는 과정을 분석한다. 비언어기호로서의 색/상품과 언어기호로서의 색명/상품명이 연관 및 연결되는 과정을 면밀하게 살펴보고, 색, 더 넓게는 사물의 성격이 사회적으로 또 문화적으로 유의미한 것으로 정의, 고착화, 그리고 소비 가능한 것으로 만들어지는 과정을 논의하고자 한다. 서울의 거리를 지나다 보면 서로 경쟁하듯 눈길을 사로잡으려는 '로드샵road shop', 즉 도로변 화장품 상점들을 쉽게 접하게 된다. 2000년대 초중반 이후 한국 화장품업계에서는 한류에 힘입어 저가 화장품 브랜드가 급속히 성장했고, 이에 맞물려 도로변 상

1 이 연구는 기업인류학 문헌의 일반적 관례에 따라 기업명을 가명으로 처리하였다. 하지만 민족지적 상황을 비교적 상세히 묘사할 필요가 있으므로 기업에 관한 정보를 서술할 때에는 약간의 의도적 왜곡만을 가해 현장을 비교적 정확히 묘사하고자 했다. 프랜차이즈 매장의 위치나 명칭 역시 가명으로 하고, 정보제공자의 이름은 인터뷰 당시 요청에 따른다. 사실 색명이나 이미 출판된 자료들을 그대로 인용하므로 기업명을 가명으로 한 것은 무의미하다고 볼 수 있으며, 또 "핑크캐슬"을 다룬 타 학문 분야의 논문들은 실명을 그대로 사용하고 있다. 이 글에서 저자가 가명을 고집하는 이유는 본 논문의 세세한 내용을 앞서 예측하지 못하고 자료수집 당시 정보제공자들에게 그리 할 것이라고 이야기했기 때문이다.

점은 인터넷, 텔레비전 홈쇼핑과 더불어 기존의 화장품 전문매장, 백화점, 방문판매 이외에 새로운 유통경로로 떠올랐다(이영재 2014). 이에 따라 경쟁관계에 있는 유사 화장품 기업들 사이에서는 마케팅 활동이자 차별화 전략으로서의 브랜딩이 마케팅 활동의 구심점으로 부상한 것이다(고은혜 2010). 이 글은 10개 남짓한 이들 저가 화장품 매장 중 외양적으로 색채 마케팅 사례로서 단연 돋보이는 핑크캐슬에 주목한다. 주식회사 핑크캐슬은 색조전문 화장품 기업으로 알려져 있다. 이 기업은 기업행동 강령 차원에서 화장을 "판타지" 실현의 "놀이문화"로 이야기하고 있고, 핑크캐슬의 주요 소비자층은 대략 10대 후반에서부터 20대 초반 사이 "소녀"들이라고 하며, 국내 600개와 10개국이 넘는 아시아 내 200개 핑크캐슬 프랜차이즈 매장들은 분홍빛 색조를 전면에 내세우며 매장이 감각적으로 마치 동화 속 공간과 같은 환상적 느낌을 연출할 수 있도록 하고 있다.

이 글은 핑크캐슬 매장을 찾은 소비자가 시각적으로 접하는 "비주얼 머천다이징visual merchandising, VMD" 방식, 매장 점원이 소비자와의 상호작용에서 일상적으로 구사하는 용어, 그리고 상품에 부착된 유희적인 상품명/상품 색명에 대한 자료를 토대로 생산자-판매자-소비자가 색채 브랜드 기호("핑크")로서 매개된 경제적 관계 맺기에 참여하고 또 애교 있고 발랄한 '귀여운' 소녀 이미지상의 회자에 참여하게 되는 문화 과정을 분석할 것이다. 이 연구는 브랜딩 실천에서의 언어와 비언어적 기호의 교차사용에 주목함으로써 현대 한국 여성 청소년의 문화 정체성이 어떻게 브랜드화된 사물 그리고 그 사물의 물질성을 논하는 메타기호학적 담론과의 관계를 통해서도 재생산될 수 있는지를 살펴볼 것이다. 이러한 논의는 최근 브랜드의 물질성과 수행성에 관한 언어·기호인류학적 연구, 그리고 사물을 중심으로 문화의 출현과 시공간적 순환을 추적하는 문화인류학적 연구와 관심을 같이하는 것이다.[2]

21세기 중반부터 활발해진 브랜드에 대한 언어인류학 연구는 초기부터 브랜드의 물질적 특성, 매개적 기능, 그리고 기호사용 효과로서의 수행성에 주목하였다. 브랜드의 사회·경제적 기능을 설명하는 주요 사회과학적 연구가 수행성, 즉 브랜드의 사회관계적 효과를 브랜드의 기호학적 구성요소와 독립적으로 고려한 반면(Klein 2000[1999]; Lury 2004), 찰스 샌더스 퍼스Charles S. Peirce의 기호 개념을 응용하는 언어·기호인류학 연구는 그에 대한 논의를 브랜드를 하나의 물질 기호로 바라보고 문화실천으로서의 브랜딩을 관찰하며 진행해왔다.

무어(Moore 2003)의 바이러스성 마케팅viral marketing과 브랜드의 (비)물질성에 관한 논문은 킨(Keane 2003)과 유사한 분석적 관점에서 브랜드를 통한 문화의 대상화에 주목하고, 브랜드의 형식form이 소비와 순환의 시점과 맥락과 연관될 수 있도록 생산되고 있음을 밝혔다. 이후 개별 형식에 더 근접한 연구들은 브랜드의 형식적 구성 그리고 그 형식이 어떤 기호를 어떻게 복합적으로 사용하는가를 논하는 문화적으로 특수한 메타화용론적 담론ethno-metapragmatic(Silverstein 1976: 48) 간의 관계에 주목하며, 기호-담론 관계의 특수한 국지적 설정에 따른 효과로서의 생산자-소비자 관계의 재매개화(Foster 2005, 2007), 또는 상상된 공동체로서의 국가와 국가성(Manning and Uplisashvili 2007; Moore 2016)이나 기업과 기업성(Koh 2015)의 재구성과 재생산을 탐구했다.

인도 타밀나두주에서 위조 혹은 '짝퉁' 제품의 순환을 관찰한 나카

2 최근 인류학 연구동향 리뷰 논문(Koenig 2016; Nakassis 2016)을 보면 이 두 개의 구분 가능한 연구 분야가 언어·기호인류학 연구가 언어 이외에도 매우 다양한 종류의 비언어적 기호(예: 디자인, 음악, 인간-동물 간 의사소통, 브랜드 등)를 지표성(indexicality)과 기호이데올로기 등의 개념을 중심으로 끌어안고, 문화인류학 연구가 매개(mediation), 실연(enactment, 實演), 그리고 물질성에 분석의 초점을 두는 경우가 많아지면서 서로 더 교차하고 있어 보인다.

시스(Nakassis 2012, 2013)는 브랜드 수행성의 문제를 "인용성citationality"의 문제로 발전시켰다. 범람하는 위조품과 그것을 둘러싼 새로운 청년문화의 출현을 관찰한 나카시스는 근본적으로 불안정한 브랜드의 속성에 집중하게 되었으며 이에 따라, 개별 브랜드 기호가 위조나 도용 활동에서와 같이 무엇을 새로이 '할' 수 있음은 브랜드를 구성하는 세 가지 층위가 서로 기호학적으로 '인용 가능한' 관계에 있기 때문이라고 주장한다. 나카시스가 말한 세 가지 층위란 개별 브랜드 토큰token, 그 토큰의 유형 또는 타입type, 그리고 타입과 연관된 목적론적 의미ontology다.[3] 색 또는 색채어를 기호학적 개념을 사용해 연구한 논문은 살린스(Sahlins 1976) 이후 전무한 실정이다.[4] 예외적으로는 무어(Moore 2016)의 도시 브랜딩에서의 색의 사용에 관한 연구가 있으며 그는 인용성의 개념을 적용해 아일랜드 벨파스트의 민족·종파 간 분쟁의 역사가 시각적으로 문화적 다양성의 역사로 다시 짜이는frame 과정을 분석하였다.

이제 언어·기호인류학 연구에서 일상적으로 사용되는 토큰과 타입 개념은 오래전 퍼스의 정의를 따르는 것이다(Parmentier 1994; Keane 2003; Irvine 2005; Lempert 2014 참조). 잠시 설명을 덧붙이자면 퍼스는 1906년 논문에서 영어 관사 "the"를 예로 들며 토큰과 타입을 구분했다. 책의 한 면

3 여기서 브랜드 토큰은 예를 들어 우리가 실생활에서 볼 수 있는 개별 브랜드 예시(instance, 예로 가방에 찍힌 샤넬 로고 한 개)이고, 브랜드 타입은 그 토큰이 속한 유형, 즉 정체성(예: 전체 CHANEL)을 뜻한다. 나카시스가 말한 브랜드 온톨로지는 그 타입에 연관된 다양한 비물질적인 문화적 의미(예: '명품', '졸부', '클래식'과 같은 사회관계적 이미지와 사람됨 등)다.

4 인위적인 상품 색채어를 논하는 본 연구와는 차이가 있으나 색채어를 연구한 국내 언어인류학적 연구로는 한국의 색채 구분체계를 연구한 김선희가 있다. 김선희(2000)는 세대 간 범주화 방식의 차이를 분석함으로써 맥락에 따른 의미와 어휘 선택을 고려하지 못하는 Berlin and Kay(1991[1969])의 연구의 한계를 극복하고자 했다.

에 단어 "the"가 20번 사용되었다면, 우리가 마주하고 지각하는 그 20개 "the" 기호체sign-vehicle는 모두 제각기 하나의 타입("the")의 토큰인 것이다(Peirce 1906: 537). 제대로 쓰인 책 한 면에 "the"라는 단어가 단독으로 하나만 존재하는 경우는 없듯이 타입은 "단일 실체Single thing" 또는 "단일 사례Single event"로서 존재할 수 없다(Peirce 1906: 537). 단일한 실체로 존재하고 우리가 감각적으로 접하는 것은 (타입의) 토큰이며, 타입은 단지 토큰의 존재 형식과 상태를 결정할 뿐이다. 다시 말해 토큰은 타입의 체현이고, 따라서 개별 기호/토큰 "the"는 "한 타입의 한 토큰a token of a type" 또는 그것의 "한 예시an instance of a type"다(Peirce 1906: 537).[5] 타입-토큰 그리고 앞서 말한 인용성의 개념은 본 연구의 브랜딩을 통한 색의 성격화 논의에 기초적인 개념들이다. 이 개념들은 수많은 개별 상품/색(토큰들)이 어떻게 상대적으로 인용이 쉬운 색채어의 부착을 통해 핑크캐슬이 내세우는 단 하나의 브랜드 유형(타입)의 예시로 구성되는가를 이해하는 데 중요하다고 하겠다.

브랜드에 대한 기호인류학적인 관심은 넓은 맥락에서 볼 때 사물의 사회적 생애(Kopytoff 1986) 혹은 시공간적 순환과 변화의 문화 과정에 대한 문화인류학적 논의와 관심을 같이한다. 사물에 관한 근래 연구들은 인간이 세상을 경험하는 데에 그들을 둘러싼 대상과의 상호작용이—항상 중요했으나 최근 디지털 의사소통 사회에서는 더욱—중요하다는 것을 지적하고(Koenig 2016), 소비가 우세적 행위로 평가되는 현 자본주의 사회에서 사물이 보조물이 아닌 필수적인 것으로서 존재하고 인식되며 또 생산적으로 이용되는 양상에 유의한다(Miller 2005; Hull 2012 참조). 경험적 연구대상 측면에서 본 연구와 특히 유관한 선행연구는 야노(Yano 2013)의

5 타입은 유형으로, 토큰은 징표로 번역되어 쓰이기도 한다.

헬로키티Hello Kitty와 "핑크"로 매개되는 일본 "귀여움cuteness"의 문화의 전 지구적 확산에 관한 연구라고 볼 수 있다. 야노는 귀여움과 섹슈얼리티의 상반된 의미를 같이 함의할 수 있는 헬로키티의 눈웃음wink과 같은 기호체 그리고 다양한 장field에서의 헬로키티의 재활용을 통한 문화적 의미의 생성 또는 전복 활동을 결부시키며 사물과 사물의 실재성thingness의 소비를 통해 사람들은 사적 영역에서의 "친밀함의 정치"에 참여한다고 한다(Yano 2013: 31). 이러한 맥락에서 브랜드는 특정 소비자층의 "정체성을 반영하거나 물신화하는 것이 아니라 사람들에게 유의미한 정체성을 생산할 수 있도록 하는 것"이다(Yano 2013: 31).

이러한 야노의 분석은 물질 기호와 브랜드의 매개성과 수행성에 관한 논의를 내포하고, 이 차원에서 이 글의 핑크캐슬 사례는 병렬적 사례라고 하겠다. 그러나 이 글은 이론적 관점과 그에 따른 분석의 초점을 야노의 연구와 달리한다. 야노에게 헬로키티는 "글로벌 기표"(Yano 2013: 201) 또는 "과잉의 기표"(Yano 2013: 189)였고 핑크색은 "귀여움"과 대조되는 "쿨"한 섹슈얼리티의 기의를 동시에 "부호화"하는 표현 양식이었다(Yano 2013: 32). 『핑크의 전 지구화*Pink Globalization*』는 기표로서의 상품과 그것의 시공간적 확산에 따른 로컬 '기의' 출현의 문제를 다룬 것이다. 그리고 전통적 포스트모던 기호론semiology의[6] 논리와는 다른 양상으로 헬로키티는 "부유하는 기표"로서 맥락과 단절된 채 그저 '떠다니는' 것이 아니라 젠더나 국가 정체성 등의 다양한 맥락의 갖가지 "풍성한 의미들"과 연결됨을 밝혔다(Yano 2013: 19). 이 흥미로운 분석에 포함되지 않기에 의문으로 남는 문제는 그렇다면 어떻게 기호가 그것의 사용 맥락이

6 기호인류학에서는 소쉬르의 기호 이론은 '기호론(semiology)', 퍼스의 이론은 '기호학(semiotic)'이라고 한다(Singer 1980; Keane 2003; Manning 2006; 파멘티어 2016 참조).

나 사용자와 연관 및 연결되는가의 문제다. 과정process보다 체계system를 이론의 거대한 전제로 두는 기호론은 이 관계의 분석에 적용할 수 있을 방법론적인 도구를 제공하지 않는다. 이 글은 사물, 소비, 그리고 문화의 생산과 순환의 문제를 기호 해석자("해석체")로서의 인간과 사회를 필수요소로 관여시키는 퍼스 기호학을 응용하는 "기호학적 인류학"(Singer 1980; 파멘티어 2016) 관점에서 접근해보려 한다.

이 글의 구성은 다음과 같다. 우선 핑크캐슬 매장을 소개하고 그곳에서 사용되는 다양한 언어기호와 비언어적 기호의 관계에 주목함으로써 기업 브랜딩 활동 전반을 조직하는 기호이데올로기가 무엇인지를 밝힌다. 그 후 매장 내에서의 관찰을 토대로 브랜드에 대한 일반적 기호이데올로기 대비, 언어기호(색명, 상품명)와 비언어적 물질 기호(색, 상품)가 서로 지표적으로 또 도상적으로 연관되는 방식으로 브랜딩되는 것을 설명한다. 이 두 연결 과정을 3절과 4절에서 나누어 탐구한다. 우선 언어적 '핑크' 기호(예: 색명, 상품명)를 통해 상품이 지목된 소비자층에게 유관한 것으로 만들어지는 지표성의 형성 과정을 3절에서 다룬다. 그 후, 다시 기호가 단지 특정 사람들과 연관될 뿐만 아니라 체현이 가능한 특정한 사람됨의 자질, 즉 애교 있고 발랄하며, 말을 유희적으로 구사하는 현대 한국의 이상적 소녀의 자질을 획득하는 도상화 과정을 4절에서 다룬다. 그리고 이 두 과정을 통해 특정 색('핑크')과 상품(핑크 브랜드 토큰)은 '귀여운' 소녀성('핑크성')을 대신하는 기호로서 성격화characterization된다고 주장한다. 마지막에는 실제 소비자가 장난스러운 색이름의 창의적 재활용을 통해 상품화된 의미를 비상업적인 영역에서 또래간 재생산하고 있음을 시사하는 사례를 소개한다.

자료 수집을 위해 저자는 3~4개월에 걸쳐 서울과 경기도에 위치한 매장 15곳을 무작위로 선정해 방문하였다. 특히 비가 오거나 날씨가 좋지 않은 날, 한산한 시간대를 택하여 방문하였고, 매장은 모두 1~3명의 점원을 둔 소규모 프랜차이즈였기에 손님이 있을 때에는 되도록 영업에 방해되지 않도록 피하거나 기다렸다. 접근방법은 연구의 목적, 의도, 그리고 인터뷰 사용 방법을 직원에게 먼저 설명하고 동의를 구한 뒤, 연구자를 연구자이면서도 일상적 매장 방문자이자 소비자로서 상대해주고 또 면대면 인터뷰에 응해줄 것을 요청하는 것이었다. 인터뷰는 짧게는 10분에서 길게는 40분 정도 매장을 둘러보며 진행되었다. 모든 매장에서 협조를 얻을 수 있었던 것은 아니며 15개 매장 중 3곳에서는 협조를 거절했다. 서울에 소재한 핑크캐슬 본사의 마케팅 직원들과도 다각도로 접촉을 시도했으나 "힘들 것 같다"는 답변을 받았다. 핑크캐슬은 화장품 업계에서 최우수 디지털 커뮤니케이션 업체로 선정되는 등 마케팅 차원에서 우수한 고객 소통 노력을 인정받았고, 스킨케어와 메이크업 전반에 걸친 제품을 생산하고 있다. 매장 직원과의 인터뷰에서는 그들의 권유에 따라 색띠color band가 상대적으로 넓어 유희적인 색채어 사용이 풍부한 립스틱과 아이섀도 제품에 주로 집중하였다.

2. 브랜드의 기호이데올로기

저자가 핑크캐슬을 처음 찾았을 때 그 안의 모든 것은 너무 '아기자기'하고 파스텔 색조의 '귀여운' 느낌이어서 매장에 들어가기가 망설여졌다. '왜인지' 그곳은 교복을 입은 여학생만이 드나드는 곳 같았다. 그래서 무의식적으로 점원에게 들어가도 괜찮은지를 어색하게 물었었다. 달리아Dalia라는 애칭의 영문 표기 이름표를 단 점원은 "다들 쓰세요"라며 연구자를 자연스럽게 안내했고 또 스킨케어 제품이 전시된 구석으로 유도했다(다른 매장에서도 유사한 경험을 했다). 사실 저자는 얼굴에 바르는 스킨케어 화장품보다 이 연구에 더 풍부한 자료를 제공할 색 스펙트럼이 넓고 색

그림 1.
핑크캐슬 M 매장의 비주얼 머천다이징 (촬영: 필자)

채 언어의 사용이 더 활발한 메이크업 제품에 관심이 있었음에도 말이다. 이것은 아마도 연구자가 핑크캐슬이 공식적으로 말하고 전략적으로 지정한 주된 '타깃target' 소비자층이 아니기 때문이었을 수 있다.

핑크캐슬은 화장품으로서만이 아니라 독특한 브랜딩 방식으로서 기업이 겨냥하는 주된 소비자층 사이에서 유명하다. SNS와 국내 포털 웹사이트에 '핑크캐슬' 단일어를 검색하면 상품에 대한 홍보성 글 이외에 대등하게 자주 발견되는 것이 독특한 색채 명명('컬러 네이밍')에 관한 언급이다. 예를 들어 "작명센스 인정," "이름부터 보게 돼요," "이름 보고 진짜 많이 웃었는데 다 웃겨서 기억도 안 나네," "오글거림," "[핑크캐슬]답게 색이름 너무 이상," "이름이 공주스러움" 등을 발견할 수 있었는데, 이러한 언급들에서 작성자가 상대적으로 어릴 것으로 추정할 수 있다.[7]

핑크캐슬의 색조 제품에 사용된 모든 색에는 "자연 언어에서 쓰이지 않는 인위적"인 이름이 붙는다(구본관 2009: 176). 색명은 일반적인 기본

7 이 문장에서 인용된 소비자 반응은 온라인 사회관계망 트위터(Twitter)에서 검색된 2016년 반응을 선택하여 약간의 인터넷 언어 순화(예: 의성 표기 "ㅋㅋㅋ" 제외 등)를 거쳐 옮겨왔다.

표 1. 심리·상태·태도 등을 가리키는 수식어를 포함하는 상품 색명 사례(단일 립스틱 제품군)

수식어	+	색명
수줍은 다시봐도 의심가득 애매모호 알쏭달쏭 뻔뻔한 갸우뚱 쭈삣쭈삣 싱숭생숭 갈팡질팡	+	외래어 기본색명 (레드, 핑크, 오렌지) 또는 외래어 관용색명 (코랄, 베이지)

색명이나 관용색명을 구성요소로서 포함하기도 하고(〈표 1〉, 〈표 2〉) 그렇지 않기도 하는데(표 3), 색채어를 사용하는 경우에는 박은하(2008)의 연구에서 드러나듯 "레드"와 같이 외래어를 사용한다. 예를 들어 한 립스틱 제품군에서 어떤 분홍색은 "의심가득 핑크"인 반면 다른 것은 "고민하는 핑크" 또는 "뻔뻔한 핑크"다(표 1). 연구자가 구매한 립스틱 중 하나는 이 사례들과 같이 '심리나 태도를 묘사하는 수식어 + 기본색명' 형식의 "갈팡질팡 레드"다. 반면 다른 제품군(표 2 참조)에 속하는 다른 립스틱은 '수식어 + 여성 유형에 대한 은어 + 관용색명' 형식의 "지적인 차도녀 코랄"이고, 또 다른 제품군에 속한 것은 색채어가 아예 포함되지 않은 '감각질qualia, 感覺質 수식어 + 식품 상품명' 형식의 "달달한 자두맛 알사탕"이다. 잠시 덧붙이자면 퍼스는 어떤 자질 또는 성질quality이 시각, 촉각, 청각, 후각, 미각 등 감각적으로 감지되는 물질적 실체 또는 사례로 재현되는 것을 퀄리아qualia라 했다(Peirce 1998: 272). 첨리와 하크네스(Chumley and Harknesss 2013: 5-6)는 '달달함, 청아함, 어둠'과 같은 언어로 표현될 수 있는 관념적 자질이 재현represent되는 과정은 가치 (재)생산의 과정을 동반함을 이야기했고, 하크네스(Harkness 2014)의 저서는 서울 강남의 대형 교회에서의 "깨끗한" 소리(즉, 퀄리아)의 발성을 지향하는 성악가들

표 2. 연애·이상적 여성상을 가리키는 수식어를 포함하는 상품 색명 사례(단일 립스틱 제품군)

수식어	+	색명
꿈꿔왔던 프로포즈 두근두근 첫키스 짜릿한 비밀연애 숨겨진 청순본능 닮고싶은 여배우 지적인 차도녀 한번쯤은 일탈 도발적인 런웨이 시크한 헐리웃 매혹적인 여신포스	+	외래어 기본색명 (레드, 핑크) 또는 외래어 관용색명 (코랄, 베이지, 버건디)

이 그러한 노력 중, 슬픔이나 한恨으로 느껴지는 추상적 자질을 구체적 목소리에서 제거함과 동시에 교회/국가 그리고 교인/성악가 차원에서의 "발전" 또는 "신앙적 성숙함"이라는 모더니즘적 열망을 재현하고 있음을 이야기했다.

"상상적인 색이름fancy color names"(Skorinko et al., 2006)을 색에 붙여 상품화하는 것은 화장품, 페인트, 아이스크림 등의 소비재를 생산하는 국내외 기업의 마케팅 전략이다(*New York Times* 2011년 6월 30일; Boston Globe 2014년 1월 28일). 저자가 처음 매장을 방문했을 때 색조 화장품에 특히 관심을 두었던 것은 인터넷에서 발견된 활발한 의견 표현과 교환이 매장에서도 상품 색명을 중심으로 벌어질 것이라 기대했기 때문이다. 그러나 매장에서의 상황은 예상과 달랐다.

일반적으로 매장에 들어섰을 때 눈에 띄는 것은 한 기사가 밝히듯 핑크캐슬 브랜드 마케팅 팀원들이 "각자 고민한 아이디어를 가지고 회의를 거쳐 … 사내 직원들과 소비자를 대상으로 간단한 설문을 통한 과정을 거치기도 한 … 공동의 결과물"로서 생산된 상품 색명이 아니다(『뷰티플러스 매거진』 2013년 6월 20일). 매장의 비주얼 머천다이징, 즉 시각기호의 적절한 사용을 통한 감각적 분위기 조성 측면에서 기호 유형으로서의 언어가 차지하는 비중은 매우 작다. 상품 색명은 진열대에 전시된 색조 품목 바로 밑 또는 제품의 포장 용기에 작은 활자로 표기될 뿐이고, 심지어 벽에 붙은 포스터에서도 언어기호는 상대적으로 크지 않다. 매장 방문자에게 우선 눈에 띄는 것은 그보다 분홍계통색의 상품 전시대, 풍선과 리본 등의 공간 장식품, 분홍색 회사 로고, 여성 점원이 똑같이 두르고 있는 분홍색 앞치마 등, 비언어적 '귀여운 분홍색' 기호일 것이다.

점원과 소비자 간 대화에서도 또한 상품 색명이 명시적으로 거론되는 경우는 매우 드물다(예외 사례는 뒤에서 다룬다). 손님들은 매장에서 제품 그 자체에 집중하고, 관찰한 바로는 점주나 점원이 그들과 대화를 할 때는 "오렌지 쪽이 어울리실 것 같아요," "요즘 이런 핑크들 많이 하세요"와 같이 일상생활에서 흔히 사용되는 색채어를 사용한다(연구자와의 대화에서도 마찬가지였다). 면대면 인터뷰에서 재미난 색이름이 많다며 그에 관한 대화가 오가는지를 물었는데, "가끔, 특히 어린 학생들이 재미있다고 할 때도 있다"는 응답이 있었으나 대부분의 점원은 "이름 잘 사용 안 해요, 그냥 색깔 보고 말해요"라고 했다(4절 참조). 심지어 한 점원은 "사실 전 이런 거 다 모르고 우린 그냥 팔기만 하면 되요"라며 웃었다. 예외적인 경우도 있지만, 상품 색명은 매장 내 상호작용에서 중요하지 않다는 반응들이었다. 그렇다면 저가 로드샵을 운영하는 국내 화장품 기업들은 어떤 논리로 '컬러 네이밍'을 실천하고 있을까? 매장 점원들은 핑크캐슬의 상상적 색이름 만들기를 어떻게 이해하는가?

색과 색명을 통한 핑크성의 사회적 기호화를 논하기에 앞서 매장 내 다중기호양식의 사용을 지배하는 브랜드에 대한 기호이데올로기 semiotic ideology를 살펴볼 필요가 있다. 기호이데올로기 개념은 언어이데올로기에서 파생된 것으로 사람들이 지니는 기호와 기호 사용에 관한 토박이적 관념과 믿음을 뜻한다. 킨(Keane 2003: 419)은 그것을 "기호가 무엇이고 어떻게 세상에서 기능하는가에 관한 기본적인 전제들"이라 했고, 파멘티어(Parmentier 1994: 142)는 "문화적으로 결정되고 역사에 근거하는 언어적 그리고 시각적 의사소통에 관한 일군의 해석적 기준들"이라고 설명한다.

> 저희는 워낙 다 이쁘게 이쁘게 하니까요. [매장 전반을 지시하듯이 팔을 들어 휘저으며] 그래서 이름도 귀엽고 재미있게. 다른 게 다 핑크 핑크하니까요. (서울 K 매장, 레이첼)

전문가 분석이나 경영학 텍스트와 같은 권위 있는 브랜드 담론은 흔히 "차별성distinctiveness" 그리고 "일관성consistency"을 좋은 브랜드의 성공 요인이라고 풀이한다(Aaker 2011). 차별성과 일관성의 두 단어는 실제 기업브랜드 생산과 관리의 현장에서도 가장 빈번하게 사용되는 단어들이다(Koh 2015). 매장 직원에게 손님과의 상호작용에서 중요하지 않은 색 이름이 왜 재미있게 명명되었는가를 물었을 때, 비교적 통일된 답을 들었다. 핑크캐슬이 다른 모든 것을 "이쁘게 이쁘게" 하기 때문에 "이름도 [또한] 귀엽고 재미있게 … 핑크 핑크"하도록, 다시 말해 브랜드 유형의 개별 토큰들이 일관성을 드러낼 수 있도록 맞춘다는 것이다. 한 점원은 본사에서 "귀엽고 유니크하게 하는 데에 신경 쓰는 것 같다"며 특히 "유니크한 게 중요한 것 같다"고도 했다(서울 I 매장, 라라).

매장에서 발견된 기호이데올로기는 (1) 하나의 브랜드 유형이—소쉬르석Saussurean 언어기호 체계에서와 유사하게—법적으로 등록된 전체 브랜드 기호체계 내 타 브랜드와의 차이difference에서 가치를 획득한다는 것, 그리고 (2) 브랜드 유형의 개별 브랜드 토큰은—다시 소쉬르적 기호와 유사하게—특정한 개념을 표현express하는 기표라는 것이다. 이러한 기호이데올로기는 문화실천으로서의 브랜딩 전반을 지배하고 브랜딩 업무는 기업 핑크캐슬이 표현하려는 “브랜드 메시지”라 불리는 특정한 의미를 차별되는 형식으로서 일관된 방식으로 세상을 향해 표현하도록 분화되고 조직화된다.

따라서 매장 점주나 점원에게 색명이란 다른 비언어적 기호와 동등한 지위의 브랜드 토큰일 뿐이다. “다른 게 다 핑크 핑크하니까” 마찬가지로 색채어 또한 동일한 메시지를 유사한(4절 참조) 형식으로 색명에 ‘담아’ 표현하고 또 전달한다고 이해하는 것이다.

> 색조 화장품에는 이름이 중요해요. 색과 분위기를 솔직히 같이 파는 거죠. 이름에 스토리를 담아서? 토리버치 캣츠미야우Cat's Meow 유명하잖아요. 색도 색이지만 이름이 진짜 중요한 거 같아요. 여기는 워낙 색이 많아서…. 그런 거 하시는 분이 따로 있다고 들었어요. (경기도 E 매장, 달리아)

점주나 점원에게 상품 색명은 그들의 일상 업무나 매장 판매실적과는 직접적인 연관이 없는 ‘본사’의 업무다. 그러나 위에 인용된 점원의 의견과 같이 브랜드에 대한 기호이데올로기에 관한 주관적인 해석은 존재할 수 있고, 이 점원은 그 사적인 해석을 좀 더 분명하게 언어로 표현할 수 있었다. 이 점원은 색명은 색과는 달리(“색도 색이지만”) 상품에 “분위기” 또는 “스토리”를 더 잘 표현하고 전달할 수 있도록 돕는다고 이해한다. 이 점원은 구조주의적 성격의 기호이데올로기하에서 기표와 기의의 의미작용signification에 대하여 고찰하고 있는 것이다.

3. 색의 지표성 구성에서 색채어의 역할

이제 매장 점원들이 말하고 규범적으로 통용되는 기호이데올로기 차원이 아닌 실제 매장에서 벌어지는 점원-손님 간 상호작용에 관한 자료를 바탕으로 색/색명 그리고 상품/상품명의 관계를 색/상품의 언어적 명명을 중심으로 살펴본다. 이 절과 다음 절에서의 논의는 하나로 통합되고 연결되는 것이지만 편의상 구분하였다. 우선 이 절은 핑크캐슬의 상품과 색이 특수한 상품명과 색명과의 결합을 통해 기업이 겨냥하는 주된 소비자층에게 인지적 차원에서 '다가갈 수 있는' 것으로 지표기호화되는 과정을 논의한다. 다음 절은 색명과 상품명이 그것의 소비자층이 '선호하는' 재미있고 발랄한 느낌을 그것의 자질로서 획득하는—기호의 문화적 의미 생산보다 소비에 더 근접한—과정을 분석한다. 이 두 절에서 다루는 내용은 통틀어 비언어적 사물 기호(색, 제품)가 어떻게 언어 기호(색명, 상품명)를 통하여 젠더·세대적 정체성으로서의 '(귀여움의) 핑크성'을 갖는 것으로 이해될 수 있고 또 향후 소비의 시점에서 소비될 수도 있는가를 풀이한다.

매장 점원들이 소비자와 나누는 대화를 들어보면 앞장에서 다룬 '개별 브랜드 토큰이 특정 메시지를 담아 표현하는 것'이라는 생산자와 판매자 모두의 표현된 믿음은 사실 그들의 일상에 대한 사후 성찰을 통해 형성되고 유지되는 것임을 알 수 있다. 한 패션잡지에 실린 마케팅팀장의 인터뷰에서도 이것은 드러나는데, 마케팅팀장은 네이밍 작업은 전체적인 핑크캐슬 브랜드를 "사랑스럽고 소녀다운 감성"의 브랜드로 만들기 위한 하나의 부호화 작업이라고 표현하였다(『패션인사이트』 2011년 1월 31일). 형식이 메시지를 잘 담고 전달할 수 있도록 구성된 것이라는 브랜드에 대한 기호이데올로기를 그대로 드러내는 의견이다. 하지만 같은 기사에서 그러한 목적을 달성하기 위해 수행되는 업무를 이야기하며 그 팀장은 "소녀다운 감성"이 무엇인지에 관한 정의는 "시대에 따라 변하기 때문에 동시대 타깃에 어필하는 이미지"를 찾는다고 하였다. 여기서 주된 소비자에게 "어필하는 이미지"를 찾는 것은 잠재적 소비자의 사회적 목소리를 직간접적으로 브랜드 디자인에 연관시키는 업무를 진행한다는 것이고(Foster 2007; Koh 2015), 브랜드 메시지와 이미지가 기업 내부에서 독자적으로 또 자의적으로 세상과 분리되어 만들어지는 것이 아니라는 것을 의미한다. 실제로 핑크캐슬은 다양한 온라인·오프라인 이벤트나 대학생 인턴 프로그램 등을 개최하여 소비자층을 기업의 생산 활동에 직접 관여시키고, 그 활동을 통해 잠재적 소비자의 기호taste를 살피고 수렴한다. 브랜딩 활동이 미래의 소비 상황에서 벌어지는 브랜드 형식의 다양한 해석과 사용법을 성찰하고 예기豫期하는 방식으로 진행된다는 것이다(Koh 2015). 상품의 판매 상황에서도 마찬가지로 판매자는 미래 사용자와 소비의 상황을 상상적으로 성찰한다. 그 성찰의 양상을 살펴본다.

매장 점원들은 신제품이 출시될 때마다 대략 1~2달에 한 번 간격으로 본사에서 "교육"을 받는다. 그 현장에 접근하지 못하여 아쉽지만 정보제공자들을 통해 어떤 내용이 다뤄지는지를 간략하게 들을 수 있었다. 교육은 "신제품 설명"에 집중한다고 하고 본사 직원들로부터 점원들은 제품의 특성, 장점과 미적 효과, 그리고 사용법에 대해 배운다(서울 A 매장, Diena). 한 점원에 따르면 이러한 내용을 교육받으며 손님과의 의사소통 방법 또한 알게 된다고 한다(서울 D 매장, 박지혜).

1. D점원 사실 제가 바로 어제 교육을 받고 왔는데. (@@ 웃음)
2. D점원 예를 들어 지금, (면담자를 양손으로 가리키며) 고객님이시잖아요?
3. 면담자 네에?
4. D점원 그럼 물어봐요.
5. D점원 고객님들이 서실 말을 잘 못하시니까.
6. D점원 먼저. 예 먼저 "평소에 어떤 색 바르세요?" 이렇게 물어봐요.
7. D점원 그다음에 "그럼 이런 거 어때요?"라는 식으로요.

8. 면담자 아 먼저 색을 물어보라고요?

9. D점원 네. 왜냐하면 고객님들이 어떤 색인지 말을 못하시니까.

10. D점원 "이번에 오렌지 계열이 있는데" 하고 피부 톤이랑 보고 보여 드려요.

11. 면담자 말을 못해요?

12. D점원 그렇죠. 지금도 (면담자에게 양손을 내밀며) (@@ 웃음) 잘, 못하셨잖아요.

이 대화가 오갔을 때 연구자는 점원에게 일반 소비자를 대하듯이 립스틱 색을 골라달라던 중이었다. 잠재적 고객이 매장에 들어오면 점원은 일단 피부색 그리고 "전반적으로, 옷 스타일 특히" 살펴본다고 한다(서울 I 매장, 라라). 하지만 이 점원이 교육에서 배웠듯이(6줄) 색을 먼저 권유하는 대신 손님에게 "먼저 평소에" 쓰는 색을 물은 후(7줄), 언급된 색을 기준으로 다른 어울리는 색을 권하는 판매 전략을 쓴다고 한다(8~11줄).

이렇게 하는 이유가 재미있는데, 그것은 손님이 색을 구두로 표현하지 못하기 때문이라고 한다(5, 10, 12줄). 예를 들어 "오렌지"로 지시될 수 있는 다양한 오렌지가 있는데 그중 어떤 오렌지색을 원하는지 또 어느 것이 어울리는지를 소비자가 직접 언어로 말하는 경우는 드물다는 것이다. 점원이 곧이어 덧붙였다.

13. D점원 이런 "수분가득[ ]크림"도 사실 고객님들 이해하시기 쉽게 하는 거예요.

14. 면담자 아 이런 게 손님이 잘 이해할 수 있게라고요?

15. D점원 네에, 이해가 잘 되게.

16. D점원 사실 콜라겐? 히알루론산? 이러면? 음, 좀 어려우니까요.

17. D점원 음 사실 그러면 힘들어하세요.

18. D점원　바르면 촉촉하다, 바를 때 [촉감이] 쫀쫀하다, 이래야 돼요.

점원이 가리킨 제품은 콜라겐과 히알루론산 성분을 함유하는 "수분가득[ ]크림"이었다. 기업과 매장의 입장에서 일반적인 핑크캐슬의 소비자는 말하고자 하는 색/상품을 정확한 언어로 표현하지 못할 뿐 아니라(5~12줄) 화장품 업계에서 통용되는 전문용어 또한 쉽게 이해하기 "힘들어" 하는 사람들인 것이다(16~17줄). 핑크캐슬이 겨냥하는 소비자층이 구사하는 일상적인 담론에서 흔히 사용되는 단어가 아니기 때문이다. 그래서 생산자/판매자-소비자 간 의사소통을 원활하게 하기 위해 이 제품의 경우 히알루론산hyaluronic acid의 친수성親水性과 수분 저장성을 좀 더 쉽게 표현하는 "수분가득"을 상품명의 요소로 선택해 사용한다는 설명이다. 또 점원들은 매장에서 제품을 소비자에게 시연하며 사용 시 느껴지는 촉감을 소비자에게 쉽게 다가갈 수 있는 "촉촉하다" 또는 "쫀쫀하다"라는 용어를 사용해 이야기한다(18줄).

여기서 주목해야 할 것은 상품화의 과정에서 이름이란 단지 그것이 지시하는 사물의 특성과 효능을 제대로 '투명하게' 표현하고 전달할 수 있도록 만들어지는 것이 아니라는 것이다. 이러한 분석은 앞장에서 논의한 기호체가 어떤 특정한 의미를 담아 표현하고 전달한다는 토박이 기호이데올로기에 따른 해석일 것이다. 그보다 주목해야 할 것은 매장이라는 상업적인 맥락에서 사용되는 언어의 선택에는 두 가지 연결된 기호학적 작업, 즉 (1) 주된 소비자를 '어떤 담론에 익숙한 사람들'로 전형화typification하는 것, 그리고 이에 근거한 (2) 그 소비자를 '어떤 사람됨의 자질의 체현을 추구하는 사람들'로 성격화하는 것이 관여된다는 점이다.

한 사회언어학적 조사는 한국 여성화장품의 상품명과 광고에 "한약재 및 식품" 용어, "의학 및 과학" 용어, "자연 및 친환경" 용어 등이 주

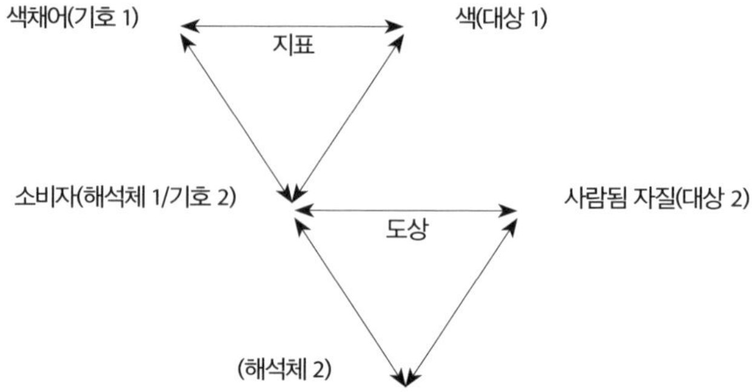

그림 2. 색채어를 활용한 색의 성격화 과정: 퍼스의 기호작용(세미오시스) 개념 응용

로 사용되고 있다고 밝혔다(박은하 2008: 130). 이 회사 제품(확장해서 색)의 이름이 이러한 보편적 경향을 따르지 않는 것은 브랜드 차별화의 전략이기도 하지만 더 중요하게는 "히알루론산"의 사례와 같은 화장품 성분을 과학적으로 분석한 용어가 공식적인 타깃 소비자층에게 익숙한 화장품 담론에서 드물게 사용되기 때문이다. 다시 말해 "히알루론산" 크림(기호 1)이라고 하면 그것이 무엇(대상 1)을 가리키고 의미하는지를 일반적인 소비자(해석체 1)는 대체적으로 "어려워하고," "힘들어" 할 수 있다는 것이다.

기호학적으로 풀이하면(그림 2) 그렇다면 "수분가득"이 상품명에 포함된 이유는 상품과 상품 색명이 지표적으로 연결된 것이라는 소비자의 해석을 유도하기 위함에, 즉 기호로서 대상을 시공간적으로 가리킬pointing to 수 있게 함에 있다고 할 수 있다. 퍼스의 기호는 누군가(해석체)에게 무엇(대상)을 대신하는standing for 것으로 이해되는 것이고, 그 대신하는 양식sign mode이 이미 유명한 도상, 지표, 그리고 상징이다. 도상은 기호의 형식이 대상과 닮음, 즉 유사성resemblance을 근거로 하는 기호다(예: 한국 지도와 실제 한국의 지리적 형상)(Peirce 1998). 지표는 대상과의 시공간적 연결성spatiotemporal contiguity으로서, 즉 근접성을 근거로 그것을 대신한다(예: 연기는 '지금' '저기'의 불을 가리킨다). 상징은 유사성이나 근접성이 아닌 관습convention에 근거하여 대상을 대신한다.

표 3. 말놀이 형식의 상품 색명 사례(아이섀도와 매니큐어 제품군 중 선별)

유행어, 신조어, 일상적 표현 등을 지표기호로 포함하는 색명	말장난으로 구성된 색명
전투력 상승!	비몽사몽 꽃모닝
센터 본능 피치	아네모네세모네
똘기충만 딸기잼	키싱미 키싱구라미
인생사진 남기기	빛 좋은 오로라 살구
금수저 초코잼	솔솔 말린 솔방울
꿀알바 찾기	숲이아 민트
인스타 여신	당근으로 담근잼
씬 스틸러 릴리	너커서 모과 될래?

〈표 3〉은 핑크캐슬의 아이섀도와 매니큐어 제품의 수많은 색명 중 범주화가 가능한 색명을 나열하였고 특히 왼쪽 칸의 이름들은 성인이나 어린이보다 청소년과 청년층에게 더 익숙한 유행어나 신조어(금수저, 꿀알바, 씬 스틸러 등)와 일상 언어(인생사진, 전투력, 똘기충만, 인스타 등)들을 구성 요소로서 포함하고 있다. 화장품 업계에 국한된 언어 대신 특정 소비자층에게 더 익숙하고 흥미로울 것으로 짐작되는 요소를 포함시킴으로써 색/상품의 이름(기호)은 현재와 미래의 소비자에게(해석체) 그들의 일상 담론을 불러내고invoke 따라서 상대적으로 색/상품(대상)이 무엇인가 또 누구의 것인가에 관한 이해를 더욱 "쉽게"(13줄) 할 수 있는 것이다. 색명을 통한 이 기호학적 브랜딩 과정에는 물론 화장품 담론에 익숙지 않은 소비자는, 예를 들어 "히알루론산"이 '우수한 수분 저장 성분'이라는 의미적 대상을 대신함을 이해하지 못한다는 전형화의 과정이 포함되어 있다.

4. "재미"있는 색명과 "귀여운" 소비자: 핑크의 성격화

이제는 색/상품이 색명/상품명을 통해 '누구'의 것인가를 넘어 '어떤 사람들'의 것으로 더 구체화되고 성격화되는 과정을 살펴본다.[8] 일찍이 거론된 색이름을 잠시 떠올려보면("의심가득 핑크," "지적인 차도녀 코랄," "달달한 자두맛 알사탕" 등) 이름의 형식에 관한 어떤 일관된 기준이 통사론적 또는 의미론적 차원에는 존재하지 않음이 분명하다. 핑크캐슬의 색/제품 명명에서 일관되게 사용되는 기준이 있다면 앞에서 논의된 바와 같이 이름이 주된 소비자층에게 익숙할 것으로 생산자/판매자가 짐작하는 용어를 사용한다는 것과 이름 그 자체의 형식이 재미있고 장난스러운 느낌이라는 것이다. 여기서 "느낌"은 이름 형식의 퀄리아로서 재현되는 자질('귀여운', '발랄한' 등)을 의미한다.[9]

핑크캐슬의 모든 이름은 일반적으로 '귀엽고, 재미있고, 발랄한' 또는 '애교스러우면서도 직설적인' 자질로 표현될 수 있을 이름들이다. 대부분의 이름이 말놀이speech play 더 나아가 동음이의어 반복 또는 글말 표기법 파괴("숲이아 민트") 등과 같은 말장난pun 요소를 포함하고 있으며(특히 노골적인 사례로는 〈표 3〉의 오른쪽 참조), '멋지거나, 고급스러운, 우아한, 지적인' 이름으로 평가되기는 힘든 이름들이다.[10] 이는 서론에서 언급한 야노의 헬로키티에서와 같이 애교스러움과 동시에 섹슈얼리티 또한 함의

8 일본의 의인화된 캐릭터의 성격화는 Nozawa(2013)가 다루었다.

9 다른 말로 하면 이름이 주는 소리의 퀄리아가 10대 여학생의 언어 사용에 대한 전반적 이미지(즉, 정형화된 이미지)의 퀄리아와 도상성을 지녀 '유사하다'고 판단된다는 것이다.

10 말놀이를 포함한 한국 중학생의 언어사용에 대한 전반적인 언어인류학적 논의로는 변혜원(2011)이 있다. 또 통신언어 차원에서의 말놀이를 다룬 연구로는 이주희(2010)의 통신언어 표기법에 관한 연구가 있다.

할 만한 윙크와 같은 기호학적 요소를 핑크캐슬의 제품들은 포함하지 않기 때문이다.[11]

18. I점원 1 저희가 이름이 재미있죠.
19. I점원 1 지금은 없는데, 한 라인 전체가 오렌지인 게 있었거든요?
20. I점원 1 너무 웃겨서 제가 기억하는데, "만약 오렌지라면"이 있었어요.
21. I점원 1 "만약."
22. 면담자 @@
23. I점원 1 오렌지가 아니란 거예요.
24. I점원 1 어떤 건 "오렌지인지 아닌지?"였나도 있었고.
25. I점원 1 (색 샘플을 가리키고 실눈 뜨며) 자세히 보면 비슷하게 짓는 거 같아요.

… … (…)

32. I점원 1 어떤 고객님들은 "어? 이게 뭐야? 재밌다" 그러시죠.
33. 면담자 아 진짜 그러기도 해요?
34. I점원 1 애들, 특히 애들.
35. I점원 1 제가 여기서 6년을 일했는데, 저희도 이젠 20대분들도 많이 오시지만,

… … (…)

11 이것은 과거 십 년간 핑크캐슬 브랜딩에 관한 평가다. 최근 이 브랜딩 기조가 섹슈얼리티를 약간 함의할 수 있도록 변하는 중인 듯하다. 핑크캐슬은 더는 "프린세스 마케팅"을 하지 않는 것으로 보인다. 매장에서 사용하던 "공주님" "왕자님"의 호칭은 더는 사용하지 않는다고 한다(서울 S매장, 성희님). 최근 광고 속 모델의 옷차림들도 과거와 같이 귀여운 소녀의 느낌이 아닌 성숙한 느낌이다.

40. I점원 2 첨부터 전엔 여기 다, 학생이었어요. 맨날 다 한꺼번에 몰려 와서.

41. I점원 1 예. 애들이 재밌는 말 좋아하잖아요. 자기네들이 그러니까.

42. I점원 2 [이런] 이름이 있으면 부르기 좋은 건 있어요.

흑백사진에서는 색의 구별이 힘들 것이므로 사진을 삽입하지 않으나 위의 전사에서 언급된 "만약 오렌지라면"(20~23줄)을 실제 립스틱 색과 비교해보면 점원의 말처럼 주황색으로 보이지 않을 것이다. 이 립스틱 제품군의 색과 색명의 관계를 보았을 때 어떤 색은 주황색 계열로, 다른 것은 어쩌면 분홍색 또는 빨간색 계열로 판단될 수 있을 것이다. 색명은 색에 관한 설명을 담아서 표현하는 도구가 아니기 때문이다. 소비자층이 "좋아하고"(41줄) 또 "부르기 좋은"(42줄) 형식으로서 소비자와 관계를 맺고 상업적 거래를 원활히 하기 위한 상품 브랜딩 도구이기 때문이다. 이 점원들(서울 I 매장, 1: 라라, 2: 이미라)에 따르면 이렇게 장난스럽게 명명된 색이름을 특히 "좋아하고", "재미있어" 하는 소비자는 기업이 공식적 타깃 소비자로 삼고 지금까지 "주된 소비자층"으로 말한 10대 후반에서 20대 초반 사이의 여성들이라기보다 "애들, 특히 애들"이다(32~40줄).[12] 색이름의 느낌은 외모관리에 민감한 10대 여학생의 유희적 언어습관의 "재미남"과 도상적으로 닮도록 구성된 것이다(41줄).[13]

여고생의 화장행위에 대한 관심을 계량적으로 파악한 이혜정·오인

12 한 실험 결과에 따르면 한국 중고등학생들은 표준 색명을 "거의 인지하거나 표현하지" 않는다고 한다(이현희·신호철 2012: 263).

13 저자는 본 연구 초기에 핑크캐슬의 색이름 명명을 이해함에 10대와 20대 소비자의 구분이 중요할 수 있다는 의견을 공유해주신 안준희 선생님께 감사드린다. 자료 분석 후, 그 판단이 옳았음을 알게 되었다.

영(2010)은 화장에 대한 10대의 관심이 저가 화장품의 보급, 대중매체에서 접하는 또래 연예인들의 이미지, 그리고 주변 동성 및 이성 친구의 영향으로 상승하고 있다고 한다. 이들의 연구에서 핑크캐슬은 10대가 주로 찾는 브랜드로 지목됐다. 또 여중생의 화장행위의 의미에 관한 황혜미(2010)와 황혜미·천혜정(2011)의 질적 연구에서는 핑크캐슬이 여중생들이 인식하는 "10대 전용 브랜드" 중 하나라고 파악한다. 이 두 연구에 따르면 여중생에게 화장품은 "또래 간의 중요한 화젯거리"(황혜미·천혜정 2011: 179)이자 "즐거움을 제공하는 소녀우정의 매개체"(황혜미·천혜정 2011: 195)이고 인용된 여중생 정보제공자들은 심지어 핑크캐슬을 지목하며 "가게 겉모습을 예쁘게 해서 좋고 … 가격도 비싸지 않구 … 선전할 때도 우리가 좋아하는 아이돌이 선전하는 … 우리들 화장품"이라고 하였다(황혜미·천혜정 2011: 202). 황혜미·천혜정(2011)에서 인용된 여중생들의 평가에는 핑크캐슬이 주는 감각적 느낌이 그들에게 익숙하고 체현하고 싶은 느낌이기 때문일 것이다.

43. I점원 1 어떤 애들은 딱 이름을 알고 와서 "그거 주세요" 할 때 있어요.
44. I점원 1 들어오자마자 "시빼테 주세요" "시빼테."
45. 면담자 예?
46. I점원 1 아 "시럽 빼고 테이크아웃"이요.

다른 매장(A)에서 연구자는 점원에게 화장하는 데 필요한 제품을 전반적으로 모두 권해달라고 했다. 그 매장의 점원은 중국인 유학생이었고 한국말을 매끄럽게 구사하는 데에 어려움이 있다고 했다. 피부 파운데이션 제품에서부터 시작해 눈썹을 그리는 아이펜슬, 눈의 윤곽을 그리기 위한 아이라이너, 속눈썹을 위한 마스카라를 거쳐 아이섀도에 이르렀을 때, Diena는 한 아이섀도 펜슬 제품을 보여주며 "이거 시럽빼고 테이크

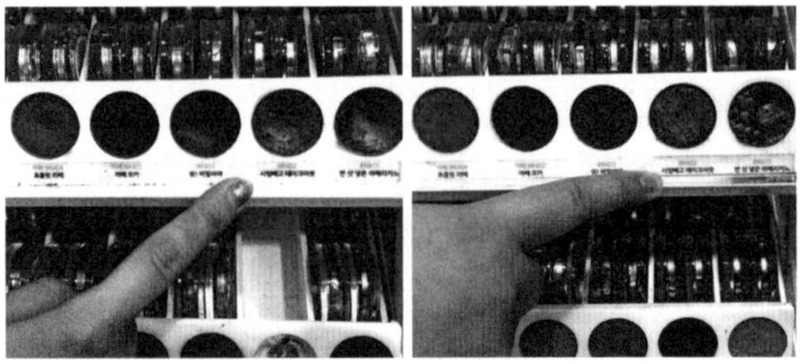

그림 3.
상품 색명의 재활용과 언어로 매개된 또래문화의 순환(필자 촬영: 왼쪽-서울 A 매장, Diena; 오른쪽-서울 I 매장, 라라)

아웃이랑 똑같은 거예요"라고 했다. 색채명은 잘 모른다던 이 점원에게 어떻게 된 일이냐고 물었더니 "이거는 하도 들어서 내가 입에 저절로 붙었다"고 했다(그때 〈그림 3〉 왼쪽 사진을 찍었다). 매장 손님들이 먼저 요청하기 때문이다.

우연일 수 있으나 위 전사에서 인용된 매장(I)에서도 동일한 색이름을 점원이 먼저 언급했는데(46줄; 〈그림 3〉 오른쪽), 이 상품 색명 이외에는 연구자가 방문한 전체 매장에서 점원이 먼저 자연스레 거론한 색명은 없었다. 다른 색명이 언급된 경우는 있었지만 그 이름들은 점원이 연구자 또는 매장을 방문한 손님의 질문에 응답할 때였다. 여학생들이 먼저 그들의 언어축약 습관에 따라 색명을 변형해 부르고(44줄), 또 색명에 낯선 매장 점원에게도 익숙하게 하고 있다. 상품 색명에 의미를 둘 수 있는 사람들은 판매자나 생산자가 아닌 소비자이고, 그 이유는 기호로서의 색명이 정확히 소비자를 기호-해석자로 '타깃'하여 그것의 사용과 재사용, 그리고 응용이 용이하도록 만들어졌기 때문이다. 한 신문기사가 소개하듯(『경향신문』 2015년 1월 26일), 핑크캐슬 소비자층은 이미 매장이라는 상업적 활동의 장이 아닌 또래 간 비상업적 활동의 장에서 그들만의 비공식적인 애칭 "시빼테"를 창의적으로 재활용하며 상품-중심적으로 그들의 젠더·세대적 또래 정체성을 확인하고 재생산하고 있는 것이다.

색명/상품명과 색/상품의 관계의 지표적 그리고 도상적 연결, 이 두 가지 동시적인 과정을 통해 색명/상품명은 메타기호학적으로 색/상품을 사회적인 것, 특히 귀여운 사람됨의 자질을 지닌 소비자들의 것으로, 즉 지표적 도상으로 포장하고 소비를 통해 그 의미를 재생산할 수 있도록 한다. 아가(Agha 2011, 2015)는 상품과 브랜드의 사물 기호가 경제적이 아닌 사회적인 관계를 매개하고 사회적인 역할까지 수행하는 것은 그것을 "사회적 지표social indexicals"로 공식화formulation하는 메타기호학적 담론이 있어서 가능하다고 했다. 분홍색이 마치 여자아이의 색으로, 더 나아가 귀여운 성질의 색으로 활용되고 인식될 수 있는 것은 색을 색의 사용과 사용자와 결부시켜 말하는, 즉 기호활동을 규제하는 담론의 기능인 것이다. 핑크캐슬 매장에 존재하는 다양한 비언어적 기호(예: 사물의 모양, 문양, 질감 등) 또한 '핑크'의 '핑크성' 규정에 이바지한다(2절에서 거론했듯, 색명 없이도 매장이 어떤 사람들이 어떤 느낌으로 드나드는 곳이라는 이해는 생성될 수 있다). 그러나 여기서 특히 색명에 주목한 것은 언어기호는 인용이 상대적으로 용이할 뿐 아니라 무한으로 확장 가능하고, 따라서 그것의 대상과 손쉽게 분리되어 다른 비상업적 맥락에서 "시빼테"처럼 활용uptake되고, 메타기호학적으로 또래 간 재활용recycle될 수 있기 때문이다(Agha 2011).

5. 결론

색/상품과 같은 비언어적 사물은 어떻게 사회적인 의미를 획득하는가? 색의 의미화에서 색명은 어떤 역할을 수행하는가? 한국 여성청소년을 주된 소비자층으로 겨냥하는 화장품 기업은 어떻게 여성청소년의 관심과 호응을 유도하는가? 이 연구는 이와 같은 질문에 대한 답을 기호와 담론의 상호작용, 더 자세히는 기호와 기호의 성격과 활동을 규제하는 메타기호학적 담론의 작용으로 풀이하기 위해 국내 인류학계에서 거의 소개되지 않은 퍼스 기호학을 응용하는 기호인류학적 관점에서 색과 색명의 관계에 집중하고 색의 기호화를 분석했다. 이 과정에서 최근 기호학을 응용하는 언어인류학 연구에서 사용되는 토큰-타입, 인용성, 퀄리아, 기호 개념 등 또한 요약적으로나마 충실히 소개하고자 했다.

기업 핑크캐슬은 대중매체를 통해 전파되는 애교 있고 발랄한 이상적 소녀상을 모델로 내세우고 국내외 여성 청소년들에게 그 이미지의 소비와 체현을 제품(예: 눈 아래 "애교살"을 인위로 만들기 위한 색조 펜슬 등) 그리고 브랜드 차원에서 권장한다. 소녀성을 귀여움과 발랄함으로 규정하며 '재미난' 기호학적 형식의 소비재를 통해 상품화하는 것이다. 이 상품화의 과정에는 다양한 유형의 기호가 복합적으로 사용되는 브랜딩 과정이 포함되고, 생산자와 판매자의 입장에서 브랜딩은 '소녀적 감성'이라는 추상적인 자질 혹은 의미를 반영하고 투사하는 행위였다. 하지만 실제 색/상품의 기호화는 메타기호학적 차원에서의 언어기호의 보조를 통하여 비언어적 물질 기호를 그것의 미래 소비자에게 유의미하고 활용 가능한 것으로 전환하는 작업이었다. 이 글은 핑크캐슬의 상품화 행위의 경우, 이 작업이 언어와 사물 간 지표성의 형성 그리고 미래 소비자와 사물 간 도상성의 형성을 동반한다고 분석했다. 지표적 도상의 구성을 통해 핑크캐슬의 분홍색은 애교 있고 발랄한 소녀를 대신하는 '핑크'색으로 성격화되는 것이다.

매장은 생산이나 소비의 현장과는 다르게 생산자와 소비자 간 경제적·문화적 교환이 동시에 교차하는 현장이자 브랜드의 사회·문화적 매개기능의 가능성을 관찰할 수 있는 곳이다. 물론 이 글은 집중적으로 다룰 수 없었던 것은 실제 한국 여성 청소년들의 브랜드 소비의 문제지만 본 연구의 의의는 매장에서의 조사를 통해 동시에 생산과 소비의 문제를 다루고 기호로서 매개되는 경제관계에 대한 기호학적 근거를 제시해 본다는 데에 있다. 다른 소비자 연구에서 드러났듯, 만약 소비자를 연구했을 때 핑크캐슬 화장품이 국내 10대 여성 사이에서 그들의 화장품으로 또 정형화된 이상적 소녀성 체현을 위한 도구로 인식되고 사용되고 있다면, 그것은 본 연구가 밝힌 색/상품의 사회·문화적 정체성 구성이 그들에게 적절한felicitous 기호사용으로 해석되고 있기 때문일 것이다.

참고문헌

고은혜, 2010, “국내 화장품 브랜드샵 발전 방안에 관한 연구,” 건국대학교 석사학위논문.

구본관, 2009, “복합 색채어의 의미: 사전의 뜻풀이를 중심으로,” 『國語學』 55: 173-211.

김선희, 2000, “한국 색채 범주 체계의 세대간 차이와 구분법의 발달 과정에 대한 연구,” 『한국색채학회논문집』 14(2): 83-104.

박은하, 2008, “여성화장품 상품명에 대한 사회언어학적 연구: 2008년~2012년 TV 광고를 중심으로,” 『사회언어학』 21(3): 113-134.

변혜원, 2011, “청소년들의 언어사용: 중학생 언어행동의 주요 특성과 변이,” 서울대학교 석사학위논문.

이영재, 2014, “한국화장품 구매 선호도에 관한 연구,” 『한국생활과학회지』 23(3): 545-556.

이주희, 2010, “통신언어의 표기와 음운적 특성,” 『언어연구』 27(1): 1-18.

이현희·신호철, 2012, “색채 인지와 언어표현의 상관성(2),” 『사회언어학』 20(1): 235-265.

이혜정·오인영, 2010, “화장관심도와 화장행동에 따른 세분집단별 화장품 사용실태(여고생을 중심으로),” 『한국미용학회지』 16(2): 495-504.

파멘티어, 리처드, 2016, 『기호인류학 특강: 문화의 화용론적 기호학』, 고경난 옮김, 서울: 한국외국어대학교지식출판원.

황혜미, 2010, “날라리 여중생의 화장행위,” 이화여자대학교 석사학위논문.

황혜미·천혜정, 2011, “여자 중학생의 화장 행위,” 『미디어, 젠더 & 문화』 19(1): 179-211.

Aaker, David A., 2011, *Building Strong Brands,* New York: Free Press.

Agha, Asif, 2011, “Commodity Registers,” *Journal of Linguistic Anthropology* 21(1): 22-53.

______, 2015, “Tropes of Branding in Forms of Life,” *Signs and Society* 3(S1): S174-S194.

Berlin, Brent and Paul Kay, 1991[1969], *Basic Color Terms: Their Universality and Evolution,* Berkeley: University of California Press.

Chumley, Lily Hope and Nicholas Harkness, 2013, "Introduction: QUALIA," *Anthropological Theory* 13(1-2): 3-11.

Foster, Robert J., 2005, "Commodity Futures: Love, Labour, and Value," *Anthropology Today* 21(4): 8-12.

______, 2007, "The Work of the New Economy: Consumers, Brands, and Value Creation," *Cultural Anthropology* 22(4): 707-731.

Harkness, Nicholas, 2014, *Songs of Seoul: An Ethnography of Voice and Voicing in Christian South Korea,* Berkeley: University of California Press.

Hull, Matthew S., 2012, *Government of Paper: The Materiality of Bureaucracy in Urban Pakistan,* Berkeley: University of California Press.

Irvine, Judith T., 2005, "Commentary: Knots and Tears in the Interdiscursive Fabric," *Journal of Linguistic Anthropology* 15(1): 72-80.

Keane, Webb, 2003, "Semiotics and the Social Analysis of Material Things," *Language &Communication* 23(3-4): 409-425.

Klein, Naomi, 2000[1999], *No Logo: Taking Aim at Brand Bullies,* New York: Picador.

Koenig, Dolores, 2016, "The Year 2015 in Sociocultural Anthropology: Material Life and Emergent Cultures," *American Anthropologist* 118(2): 346-358.

Koh, Kyung-Nan, 2015, "How Brands (Don't) Do Things: Corporate Branding as Practices of Imagining 'Commens'," *Semiotica* 207: 451-473.

Kopytoff, Igor, 1986, "The Cultural Biography of Things: Commoditization as Process," in Arjun Appadurai (ed.), *The Social Life of Things: Commodities in Cultural Perspective,* Cambridge: Cambridge University Press, pp. 64-91.

Lempert, Michael, 2014, "Imitation," *Annual Review of Anthropology* 43: 379-395.

Lury, Celia, 2004, *Brands: The Logos of the Global Economy,* London: Routledge.

Manning, Paul, 2006, "Words and Things, Goods and Services: Problem of Translation between Language and Political Economy," *Language & Communication* 26(3): 270-284.

______, 2010 "The Semiotics of Brand," *Annual Review of Anthropology* 39: 33-49.

Manning, Paul and Ann Uplisashvili, 2007, "'Our Beer': Ethnographic Brands in Postsocialist Georgia," *American Anthropologist* 109: 626-641.

Miller, Daniel, 2005, "Materiality: An Introduction," in Daniel Miller (ed.), *Materiality,* Durham: Duke University Press, pp. 1-50.

Moore, Robert E., 2003, "From Genericide to Viral Marketing: On 'Brand'," *Language*

&Communication 23(3-4): 331-357.

______, 2016 "Rebranding Belfast: Chromatopes of (Post-)Conflict," *Signs and Society* 4(S1): S138-S162.

Nakassis, Constantine V., 2012, "Brand, Citationality, Performativity," *American Anthropologist* 114(4): 624-638.

______, 2013, "Citation and Citationality," *Signs and Society* 1(1): 51-77.

______, 2016, "Linguistic Anthropology in 2015: Not the Study of Language," *American Anthropologist* 118(2): 330-345.

Nozawa, Shunsuke, 2013, "Characterization," *Semiotic Review* 3: 1-31.

Parmentier, Richard J., 1994, *Signs in Society: Studies in Semiotic Anthropology,* Bloomington: Indiana University Press.

Peirce, Charles S., 1906, "Prolegomena to an Apology for Pragmaticism," *The Monist* 16(4): 492-546. reprinted in Charles Hartshorne and Paul Weiss (eds.), *Collected Papers of Charles Sanders Peirce* Volume 4, Cambridge: Harvard University Press, pp. 530-572.

______, 1998, *The Essential Peirce: Selected Philosophical Writings,* 2 vols., The Peirce Edition Project (ed.), Bloomington: Indiana University Press.

Sahlins, Marshall, 1976, "Colors and Cultures," *Semiotica* 16(1): 1-22.

Singer, Milton, 1980, "Signs of the Self: An Exploration in Semiotic Anthropology," *American Anthropologist* 82(3): 485-507.

Silverstein, Michael, 1976, "Shifters, Linguistic Categories, and Cultural Description," in Keith H. Basso and Henry A. Selby (eds.), *Meaning in Anthropology*, Albuquerque: University of New Mexico Press, pp. 11-55.

Skorinko, Jeanine L., Suzanne Kemmer, Michelle R. Hebl, and David M. Lane, 2006, "A Rose by Any Other Name ...: Color-naming Influences on Decision Making," *Psychology & Marketing* 23(12): 975-993.

Yano, Christine Reiko, 2013, *Pink Globalization: Hello Kitty's Trek Across the Pacific,* Durham: Duke University Press.

언론보도 및 기타 자료

『경향신문』, "'이름보고 샀어요' 호기심 자극하는 화장품 이름"(최신혜), 2015. 1. 26일자.

『뷰티플러스 매거진』, "오렌지 립스틱! 이름이 뭐에요?"(이혜리), 2013. 6. 20일자.

『패션인사이트 매거진』, "신년특집 컬처브랜딩: Culture Brander 12," 2011. 1. 31일자.

Boston Globe, "Shades of Meaning: What's in a Name?"(Matthew Gilbert), 2014. 1. 28 일자.

New York Times, "We Call It Brown. They Call It 'Weekend in the Country'" (Katharine Q. Seelye), 2011. 6. 30일자.

제13장

조직 수평화에 저항하기: 한국 기업 내 직함, 아이덴티티 인프라, 그리고 기호학*

마이클 프렌티스

1. 서론

> "과장, 차장, 부장 없이, 팀장 아니면 매니저… 예전에는 서열 있었어요. 그런 것들 없애보자. 수평적 의사소통 이런 것들 하려고 많이 바뀌었어요."
> "매니저라고 하지만 구별하기 위해서 인사팀이 관리하는 그런 그레이드 따로 있습니다. 예를 들면 G1, G2, G9까지 있습니다. 그 표시를 따로 해요."
>
> 인사팀 HR 담당자 인터뷰, 2014

2000년대 초반 이후 한국사회 내 많은 대기업이 직위의 수, 직원들 간의 직함, 의사결정과정, 의사소통 스타일, 심지어 "직위" 그 자체의 정의를 바꾸며(방호진 2014) 조직 수평화를 실험해왔다. 2012년 민종그룹[1]에

* 번역: 김성인, 김우진

서는 새로운 '매니저제'를 도입했다. 민종그룹은 매니저제를 통해 전 사원들의 직급에 차등화된 직함을 없앴다. 사원과 부장 사이의 직원들은 이제 매니저로 불리게 되었고, 이 직위에 속한 사원들은 "매니저"에 존칭 '-님'을 붙여 서로 "김 매니저님"과 같은 식으로 불러야 했다. 새로운 직함은 회사 내 효율에 기여하는 동시에 젊은이들을 위한 내부 문화의 개선에도 기여할 것이라고 여겼다. 하지만 민종그룹과 같은 몇몇 회사에서 이러한 정책은 결국 실패하고 말았다. 사원들의 반발, 고객과의 문제, 그리고 기존 용어의 지속적 사용 등으로 인해 많은 회사는 기존의 체제로 돌아갔다(반면 SK 혹은 CJ와 같은 소수의 기업은 새로운 체제의 시행에 성공했다). 한 신문기사는 민종그룹이 일상의 업무와 "동떨어져 있으며" 사원들이 "직급체제로 돌아가기"[2]를 원한다고 지적했다. 노동조합은 직위가 고정되어 있던 호봉제 시절의 정책으로 회귀를 원했다. 그럼에도 이상에서 인용한 바가 보여주듯이 많은 인사기획팀 관리자들에게 있어 기업의 정책은 그다지 많이 바뀐 것이 아니었다. 예를 들어 G1, G2, G3와 같은 식으로 그들은 내부적으로 사원들을 표시하는 등급 형태를 유지하고 있었다. 한국 기업을 수평화하기 위한 정책들은 서구식 형태의 사무실 문화(Hofstede 2001)에 대한 문화적 저항 이상으로, 그리고 더욱 오래된 형태의 자본주의에 대한 향수 이상으로(Muehlebach and Shoshan 2012) 기존의 "아이덴티티 인프라identity infrastructure"를 유지하려는 저항에 맞닥뜨리게 된다.

이 글은 현대 한국의 조직 환경 내 아이덴티티 인프라의 성격을 분석한다. 아이덴티티 인프라는 급여, 직급, 직함, 보험, 승진 정책, 복리후

1 본문에 등장하는 모든 인물의 이름은 익명으로 처리했고, 수치와 같은 세부 사항 역시 수정했다. 또한 연구참여자의 신원을 보호하기 위하여 회사명과 부서명은 익명화했다.

2 기밀 보호를 위하여 정보의 출처를 명시하지 않기로 한다.

생, 사내 교육, 권위와 책임의 분배, 관련 문서 형식, 인프라를 작동시키기 위해 필요한 관리 정책 등 사원 정체성을 구성하는 구조, 체제, 정책을 일컫는다. 현대의 기업 사회에서, 거대 조직들은 개인들의 세금 관리부터 노동 분쟁 해결에 이르기까지 개인과 집단을 관리하기 위하여 많은 역할을 맡아왔다(Anderson 2017). 또한 거대 조직들은 사회적 지위 및 개인들의 인생 서사를 규정하게 되었다. 이는 급료 지급과 진급 같은 복잡한 인프라의 성장이 체제를 유지하는 데 필수적인 동시에 거대 조직 내에서 근무한다는 것의 유의미성을 유지하도록 만들었다. 그러나 물리적 인프라처럼 아이덴티티 인프라를 유지하기 위한 "장치"는 외부인에게도, 심지어 사원들에게도 쉽게 눈에 띄지 않으며, IT와 회계팀, 그리고 인사기획팀의 전문가들에 의해 조심스럽게 관리된다. 필자는 2014년부터 2015년까지 민족지 연구를 수행했던 상도그룹에서의 경험과 기타 대기업의 임원 및 사원들과의 인터뷰를 통해 어떻게 정체성이 관리 활동의 핵심 영역이 되었는지를 살펴볼 것이다.

사무기술직 전문가들은 정책과 규정들을 이해해야만 하지만, 그들의 관리의 대부분은 기호학적인 성격을 띤다. 이는 개별적인 기호들—부장 직위나 연말 보너스 비율—이 다른 기호들의 맥락 내에서만 의미를 가질 수 있음을 뜻한다. 업무의 물질적 혹은 금전적인 측면들은 오직 상이한 의미의 체계 내에서 혹은 그러한 체계들 사이에서 의미를 가질 수 있는 것이다. 이 글은 관리자들이 어떻게 의미의 인프라를 유지해 가는지 두 가지 방식을 살펴본다. 하나는 기호들 간의 배열에 맞추는 방식, 두 번째는 외부인과 내부인 모두에게 그 작동의 "장치"를 숨기는 방식이다. 필자는 그 작동원리를 사무실 공간, 영어 번역, 연말 보너스라는 세 가지의 사례를 통해 제시할 것이다. 사원들이 그 배후의 작동에 대하여 거의 알지 못하고 있다는 사실에서, 아이덴티티 인프라는 마치 실제의 기반시설(인프라)과 마찬가지로 종종 오인되며 정치화됨을 알 수 있다(Björkman 2015). 직함이나 인사greetings와 같은 가시적인 기호들은 변화와 연관되지만 그 영향력은 거의 없다. 동시에 관리자들은 사소한 실수나 잘못된 배열에도 숨겨져 있지만 아주 강력한 이 체제들이 크게 영향을 받을 수 있다는 사실을 명확하게 인식하고 있다. 현대의 조직들이 실로 직업 아이덴티티 인프라의 소재所在이기는 하지만, 인류학은 지난 100년 동안 기호들과 정체성의 사회적 구조 간의 연결을 이해하거나, 또는 오해해왔다.

2. 아이덴티티 인프라와 인류학

아이덴티티 인프라identity infrastructures는, 자세히 말하자면, 제도적으로 조직되고 규격화되어 기관과 사람의 이미지를 만들어내는 개인-기술어person-descriptor 및 정체성 지표기호들의 집합이라고 정의할 수 있다. 마치 물리적인 인프라처럼 아이덴티티 인프라 역시 한 기관 내 개인들에게 깊이, 구조, 의미를 제공한다. 인류학자들은 사회구조를 비교문화적으로 이해하기 위하여 직함과 직위, 친척용어에 의존해왔다. 19세기 루이스 헨리 모건(Morgan 1870)은 처음으로 친척용어 체계를 사용하여 이로쿼이족the Iroquois 및 다른 미국 원주민 부족에게서 그러한 사회적 인프라를 재구再構하고자 하였고, 이러한 인프라들은 단순히 연구 대상 사회에 대한 로드맵으로서만 기능한 것은 아니다. 친척체계의 비교를 통하여 사회적 진보와 발달의 진화적 궤도를 도표화할 수 있었다. 친척용어는 사회의 구별에 필수적이다. 한국에서도 인류학 연구는 친척용어에 의존하여 한국사회를 중국 및 일본 사회와 구별하였다. 예를 들어 이광규(Lee 1997)는 부계 중심과 같은 한국사회의 특징을 보이기 위해 친척 분류체계의 역할에 주목하였다. 명명체계naming systems는 그저 사람들을 역할에 집어넣거나 올바른 의사소통의 지침을 제시할 뿐만 아니라 사회 그 자체에 대한 반영적 다이어그램reflexive diagrams of society 역할을 한다. 용어들이 사회구조 그 자체를 모델로 하거나 그를 닮아 있기에 기호학적으로 명명체계는 사회구조의 도상icon이라고 할 수 있다. 한 체계 내 개인의 이름 혹은 직함은 지시적 가치denotational value(예를 들어 대리는 하급 부서원을 뜻한다)를 갖는 동시에, 다른 이들에 대한 관계적 위치를 보여주는 지표적 가치indexical value(예를 들어 대리는 사원 위에 과장 아래에 있다)도 갖는다.

인류학자들은 오랫동안 사회적 진화에 대한 연구를 중단했으며(Schneider 1984 참조) 친척에 대하여 더는 친척용어를 통해서만 보려고 하지 않았다(Sahlins 2011). 그러나 아이덴티티 인프라, 그중 특히 명명체계는 한 사회적 체계를 반영적으로 기술하기 위해 흔히 사용된다. 명명체계를 통해 현대의 기업, 행정, 기관의 조직적 구조들 내 권위와 위계의 내적 관계들은 도식화된다. 조직도organizational chart는 직함들 간의 위계적 구별을 시각적으로 포착해내며, 아래에서 위로 조직에 대한 조망을 구성한다. 금융업, 제조업 혹은 물류업의 구조와 같이 조직이 좀 더 복잡해질 경우에도 마찬가지다. 조직도는 연구되고, 출력되거나, 벽에 걸리며, 새로운 구성원을 사회화하고 정식 책무를 부여하고, 다른 조직과 비교하기 위한 휴대용 도구처럼 작동한다.

아이덴티티 인프라의 가장 특징적인 형태로서, 개인 명명체계person-naming systems는 사회적·정치적 논평의 주요 대상이 되어왔다. 사회적 혹은 정치적 운동은 정기적으로 이름과 직함을 개혁의 대상으로 삼고자 하였다. 히 반 루옹(Luong 1988)은 상이한 사회정치적 질서를 나타내는 대명사 및 친척용어들이 공산주의 베트남에서 이념적으로 평가되는 방식을 기술하였다. 계층을 강조하는 친척용어는 엘리트들과 연관되는 반면, 마르크스주의 혁명가들은 사회의 새로운 이상향을 반영하는 수평적인 친척용어를 도입하였다. 한국에 대한 연구에서, 니콜라스 하크니스

(Harkness 2015)는 동기 간의 평등한 호칭인 형제와 자매에 기반을 둔 개신교 식의 종교적 친척체계와 위계적으로 역할이 조직되는 교회의 조직 위계가 갈등을 빚는 양상을 살펴보았다. 명명체계의 목적은 구성원들에 대한 내부적 조직화보다는 다른 명명체계들보다 수평적이거나 수직적인지, 계급적이거나 민주적인지, 혹은 폐쇄적이거나 개방적인지를 비교하는 것에 방점을 두는 듯하다. 와타루 코야마(Koyama 2004)가 기술한 것처럼, 오랜 기간 동안 일본사회와 서양사회 간의 차이는 호칭 및 존칭어 체계 간의 비교를 통해 설명되었다. 일본 내 다수의 방언에서 존칭어가 역사적으로 중요한 것은 아니었다는 사실에도 불구하고, 두 언어체계의 비교를 통해 일본사회가 격식적이며 위계적인 성격을 지니는 반면, 서양사회는 비격식적이며 위계적이지 않은 것으로 그려진 것이다. 그럼에도 명명체계들의 존속과 비교는 사회구조들과 그것들에 대한 상대적 가치평가를 물상화하는 경향을 초래하였다. 이러한 오랜 전통에 따라 민종그룹은 매니저 직함의 변화를 통해 그들의 직장을 현대화하려고 시도한 것이다.

그러나 이름, 친척용어와 직함만이 아이덴티티 인프라의 유일한 기호적 지표인 것은 아니다. 단지 그것들은 논의와 개혁의 대상으로 가장 눈에 잘 띄는 것일 뿐이다. 마이클 실버스틴은 1981년 그의 논문 "인식성의 한계들The Limits of Awareness"에서 문법적 범주들 내 "인용가능성 reportability"의 위계를 지적한다(Silverstein 1981). 언어의 제諸 양상 중 지시 reference에 관한 것(명사들)이 비지시적 목적을 가진 것(예컨대 문법적 표지)에 비해 더욱 용이하게 파악된다는 것이다. 더 나아가, 원어민 화자들은 일반적으로 지시적 항목들을 지시적 기능과 연계한다. 즉, 그들은 대상 objects을 말할 뿐 언어의 다른 기능을 말하는 것이 아니다. 언어에 대하여 말할 때, 원어민 화자들은 예시 또는 토큰 단어token words, 또는 식별징표 shibboleths를 용이하게 재생산하지만 다른 종류의 언어에 대해 말하는 것은 어려워한다. 영어에서 젠더 개혁이 특정 대명사('he' 그리고 'she')에 치중하지만 언어구조에 내재된embedded 젠더의 다른 측면들을 종종 간과한 것(Silverstein 1985) 그리고 실제사회 그 자체가 평등해지지 않았음에도 불구하고 tu-vous(평칭-존칭)형에서 tu-tu(평칭-평칭)형으로의 대명사 변화가 사회관계들의 수평화를 나타낸다고 여기는 것(Brown and Gilman 1960)에서 이는 여실히 드러난다. 실제의 인프라처럼, 언어적 구조 역시 잘 보이지 않는다. 우리는 어떤 특정한 순간과 상호작용에만—특히 언어적 구조가 파괴될 때에—그것을 감지하게 된다(Star 1999; Larkin 2013).

현대의 조직세계에서, 아이덴티티 인프라는 복잡 미묘하다.[3] 직원을 식별하는 범주는 그들이 앉는 장소, 임금 수준, 업무, 휴가 일수, 직속 상사, 열람 가능한 문서 등 수없이 다양하다. 직함과 직함 체계가 조직구조를 기술하고 요약할 수 있는 가장 두드러진 형식임에도 불구하고, 회사 내 정체성은 여러 형태로 부호화된다. 이 형식들은 정체성을 개별적으로 드러내는 다양한 기호라기보다는, 이러한 기호들의 통합적 작동을 통해 개인과 조직에 대한 명백한 도상icon을 만들어낸다. 이러한 기호의 대부분이 항상 인용 가능한 것은 아니더라도 직업 정체성work identity에서는 실제적으로 명확하다. 그것들은 잘못 배열되었을 때 특히 눈에 띈다. 만약 한 사원이 대리보다 더 급여가 많다면, 이는 사내 질서가 잘못 배열되었다는 인상을 준다. 혹은 부장 직함을 가졌으며 높은 연봉을 받는 한 직원이 지하 사무실에서 일한다면 그의 직함이 그들의 "실제" 정체성과 합

---

3 여기서 필자는 개인들이 젠더, 계급, 혹은 인종 정체성과 같이 그들의 개인적 정체성 형성의 일부로서 '수행(perform)'하는 '언어와 정체성'에 대한 것을 논의하려는 것이 아니다. 그 예로 Hall and Bucholtz(1995)를 참조할 것. 그 대신 이 글에서는 기관들이 행정적 범주로서 정체성을 관리하는 방식에 집중하고자 한다.

치되지 않는다고 여길지 모른다.[4] 일상적 대화 역시 이러한 효과를 가질 수 있다. 만약 여성인 한 변호사가 '미스'나 '-씨'로 불린다면, 그녀는 그 자신의 전문직 정체성이 아닌 다른 정체성을 부여받는다고 느낄 것이다. 상호텍스트적 또는 맥락적 기호들이 지시적 의미를 강화·변경·풍자하거나 재형상화하는 대화들처럼(Agha 2007: 14-55) 아이덴티티 인프라는 기호들의 복잡한 조합을 통해 읽힐 수 있다. 한 사람의 정체성은 오직 직함에만 존재하는 것은 아니다. 이러한 기호들은 서로 연결되어 있기 때문에, 가장 중요해 보이는 기호들(예를 들어 급여)은 가장 덜 중요해 보이는 기호들(존댓말의 잘못된 사용 혹은 적절하지 못한 제스처들)에 의해 무력화될 수 있다.

그렇다면 아이덴티티 인프라는 어떻게 좀 더 일반적으로 작동하며, 또 어떻게 변화할 수 있는가? 대개 아이덴티티 인프라는 "사람들을 만들어내는make up people" 꼬리표붙이기labeling 행위(Hacking 2002[1986]), 또는 주체와 지식을 종합적으로 정의하는 좀 더 만연한 "담론들"(Foucault 1980)에 의해 만들어진다고 여겨왔다. 우선 꼬리표labels 또는 표지는 이름을 바꾸고 나아가 심층적인 범주까지도 바꾸는 것으로 여겨지지만, 그러한 기획의 결과는 피상적인 변화의 신호 정도로만 느껴지는 경우가 많다. 실제로 많은 국제적 기업이 사원들을 "파트너partners"로 혹은 고객을 "게스트guest"로 부르며 적극적으로 그들의 이름을 변화해왔지만, 이는 현실을 반영하지 못하는 진실하지 못한 "이중적인 말double-speak"로 여겨진다(Benson and Kirsch 2010). 반면 푸코의 담론 개념은 이름 붙이기를 포함하여 특정 기관 내 진리를 정의하는 모든 지식 실천에 적용될 수 있다. 우리가 숨 쉬는 공기처럼 담론은 우리 주변에 퍼져 있기 때문이다. 그러

4 앤 알리슨은 일본사회에서 마도기와조쿠(*madogiwazoku*, 창밖을 보는 남자)로 불리는 관리직에 대해 기술한 바 있다(Allison 1994: 98).

나 담론에만 집중하면, 개념들을 함께 연결하는 기호학적 과정을 간과하게 된다. 아이덴티티 인프라에 집중해야, 우리는 특정 의미의 인프라가 어떻게 만들어지고, 유지되고, 지속적으로 주목되어야 하는지를 보여줄 수 있다. 다시 말해 이것은 적정한 배열을 유지하는 기술, 인프라 내의 부분들을 변화시키려는 다른 힘들, 그리고 인프라를 적절하게 혹은 잘못 인지하는 행위자들이 존재함을 의미한다. 본 연구의 초점은 어떤 개별 범주가 다른 범주보다 더 중요하거나 덜 중요하다는 것이 아니라, 사내 정체성에 대한 의미 부여에 있어서 "관계 간 관계relations between relations"(Kockelman 2013: 4)가 갖게 되는 중요성이다.

본 연구는 세 가지 유형의 "관계 간 관계"에 주목하고자 하는데, 그것은 교차-양식적 배열cross-modal alignment, 번역translation, 그리고 등급화gradation다. 이들 각각은 언어적 기호들이 지시적 가치(기의signified-기표signifier)를 가지고 있지만 그 상대적 의미가 기호들의 광역적인 체계 속에서 정해진다고 파악한 언어학자 소쉬르(Saussure 1959)의 핵심개념에서 발전한 것이다. 이는 의미화 작용 속에서 기호들이 "빽빽하게 채워지고densely packed, "극도로 구조화되고hyper-structured", "함께 묶이고", "반복되면서"(Babcock 1978, Parmentier 1994, Keane 2003, 문헌 리뷰는 Stasch 2011 참조) 더욱 강력해지는 과정을 기술하는 기호인류학의 핵심개념들을 반영한다. 하지만 아이덴티티 인프라를 관리하는 데에는 내재적 위험요인이 있다. 직함과 같은 기호는 공간적 혹은 금전적 구분과 같은 다른 기호에 의존하는데, 이것들의 비교는 너무 많은 것을 노출시킬 수 있다. 즉, 한 사람의 정체성이 다른 기업 혹은 다른 국가와 비교할 때 사실은 낮게 평가되고, 명예롭지 않으며, 구식임을 나타낼 수 있는 것이다. 기업의 직원들이 여러 기호를 통해 이러한 아이덴티티 인프라를 관리해야 한다는 것은 정보를 드러내는 것만큼 정보를 가리고 통제하는 것에도 주의를 기울임을 뜻한다.

3. 아이덴티티 인프라 관리하기

어느 날, 상도그룹의 사원인 기호는 A3 크기의 전표를 출력하여 자신의 책상 위에 펼쳐두었다. 그는 상도홀딩스 인사기획팀의 장 팀장과 함께 그것을 검토하고 있었다. 전표의 하단엔 몇십 개에 달하는 상도그룹의 계열사 명이 쓰여 있었다. 전표의 상단엔 직함 체계, 승진 기간, 평균 급여, 연말 보너스 범위, 평균 휴가 일수, 경조사 지원 액수 등의 수많은 범주가 기입되어 있었다. 기호는 전표의 각 칸에 각 회사의 방침을 수집하여 기입했다. 이 엑셀 전표를 가지고 기호와 장 팀장은 상도그룹 모든 계열사의 기본 고용방침을 조감할 수 있었다. 그들은 상도 퍼스트Sangdo First가 상도 사우스Sangdo South보다 더 높은 초과 업무 수당을 받는 것을 보았고, 상도 IT가 휴가 정책이나 휴가 수당이 명확하지 않다는 것을 알았다. 문서는 전 상도그룹 고용정책의 청사진처럼 작동했다.

수도, 폐기물, 도로와 같은 물리적 인프라는 일반 시민이 보지 못하는 곳에서 업무를 수행하는 특수한 노동자들에 의해 관리된다. 거대 기업 내 업무 역시 유사하다. 인사팀은 회사 내 고용의 기초적인 부분들의 관리를 담당한다. 다른 종류의 인프라 노동자들처럼, 회사 내 기본적인 업무의 대부분은 외부인에게 노출되지 않는다. 기호는 인사기획팀을 제외한 다른 부서의 사원들과 그 문서를 공유할 수 없었다. 오직 팀의 상무 그리고 경영진만이 그것을 열람할 수 있었다. 상도홀딩스의 다른 직원이 기호의 책상에 온다면, 그는 그 문서를 가리거나 숨겨야만 했다. 연구자인 나에게는 복사나 세부 사항에 대한 메모 없이 그 문서를 육안으로 관찰하는 것만이 허용되었다.

인사기획팀의 기밀 유지는 인사기록카드, 연말평가, 월급 및 성과급, 개인 정보 등과 같은 다른 종류의 고용 정보에도 적용된다. 정보들은 종이 문서에 기록되어 자물쇠가 달린 서류함에 보관되고, 인사관리 시스템HRIS과 사내 인트라넷intranet으로 디지털 문서화된다. 인사기획팀은 (인사기획팀의 하위급 직원들을 포함한) 다른 직원들이 그것을 보지 못하도록 정보 관리를 담당했다. 마치 공과금 고지서처럼 직원들은 자신의 정보를 볼 수 있었지만, 다른 이들의 정보, 특히 그러한 사안들이 정해지는 광역적 체계 혹은 장치는 절대 볼 수 없었다.

왜 이런 정보들은 기밀로 분류될까? 여러 다른 공공기관들이 점점 더 투명한 경향을 취함에도 불구하고(Fenster 2017 참조), 정체성 관련 정보는 이메일 주소와 같은 것조차 여전히 고급 기밀로 취급된다. 그러나 이것들은 완전한 비밀이 아니다. 왜냐하면 직원들이 그들의 담당업무나 근무처에 관한 정보를 공개하기 때문이다. 많은 직원은 그들의 현재 직업을 링크드인LinkedIn이나 페이스북Facebook과 같은 소셜 미디어 사이트에서 국제적으로 홍보한다(Gershon 2014). 왜 이상의 정보가 기밀로 유지되어야 하는가 묻는다면, 그에 대한 답의 일부는 법과 정책 때문이라고 말할 수 있다. 개별 직원의 개인정보를 공유하거나 복제하고 이동하는 것은 불법이다. 한국 정부는 정기적으로 개인정보 보호 요령에 대한 안내와 정책적 조언을 제공하며, 정보 수집, 피고용자 감시, 데이터 저장과 기록 폐기에 대한 엄격한 지침을 보유하고 있다. 한국 정부는 피고용자의 개인정보를 제대로 관리하지 않는 기업들에 과태료를 부과한다. 해킹과 기업 정보 유출 사건도 꾸준히 발생한다.

그러나 이상의 질문에 대한 다른 답은 다음과 같다. 아이덴티티 인프라가 사회적으로 특별히 강력한 힘을 발휘하기 때문이다. 아이덴티티 인프라는 다른 직원이나 다른 회사와의 비교나 등치화를 통해 한 직원이 누구인지에 대한 판독 가능한 기호legible sign를 만들어낸다. 만약 그것이 적절히 처리되지 못하거나 유포되었을 경우, 그러한 정보들은 문자 그대로 정보의 홍수와 같이, 사원들 간의 과격한 상응commensuration의 조건을 만들어낼 수 있다. 일찍이 게오르그 짐멜과 같은 사회학 이론가들은 돈money의 문제에 우려를 표했다(Simmel 1958). 만약 교환관계가 전적으로 돈에 의존하게 된다면 모든 질적 관계들이 양적 수치로 표시될 것이다. 현대 기관들의 사례에서 돈만이 유일한 문제는 아니다. 돈 말고도 그 내부에는 점수, 등급, 평가 등 일상적 노동의 사회적 질서를 극단적으로 위협할 수 있는 상응과 비교의 다양한 형태가 존재한다. 비자본주의 사회들이 국제기준에 "상응"하게끔 만들어지는 등의 지역 공동체 내 상응 과정에 대하여 인류학자들은 자주 우려를 표명해왔다(Hankins and Yeh 2016). 그러나 "총체적" 상응은 현대적인 기업 조직에서조차 일종의 사회적 위험요소로 여겨진다. 만약 등급, 특권, 상, 개인 스펙, 평가 내력이 드러나거나 공공연해진다면, 팀워크, 우정, 회사 충성도와 같은 일상의 사회적 관계들은 엄청난 위협을 받을 것이기 때문이다.

이 정보들을 개발하고 감추는 실제 작업은 다른 기업, 업계, 국가들의 아이덴티티 기호들을 실험하고, 측정하고, 벤치마킹하는 인사팀 관리자들에 의해 진행된다. 상이한 군에서 두 가지 (혹은 서너 가지) 것들을 등치시키는 일에는 연구, 비교, 시험, 승인이 필요하다. 인사팀 업무의 최종 결과는 직원들이 절대 알아차릴 수 없는 상응과 배열의 이상적 형태다. 관리자들은 이러한 기호들의 내부적 배열은 물론, 다른 기업들과의 체계를 비교하는 외부적 배열 역시 탐색해야만 한다. 직원들은 이미 이러한 측정에 따라 회사들을 평가한다. 예를 들어 직원들 스스로 이미 네이버의 연봉 및 상여금 비교나, 잡코리아JobKorea, 인크루트Incruit 등 신입사원들을 위해 회사를 비교해주는 취업 사이트 등을 통하여 기업들을 평가하고 있다.

인사팀 관리자들이 그저 사무실 내 정책들을 만들어서 이행하는 것만은 아니다. 그들은 직원들 간의 적절한 등급화를 형성하고 다른 조직들과 비교함으로써 아이덴티티를 지표하는 기호identity-indexing signs(예를 들어 누군가의 급여와 같은)의 의미들을 적극적으로 관리한다. 이러한 관리의 일부는, 어떤 회사의 급여가 타사보다 현저히 낮은 경우처럼, 사회적으로 위험하고 난처해질 수 있는 여지가 있는 아이덴티티 인프라의 요소들을 숨기는 것이다. 그들은 회사가 직원들에 대해 말하는 방식이나 그들에게 급여를 지급하는 방식과 같은 잠재적 모순들 역시 관리해야만 한다. 심지어 많은 인사 관리자들에게 있어서조차 아이덴티티 인프라의 제(諸) 측면이 업무의 물질적 환경 그 자체 내에 구축되어 있는 것이다. 이는 다음 절에서 다룰 것이다.

4. 교차-양식적 배열과 사무실 환경의 구축

한국의 많은 기업의 사무실이 그러하듯, 상도홀딩스의 사무실 역시 칸막이나 개별 공간으로 나누어지지 않은, 직원들이 서로 보고 들을 수 있는 개방형 구조다. 2012년 지어진 사무실에는 최신 트렌드를 반영하는 새 가구, 의자, 회의 공간, 카펫과 조명이 있었다. 팀 공간은 직선형이 아닌 원형이었는데, 이는 모든 직원이 1980년대식의 경직된 군사적 구조의 일부(Janelli and Yim 1993: 157)가 아닌 하나의 팀이라는 인상을 주고 있었다. 이 공간은 "열린 공간"과 "열린 소통"(문우종 2006)의 이데올로기로 특징지어지는 새로운 유형의 사무실을 보여주었다. 그러나 이러한 개선들에도 불구하고, 사무실 공간은 직원들 간의 등급화된 구별을 자연화하는 직급, 연령, 특권의 명확한 구별을 여전히 보여주고 있었다.

이 절에서는 물리적 사무실이 직원들 간의 등급화된 구별을 유지함으로써 차별화된 정체성의 다른 양상들을 강화해나가는 방식을 기술할 것이다. 아이덴티티 인프라가 순전히 언어적 표현이나 묘사 또는 표지(예를 들어 "수평의" 혹은 "열린")를 통해서만 의미를 얻는 것은 아니다. 아이덴티티 인프라는 이러한 구별들이, 이를테면 공간과 같은 상이한 양식에서 어떻게 드러나는지를 통해 의미를 얻는다. 교차-양식적 배열cross-modal alignment은 급여, 휴가일수, 책상의 위치와 같은 상이한 지점을 가로질러 나타나며 구별 짓기가 회사 내의 자연스러운 부분처럼 보이게 만든다. 공간적 구별은 사회적 구별의 구조화에 있어서 특히 강력하게 작용한다(Bourdieu 1990: 271-283).

상도그룹의 사무실에서, 사회적 구분은 공간적 구분이 표시되고 보존되는 방식에 여실히 나타난다. 원형의 팀 공간에서 팀원들은 위계에 따라, 인턴과 1년 차 사원, 비정규직 행정직과 같은 가장 말단의 구성원들이 입구와 제일 가까운 쪽에 앉는다. 중간급 직원인 대리와 차장은 그 원의 바로 바깥에 앉는 팀 관리자들과 좀 더 가깝게 서열 순으로 앉는다. 팀 관리자는 부하직원들의 출결을 감시할 수 있지만, 부하직원들이 관리자를 볼 수는 없게 되어 있다. 그러나 관리자들 역시 사무실의 뒷벽을 따라 일렬로 배치되어 있다. 이는 구석에 통유리 사무실을 가진 대표이사CEO가 팀 관리자들을 감시할 수 있게 하기 위함이다. 직원들이나 팀 관리자들은 대표이사와 수평하게 서로를 볼 수 없다. 대표이사의 사무실은 부분적으로 반투명 처리되어 있어 그가 무엇을 하는지 혹은 무엇을 보는지 식별하기 어렵다. 이러한 시각적 위계는 상무들에게까지 확장되었다. 오직 정면 하나만 유리로 되어 있는 상무의 사무실은 아무도 직접 감시할 수 없게 되어 있다. 한 기업의 오너 중 한 명은 유리가 하나도 없는, 그만의 독립적인 사무실을 가지고 있었다. 그러나 시각적·공간적 위계의 정점에는 회장이 있었다. 회장은 단독 층에서 근무하고, 전담비서와 두 개의 개별 사무실을 보유하고 있었다. 일반 직원들은 선약 없이 그의 사무실로 통하는 계단을 이용하는 것조차 불가능했다.

젊은 직원들은 사무실의 "공적인" 영역에 근접하게, 그리고 최고선임 직원들은 사무실의 "사적" 영역의 내부에 배치되는 식(Gal 2005)의 공간적 위계는 사무실 내의 계층화된 정체성을 강화한다. 이는 조직 내 개별 직원의 상징적 위치를 계층화된 방식으로 반영하였다. 만약 한 사람이 회사에서 오래 근속할수록 그는 사무실 공간의 내부를 향하여 들어가게 될 것이다. 직원들이 부채 모양으로 점진적으로 계층화되며, 이 구분의 형태가 '하-중-상' 위계에 대한 보통의 이해와 어떻게 다른지 관찰할 수 있다. 어느 특정인이 사무실 배치를 통제하지도 않았고, 이러한 구분이 명시적으로 언급되거나 표지화되지 않은 상태에서 이러한 공간적 구분은 사회적 구분을 수동적으로 강화했다. 직원들은 입사 시에 혹은 승진 시에 '자연스럽게' 그들의 직함에 따라 특정 위치에 배치된다.

이러한 공간 구분은 회사 내 위계의 개인 정체성을 넘어 확장되어 상도그룹 내 더욱 광역적인 회사 간 위계에도 적용된다. 상도그룹의 계열사들은 40층 건물에 층별로 자리 잡고 있다. 회장은 제일 꼭대기 층을 차지하고 상도홀딩스가 그 아래층에 있다. 남은 층에는 회사의 매출과 가치에 따라 배치된 다른 계열사들이 위치한다. 주요 상품인 철강을 생산하는 가장 큰 회사들이 위층을 차지한다. IT, 물류와 같이 기능적 업무를 담당하는 가장 작은 회사들은 빌딩의 하층에 위치한다. 이러한 공간적 배분은 상도그룹 자체 내의 권력 역학 및 사회적 위신에 따른 수직적 위치를 자연화한다. 그러므로 38층에 위치한 상도홀딩스의 차장은 34층에 위치한 상도맥스의 차장보다 더 많은 권한과 권위를 가지고 있다고 자부할 수 있다. 하지만 서울에 위치한 상도그룹의 빌딩에서 근무하는 직원은, 부산, 창원 등 공장 주변의 지방 계열사에서 일하는 이들보다 더 많은 위세를 누린다. 이런 식으로 상도그룹은 서울이 다른 지역보다 더 높게 평가되는, 한국 내 가치의 사회문화적 지리학도 반영한 것이다.

공간적 구분은 권한이나 급여의 배분 등 다른 형태의 사회적 계층화를 수동적으로 자연화하기에 특히 효율적인 방식이기도 하다. '높이'와 '근접도'라는 공간적 지표들은 언어적·수적 수사가 필요하지 않기에, 이들은 거의 도전받지 않는다. 그들은 사무실 내 위계질서를 구현하는 데 일조한다. 예컨대, 한 직원이 상도빌딩 내에서 '위로' 그리고 '안으로' 이동한다면 그는 사업의 중심에 가까워진다는 느낌을 받게 될 것이다. 이처럼 인프라는 은유에 불과한 것이 아니다. 직원들은 구축 환경을 따라 말 그대로 배치되어 차별화된 정체성을 드러낸다.

5. 정체성을 번역하기: 사무실 직함의 영어 표기

공간적 구분이 정체성 구분의 자연화에 효과적인 한 가지 이유는 공간적인 구분이 상징적 정교화를 필요로 하지 않는다는 점이다. 공간적 구분은 그저 존재 자체로서 위계관계를 자연화한다. 그러나 이러한 공간적 구분들은 그들의 자연스러운 질서에 도전하는 사소한 행위에 의해서도 어그러질 수 있다. 상도그룹에서 일과 연구를 병행하는 동안 필자는 상도그룹 내 직함의 영어 번역 갱신을 지원하는 업무를 했다. 한국사회 내 다른 직장에서와 마찬가지로, 상도그룹에서도 직함의 영어 표기는 존재하지만 오직 명함에서나 볼 수 있을 뿐이었다. 보통 명함의 한 면은 한글로, 다른 면은 영어로 표기되어 있다. 사업의 다른 측면들과 비교할 때, 이중언어 명함 자체는 기능적으로 무의미했다. 직원 대부분은 외국인 직원과 만나거나 직장에서 영어를 쓸 일이 거의 없다. 더 나아가, 대부분의 외국인은 한국의 직함체계를 이해하지 못할 것이며, 한국인 동료들을 이름으로 부를 것이다. 그러나 정체성 표현을 위한 하나의 조그마한 창구로서 영어 직함은 한국인 사원들이 자신의 또 서로의 정체성을 확인하는 중요한 도구다. 영어 직함은 다양한 언어로 공공의 영역에서 자신의 정체성을 확인하는 방법들 중 하나다.

이 절에서 필자는 한국 직함의 영어 번역과정과 직함의 단순 번역이 상도그룹의 더욱 광역적인 아이덴티티 인프라에 가하게 되는 위험요소를 분석한다. 번역행위는 결코 순수한 "언어적" 번역이 아니라, 사회적 의미를 제대로 옮겨 특정 구분들을 한 양식에서 다른 양식으로 제대로 "변환transduce"하는 문제다(Silverstein 2003; Keane 2013).

상도그룹은 각각의 계열사마다 표준 한국 직함의 번역을 위한 나름의 체계를 개발해왔다. 예를 들어 부장은 상도사우스에서는 '시니어 매니저senior manager'로, 상도퍼스트에서는 '제너럴 매니저general manager'로 번역되었다. 더구나 이러한 번역들은 상도그룹 직원들의 실제 담당업무를 반영하지 못했다. 이들은 그저 일반화된 관리자급 직함일 뿐이었다. 상도그룹의 경영진은 사원들의 실제 기능을 표시하는 동시에 글로벌 기준에 걸맞은 통일된 체계를 원했다. 상이한 체계의 남발은 상도그룹이 대기업으로서 통일성을 갖추지 못했음을 뜻했다. 필자가 속해 있던 인사관리팀이 새로운 명명체계의 개발을 맡기로 했다.

인사팀은 곧 두 가지 문제에 직면했다. 한국의 직함체계는 현대 한국인들의 업무에 더는 해당되지 않는 구식체계를 반영하고 있었다. 예를 들어 부장은 '부部'의 관리자지만, 오늘날 부장은 "의미론적으로 탈색"되었다. 부장은 단순히 중견 직원의 직함을 뜻하기 때문이다. 1990년대 중반 '부'는 '팀'으로 대체되었으며, 직원의 집단을 관리함에 있어서 부장은 팀장으로 대체되었다(박원우 2006). 두 번째 문제는 미국 및 기타 글로벌 기업의 고용 체계 및 구조가 상이하다는 것이다. 한국인 관리자들은 미국 회사에 사원, 대리, 과장에 걸맞은 직함이 부재하다는 사실을 발견하고 놀라워했다. 번역은 상도그룹을 글로벌 질서와 결합시키기 위한 것이었지만, 번역 과정에서 상도그룹만의 인력체계가 그로부터 매우 동떨어져 있다는 것이 발견되었다.

필자는 인사팀이 직함을 영어로 번역하는 업무를 보조했다. 철강업계 내 글로벌 직함체계에 대해 조사한 후, 필자는 두 가지 제안을 했다. 첫째, 상도그룹 계열사 간의 다양한 방식을 통일시키고자 전 계열사의 조직도를 검토하면서, 필자는 '대표CEO' 역할이 회사마다 사장, 부회장, 대표이사, 심지어 부사장 등으로 다르게 불린다는 사실을 발견했다. 각각의 직함은 President, CEO/President, Executive Vice President, Senior Executive Vice President와 같은 개별 영어 번역을 가지고 있었다. 필자는 이 모든 대표들이 영어로 'CEO'로 표기해서 외부인들이 최종 결정권자를 알아볼 수 있도록 해야 한다고 제안했다. 하지만 장 팀장은 필자의 제안서를 빨간 펜으로 고쳤다. 그는 말했다. "상도에서 1년을 일했어도 한국 회사에 대해 아무것도 모르는구먼." 그가 나에게 설명한 바에 따르면, 대표의 직함들은 일반 직함들과 달리 매우 개인적이라는 것이다. 즉 각각의 대표는 그들의 커리어와 정치적 결정에 따라 특정 직함을 가지게 되는 것이다. 예를 들어 몇몇 CEO는 '부회장'으로 불렸는데 왜냐하면 그들 스스로 중요한 역할을 맡았다고 생각하기 때문이었다. 직함 그 자체는 관리 차원에서는 아무 의미가 없었다.

둘째, 필자는 기존의 'manager관리자'를 가리키는 직함들을 'associate부서원'으로 바꾸기를 제안했다. '진정한 의미의' 관리자들은 부장도 차장도 아닌 팀장뿐이었기 때문이다. 필자는 대리, 과장, 차장 직함의 영어 번역어로 associate, junior associate, senior associate을 제시하며 새로운 등급화를 추천했다. 이는 글로벌 기업들이 그들의 직원들을 지칭하는 방식과 유사했기 때문이다. 하지만 장 팀장은 만약 우리가 이걸 실제로 제안한다면, 모든 사원이 우리에게 적대감을 가질 것이며 심지어 우리를 '죽이고' 싶어 할 것이라고 했다. 왜 그랬을까? 장 팀장에 의하면, 새로운 용어인 associate이 더욱 정확할지라도, 번역을 바꾸려는 행위 그 자체가 강등처럼 보인다는 것이다. 특히 높은 직위에 있던 차장과 부장에게는 더욱 그렇다. 그러한 용어는 상징적 강등처럼 보일 것이고, 본사에서 하달된 것이라면 더욱 곤란할 것이다.

장 팀장이 상도그룹 그리고 한국 회사 내 아이덴티티 인프라의 일반적인 작동 방식에 대해 가르침을 준 건 바로 그때였다. 필자가 아이덴티티 인프라를 상이한 기호들로 이루어진 추상적 체계로 이해한 바와 달리, 장 팀장은 각각의 회사가 그들만의 고유한 인프라를 가지고 있다고 말했다. 사람들이 역할을 채우는 미국의 회사들과 달리, 한국에서는 기관이 사람들을 위해 역할을 만든다고 그는 말했다. 개인들이 관리자나 중역으로 승진하게 되며, 그들을 위한 직위가 만들어진다. 구조적 재조직은 사업을 재배열하여 효율성을 재고하는 것이 아니라, 사람들이 새 직위를 맡음에 따라 조직을 재배열하려는 것이다. 조직은 새로운 직위를 차지한 사람들에 맞추어 조직 내 역할을 재조정해야 하는 것이다. 이것이 상도 계열사들이 동일한 업계에 속해 있고 심지어 동일한 빌딩에서 업무를 한다는 사실에도 불구하고 상도 계열사 내의 역할 구분이 판이해 보인 이유다. 예를 들어 담당, 부본부장, 부문장과 같은 직위는 오로지 기관 내에서 승진하는 관리자들에게 새로운 직위를 만들어주기 위하여 존재했다. 이것은 수직적 권위의 강력함보다는 사회학자 어빙 고프만의 개념인 '식전의례式典儀禮, ceremonial ritual'의 지속적인 필요성을 반영한다(Goffman 1956). 직원들이 기관에서 계속 일하게 되며, 인사관리팀과 같은 부서들은 그들에게 추가적 직함을 부여하는 방식으로 상징적 선물을 제공한다. 성공적인 관리자는 예를 들어 부장, 영업 담당, 팀장 등 많게는 세 가지 직함을 동시에 가질 수 있다.[5] [반대로, 미국 회사들은 다양한 직함보다는 복리후생(휴가 기간, 주차 공간, 주식 등)처럼 덜 가시화된 방식들로 의례적 위계를 유지한다. 오래 근속한 사원일수록 더 많이 받는 식이다.]

장 팀장과 그의 인사관리팀은 회사 간에 통합적이면서도 동시에 특

5 이것이 한국 내 사무실의 동일인에게 상이하게 부여되는 직급, 직책, 직위, 직명 간의 차이이다.

표 1. 상도그룹의 상위 및 하위 직위에 대한 새로운 번역에 대한 기술

1. 임원 외 직함의 영어 번역			
부서원			
Associate			
사원	대리	과장	차/부장
Junior Associate	Associate	Senior Associate	General Manager
2. 임원급에 대한 영어 번역			
대표이사			
President Associate	*단, (부)회장((Vice)Chairman & CEO)은 사장 이상		

다른 직위들은 기밀 유지를 위해 포함되지 않았다.

정 개인들을 화나게 하지 않고, 직원 승진 방식에 따라 유연성을 발휘할 수 있는 영어 직함체계를 개발해야 했다. 그러므로 인사관리팀은 조직들의 상위 구성원들에게 특히 유연하며, 하위 구성원들에게는 단순화된 새로운 직제명명법nomenclature system을 만들었다. 이 직제명명법은 한국어 직함을 적절히 전달할 수 있는 새로운 형태를 띠고 있다. 이는 〈표 1〉과 같다.

〈표 1〉은 국제적인 영어 직함의 용례를 보여주는 동시에 모든 한국인 직원에게 인식될 만한 한국식 직함 간의 등급화를 적절히 '변환'한다. 여기서도 모순이 발생한다. 모든 상무 외 직위들(부서원)이 associate으로 불림에도 불구하고, 차장 및 부장 직급은 여전히 general manager로 불리며 더 하위의 직원들과의 거리를 유지한다. 더 나아가, 대표이사 등 높은 직위는 수천 명 규모의 하위 직원들에 비하면 극소수를 대표함에도 불구하고 더욱 특화된 규칙과 변형이 적용되었다. 새로운 직함은 "한국식의 번거로움 없이 의사소통을 개선하기 위한 첫걸음이라는 목적"으로 신설되었다. 하지만 여러 가지 면에서 새로운 직함은 상도그룹이 고수하

는 기관 내 역학의 특수성을 반영한다. 새로운 번역은 고위 경영자들 각각을 위한 여러 특별 규정과 예외 조항을 수반하였다. 그러므로 인사관리팀 관리자들은 한국 기업 내의 적절한 의례적 직함의 필요성을 반영하는 동시에 그들의 아이덴티티 인프라를 국제기준과 외견상 성공적으로 조화시킬 수 있다. 이런 점에서 인사관리팀 관리자들이 그들이 최종보고에서 감춘 것처럼 아이덴티티 인프라 관리는 추상적 정체성뿐만 아니라 특수한 정체성을 다루기도 한다.

많은 기업에서 한국어 직함 대신 영어 직함을 선호하는 것은, '매니저', '프로', '-님' 또는 단순히 영어 이름을 사용(마이크, 제인 등)해 회사의 수평성을 보여주는 주요 방식이 되어왔다. 상도그룹 자체가 '수평적' 직함 사용에 대한 공식적인 정책은 없지만, 글로벌 제조업계의 직함들이라는 다른 종류의 국제 질서에 통합되기를 추구했던 것이다. 지시적 차원에서 상도그룹의 새로운 직함은 'associate', 'director' 혹은 'president'의 사용과 같은 국제적 표준에 맞춘 것이다. 그러나 이러한 직함들을 전 직원에 대하여 체계적으로 적용하는 일은 사회적 변환에 대한 복잡한 난제들을 드러낸다. 심지어 새로운 직함의 추구에서도, 그 번역은 인프라가 어떻게 작동되어야 하는지, 특히 누구의 정체성이 의전의 작은 상징에 좌우되는지에 대한 암묵적인 가정을 확인시켜준다.

6. 등급화, 격차, 그리고 보너스의 배분

2014년 가을 어느 날 오후, 필자와 인사관리팀 팀원 3명—장 팀장, 민섭 대리와 지순 대리—은 상도홀딩스의 사원 약 50명에 대한 다음해의 기본급 인상 및 보너스를 논의하기 위해 모였다. 그전까지 급여와 보너스는 직급과 연차에 비례하여 끊임없이 증가하는 것이 표준이었다. 상도

그룹은 보너스 배분에 대하여 전통적인 입장을 취했다. 전적으로 업무수행 결과를 반영하기보다는(A등, B등, C등) 직급에 따른 비율로 책정할 것. 그러나 그해 상도그룹의 경영진 중 한 명이 직원들의 동기 부여를 위하여 개인 업무수행 결과에 기초한 새로운 보너스 배분 방식을 개발할 것을 인사관리팀에 요구했다. 지시사항은 분명했지만 동시에 애매했다. 세 명의 관리자는 개인 업무 성과에 맞춘 보너스 배분 규범을 고안해야만 했다. 그들의 첫 회의는 그 체계가 어떠해야 하는지에 대하여 의견을 내고 토론했다. 그들은 경영진의 바람에 부응하는 합리적 배분에 관한 기술적인 가능성을 평가하는 것만은 아니었다. 새로운 성과급 체계는 직원 간, 그리고 본사 및 계열사 간의 관계까지도 재정의하는 것이었다. 장 팀장은 그의 대리들에게 대놓고 물어보았다. "우리가 더 받을까요? 아니면 계열사가 더 받을까요? 솔직히 말해." 두 대리는 그들이 더 받아야 한다고 대답했다. 그들은 물론 농담을 한 것이었지만, 이는 중요한 문제에 대한 농담이었다. 이 절에서 필자는 연 성과급의 윤리와 그 등급화의 기호학적 과정(Sapir 1944)과의 관계를 중점적으로 밝히고자 한다.

공간적 배열과 언어의 번역은 관습화된 기호들의 자질들이 개인 간 차이를 지표하는 두 가지의 기호학적 과정을 반영한다. 이 기호들은 명함에 적힌 직함처럼 제도적으로 보장되고 가시화되어 있다. 그러나 다른 기호들, 예를 들어 돈과 같은 경우는 직원들이 서로를 양적으로 구별하는 몇 가지 방식 중 하나를 보여준다. 인사팀 관리자에게 그러한 숫자는 본연적으로 위험하다. '나쁜' 번역이 관리자의 위신을 손상할 수 있다면 금전적 구별은 개인과 집단 간의 상응을 보여주는 궁극적 형태이기 때문이다. 그들은 실제 가치를 드러낼 수 있기에 위협적이다. 인사팀의 관리자들은 직급, 지위, 연차로 이러한 가치들을 규격화하기 위해 활발하게 작업하는 동시에 직원 간의 양적 차이를 감추기 위해 노력한다. 인사팀 관리자들이 양화 그 자체를 우려하는 것은 아니다 —모든 사람은 물론 월급을 받고 싶어 한다. 그들이 우려하는 것은 숫자들 간의, 그리고 직원들 간의 격차gap다. 직함의 '긍정적인'(혹은 가득 찬full) 가치 이상으로, 격차는 직원들 간의 거리를 표시하는 '부정적인'(혹은 빈empty) 가치를 반영한다.

직원들 간의 적절한 차이를 유지하는 일은 '성과시대'에 더욱 복잡해졌다. 성과급은 노동력 유연화 시대 그리고 안정적이지 않은, 변화 가능한 노동이라는 새 시대의 도상이다. 회사의 연간 실적 그리고 개인의 업무 성과와 연관된 변화 가능한 형태의 급여이기에, 성과급은 고정 보너스를 대체하며 회사원의 기본급 구성에서 더 큰 비중을 차지하고 있다. (성과급 혹은 장려금은 1990년대에도 존재했지만, 고정보너스에 비해서는 적었다.) 대부분의 직원은 호봉제의 연공서열 위주의 불공정한 분배체계에 대한 공정한 인정으로서 개인 성과급을 인식하였다. 호봉제에서는 가장 오래된(그리고 언뜻 보기에 가장 생산성이 떨어지는) 이가 가장 많은 돈을 받는다.[6] 이는 현대의 기업 조직들에서 발생하는, 더욱 광역적인 이데올로기적 체계와 내부의 아이덴티티 인프라 간의 근본적인 갈등이다. 인사팀 관리자들은 이러한 갈등 해결의 최전선에 놓여있다.

상도그룹의 인사팀 관리자들은 상이한 전문 영역에서 성과급을 책정하는 것이 기술적으로 가능하지도, 바람직하지도 않다는 것을 알았다. 그것을 책정한다는 것은 기껏해야 추정치에 불과한 수준이었다. 인사팀 관리자들의 우려는 비용에 관련한 기술적인 면보다는 균형에 관련된 윤리적 측면에 대한 것이었다. 그들은 누구에게 어느 정도의 보너스가 지급되어야 할지 고민했다. 또한 그들은 자신들의 평판이나 타 부서의 역

6 그해의 사원 내부 만족도 조사에서 사원들은 팀 위주의 환경과 동료 간의 개방적 관계를 원한다고 답한 동시에, 보너스 혹은 성과급의 형태로 각자의 공헌에 대한 인정을 원한다고 지적했다.

학을 훼손하지 않으면서 직원들이 새로운 조건을 받아들일 수 있도록 정치적으로 허용 가능한 방식으로 사안을 발표하는 일에 신경을 곤두세웠다. 최종적으로 인사팀은 계열사 평균 지급 액수를 토대로 인상률을 결정하여 그룹 내에서 누군가가 덜 받거나 더 받는 일이 없게끔 하였다. 회의를 종료하면서, 인사관리자들은 결정을 공표하기 위해 코미디언 노홍철이라도 불러와야 할 판이라고 농담했다. 그들은 이미 부정적인 반응을 예상하고 있었던 것이다.

시간이 흐른 후, 그해 인사팀이 직원들에게 새 급여 인상 프로그램을 발표했을 때, 민섭은 설득보다는 정보 제공 위주여야 했음을 필자에게 이야기해주었다. 민섭 대리는 두 장의 슬라이드로 이루어진 파워포인트 발표로 회의를 시작했다. 첫 번째 슬라이드는 회사 전 직원을 위한 공동성과급 대신에 개별 팀과 개인 보너스가 성과급의 반을 차지할 것임을 공지했다. 즉, 직원들의 전체 보너스는 세 가지 종류의 평가에 기반한다는 것이다. 첫째, 모두에게 동등하게 적용될 회장의 평가, 둘째, 팀들의 등급화된 점수, 셋째, 개인들의 등급화된 점수. 그 후 민섭은 두 번째 슬라이드로 넘어갔다. 두 번째 슬라이드는 최고 평가인 S등급을 받은 김 사원과 B등급을 받은 이 사원을 예로 들며 이상에서 언급한 변화가 개인 성과급에 미치는 영향을 보여주었다. 시연의 요점은 사원들 중 누구도 '돈'을 잃지 않으며, 팀 혹은 개인이 더 좋은 성과를 냈을 때 평균보다 비교적 더 많이 보상받는다는 것을 보여주는 것이었다. 그의 설명은 가상의 두 직원을 비교해 가능한 보너스를 명시하되 실제 보너스 액수는 드러내지 않았다.

최대한 간략하게 내용을 보여주려던 그들의 시도에도 불구하고, 참석한 직원들은 인사팀에 질문하기 시작했다. 나이가 있는 한 남성 관리자가 질문했듯이, 주된 우려 중 하나는 인사평가 등급 간의 격차였다. "평가 사이(S, A, B, C, D 등의 등급들)에서 격차가 왜 그렇게 큰가?" 어떤 한 부서 전체는 등급 자체에 대하여 따졌는데, 인사팀이 체계를 만들기 전에 직원들로부터 충분한 의견을 수렴하지 못했다는 것이다. 전략팀의 성원들 역시 성과 등급과 성과급의 시기가 고정 보너스의 시기와 맞지 않는다고 말했다. 1시간여 지난 후, 회의가 마무리되었을 때, 한 나이 든 관리자는 장 팀장에게 평가의 분할에 대하여 여전히 불평하고 있었다. 이 관리자는 (S나 C와 같은) 등급 간의 격차가 너무 커 직원들 간에 분란이나 경쟁을 일으킬 것이라고 말했다.

장 팀장과 다른 인사팀 관리자들은 회의의 결과에 흡족해하지 않았다. 다른 직원들은 인사팀이 방법에 포함시켰던 보너스에 관한 복잡한 수학적 계산과 정치적 고려는 인식하지 못했다. 다시 말해, 직원 대부분은 직원들 간의 격차와 보너스의 최소치와 최대치에만 관심을 기울였다. 인사팀 관리자들이 회의와 정보 공개를 관리하려 했고, 이론상 어떤 직원에게도 부정적인 영향이 없는 체계로 소개하려고 시도했음에도 불구하고, 그들은 의사결정 과정에 대한 정보를 추가 공개해야만 했다. 그들의 작업을 옹호하기 위해, 장 팀장은 이것이 회장단의 결정이며, 해당 체계가 업계 표준을 벤치마킹한 것임을 반복적으로 강조했다. 또한 그는 자신을 관리자가 아닌, 변화로부터 영향을 받는 직원 중 하나로 묘사했다.

사원들의 불평에도 불구하고, 새로운 성과급 체계는 실행되었다. 성과급은 기밀이므로, 성과급이 직원들 간의 역학에 어떤 영향을 미쳤는지는 알기 힘들다. 그러나 이 사례는 돈을 둘러싼 재정적 고려가 돈에 대한 추상적 가치가 아닌, 동료들 간의 상대적 분배에 관한 것임을 보여준다. 돈을 잃는 직원은 없지만, 사원들은 사회적 위험요소의 소재所在로서 다른 사원들과의 격차에 신경을 곤두세웠다. 인사팀 관리자들은 아이덴티티 인프라 생성의 복잡한 결정을 이해하지 못하는 직원들에 의해 궁극적으로 모든 직원에게 도움이 될 인사팀의 기술적인 전문성이 위협을 받았다고 느꼈다.

7. 결론

이 장은 직원들이 서로에 대한 호칭과 지칭의 수평화를 통해 한국 기업 조직이 수평화되는 것처럼 보이는 현상을 논의했다. 온라인매체 〈ㅍㅍㅅㅅ〉의 2018년도 기사는 다음과 같이 묻는다. "호칭을 없애면 조직문화가 바뀔까?"[7] 필자는 직함을 바꾸는 것만으로는 한국의 수직적 조직문화가 미국의 수평적 조직문화처럼 바뀌지는 않을 것이라고 지적한다. 이러한 개혁은 실리콘밸리 스타트업 회사들에서 나타나는 기업 문화의 표면만 복제할 뿐이다. 그러나 이는 더욱 "심층적인 문제"를 놓치고 있다. 기사는 다음과 같이 말한다. 근본적인 문제는 "상명하복 구조, 경직된 조직문화, 꼰대들의 진상질, 리더들의 독단"과 같은 근원적 요인들이다. 이러한 설명은 현대의 조직 문제 기저에 위치한 문화, 심리, 세대 등 더 깊은 유형의 인프라를 지목한다. 예컨대 사무실 내 변화에 반하는 저항은 나이 든 남성 관리자들 및 최고경영자들의 심리로 설명되곤 하였다(Prentice 2020). 한국의 조직들을 오래된 것에서 새로운 것으로, 수직에서 수평으로, 호봉제에서 성과제로 옮아가는 시간적 변화의 일부로 파악하는 일은 사무실 내의 몇몇 기호가 역사적 변화를 나타냄을 알아차리는 것에 달려 있다(Parmentier 1997: 64-87).

흔히 기업 변화와 사회적 변화가 그런 식으로 상상됨에도 불구하고, 이 장에서 필자는 아이덴티티 인프라의 유지는 지하철과 같은 물리

7 "호칭을 없애면 조직문화가 바뀔까?" https://ppss.kr/archives/108981

적 기반시설의 유지와 더 유사하다고 기술했다. 아이덴티티 인프라는 전문가들이 관리하고 유지해야 할, 구축(된) 환경의 일부다. 장 팀장과 같은 전문가에게 이러한 일상적 장소는 공간적 배치부터 영어 번역, 돈의 배분에 이르기까지 세심하게 관리되어야 한다. 하나의 실수는 잘못된 배열misalignment 또는 "정정repair"의 요구로 이어질 수 있으나, 더욱 광역적인 아이덴티티 인프라는 변화가 더디다. 이러한 변화가 항상 다른 이에게 가시적이거나, 그러한 인프라의 작동이 쉽게 이해되는 것은 아니다. 좋은 기반시설이 그러하듯이, 아이덴티티 인프라는 아무도 알아채지 못할 때 최상의 형태로 작동한다.

참고문헌

문우종, 2006, "열린 공간, 막힌 소통: IT 벤처기업의 내부 커뮤니케이션과 기업문화," 서울대학교 인류학과 석사학위논문.

박원우, 2006, 『한국 팀제의 역사, 현황과 발전방향』, 서울: 서울대학교출판부.

방호진, 2014, "직급체계 개편의 문제점과 대응방안에 대한 연구," 『경영교육연구』 29(4): 30-55.

Agha, Asif, 2007, *Language and Social Relations*, Cambridge, New York: Cambridge University Press.

Allison, Anne, 1994, *Nightwork: Sexuality, Pleasure, and Corporate Masculinity in a Tokyo Hostess Club*, Chicago: University of Chicago Press.

Anderson, Elizabeth, 2017, *Private Government: How Employers Rule Our Lives (and Why We Don't Talk About It)*, Princeton: Princeton University Press.

Babcock, Barbara A., 1978, "Too Many, Too Few: Ritual Modes of Signification," *Semiotica* 23(3-4): 291-302.

Benson, Peter and Stuart Kirsch, 2010, "Corporate Oxymorons," *Dialectical Anthropology* 34(1): 45-48.

Björkman, Lisa, 2015, *Pipe Politics, Contested Waters: Embedded Infrastructures of Millennial Mumbai*, Durham: Duke University Press.

Bourdieu, Pierre, 1990, *The Logic of Practice*, Stanford: Stanford University Press.

Brown, Roger and Albert Gilman, 1960, "The Pronouns of Power and Solidarity," in Thomas A. Sebeok (ed.), *Style in Language*, Cambridge: MIT Press. pp. 253-276.

Fenster, Mark, 2017, *The Transparency Fix: Secrets, Leaks, and Uncontrollable Government Information*, Stanford: Stanford University Press.

Foucault, Michel, 1980, *Power/Knowledge: Selected Interviews and Other Writings, 1972-1977*, New York: Pantheon Press.

Gal, Susan, 2005, "Language Ideologies Compared: Metaphors of Public/Private," *Journal of Linguistic Anthropology* 15(1): 23-37.

Gershon, Ilana, 2014, "Selling Your Self in the United States," *PoLAR: Political and Legal Anthropology Review* 37(2): 281-295.

Goffman, Erving, 1956, "The Nature of Deference and Demeanor," *American Anthropologist* 58(3): 473-502.

Hacking, Ian, 2002[1986], "Making Up People," in Ian Hacking (ed.), *Historical Ontology*, Cambridge: Harvard University Press, pp. 99-120.

Hall, Kira and Mary Bucholtz, 1995, *Gender Articulated: Language and the Socially Constructed Self*, New York: Routledge.

Hankins, Joseph and Rihan Yeh, 2016, "To Bind and To Bound: Commensuration Across Boundaries," *Anthropological Quarterly* 89(1): 5-30.

Harkness, Nicholas, 2015, "Basic Kinship Terms: Christian Relations, Chronotopic Formulations, and a Korean Confrontation of Language," *Anthropological Quarterly* 88(2): 305-336.

Hofstede, Geert, 2001, *Culture's Consequences: Comparing Values, Behaviors, Institutions, and Organizations Across Nations*, Thousand Oaks: Sage Publications.

Janelli, Roger L. and Dawnhee Yim, 1993, *Making Capitalism: The Social and Cultural Construction of a South Korean Conglomerate*, Stanford: Stanford University Press.

Keane, Webb, 2003, "Semiotics and the Social Analysis of Material Things," *Language & Communication* 23(3): 409-425.

______, 2013, "On Spirit Writing: Materialities of Language and the Religious Work of Transduction," *Journal of the Royal Anthropological Institute* 19(1): 1-17.

Kockelman, Paul, 2013, *Agent, Person, Subject, Self: A Theory of Ontology, Interaction, and Infrastructure*, Oxford, New York: Oxford University Press.

Koyama, Wataru, 2004, "The Linguistic Ideologies of Modern Japanese Honorifics and the Historic Reality of Modernity," *Language & Communication* 24(4): 413-435.

Larkin, Brian, 2013, "The Politics and Poetics of Infrastructure," *Annual Review of Anthropology* 42: 327-343.

Lee, Kwang-kyu, 1997, *Korean Family and Kinship*, Seoul: Chimmundang.

Luong, Hy Van, 1988, "Discursive Practices and Power Structure: Person-Referring Forms and Sociopolitical Struggles in Colonial Vietnam," *American Ethnologist* 15(2): 239-253.

Morgan, Lewis Henry, 1870, *Systems of Consanguinity and Affinity of the Human Family*, Washington: Smithsonian Institution.

Muehlebach, Andrea and Nitzan Shoshan, 2012, "Introduction: Post-Fordist Affect," *Anthropological Quarterly* 85(2): 317-343.

Parmentier, Richard, 1994, *Signs in Society: Studies in Semiotic Anthropology*, Bloomington: Indiana University Press.

________, 1997, "The Pragmatic Semiotics of Cultures," *Semiotica* 116(1): 1-115.

Prentice, Michael M., 2019, "The Powers in PowerPoint: Embedded Authorities, Documentary Tastes, and Institutional (Second) Orders in Corporate Korea," *American Anthropologist* 121(2): 350-362.

Sahlins, Marshall, 2011, "What Kinship is (part one)," *Journal of the Royal Anthropological Institute* 17(1): 2-19.

Sapir, Edward, 1944, "Grading: A Study in Semantics," *Philosophy of Science* 11(2): 93-116.

Saussure, Ferdinand de, 1959, *Course in General Linguistics,* New York: Philosophical Library.

Schneider, David, 1984, *A Critique of the Study of Kinship*, Ann Arbor: University of Michigan Press.

Silverstein, Michael, 1981, *The Limits of Awareness*, Austin: Southwest Educational Development Laboratory.

________, 1985, "Language and the Culture of Gender: At the Intersection of Structure, Usage, and Ideology," in Elizabeth Mertz and Richard Parmentier (eds.), *Semiotic Mediation: Sociocultural and Psychological Perspectives*, Orlando: Academic Press, pp. 219-259.

________, 2003, "Translation, Transduction, Transformation: Skating 'Glossando' on Thin Semiotic Ice," in Paula G. Rubel and Abraham Rosman (eds.), *Translating Cultures: Perspectives on Translation in Anthropology*, Oxford, New York: Berg, pp. 75-108.

Simmel, Georg, 1958, *Philosophy of Money*, London: Routledge.

Star, Susan Leigh, 1999, "The Ethnography of Infrastructure," *American Behavioral Scientist* 43(3): 377-391.

Stasch, Rupert, 2011, "Ritual and Oratory Revisited: The Semiotics of Effective Action," *Annual Review of Anthropology* 40: 159-174.

자료

〈ㅍㅍㅅㅅ〉, "호칭을 없애면 조직문화가 바뀔까?"(Amang Kim), 2018. 4. 16일자, https://ppss.kr/archives/108981(2019. 8. 31. 접속)

찾아보기

저자 소개(게재 순)

왕한석

서울대학교 인류학과 교수로 재직했으며, 현재 서울대학교 인류학과 명예교수다. 주 연구 분야는 언어인류학, 사회언어학, 인지인류학이다. 주요 저서로 『한국의 언어 민속지: 충청남북도 편』(2016), 『한국의 언어 민속지: 경상남북도 편』(2012), 『한국의 언어 민속지: 전라남북도 편』(2010), 『한국의 언어 민속지 1: 서편』(2009), 『또 다른 한국어: 국제결혼 이주여성의 언어 적응에 관한 인류학적 연구』(2007), 『한국어·한국문화·한국사회』(편저, 2010), 『한국어와 한국사회』(편저, 2008) 등이 있다. 서울대학교 학술연구상(2013)을 수상했다.

조숙정

현재 서울대학교 비교문화연구소 객원연구원으로 있다. 주 연구 분야는 언어인류학, 인지인류학, 민족생물학 등이며, 최근에는 해양환경과 한국문화에 대한 관심을 가지고 서해와 동해의 어민문화를 비교 연구하고 있다. 주요 논문으로 "바람에 관한 서해 어민의 민속지식"(2015), "Tide and Time: Korean Fishermen's Traditional Knowledge on Multtae in Gomso Bay"(2018), "19세기 한국 어류의 민속 생물학적 분류: 『玆山魚譜』의 鱗類와 無鱗類를 중심으로"(2019), "흑산도 어류의 민족생물학적 분류에 관한 연구: 19세기 전통지식의 지속과 변화의 관점에서"(2019), "흑산도 상어잡이: 사라져 가는 전통어로문화의 기록"(2020), "동해안 '해류' 구분법과 '무대'에 관한 민속지식: 서해안 '물때'와 비교의 관점"(2021) 등이 있다.

안준희

현재 서울시립대학교 도시사회학과 교수로 재직 중이다. 서울대학교 인류학과에서 학사와 석사를, 미국 미시간대학교에서 박사학위를 취득했다. 주요 연구 분야는 아동과 사회화, 문화와 심리, 언어사회화이며, 한국과 미국 중산층을 대상으로 연구를 진행해왔다. 주요 논문으로 "Honorifics and Peer Conflict in Korean Children's Language Socialization"(2020), "공감할 줄 아는 아이 기르기: 한국과 미국의 공감사회화에 관한 비교문화적 연구"(2020), "Finding a Child's Self: Globalization and the Hybridized Landscape of Korean Early Childhood Education"(2015), "You're My Friend Today, but Not Tomorrow: Learning to Be Friends among Young U.S. Middle-Class Children"(2011) 등이 있다.

김주관

서울대학교 인류학과와 같은 대학 대학원을 졸업하고, 캘리포니아주립대(데이비스)에서 박사학위를 받았다. 현재 동국대학교 경주캠퍼스 파라미타칼리지에 재직 중이다. 주 연구 분야는 의사소통의 민족지학, 언어와 문화 교육, 문화자료 아카이브 방법론이다.

강나영

서울대학교에서 인류학 박사학위를 받고, 부산대학교, 동아대학교에서 강의했다. 박사학위 논문으로는 "'나는 여섯 살이 되면 비행기가 될 거에요': 한국 만 3~4세 어린이의 언어사회화 연구"(2014)가 있으며, 주요 연구 논문으로 "'어린이 동음이의어 말놀이'의 구조 및 내용적 특성에 대한 사회언어학적 연구"(2015)가 있다.

최진숙

현재 울산과학기술원 인문학부 교수로 재직 중이다. 서울대학교 인류학과에서 학사 및 석사를 마쳤으며, 뉴욕주립대(알바니)에서 박사학위를 취득했다. 주요 연구 분야는 과테말라와 한국사회에서의 이중언어사용, 언어 정책과 언어 이데올로기다. 주요 논문으로 "Code-switching in an Institutional Setting: Negotiating Social Roles in Bilingual Encounters in Guatemala"(2014), "'Speaking English Naturally': The Language Ideologies of English as an Official Language at a Korean University"(2016), "'No English, Korean Only': Local Students' Resistance to English as a Lingua Franca at an 'English Only' University in Korea"(2021), "'우리가 남이가': 상호텍스트적 구성을 통한 경상도의 타자화"(2017), "인터넷 도시괴담으로서의 '붓싼문학': 음식과 낯선 장소의 묘사를 통한 혐오의 재생산"(2019) 등이 있다.

박종현

서울대학교 인류학과에서 학사와 석사과정을 마치고, 일리노이대학교에서 인류학과 박사과정을 수료했다. 연행 및 음악예술에서의 언어와 그 문화적 의미에 관심이 있다. 번역서로 *UNESCO Intangible Cultural Heritage of Humanity Series: Gangneung Danoje*(2018) 등이 있다.

박성열

미국 캘리포니아주립대(산타바바라)에서 언어학 박사학위를 취득하고, 현재 싱가포르 국립대학교 영어영문학과 교수로 재직 중이다. 주 연구 분야는 국제어로서의 영어, 언어와 신자유주의, 초국주의다. 주요 저서로 *The Local Construction of a Global Language*(2009), *Markets of English*(공저, 2012), *English, Neoliberalism, and Subjectivity*(근간) 등이 있다.

애드리엔 로(Adrienne Lo)

현재 워털루대학교 인류학과 부교수로 재직 중이다. 주요 저서로 *Beyond Yellow English: Toward a Linguistic Anthropology of Asian Pacific America*(2009), *South Korea's Education Exodus: The Life and Times of Study Abroad*(공저, 2015) 등이 있다.

최이진

현재 홍익대학교 영어교육과 조교수로 재직 중이다. 고려대학교 영어교육과 학사와 미국 하와이대학교 언어교육 석사를 거쳐, 미국 일리노이주립대학교에서 영어교육학 박사학위를 취득했다. 주요 연구 분야는 언어 학습자 정체성, 교육이주와 언어이데올로기다. 주요 논문으로 "The Students as an Enterprising Self: Neoliberalism, English and Early Study-Abroad"(2021), "English is Always Proportional to One's Wealth": English, English Language Education, and the Social Reproduction of Inequality in South Korea"(2021), "Legitimate Bilingual Competence in the Making: The Bilingual Performance and Investment of Elite Transnational Bilinguals"(2019) 등이 있다.

강윤희

현재 서울대학교 인류학과 교수로 재직 중이다. 서울대학교 인류학과에서 학사와 석사를, 미국 예일대학교에서 박사학위를 취득했다. 주요 연구 분야는 언어인류학이며, 인도네시아, 싱가포르 등 동남아시아와 한국에 대한 연구를 진행해왔다. 주요 논문으로 "A Pathway to 'Constant Becoming': Time, Temporalities and the Construction of Self among South Korean Educational Migrants in Singapore"(2018), ""커피 배우기": 언어, 향미, 그리고 감식안의 습득 과정"(2015), "Singlish or Globish: Shifting Language Ideologies and Global Identities among Korean Educational Migrants in Singapore"(2012) 등이 있다.

니콜라스 하크니스(Nicholas Harkness)

현재 하버드대학교 인류학과 교수로 재직 중이며, 같은 대학의 한국학연구소 소장을 맡고 있다. 주요 연구 분야는 의사소통과 사회문화적 기호화 과정이다. 주요 저서로 *Songs of Seoul: An Ethnography of Voice and Voicing in Christian South Korea*(2014)와 *Glossolalia and the Problem of Language*(2021)가 있다.

고경난

펜실베이니아대학교 인류학과를 졸업하고, 기업의 사회적 책임(CSR) 담론과 브랜딩에 대한 논문으로 박사학위를 받았다. 현재 한국외국어대학교 HK 세미오시스 연구센터의 HK부교수로 재직 중이다. 주요 논문으로 "Ethnographic Research on Modern Business Corporations"(2013), "Translating 'Sustainability' in Hawai'i: The Utility of Semiotic Transformation in the Transmission of Culture"(2015), "기호이데올로기: 문화적 번역 사례를 통해 본 인류학과 기호학의 교차점"(2018) 등이 있고, 번역서로 『기호인류학 특강: 문화의 화용론적 기호학』(2016)이 있다. 국제학술지 *Signs and Society*(University of Chicago Press)를 2013년 창간했다.

마이클 프렌티스(Michael Prentice)

미시간대학교 인류학과를 졸업하고 현재 영국 셰필드대학교 동아시아학과 조교수로 재직 중이다. 주 연구 분야는 한국의 대기업 조직문화로 특히 사내 커뮤니케이션의 이데올로기와 디지털 경제, 디지털 인터페이스다. 주요 논문으로 "Managing Intertextuality: Display and Discipline Across Documents at a Korean Firm"(2015), "The Powers in PowerPoint: Documentary Tastes, Embedded Authorities, Documentary Tastes, and Institutional(Second) Orders in Corporate Korea"(2019), "Old Spirits of Capitalism: Masculine Alterity in/as the Korean Office"(2020) 등이 있다.

발간사

서울대학교 비교문화연구소는 '한국인류학총서' 발간을 시작합니다. 이 총서는 한국 인류학계의 우수한 연구 성과를 단행본으로 발간하여 그 학문적 성과를 공유하고 학술적 소통의 장을 확대하기 위해 기획되었습니다.

1990년에 설립된 서울대학교 비교문화연구소는 1993년부터 학술지 『비교문화연구』를 발간하는 등 다양한 방면으로 인류학 학술 활동을 지원해 왔습니다. 이번에는 국내 학계의 연구 성과를 집대성하여 보여 줄 수 있는 연구총서를 발간하게 되어 기쁘고 자랑스럽습니다. 그동안 선학들과 동학들의 노력으로 인류학계의 연구 역량과 성과가 상당히 축적되었으나 이를 학계에 널리 알릴 수 있는 우리말로 된 전문학술서는 아직 부족한 실정입니다.

'한국인류학총서'의 발간으로 인류학자는 물론 인접 분야 전문가들도 우리 인류학계의 연구 성과를 더욱 쉽게 공유할 수 있게 되기를 바랍니다. 또한 인류학 후학들의 교육에도 유익하게 쓰이기를 기대합니다. 나아가서 인류학 후학들이 발전적인 후속연구를 할 수 있는 계기가 된다면 더할 나위 없이 큰 보람이 될 것입니다.

2018년 7월 8일

서울대학교 비교문화연구소장